廖平全集

16

主編　舒大剛　楊世文

附録

六譯先生追悼録

傳記與評論

井研藝文志

六譯先生追悼録

佚名 編纂

楊世文 劉明琴 點校

校點説明

民國二十一年（一九三二）夏，廖平以八十晋一之高齡，堅欲赴成都謀刊印所著書，取道樂山，借償文債。因觸暑熱不豫，疾忽轉劇，成昏睡狀。家人奉之疾趨以歸，六月五日行至距家七十五里之河咡坎卒。因廖平在學術界地位甚高，影響甚大，追悼會由四川黨政軍、四川大學、旅省井研同鄉會共同組織，規模堪稱空前。四川軍政要人以及許多民衆都送有挽聯。有民國官方的褒揚，亦有蔣介石、于右任、宋子文、吴佩孚、孫科、柏文蔚、陳立夫、戴傳賢、方聲濤等以個人名義哀挽。省内學者有曹經沅、王兆榮、朱青長、龔道耕、吴虞、向楚、林思進、龐俊、李思純等，省外學者則有劉節、顧頡剛等。其追悼會之發起人，堪稱極四川一時之盛：劉文輝、鄧錫侯、田頌堯、劉湘、楊森、劉存厚、向傳義、孫震、李家鈺、潘文華、王纘緒、王陵基、唐式遵、范紹增、蒲殿俊、方旭、曾鑒、尹昌齡、尹昌衡、劉咸滎、林思進、王兆榮、向楚、龔道耕、吴虞、李植、吴永權、周太玄、張錚、徐炯、朱青長、曾慎言等，皆爲當時要人名人。會後由四川大學編纂褒揚文件、追悼会紀事、誄哀祭文，成《六譯先生追悼録》一册，民國二十二年（一九三三）成都雲雪印字館印行，今據此本整理。

目録

褒揚文件

建議書　議決案　褒揚令

中央委員謝持于右任等請予議給褒揚公葬飾終典禮并宣付史館立傳建議書

編者按：此事發起人爲熊錦帆先生。

爲經學專家廖季平氏逝世，敬謹建議，請予議給褒揚公葬，飾終典禮，并宣付史館立傳，以昌國學，而示來兹事。竊吾國治經之士，自明清以來，各標漢宋，聚訟紛紜。其能匯通百家，冠冕諸子，摧馬、鄭之籓籬，窺周、孔之堂奥，而獨標新幟，扶墜起衰者，則唯近代經師廖季平氏一人焉。氏名平，字季平，四川井研縣人。生於前清咸豐壬子，行年八十有一，於民國二十一年六月五日壽終四川樂山縣屬河咡坎場旅次。按氏於前清光緒初年，經四川學政張之洞之賞拔，以高材生調置四川尊經書院肄業。氏於其時，寢饋書叢，鑽研探討，卜日不足，而繼之以夜。湘潭王闓運主尊經講席，視氏爲畏友，而經師之名，即已震爍海内。蓋此數年中，氏之學説，已凡四變。所著之《今古學考》，極爲當世推重也。戊子以後，氏著有《知聖篇》、《闢劉篇》，目的在尊今抑古。繼思今學囿於《王制》，六藝雖博，特中國一隅之書，不足以廣包孕，於是始精研大同之學，訂《周禮》爲皇帝書，與《王制》大小不同，一内一外，兩得其所，而鄒衍之説大明，孔子乃免構墟之病。壬寅而後，因梵宗之感悟，於以知《尚書》爲人學，《詩》、《易》則遨遊六合以外，因據以改正《詩》、《易》舊稿，至此而上天下地無不通，即釋道之學，亦爲通經之用矣。歷後十餘年，復進而融大小於天人之内，以《禮》、《春秋》、《尚書》三經爲人學，以《周禮》、《王制》爲之傳；《易》、《詩》、《樂》三經爲天學，以《靈》、《素》、《山海經》、《莊》、《列》、《楚詞》爲之傳，各有皇、帝、王、伯四等。氏於是時，遂已五變其説矣。乃氏復以自强不息之精神，圖日進無疆之心得，讀王冰所增《素問》八篇詳言五運六氣，舊目爲僞，氏則以爲此乃孔門《詩》、《易》師説，遂據以説《詩》、《易》，舉凡《鄘》、《衛》、《王》、《秦》、《陳》五十篇，《邶》、《鄭》、《齊》、《唐》、《魏》、《邠》七十二篇，大小《雅》、大小《頌》及《易》之上下經、十首、六首諸義，皆能璧合珠聯，無往不貫，至此，氏遂以六譯老人自慰矣。氏治經所成書，計繙譯類五種，論學類七種，《孝經》類三種，《春秋》類十七種，《禮類》五種，《尚書》類九種，《詩》類十一種，《樂》類三種，《易》類九種，尊孔類九種，醫類二十六種，地理類五種，文鈔類五種，輯古類六種，共一百二十種，卷目繁多，未易指數。有曾經刊版者，有排印而絶版者，至未經刊印者，尚屬多數。其《詩》、《易》之稿，成於病痺以後，珍惜尤甚。此氏治經成學與著書立説之大凡。至其以前清光緒己丑成進士後，考選知縣而不赴，遨遊南北，歸任蜀中府縣教職，及各屬書院院長、國學校校長、大學教授等，猶爲餘事。子孫人文輩出，類能讀書繼志，尤足徵明德之後，必有達人。去年因謀赴成都，集資刊行未經出版之各種著述，冀得及身完成不朽之業，殊以劇病折歸，未及至家，竟於途中殂謝。

嗚呼！靈光殿頹，廣陵散絶；斯文在是，先覺所歸；大道不湮，後死之責。綜氏生平經術文章之懿，既已師表人倫，而操行雪亮，立志千古，尤足以挽頹風而振靡俗。且氏首倡通經致用之學，終以大同至道爲歸，不僅爲國學之絶倫，抑實具時代之特質。同人等深維學術之革新，繫文化之張弛，人才之消長，關國政之隆汙。語云「莫爲之前，雖美不彰；莫爲之後，雖盛不傳」，是在我當國者之提倡揚厲也。爰此聯名建議鈞會，請予議給褒揚公葬，飾終典禮，并將氏生平事蹟及學術著作，宣付史館立傳，以昌國學，而示來兹。謹此建議，此陳。

中央執行委員會政治會議

建議人委員　謝　持　孫鏡亞　于右任　陳嘉祐　蔡元培　熊克武
經亨頤　石青陽　楊庶堪　戴傳賢　程　潛　居　正
張知本　葉楚傖　黄季陸

中央政治會議三五九次會議議決案

二十二年七月

委員謝持、于右任、蔡元培等建議褒揚經學專家廖季平并將其生平學術著作宣付史館立傳一案。

決議：交行政院辦理。

行政院一一八次會議議決案

二十二年八月一日

内政部黄部長、教育部王部長呈覆：奉交核議褒揚經學專家廖季平并將其生平事蹟及學術著作宣付史館立傳情形，請鑒核示遵案。

決議：（一）明令褒揚；（二）宣付史館立傳；（三）給予治喪費二千元；（四）派省政府委員一人前往致祭。

國民政府令

二十二年八月十二日

國民政府令：宿儒廖平，精研經術，綜貫百家，著述宏富，志行清潔。闡前聖之藴奥，以大同爲依歸。篤古潛修，洵堪矜式。兹聞溘逝，允宜優予褒揚。除將生平事蹟、著作備存，宜付史館外，著由行政院轉飭財政部發予治喪費二千元，并派四川省政府委員一人前往致祭，用示國家崇禮碩儒之至意。此令。

追悼會紀事

成都　井研

成都四川各界追悼井研廖先生大會紀事

一　籌備情形

自六譯先生逝世消息傳至成都後，四川大學即首先發起追悼會。以後軍學各界及井研旅省同鄉會亦各訂期追悼，並先後發出徵文啓事。嗣因四川大學及井研旅省同鄉以事同一律，不必分別舉行，乃商量由各方聯合辦理。期間定在二十一年十月九日，地點定在四川大學法學院，即前尊經書院舊址，由四川大學及井研旅省同鄉會負籌備責任。九月廿八日於川大文學院開一度籌備會，將職務分配妥貼後，即積極進行（川大任庶務及布置會場，井研旅省同鄉會及各軍部副官處任招待，廖次山任收集及管理遺稿）。經費除由川大撥一部分外，概由各方捐助，頗爲充裕，此籌備時大概情形也。今將四川大學政軍各界井研旅省同鄉徵文啓事列後。

國立四川大學爲井研廖季平先生追悼大會徵文啓

六譯先生姓廖氏，諱平，字季平，四川井研縣人也。含章挺生，學古有獲。清光緒己丑成進士，以知縣即用，改就儒官，顓志撰述，篤老不輟。凡前後所著書百數十種，而《六譯叢書》早行天下。民國二十一年五月告終故里，年八十有一。國喪雋老，人亡準維；五經無師，百身曷贖。於戲悕哉！粤自清儒籀書，競標漢學；末流易弊，碎義滋多。釋寸策爲八十宗，説稽古至三萬字。然而譚經議禮，莫辨參商；師法明文，乃融冰炭。先生手開户牖，口別淄澠；析同歸以殊途，持無厚入有閒。如犀分水，如剪斷絲，魏晉以來，一人而已！既迺嫥精演孔，闡《春秋》詭實之文；詳論闢劉，蔽《周禮》僞書之獄。一編甫出，四海波蕩。長素之考《新經》，師伏之牋《王制》，自此始也。至於鈎河摘洛，畫野分疆，皋牢百氏，揮斥八極。漆園之夢魚鳥，非僅寓言；三閭之喻虬龍，創通眇指。其知者以爲深閎，不知者驚其弔詭。由君子觀之，所謂淪於不測者乎？若夫制行貴清，守志常篤。揚雲寂寞，時人蚩其玄；蜀莊沉冥，國爵屏其貴。中更黨錮，彌厲貞堅；與聖人同憂，爲下士所笑。伊可歎也，孰能尚之？間者大道多歧，小雅盡廢；鳳鳥不至，河不出圖。而一老慭遺，大齊奄及。同人等夙承欬音，咸依名德；愴深梁木，謀奠生芻。宿草將萌，望江都之遺墓；緜蕝所布，即高密之禮堂。所冀當代碩儒，四方魁士，攄其哀素，賁以鴻辭。會黄瓊之喪，豈無徐孺；摛陶公之誄，庶待顔延云爾。

爲井研廖季平先生開追悼大會啓事

溯自清中葉，諸儒倡導治經，宗主漢儒，嚴守家法。徵文考故，核實循名。一字説至數萬言，一經集至數十義。繁博奥衍，一洗前代空文説經之習，可謂盛矣！然其弊，株守師承，拘牽舊説，殫畢生之精力，斷斷於章句訓詁之間，無關經學閎旨。其甚者，乃至穿鑿失真，破碎害道，識者病之。求其會通百氏，貫串群言，摧馬、鄭之藩籬，窺周、孔之堂奥，獨標新義，特樹異幟者，其惟吾蜀廖季平先生乎！先生蜀之井研人，嘗得故家殘本《説文》讀之，後應科試，以《説文》字詁入制藝，爲學使張之洞所激賞，以高材生調住尊經書院。時蜀士除時文外，固不知有《史》、《漢》、《説文》等書也。住院後，益自淬勵，覃精極思凡十年，盡通群經六藝之旨。癸未以後，始專治《王制》，創爲二伯之説。因是得識康成泥古之拘，劉歆簒經之謬，爰作《今古學考》、《闢劉編》二書，傳布海内，爲學者所推重。戊戌以後，又本《禮運》、《公羊》大同之旨，以《周禮》爲皇帝大一統之書，《王制》爲王霸治中國之書，并分世界爲大小九州，闡明鄒衍談天之有據。於是有《地球新義》、《王制集説》、《皇帝疆域圖考》之作。厥後讀釋、道二家書，因悟《禮》、《春秋》、《尚書》三經爲人學，以《周禮》、《王制》爲之傳；《詩》、《樂》、《易》三經爲天學，以《靈》、《素》、《山經》、《莊》、《列》、《楚詞》爲之傳。因作《孔經哲學發微》一書。辛酉以來，復據《素問》五運六氣之説，訂爲孔門《詩》、《易》師説，融小大於天人之内，而先生之説經亦以是爲歸宿矣。綜合先生生平治經，成書凡數十百種，先後凡六變。其言汪洋浩瀚，恢詭變幻，然叩其旨歸，無不枝分葉布，同條共貫，蓋自來治經之士未嘗有此也。先生六十八歲，忽風痺，手足偏廢，言語蹇吃，然猶講學著書不輟。《詩》、《易》二經乃病風以後之作，又時時爲人作擘窠書以應求者。今年夏四月，先生以謀刊印所著書，由井研赴成都，取道嘉定，留連十餘日，猶爲烏尤寺僧傳度作寺碑記，爲陳君光宇作陟屺亭跋。踰數日，忽病内熱。其子成勵，成劫亟輿奉以歸，行至樂山縣屬河咡坎場道卒。吁！可哀矣！竊先生誕生蜀土，崛起清末，闢漢學之舊壘，啓哲理之新機，光大聖言，發皇儒術，實屬群倫師表，六經功臣。不有誄詞，奚詔來哲？爰訂期於陽曆十月九日（陰曆九月十日）假南較場四川大學開追悼大會。伏冀海内賢豪，蜀中耆舊，憫名儒之凋謝，念吾道之式微，載錫鴻文，藉申哀悰，庶於崇孔教重國粹之旨大有維繫乎！謹啓。

發起人：劉文輝　鄧錫侯　田頌堯　劉湘　楊森　劉存厚　向傳義　郭昌明　文和笙
唐英　陳鼎勳　孫震　張清平　馬毓智　李家鈺　黄隱　夏首勳　冷薰南
林雲根　董長安　曾南夫　王之中　潘文華　王纘緒　王陵基　唐式遵

范紹增　蒲殿俊　尹朝楨　楊光瓚　李樵　方旭　曾鑑　馮藻　尹昌齡
周道剛　尹昌衡　劉咸榮　林思進　王兆榮　向楚　陳光藻　張榮芳
沈宗元　龔道耕　吴虞　李植　劉筱卿　賀孝齊　龍靈　熊皣　吴永權
周太玄　張錚　徐炯　朱青長　黄功懋　謝盛堂　陳鍾信　馮元勳　李德芳
陳子立　趙鵝山　梁正麟　曾慎言　李鐵夫　唐宗堯　宋穆仲　夏峋　余舒

四川省井研縣旅省同鄉會爲廖季平先生追悼會徵文啓

吾鄉六譯廖季平先生，洽聞遠識，篤學研幾，錯綜今古，判析人天。傾群言其多方，協重譯而無閡。譾見者駭其汪洋，耑謹者怪其幽眇。或驚異而按劍相眄，或拾凷而築壘自雄。皆未能遊其籓，孰足以窺其奥？高矣故及門莫階，窅然故鄉里難習。是以行年八十，抱道遐遷，遂於民國二十有一年五月，將謀刻所著書，欲以傳諸識者，嚴駕出遊，竟殂於道。烏乎！中州多故，故老云亡，大義斯乖，來者奚式？媿我鄉人，莫昭墜緒。至於《六譯叢書》百數十種，早年所刻已行天下，晚年遺著方事徵刊。碩學不湮，國人是幸，大聲未闋，里耳焉聞。作祁嚮於將來，冀旦暮而遇解。倘海内名宿相彼先民，揭其深心，彰其灼見，俾至言不隱，大德孔明，則六虚可遊，四表攸被矣！

二　開會情形

至十月九日，四川大學停課一日。會場（川大法學院）由大門至禮堂，徧懸各方挽聯、誄文，并於要道將六譯先生少年、壯年、中年、晚年事蹟，及其學説六變之大概，用簡明語句分別書貼壁上，俾赴會者得知先生生平概略。在舊尊經閣走廊設一六譯先生遺稿陳列處，所有現存已刻未刻各稿及先生病風後左書對聯，與各種照片，皆一一陳列，供人觀覽。是日天微陰雨，來賓以先生門生、故舊爲最多。正午十二鐘，各來賓均齊集禮堂舉行追悼儀式，由川大校長王宏實先生主席，廖次山紀録。首由主席致開會辭，略云：

今天是我們追悼廖先生的一天。今年當廖先生去世後，本校即發起廖先生追悼會。後來因爲廖先生同鄉和軍政各界也要追悼廖先生，便委託本校一並辦理，本校自然義不容辭。我們所以要追悼廖先生，因爲廖先生的逝世，不僅是四川學術界的損失，乃全國學術界的損失。在這裡，有軍政學各界的人，對廖先生的見解本不一致，但對廖先生的崇拜卻有一共通之點，這個共通之點便是廖先生治學的態度。廖先生有他特殊的地方，他有他的很强的自信力，無論別人怎樣非難，無論別人怎樣用威勢脅迫，他都能不改其説。但是廖先生又並不故步自封，總不斷的爲更進一步而努力。一旦得有新的主張，便把舊的拋棄。所以廖先生的治學的態度是進步的，變動的，不是一成不變的。我們治學便應該學廖先生這種精神。至於廖先生的學說，應請知道得很詳細的人來說。

主席致開會辭畢，全體出位向廖先生遺像行禮如儀。繼由廖先生家屬廖次山答禮後，公推龔熙臺、陸香初、向仙樵諸先生講演。首由龔熙臺先生講演云：

鄙人對廖先生學說並不能道其精微，但以鄙人與廖先生誼屬同鄉，相交又五十年，既承推舉，不能不道其一二。廖先生人皆知其爲小大天人之學，小大之說乃由《王制》、《春秋》以推《尚書》、《周禮》之大九州，天人之說則由《春秋》、《尚書》以推《詩》、《易》，並參合《內經》諸書而成。人有疑其空洞者，不知廖先生之學說以微言大義爲綱要。昔太史公嘗言「仲尼殁而微言絶，七十子喪而大義乖」，可見微言大義是孔門治經之師法。廖先生本此宗旨，力求微言大義之溝通，惟大義之見於經傳者尚易明曉，微言則辭奥旨隱，不易尋求。本來莊子曾說孔子繙十二經，前人以六經六緯爲十二經，廖先生本此立說，緯書即古微書，《漢書·藝文志》《春秋》諸微，即緯，爲微書之證。廖先生以緯書微書即孔子之微言，因緯書有天球河圖即地球大九州之義，並引《莊》、《列》、《楚詞》、《淮南》諸書及鄒衍九州之外有大九州之義，以證明其說。據子貢言「性與天道不可得而聞」，又足證明孔子之學實有天學人學之分。方今世界溝通，大同、大一統之說終必實現，則廖先生之言終不可磨滅，必如此講經，經乃足以自存，其眼光之大，真不可及。滿清二百餘年，大江南北學者林立，四川獨無一人列入著作之林，可謂大恥。自尊經書院設立，人才輩出，廖先生尤出乎其類。我們無論講何種學問，皆應具有廖先生這種創造精神。云云。

次由陸香初先生講演云：演詞照録原稿。

此地爲舊日尊經書院，井研先生對於這個時間，正何子貞題三蘇祠，所謂「魂魄在兹堂」者是也。門人傳述師説固是天職，但愧以管窺天，所見亦僅。今舉所知向諸公報告。

一、井研學派出于常州學派。

二、井研學派即是尊孔學派。

清自道光以後，江南諸儒講學不出摭拾、校勘兩派，揭《説文》以爲標，以爲説經之正宗，于名物訓詁，是其所長。然其短則：（一）違於别擇，昧厥源流；（二）尋章摘句，不能統其大義之所極；（三）且輾轉稗販，語無歸宿；（四）累言數百，易蹈詞費之譏。碎細卑狹，文采黯然，承學之士漸事鄙夷，由是常州今文之學生焉。

初常州有孫星衍、洪亮吉、黄仲則、趙味辛諸子工於詩詞駢儷之文，而李兆洛復侈言經世之術，又慮擇術之不高也，乃雜治西漢今文學以與惠、戴競長。

武進莊存與喜治《公羊春秋》，於六藝咸有撰述。大抵依經立義，旁推交通，間引史事説經，一洗章句訓詁之習。深美閎約，則工於立言；引古匡今，則近於致用。故常州學者咸便之。然存與雜治古文，不執守今文之説，其兄子莊述祖亦徧治群經，説經必宗西漢，解字必宗籀文，摧拉舊説，以微言大義相矜。

劉逢禄、宋翔鳳咸傳莊氏之學。劉氏作《公羊何氏釋例》，鰓理完密；復作《論語述何》，諸書皆比傅公羊之義，由董子《春秋》以窺六經家法。宋氏之學與劉氏略同，作《擬漢博士答劉歆書》，又作《漢學今文古文考》，謂《毛詩》、《周官》、《左傳》咸非西漢博士所傳，而杜、賈、馬、鄭、許、服諸儒皆治古文，與博士師承迥別，而今文、古文之派別至此大明。又以公羊義説群經，以古籀證群籍，崇信讖緯，兼治子書，發爲緜渺之文，以闡明微言大義，東南文士多便之。

別有魏源、龔自珍，皆私淑莊氏之學，從劉逢禄問故，其大旨與宋氏同，然擇術至淆，以穿穴擅長，凌雜無序，易蹈截趾適屨之譏。

王闓運亦治《公羊春秋》，復以《公羊》義説五經，長於《詩》、《書》，拙於《易》、《禮》。其弟子以井研廖季平師爲最，其學輸入廣東，康有爲繼起，而今文學大昌。

以上井研學派出於常州學派。

孔子生於衰周，運當據亂，鴻筆六經，空言俟後，制度典章，待人推行。考其仁智之懷，發爲哲學，四通八達，其運無乎不在。無如後之學者，昧於真諦，講訓詁則流於緐碎，説義理則鄰於空衍，此其末流也。

吾師廖井研先生爲研究孔經哲學之大家，教人從制度入手，力闢繁碎空衍之弊。所學凡經六變，其時海已早離先生，惜未之學也，今述其四變。

今、古平分，周、孔並崇，《王制》、《周禮》，揚鑣分道，此一變也。抑古尊今，專尊孔子，用《王制》推説群經，疑《周禮》爲新僞纂，此二變也。至於三變，以經皆由孔作，典制緣地而生，文字並未俄空，微言則在俟後，乃區分大小，闡發人學。《王制》説三千里，《春秋》立小統王伯之規；《周禮》説三萬里，《尚書》建大統皇帝之制。然三萬里地盤雖充滿今之地球，而地球較日尚少三十三萬二千倍以外，各行星皆有所屬，地球其上所生人物與此地球不同，是則《尚書》、《周禮》地盤雖大《王制》、《春秋》八十倍，以視大千世界之昴星、天河之星團，更推而廣之，世界海、世界性、世界種，華藏世界之地盤，不啻芥子微塵矣！考《詩》、《易》多夢游神遊，此月彼月之義，微言所託，則在本世界外也。四變乃以《詩》、《易》爲天學，對於疆域則稱無疆無涯之理，然後我孔子之道至矣盡矣，蔑以加矣！

吾師於孔子人學大統皇帝之局，根據《尚書》、《周禮》立有數十問題，以發揮經義。師撰有《皇帝疆域考》。綜其學之大旨，《書經》據衰而作，由王伯尚推皇帝，故先小後大。《周禮》以皇帝專書，以大包小，故先大後小。於《周禮》哲學，首舉六條以證將來之周，由小而大，肇建兩京，東西分治；次舉六條以證已往之殷周小，將來之殷周大；又次舉七條以證小大之用；又次舉二條以證皇者三萬里之地盤，爲大一統之極軌，人學之卒，天學之始也，是之謂以人企天；末舉一條以證以大包小，起《周禮》據此作傳之例。於《周禮》哲學，天官舉三條，地官舉三條，春官舉十六條，夏官舉八條，秋官舉四條，皆先大後小,以證大可包小,爲《書》之傳。惟《周禮》法五帝,五官爲備,俗儒誤説冬官殘缺,所以不舉《考工記》條文亂其經制也。據此可知,《尚書》、《周禮》之運用,小之可以治中國,大之可以治地球,近之可以治當時,遠之可以治萬世,豈若夏蟲不可語冰,井蛙不知有海,斥鷃以尋丈爲遠,蟪蛄以春秋爲長。考以《周禮》傳《書》,小大秩序,井井有條。綜其重規疊矩,有方三千里小王之地盤,方五千里大王之地盤,各方三千里之王之地盤,各方萬五千里四帝之地盤,各方萬二千里五帝之地盤,東西平分二帝之地盤,素青黑三統三皇之地盤,三萬里之直徑,九萬里之廣輪,泰皇統一之地盤。總以表章孔子不僅爲中國一隅之聖,殆將爲全世界之聖;既爲中國一時之聖,又將爲萬世之聖也!

以上井研學派即是尊孔學派。

井研學派出於常州學派,此爲前因;井研學派即是尊孔學派,此爲後果。綜其前因後果以律吾師之學説,似外間對吾師之毁譽,未免有失其真實之處。陸海從吾師遊,前後不過六年,謹就一知半解向諸公報告,尤望諸公不惜德音,以匡不逮,是所盼禱。再諸公爲吾師開如此隆重之追悼會,忝在弟子之列,敬爲諸公謝。

向仙樵先生遜謝,末由家屬廖次山致謝詞。詞畢,齊就禮堂前面攝影,在散會時即將由會印製之。廖先生遺像千張,分贈各來賓,時已午後三鐘矣。

井研縣追悼會紀事

井研追悼會由教育局、縣立中學校發起，亦即由兩處撥款辦理。因本縣吴嘯岷先生亦於本年夏間逝世，遂合併追悼，定名廖吴兩先生追悼大會，於九月□日（夏曆八月十一日）在四靈公園内舉行，即廖先生出喪之前一日也。是日，天亦陰雨，但赴會者仍衆，公祭時行禮如儀而散。

誄詞　哀詞　哀讃　祭文

誄　詞　外省　本省

外　省

誄廖季平先生　蔣中正

皤皤一老，和真清夷。天人學貫，六譯抉疑。公羊絶詣，曠代經師。麟藏道喪，天不憖遺。

六譯老人季平宗丈誄詞　集四聲字一逆一順　宗末隱陶邨源桃

一代偉人，華夏敬服。學邃古今，功補化育。益四肇基，循五進六。析義闡經，增廣卷軸。碩彦鉅儒，群喜誦讀。德慧引年，怡養種福。耋壽已登，胡乃逝速。鶴駕返真，榴紫艾緑。澤被後昆，繩武誼篤。月建酉秋，佳兆就卜。接訃遠方，叨與共族。式貢誄辭，如往奠祝。

本　省

誄季平先生文　袁均　郎如　仁壽

洪荒迄今，堪堪群生。賴道以立，唐虞始宏。天生孔子，祖述憲章。刪定群經，韋編以藏。漢宋治經，門户各别。後世研經，多宗漢哲。元明至清，聚訟紛紜。末學後進，罔識户庭。拘文牽義，鮮得宏旨。守舊穿鑿，莫衷一是。有清末季，先生崛起。尊經勵學，群經詳諟。取精闡幽，薄海推重。經義堂奥，探源得統。皇帝王伯，界分九洲。發明幽邃，新舊同流。六變六譯，期貫天人。垂教士林，指導迷津。經術顯揚，如日皦皦。大哉先生！群經師表。嗚呼先生！道大莫容。抱道鄉閭，著述宏通。耆老好學，欲傳識者。大力負走，天職弗假。乃因世亂，剞劂難也。筍輿出遊，樂嘉錦官。聚會群彦，以謀著刊。嗚呼哀哉，鬼神所忌！天不假焉，竟殂嘉州，崩頽泰山。絶學有傳，而似難傳，群龍滿野，祇冀分甘。一滴金沙，六譯遺著。册成裝池，書城擁助。六譯發微，得以横飛。跨海渡瀛，如日之暉。仁井同鄉，禱祝非私。嗚呼先生，靈其鑒之！

誄廖季平先生文　集漢碑　楊森

猗歟明哲，歧嶷踰絶。人才上美，貫通典籍。章文襜袘，英偄仰則。下筆流藻，群公事德。歷世彌久，禮義滋醇。枝葉雲布，冕紳莘莘。才兼三極，光耀八垠。寇息善歡，道富財貧。策合神明，言如砥矢。疏穢濟遠，心精辭綺。龍蟠道淵，允迪聖矩。鏷山浚瀆，玄氣雲起。探綜群緯，畢志枕丘。振滯起舊，騰清躡浮。微言圯絶，繼葉襲裘。昭示後昆，奕葉揚休。

誄廖季平先生文

國民革命軍二十四軍司令部顧問署理内江縣長蔣三餘

河嶽英靈，先生得之，國家元氣，先生存之。先生死矣，英靈宛在，先生亡矣，元氣猶存。人但知先生以經名於世，而不知先生以道傳於人。周秦兩漢而還，唐宋元明以來，自滿清以迄於民國，其間英靈之不泯，元氣之不滅者，固代有其人。維持名教而道統不絶，惟先生值此萬國交通，運而生者歟！先生之死未死矣，先生之亡未亡矣！

季平同學先生誄文

同學愚弟劉咸滎

澹泊能甘，湫隘自若。以經爲腴，以道爲骨。風雨不摇，日月沐浴。無顔之貧，有顔之樂。作蒙莊逍遥之遊，去亂世而言天學。

六譯夫子誄辭

張光新

歲在壬申九月初十日，受業名山張光新謹詣六譯廖夫子字季平之靈，誄曰：世道將頹，須生明哲，振古哲人，因逢辰缺。昔在秦亂，幸留伏生，漢祚將息，尚有康成。匪獨哲人，應遘衰季，寔天之生，用維道義。大清中葉，皇運陵遲，外人侵夏，人道將馳。篤生我師，崇尊至聖，闡發微言，闢荒開徑。學分今古，大小天人，六藝通貫，千古維新。僞古尊今，禮從周始，假借帝王，實由孔子。春秋至此，二千餘年，文明進化，我國實先。孔道之存，我師之助，前知匪虚，我師之述。新也弱冠，忝厠門牆，幸蒙缺蔽，學乃知方。頻煩問疑，喜釋不倦，善誘循循，我學不厭。自別錦里，歸我西蒙，未見君子，憂心忡忡。乃教雙新，乃歲再謁，見顔置酒，笑論無歇。我師將歸，我幸在都，愴然告我，將返吾廬。問厥來期，靡定其實，水仙遺情，復還無日。忽聞凶訃，我心傷憂，一別九載，恨及千秋。嗚呼哀哉！在疾靡聞，窀穸靡送，設奠哭靈，徒增悲痛。嗚呼哀哉！先生六變，神遊九垓。容試天學，招魂須來。嗚呼哀哉，尚饗！

六譯夫子誄辭

受業年愚姪唐鏡民

吾師乎，吾師乎！莊生以是號。登日觀，臨滄海，泰山伊嶕嶢。魯城小矣，何與問滕與曹？吾師乎，噫嘻！仲尼無地而王者莫誰知。仲尼，天縱神人也，雖聖亦莫知。祖述堯舜，非堯舜而仲尼；憲章文武，非文武而仲尼。三千年後，知之者惟我師。吾師知仲尼，未問三千年後知吾師者當是誰？曾爲小子吟《式微》，式微式紫微，式微式太微，式微式微胡不歸？今歸矣，虬龍驂兩騑。傳説猶不昧，然入於幾。行見太乙之旁增副宿，接文昌，光有暈，北辰環拱長依依。竊比琴牢，舉其一毛，猶有顔回，仰之彌高。

六譯夫子誄辭

前四川紳班法政學堂受業劉恒階雙流

維民國二十一年五月二日丁酉，六譯老人井研廖公季平夫子卒於嘉州旅次。嗚呼哀哉！天不憖遺，人亡準則。近識懷悴，遠士傷情。恒階夙在横舍，蒙受薰陶，辱附三千，無聞四十。頃解體世紛，沉跡錦里，雖時過而學，常思自奮。會聞夫子駕言出遊，行戾兹土。執經文翁之室，問字子雲之亭，庶窺宏旨，獲遂往志。而乃短景易逝，中道恒化，梁摧山頽，瞻仰曷及。遠承訃音，愴惻於懷。恩播遺塵，寄情斯誄。其辭曰：

岷山毓秀，井宿垂精。篤生賢哲，嶽峙淵渟。人倫之表，行修經明。耆年環望，殆庶伏生。在昔清初，崇尚經術。爰逮康乾，大師輩出。乃眷蠶叢，風流久歇。俗學錮蔽，微言隱没。湘綺西來，扶輪大雅。五經有師，木鐸天假。多士濟濟，咸被陶冶。升堂入室，誰其健者。時維吾師，曠代逸才。聞一知十，聖門之回。精心獨運，萬古拓聞。遂標新義，有所取材。師之論學，直貫天人。一變至道，三變入神。皇帝王伯，經緯相因。知者謂知，仁者謂仁。師之行誼，孝思不匱。有懷二人，苜蓿甘味。眄彼同儕，稽古多貴。老卧松雲，蕭條高寄。師之秉性，亦惠亦夷。明月在抱，清風自怡。阮公埋照，曼倩滑稽。高節雄氣，淺識安知！師之垂教，故類湘潭。循循善誘，務去常談。南海私淑，窺豹一斑，梁氏標榜，曰青出藍。嗟予小子，昔侍精廬。爲説典章，殆其緒餘。博引禮制，啓迪多途。因緣讀律，乃知讀書。抗塵走俗，歲序屢遷。不聞謦欬，垂二十年。函關望氣，欣且執鞭。天胡不弔，易簀遥傳。嗚呼哀哉！以師博洽，兼通方技。探討《靈》、《素》，劈肌分理。如何此行，小極不起。烏尤絶筆，墨瀋猶滋。嗚呼哀哉！滄海横流，大道傾覆。賴有哲人，抱經空谷。嘆美猶龍，悲來賦鵩。匪哭其私，爲天下哭。嗚呼哀哉！文範即逝，文中云亡。其在夫子，接軌同芳。遠近會葬，於墓之旁，論德謀跡，嘉謚宜彰。嗚呼哀哉！

哀　詞

六譯先生哀詞

陸丹林

於戲！國華絶響，貞德銷沉。青春寡色，白日滅暉。五濁世界，先生脱此而去，尚何介介！所可悲者，吾輩後死，目斷北邙，心傷蒿里，既悼逝者，又自悲耳。爲之詞曰：魂聯鵬翼，魄逐雲霄。頭承玉露，足搏扶摇。徜徉樂土，千古逍遥！

哀　讚

廖季平先生哀讚

世晚宋維經

懿維先哲，蜀學之英。縱橫百氏，枕胙群經。化惟六十，業勤益精。其書滿家，海内知名。傳經劉向，稽古桓榮。少微藿賈，變感天星。士林安放，嗟乎後生！

祭　文　外省　本省

外　省

祭井研廖公季平文

劉節　侯堮　顧頡剛

維中華民國二十一年十月二日，旅平後學劉節、侯堮、顧頡剛，謹爇心香，遥祭於井研廖公季平之靈前而言曰：嗚呼！岷流孕育，眉峰擁瑞。笁生我公，出類拔萃。玄聖云亡，大道久喪。越二千年，芸芸衆盲。天口誰聞，六經失色。廢疾膏肓，雒京由枿。况際清代，抑抑群儒。謳鄦尸鄭，蟻集蠅趍。我公奮起，奪席湘潭。廓清瘴癘，星辰皎然。尊經不迂，存古不腐。千載淵源，劃分今古。叩閽知聖，枕戈闢劉。播之珠江，南海分流。於時厥後，僞經失據。瞻仰晴空，言者邪呼。公猶踔厲，力撢墜義。小大人天，超廿世紀。董生屹屹，翼奉皇皇。博士精華，五行陰陽。方技堪輿，内學之髓。惟公綱羅，不譎不詭。末學恂瞀，群詫新奇。嶠然我公，西京之遺。六譯名言，凌轢魏晉。五經七緯，天地絪緼。世變雖劇，靈光璀璀。一夕罡風，梁木遽摧。南極黔黲，西川悲淒。智井沉研，古今同唏。嗚呼哀哉，伏維來格！

本省

祭六譯夫子文

受業王篤

維中華民國二十有一年秋八月，受業王篤謹以香帛蔬果祭於六譯夫子廖公季平之靈。烏虖我公！其殆天生，淳道耆德，全神守精。學雖優而不仕，行無纍以正平。莽莽神州，長卧不醒，競尚夷俗，風捲雲争。邪詖飈起，醜類縱横，至理淪亡，大道幾傾。惟公弘大，獨起支撑，創立大同，肇啓維新，矯正漢宋，糾誤周秦。别大小之疆域，發天人之相因。經六次之變易，破二千年之迷津。使六經之旨絶而復明，揚國光於歐美，樹教化於寰瀛。中國不亡，賴有斯文；斯文未喪，賴有先生！烏虖我公，生不逢時。公名雖顯，公學未施，不疑之爲穿鑿，即指之爲駢枝。譬如蒙塵之玉，没土之芝，當今之徒，其誰識之！然亦有人崇信不疑，服膺斯旨，公知未知。烏虖我公，天下仰止，愛人以德，視人如己。我之生也，如蓬如矢，浮沉廿年，不知所止。自列門下，稍明方里，宫牆高廣，未窺富美。我方相期，與公終始，今公云亡，更何所之！因悲公之逝早，轉恨我之生遲。烏虖我公！好言老子，闢《靈》《素》之奥藏，證道釋之生死，歲時之和，可謂至矣！陰陽之調，可謂神矣！云胡不然，亦離俗而超歸。烏虖哀哉！渺不可思兮，造物之理，豈如漆園之夢蝶，或上爲鳥而下爲魚，抑所謂帝之懸解，以全其天倪。

像　讚

季平老兄同學遺照

愚弟曾鑒拜題

淵哉四譯，學凡六變。精義入神，騰踔兩漢。擘肌分理，孰識古今？聖爲天口，予鈎厥沉。遠想大同，皇帝王霸。玄思窅冥，仲尼之駕。欣然而龐，憬此靈光。嗚呼已矣，道見麟藏。

六譯先生像讚

向楚敬題

有清經儒，卓然一代。先生崛起，掃刮殘碎。大義微言，箴肓起廢。善説禮制，長於《春秋》。古今之學，劃若鴻溝。先生不言，千載其幽。小大天人，皇王帝霸。屢變復貫，以遺來者。國粹云亡，愴然涕下。

六譯先生遺像

王兆榮敬贊

聖爲天口，賢爲聖譯。赫赫六經，先王之迹。尊孔闢劉，奪鄭之席。犁然古今，小大天人。學經六變，著書等身。儀型在望，垂輝千春。

六譯老人遺像讚

後學北京大學教授吴虞拜題

尼山垂教，二千餘年。儒生爬梳，枝牽蔓纏。創爲禮教，定爲法律。上下同流，渲成風俗。群經行世，其數十三。宗法是崇，帝制代禪。箋注疏解，汗牛充棟。大義微言，冥然若夢。我公崛起，邁迹兩漢。粃糠鄭玄，道通一貫。皇帝王伯，六變是求。學悟天人，自擅千秋。俯視康梁，開拓萬代，掃盪蚍蜉，靈光獨在。嗚呼我公，絶世遠游。風馬雲旗，歸大九洲。拜公遺像，縱横涕泗。敢以蕪詞，昭兹來世。

六譯老人遺像讚

壬申中元日門人林思進恭撰

峨峨播精，篤生先生。五經無雙，在髦益明。蚤研許鄭，通故植基。中考古今，無厚入微。皇降而帝，帝降而王。内外夷夏，包舉括囊。愚者駭汗，賢者憚譏。勿駭勿譏，請示要歸。翼奉有言，經統人詒。仲尼駕説，寧惟章句。世異學禮，人鶩奇頗。或竊其緒，道乃彌乖。疇昔而然，儒三墨五。始簡終巨，求末忘祖。嗟予小子，丱角從師。所業無當，愧負提携。淵海深矣，蠡勺豈測。嵩岱高矣，跛羊寧陟。杖履來游，方期□面。梁木忽摧，涙迸七霰。敬展遺容，有道之躬。昭昭令儀，穆穆清風。亦有辟儒，嘗借齒論。誣罔之談，曾何足病。六譯四變，厥書具存。董而理之，俟諸哲人。

受業袁化敬題

季平夫子文人像讚

鯤鵬卓識，龍馬精神。光風睟面，玉立長身。寰球哲士，素王功臣。解經以經，千載一人。俾大一統，有典有則。《六譯叢書》，垂爲矩墨。吴縣司寇，南皮相國。一代文宗，心傾語默。捷足南宫，校書天閣。乞假休養，行芳蘭若。樂道誨人，不要人爵。世外丹丘，雲間白鶴。鍾靈仙井，秀挹峨眉。還遠伊邇，鄒魯封圻。生也柴愚，尚獲追隨。戴銘景仰，日泐靡遺。

鄉姻愚侄吴嘉謨恭題

六譯老人遺像讚

三《傳》六經，今成絶學。發微啓義，分獨先覺。熔鑄百家，糠粃衆説。揭標弘旨，彌合六合。群經有師，萬流有壑。堂奥邃深，盲俗駭咋。皓首翛然，著述弗輟。天不慭遺，喬木摧落。我亦衰遲，杜門掃却。在鄉爲鄰，在戚之末。時或辯難，不棄譾薄。仰止高山，爲矩爲矱。兹焉邈矣，世無木鐸。顧概横流，斯文誰作。公像在兹，生平宛若。公之及門，如傷麟獲。萬歲千秋，名昭形没。

六譯老人遺像讚

邑子龔煦春拜題

有清經學，凌轢前古。公獨後起，别闢堂廡。初講《王制》，繼説《公》《穀》。小康大同，六合共幅。微言大義，周孔之精。詹詹小儒，咋舌相驚。己亥還鄉，志局臨幸。舊刊新著，手自編訂。小子末學，日親弄宇。馳騁末議，公不爲忤。追維矩度，嶽峙淵涵。載瞻遺像，臨風泫然。

挽　詩

外省　本省　本縣

外　省

略依收到先後編録，下同。

廖季平先生挽詩二首

後學長沙葛郁文

文星飛墮蜀山頹，噩耗傳來薄海悲。一老憖遺亡國粹，百身莫贖失人師。鈎河摘洛犀分水，議禮談經剪斷絲。齒德俱尊扶聖教，不將爵禄易操持。

砥柱狂瀾振末流，朱程末誼世無儔。闡明魯史文宗孔，詳釋《周官》闢僞劉。小試功名輕百里，等身著述重千秋。誄詞媿乏中郎筆，遥望西山奠菊甌。

季秋之月聞井研廖先生作古因成二絶以表哀慕

山東財政廳廳長王向榮

舉世咸驚失大師，鴻儒彤落動悲思。書傳六譯風行早，留得人間誦習之。

卓犖公能貫九州，群經皓首有誰侔。茂陵遺草群相問，遥拜井研涕不收。

本省

廖季平先生挽詩　壬申十月九日四首

李思純

講舍城南路，於今石室空。六經聖言量，一老漢儒風。身世紅羊劫，文章《白虎通》。九州論王霸，微旨契衰翁。

嶽嶽尊經閣，淵淵湘綺樓。古今翻案卓，師弟荀同羞。異説張三世，皇輿大九州。并刀明似水，剪斷百川流。

問琴偕壽櫟，鼎足此修名。至道齊三變，危邦魯兩生。蒼姬難再復，儒墨況争鳴。一炬秦人火，悽悽孔鮒情。

廿載南臺寺，猶思識面初。病身如古木，清談握玄珠。六譯平生事，千鈞左手書。聖凡同此盡，瞻拜意躊躕。

又三首

灌縣修志局局長羅駿聲

鑿險分明有主張，廓清陳語破天荒。文章蓋世輕揚馬，學海探源過漢唐。《王制》新經恢一統，《周官》舊域括重洋。獨空依傍今文義，要使全球拜素王。

如此天才不易逢，恥爲後進欲開宗。南皮卓識先窺豹，西蜀空群合是龍。長素升堂猶北面，名山對壘各東封。可憐碩果垂垂盡，變雅哀時歎鞠凶。

語不驚人死不休，嶄新壁壘獨千秋。豈徒大義張三世，更欲同文協五洲，南海好奇甘北面，蜀才多雋擴湘流。等身著作資縋險，聖譯應過孔馬儔。

又

晚學李承烈

古今紛聚訟，經學失其正。揚馬去已久，井研挺哲人。原接湘潭遠，時見新誼生。六譯播中外，妙契天人真。下士何所知，迺以拗强名。爵禄容可敓，皋比安能争？閉户獲偃仰，譚經自鏗鏗。專席一宵話，疑獄議未平。誰何善剽竊，黨徒粤蜀分。公本篤志人，豈爲虚聲嬰。有客籀玄言，及身見定論。昔儒發古冢，不偲東方明。生時既如此，後更口味珍。金椎在人手，頣頰可幸存。平居誦公書，精旨未親承。梁木胡遽壞，典型憂墮淪。玉壘自青青，錦江猶沄沄。私淑印遺徽，蕪詞當芻陳。

又

四川大學數學系畢業資陽縣立初中校教員後學郭永清

頽矣魯靈光，魂兮招不得。群經失巨師，庶士奚取則？憶昔事湘潭，高材巴之擘。鋭哲與英雄，并世稱無敵。獨於先聖言，憤發殷羽翼。六譯有叢書，九州争尋覓。康梁藝林宗，私淑遥加額。方期大道傳，敷天蒙其譯。何圖歲在壬，伏生翻遭厄。噩音發中途，後學胥悲慼。母校舊尊經，感觸尤深刻。嗟哉復嗟哉，天意殊難測！古徠秦火燒，今徠歐化逼。碩果已云亡，斯文誰之責？寄語追悼人，莫徒愁眉結。欲慰先生靈，須踐先生跡。

又

國民革命軍二十四軍警衛司令鄧龢

蜀山多秀拔，篤生此俊哲。將爲世界宗，未可管蠡測。煌煌巨迷中，識見何卓特！就中《知聖編》，定一於白黑。歷數各大家，公益爲增色。初以名進士，香帥頻器識。旋改官廣文，弗慕榮貴職。人推泰岱尊，楚蜀彌親炙。清末崇科學，耶教尤蟊賊。西人肆猖獗，傾折無遺力。自謂無經學，乃能新厥德。中人比芻狗，腐化靡由飭。中西互攻訐，吾道有黜陟。洪水猛獸兼，恐未若此亟。國粹儻先亡，神州何以國？公乃謀保存，思所以自立。乃出其神奇，乃化其荒殖。謂聖由天縱，謂聖立人極。皇帝王伯階，非躐等可得。順逆若有歸，彼此無滯塞。刋經非舊史，自古區儒墨。世界判野文，循序亦靡忒。筆削憑天口，專俟堯舜則。上溯羲農軒，還將舉目拭。冠昏諸典禮，漸推及異域。發明先聖功，不下於禹稷。蜀帥突焚書，得毋因讒逼。英美哲家聞，爭聘爲講習。始知我公學，可望不可即。條例屢變更，六譯最後刻。至今學校繇，支派無南北。高山知景仰，人學斯不惑。莫辨思無涯，曷輾轉反側。晚年注《靈》、《素》，借解《易》十翼。驚醒衆生夢，遍掃地天棘。諸儒從鼓吹，蛩聲秋唧唧。惟公乃立言，功德被萬億。其生人道盡，其殁君子息。自悼愚生晚，行師次都邑。忽聞哲士隤，惆悵無矜式。

又

後學丹稜謝國治

抱犢飛聲早，傳經王霸治。高明無宿計，大雅有遺規。紅葉滿秋樹，青燈空故帷。追懷長太息，景邁已多時。

又

受業林泉滋永榮寧

奎宿宵飛動九州，林宗厭世作仙遊。詞呈戩穀方三月，前三月曾作詩爲公壽。坐侍尼山未十秋。公長四川國學院時，予曾受業。泰斗頻摧憐國痛，宋芸子先生亡於昨歲。經師孰繼士林愁。寢門未到心尤慊，翹首雲天涕泗流。

又 十二首並序

心喪無服弟子胡翼素民

蓋聞追悼主於痛傷，表揚窮其品學，哀情吉語，似難併爲一談。顧喪次榮哀，僅一時之盛，而名山事業，實千古長存。計聞發之及時，惟弔唁爲尤甚。此翼所以恭逢祭典，默念先型，補報恩施，别有懷抱也。憶自十五年夏，廣州大學聘翼就任教授，兼備總政治部顧問，位清事簡，地遠人閑。因念《六譯叢書》未有題詞，乃據見聞，形諸鉛槧。和璧初開，光輝奪目，海南景仰，事固宜然。越四年，翼來成都長大同校，亟思繞道井研，晉謁師座，并呈拙著。道途不靖，竟未果行。今年重到此間，適先生八旬初度，省中文武逮於四民，具柬相邀，如響斯應。正喜拜瞻壽相，計日可待；胡天不弔，駕抵嘉陽，忽來噩耗，國之大老，蜀之元氣，一朝奄逝，痛也何如！翼辱在門牆，九年受益，山頹木壞，抱恨尤深。竊歎先生之學，直如子雲《太玄》草成，知者特少。死雖有侯芭，信其必傳；生難得劉歆，畢其所業。芝蘭在谷，固貴自芳；曲高和難，誠爲憾事。即翼負笈從遊，積有年歲，寶山堆積，取實無多。《春秋》、《尚書》，猶窺涯涘，若《詩》若《易》，美富未聞。當此曳杖聲沉，奠楹夢杳，絶學繼續，賴有解人。所期原委粗陳，無嫌仁知異見。不揣冒昧，輒録陳文。視死者如生存，易哀詞爲學案，俾後之士子，舉一反三，露爪知龍，烘雲見月，丕承驗推之術，用慰洙泗之靈。區區愚忱，藉以表見。魂神如在，幸式憑焉。

群經制度分今、古，四代升沉首伯王。帝諦皇煌由漸進，天人尚略鬼神詳。先生始分今、古學派，後著《孔經哲學發微》，分伯王帝皇、天人鬼神，以次衍進。

嫡派不甘王闓運，淫祠要毀鄭康成。西京博士遺書在，經學師承有重輕。鄭康成融合今、古，自詡解人。先生極不謂然，力主西京十四博士舊説，詮釋經典，并言康成不出孔廟，吾説終難大行。

臨文尚且譏鄒魯，造意何妨詭實名。《王制》《春秋》斠若一，廖平新例已頒行。先生從王湘綺於尊經。初以《王制》説《春秋》，同學有根據其説作文呈於湘綺者。湘綺輒批曰：「此廖平新例，尚未頒行。」

《詩》《易》微言讖緯求，鳶魚上下夢魂遊。大同世界期來日，笑指行囊一部收。先生以《詩》、《易》爲大同學説，多取材於讖緯，而《莊》、《列》、《中庸》尤數數引證。

朝官市賈兩無殊，要讀書心久不渝。漫詡山西巡撫貴，咋舌蘭陵一大儒。先生幼貧就賈，大書「我要讀書」四字於賬簿上，其父憐而許之。及中第，應補知縣，改教授。之山西謁張之洞，席間曰：「倘使《穀梁》成書，不羨山西巡撫。」張驚歎爲誓願宏大。

老樹奇花分外新，胎元墳典祖周秦。著書除却論文字，也是今時第一人。先生作文，純任自然，不矜意氣，而典雅樸茂，間以譬喻，頓覺字裏行間寶光煥發。翼嘗取魏徵嫵媚、廉頗顧盼相喻，先生笑而頷之。惜爲經學所掩，稱者尚少。

年來寢饋在岐黄，左腕能書著作忙。闡發《傷寒》溯《靈》《素》，更鐫古本出扶桑。先生中風，左腕學書，日漸活動；乃繼續操筆，解釋《傷寒》、《内經》，并校刊日本醫書數種。

豁達都從學識來，東方言笑雜詼諧。有時座上聞莊語：「譽己污人者不才！」先生與人交際，不以觭見，時或莊諧雜作，使得盡歡而去。至辨别小人，以喜談閨閣、好炫己長爲斷。名言精理，是即人師。

《改制》篇成拾唾餘，斷言秦政未燒書。羊城會館源頭水，衹見遺筌不見魚。康有爲著《新學僞經考》、《孔子改制考》，不言其所自來。其實康初見《今古學考》，傾倒先生甚至。及康與先生會於羊城會館，先生歷舉始皇未焚六經確證，康大悟。未幾，二《考》成書，名滿天下，惟竺舊者嫉之。張之洞函責先生，指康爲嫡傳弟子，梁啓超爲再傳弟子。

鐫劖造化運神思，曾見周公待旦時。自道生平析疑難，雞鳴深惡醒來遲。先生在高等師範授課，翼前往請益，偶與之共榻。夜中身動，先生呼問：「醒否？醒則不宜再睡。此時天氣清明，凡白晝不能解決之疑案，一思多能省悟。予生平著書，實得力於此。」

儒家氣象尚巖巖，争説爲師道在嚴。獨有達人知聖久，降尊先禮不爲嫌。先生於門人愛之如子，待之如友，未嘗輕呼名號，反以「先生」、「老師」稱之。甚或門人別久，尚未及拜，即先長揖，反使受者惶伏。

負笈龍游請業遲，普州磐石侍臯比。藐躬衹合傳文學，爾雅雍容繼我師。翼年二十有五知先生名，走嘉定受業。由是資中、安岳，凡設帳處，負笈相從。惟有歷年，終無所得，僅喜其文章，又弗克肖。有志而已，繼云乎哉！

又並序

榮縣吴澤民

民國二十一年夏，予在雅安閲報，見井研廖大經師季平歿，有足悲者，因爲長詩以挽之。

嗟我蘋飄廿九歲，無緣一謁廖經師。井研榮縣原鄰邑，咫尺終成天一涯。童時不足望門牆，弱冠年年泊異鄉。間聞師友談經解，都道先生見異常。吾蜀文豪品望優，淵雲軾轍升庵儔。文章頗爲蓋代矣，正經能過先生不？祖龍尊經與尊儒，先生講經，曾有此言。項氏凶殘燬六書。長使後人生疑揣，打破迂談迷夢甦。文人遭際恒有言，前數隨園後曲園。下筆驚人誰足比？公與爲三無輊軒。飛聲海内蜀增輝，譚經奪度萬流歸。春秋高度八十一，忽憶嘉州動游機。節屆天中登烏尤，樂水嘉山鴻爪留。執筆猶能記諸刹，公真不負古嘉州。爲愛凌雲思跨鶴，長辭濁世無束縛。言論早作後人師，義吐光芒詞廉鍔。不見古人無來者，翻然教我淚長下！

又并序

蘆山陳世傑

清初宋學昌明，支配全國人心，達於極點。然因知識階級有求是傾向，對於宋學潛滋懷疑，力揚漢儒，後於漢學中又分出今文、古文，對於東漢諸儒説亦滋懷疑，澈底尋根，直追西漢諸儒説，是謂今文學家，此派領袖武進莊存與、劉逢禄等傳衍開去，由仁和龔自珍、邵陽魏源播及於近代。王闓運、皮錫瑞曁廖大經師季平，當張文襄督學四川，創修尊經書院，先生受知於文襄，頭角崢嶸，調入尊經肄業，鼎鼎大名，輝耀全川。迨其後康君有爲亦受廖大經師傳述，力贊今文，創孔子託古改制説，直追儒家學説之根源，以見社會進化，古代不及後世，數千年來迷信古人之思想家便起一大革命。昔在蓉城與同經師門下士夏君青蓮、李君德昭朝夕聚首談，慕先生史略及品學，經術有如太史公，所謂高山仰止，景行行止，雖不能至，心焉嚮往。今聞西逝，曷禁感慨。嗟乎！一代經師，今文家之集大成者，康梁輩直接間接頗受啓示，晨星碩果，明清以來不多覯也！蜀水岷山，光增彩異，今以嘉遊高興，中途跨鶴，享年八十有一。老成凋謝，不勝浩歎，因賦詩以挽之：

宋學衰微漢學興，淵源漢學有師承。詩書自信能删減，日月誰知不再增。渭水春光餘一載，尼山衣鉢剩孤燈。老成彫謝將安仰，悵望井研淚欲傾。

又

前人

烈士暮年懷壯遊，壯心未已到烏尤。精神矍鑠廖先哲，奄忽潛蹤不勝愁。君不見昌黎晚歲謫潮州，吾骨江邊歎好收。又不見亭林暮年遊華陰，道中客死名空留。本無一事行千里，忽動嘉定興之遊。祇道太傅晚年逸興豪，歸欲極意東山遊；翰林偶脱夜郎謫，醉後賦詩黄鶴樓。今日翻然遊烏寺，意謂青山白雲聊散愁。又誰知一朝忽寢疾，中道騎鯨而與太白後先同仙遊。嗚呼！松擢秀而在崗，蘭葆真而在幽，忽焉其摧折兮，喪吾道之干城而不能留。吁，嗟乎！誰道人師之難得，而豈知經師之更不易求。韋編三絶兮，繫辭妙奥孰能擬！叢書六譯兮，議論精奇誰與儔！蒼蒼旻天胡不祐，八旬晉一潛白頭。大江東去長不返，獲麟西狩恨千秋！

又

欒山及門游輔國

當代譚天口，荀卿最老師。騁懷翻日月，昂首上軒羲。六譯抽玄緒，群經掃濁粃。大言成濩落，奥旨孰端倪？南海開新派，西京撤舊籬。陽春難下里，聾俗藐咸池。不見蒲輪載，如聞楚醴詞。自知山藴玉，人擬豹留皮。星殞名争戴，麟傷袂掩尼。名高多坎壈，道喪仍驅馳。前武應能繼，斯文總在兹。伏生原有女，韋相未無兒。秋草長書帶，春風冷絳帷。悲生三水色，秋鏁九峰眉。後學方瞻斗，先生已駕箕。烏尤歸去日，墮淚讀遺碑。

本　縣

六譯先生挽詩六首

曾大椿

十年不解升堂客，一電驚傳哀訃詞。滄海波迴翻舊蔓，巫山雲起泣先知。伏生老去斯文墜，劉向衰時古道歧。四顧茫茫江水下，中原無復有經師。

先生化雨著宏聲，桃李春風滿世清。開國人材文中子，後堂絲竹鄭康成。《春秋》三傳翻新案，公有三《傳》註解行世。經史百家有異評。《六館館叢書》百餘種，皆發前人所未發。試問古人與來者，千秋幾個是書生？

等身著作滿遥天，傳誦家家樂管絃。大道先隨南海去，康有爲書曾謂其學宗廖井研。新書尤被島夷傳。日人講漢學，多購先生書去。漢唐以下無青眼，董鄭之徒庶比肩。不信試看書肆裏，棗梨到處有新鐫。

晚年多病半支枯，進退時須待客扶。字畫且餘碑刻範，病後左書，人皆奉爲至寶。文章尤作達人模。病後嘗有人求作碑銘傳狀。山川有幸留香迹，風月無邊寫畫圖。猶記十年鐫拙藁，品題聲價重三都。十年前友人爲余刻藁，先生曾作一序冠篇首。

新朝逐歲挹塵埃，交羡吾鄉多異材。吴季且爲詩賦伯，指吴蜀尤先生。鬻熊又上將軍臺。漫誇子弟衣裳好，都自先生杖履來。數到瓣香塵裡迹，一回呼罷一悲哀。

廿年來去拜階墀，最愛琴樽詩酒時。公自多情培後進，我偏無力啓新知。錦江水淺波流遠，歇浦潮空淚灑遲。回首故鄉雲萬里，寸香恨不到天涯！

挽聯 外省　本省　本縣

外省

篤學賴薪傳，微言重繹張三世；
高名留海内，清節齊蹤魯兩生。

雲南省政府主席龍雲挽

大名遍西川，孔劉之間成諍友；
私淑有南海，魏晉而後此傳人。

吴佩孚挽

秦燄伏生收，薪盡火傳，回思大輅推輪，口授今文付晁錯；
漢廷揚子去，風微人往，依舊玄亭載酒，心喪古誼重侯芭。

夏斗寅挽

漢廡一經，蔚然名世；
蜀江千里，鬱爲宗師。

于右任挽

奮筆著書，大名合壽儒林傳；
振鐸宣教，當代早推經學師。

孫科挽

好古如周猗相，傳經如漢伏生，六譯著鴻篇，真使儒林標絶學；
名德若姚徵君，大手若文潞國，千秋仰鱣席，頓教魯殿失靈光。

司法院挽

大同絶詣天人學；
六譯叢書宇宙觀。

弟柏文蔚挽

天不留耆舊；
人皆惜老成。

陳立夫挽

手開户牖，口別淄澠，導康南海皮鹿門説經先河，微尚卓如，隋唐以下文中子；
皋牢百家，揮斥八極，步戴東垣惠定宇治學前路，大齊奄及，秦漢之間老伏生。

劉峙挽

六變肆群經，畢生志事題楹句；
一瞑痛中道，絶筆文章陟屺篇。

戴傳賢挽

詮釋群經奥義，開拓萬古心胸，壽過八旬，天與耆年成著述；
咸推一代名儒，自合千秋定論，聲聞九夏，人從遺集緬師資。

夏斗寅挽

樸學足千秋，曠代淵源繼東魯；
教宗通一貫，先生精爽到西方。

西藏班禪駐川辦公處挽

抗心希古，從衆宜今，功令廢經，六譯故應成絶筆；
窮豈徇人，耄毋舍我，蜀儒好學，千秋斷不墜遺書。

愚弟方旭撰書追悼

四海競傳高密訃；
八旬深惜伏生才。

江西建設廳龔學遂挽

學究天人，放膽生前談改制；
派分今古，傷心死後見遺書。《六譯館叢書》内有答下走《論今古學考書》，頃始見之，不勝感悼。

弟江瀚挽

一老不憖遺，概《周官》僞作，《春秋》詭詞，闡闢更何人，《鵩賦》傳來，八表沉霾悲大雅；

群士失矜式，撫《河圖》奥藴，《洛書》玄秘，著述垂奕世，鳳鳥不至，萬方多難哭斯文。

河南省政府委員兼教育廳廳長齊真如挽

道誠在我，勿以造次顛沛而忘，允矣公堪傳不朽；

學亦因時，本於窮變通久之義，惜乎吾未讀其書。

後學陳嘉祐挽

推倒一時，開拓萬古；

羽翼六籍，師表群倫。

宋子文挽

東海經術，西蜀文章，當代名儒推六譯；

曠世典型，等身著作，斯人美謚定多辭。

私立齊魯大學挽

於舊朝名宿早推經術鉅儒，著述傳聞已數十年，遠檄隱靈光，寰宇幾忘公尚在；

爲中國冥心深明孔學新義，天人證定待千百禩，横流正滄海，大同未兆世安知。

甘肅省教育廳廳長水梓挽

千年迷惘世無師，幸生公倒翻周秦，塞外人之口，起文化之衰，論祀當居荀孟左；
萬里悲秋常作客，天使我游遍吴蜀，聞賢伯之言，糾後進之謬，説經始悟列莊譏。

愚姪曾爾瀚挽

前無古人，後鮮來者；
生爲師表，歿作仙靈。

河北省政府委員會兼建設廳廳長林成秀挽

六譯書成昭日月；
千尋木壞泣宫牆。

陸軍第二十六師參謀長受業李如蒼挽

經師名高，與四李更相輝映，公去百餘日於兹，矩範難忘，希將遺蹟垂青史；

南極星隕，并靈山亦感凋零，我從數千里而來，瞻依莫及，空呈芻束泣秋風。

井研縣建設局局長江蘇黄譽丹挽

勤考訂，正訓詁，海内經師亡許鄭；

闡太玄，崇講德，鄉邦文獻繼楊王。

山西工業專科學校校長朔縣後學李尚仁挽

大著刊已百餘，試觀往哲叢書，乃推六譯館以獨步；

老儒壽逾八秩，曾在尊經講學，而爲五少年之一人。

陳寶泉挽

馬鄭注經，羊求好古，丹鉛八十年，不必師承標漢學；

錦江露冷，玉壘風凄，迢遞兩千里，空從遠道哭靈光。

林競挽

玄亭問揚雄，寂寞文章非一日；

石室祠高密，馨香俎豆共千秋。

福建省政府代主席方聲濤挽

科斗從誰問奇字；
龍蛇何事阨經師。

後學符定一挽

振孤學於絶續之交，道統所存，奠楹自有千秋業；
闡微言在馬鄭以上，津梁大啓，石室猶留六譯書。

覃振挽

窮經没齒，著書等身，古義抉微茫，群籍盡祛千載翳；
碩果僅存，昊天不弔，斯文憂廢墜，奔流誰障百川瀾。

黄旭初挽

本省

玄經不晦新鄉學；
綠荔先萎大哲人。

曹經沅挽

稱觥仙井，奉斝離堆，方期夏五優遊，蒲觴歡讌凌雲頂；
已足千秋，何靳百歲，不堪玉先促別，芝采空留落照中。

門生帥鎮華率子倫銓倫賢挽

不忘嘉定昔遊，老病尚期供點綴；
遥想井研故里，山靈應早望歸來。

嘉屬共立中學校教職員等挽

放眼論西蜀人才，器識文章，端推此老；

熱心誘全川後進，鄉賢俎豆，不媿先生。

世愚晚陳光玉挽

一朝老去，遠及門庭，想石室記中頭銜，當署靈光殿；
前度來遊，獲親杖履，歎玉先山上手筆，猶留陟屺亭。

世愚晚陳光玉挽

杖朝逾一春，英才惟仰公蓋世；
端午前三日，噩耗傳來淚墮碑。

張箭廷挽

逝世前兩天，猶爲烏尤坐傳記；
心胸開萬載，悵望峨眉失人賢。

楊祖武　何朝梁　徐鍾三挽

四譯六譯，鉅製鴻篇，誰能獨有千秋？　馬帳仰宏開，海内薪傳高足弟；

經師人師，泰山北斗，天不慭遺一老，虎溪剛笑別，雲中先黯少微星。

欒山烏尤寺住持崇正和南

咫尺家山歸不得，誕祝八旬方半百日，尚未盡歡，那堪重到九峰，便參列宿；
萬千書卷卒彌彰，爲大一統註十三經，毅然尊孔，且待頒行六譯，永享太牢。

彰明縣知事受業袁化挽

禍亂果誰戡？天喪斯文，忍令劬學老成，聲吞死後；
河山終不改，地藏其熱，空餘招魂香草，哀思生前。

世晚唐世秀　李黛眉　王必慰　李景文　張耀宗　周縝挽

一代斗山，今日頓深梁木痛；
六經淵藪，無人能并大名垂。

門生范尊禹挽

國勢阽危，先生那忍遽去；

士林紛擾，哀我何所依歸。

樂山縣第十一區區立高小校校長王培漢挽

天果喪斯文，六經以後無師表；
人能宏此道，百世應許有先生。

國民革命軍二十四軍憲兵六十團二營營長王述芳挽

毓秀鍾靈兩間正氣；
解經釋義一代儒宗。

國民革命軍二十四軍憲兵六十團中校團附詹作霖挽

中國大耶？岐伯五兵亦小；中國小耶？覽九州圖，大至海岸無邊，是中國可不亡也，中國不亡，無足憂矣；
先生壽乎？彭公八百爲夭；先生夭乎？有六譯書壽，當恒河沙數，則先生尚未死耳，先生未死，又何挽哉？

井仁場長劉志誠挽

先生洵著述專家，六譯簡編窮理無遺，作有文章開後學；
我輩擬觀摩餘緒，一臨蒲水望塵弗及，翹企秋月奠芻香。

國民革命軍二十四軍憲兵六十一團二營營長林明高挽

著述叢書增文化；
溯洄秋水弔伊人。

國民革命軍二十四軍憲兵六十一團團附簡永挽

學貫天人，闡奧發微留鉅製；
筵標彩珞，清泉白酒弔先生。

國民革命軍二十四軍憲兵六十一團一營營長鍾成梁挽

經學集大成，喜等身著述早傳，獨有千秋，先生不死；
年華登大耄，歎吾蜀老成將近，又弱一個，造物無情。

國民革命軍二十四軍憲兵司令部書記官魏松遐安湘齡挽

經術崇丘軻，春蠶到死絲方盡；
大名垂宇宙，化鶴旋歸道彌孤。

井研縣管獄員雷占雲挽

舉世仰經師，溯秦漢以還，有此讀書人幾個？
畢生欽教範，悵人琴俱杳，無端揮淚我重來。

國民革命軍二十四軍憲兵六十一團團長鄧心田挽

古道照寰球，是經師是人師，并世名高天北斗；
西風寒廖井，爲公痛爲私痛，一時儒行魯東家。

井研縣郵政局長蘇柱勳挽

學究天人，知心孔孟；
筆參造化，加足漢唐。

國民革命軍二十四軍憲兵六十團團附尹少清挽

公原仙井經師，名聞天下，看秘簡叢編，久欲停車頻問字；
我本咸淳遊客，足托研中，恨風微人往，可憐孤館倍愴神。

後學李鳳鳴　楊萬年挽

著述號專接大義微言，中外名馳傳不朽；
桑榆驚遲暮風蕭露冷，悽愴淚落哭先生。

世晚賀民先挽

數十年化普春風，後起於今多偉器；
彈指頃魂歸閬苑，斯文何處仰前型。

國民革命軍二十四軍憲兵六十一團一營營長龐澤挽

國學賴扶持，當年錦里從游，化雨春風傳六譯；
老成悲永訣，此日玉樓作記，文章道德足千秋。

受業趙質君挽

北斗泰山人共仰；
景星慶雲世所希。

井研福音堂牧師廖國藩挽

歐蘇詞藻，鄭賈註箋，數百卷大義微言，海内名流齊捧誦；
學究天人，聲馳中外，八十年宣金振鐸，蜀中佳士半門牆。

國民革命軍二十四軍憲兵司令部副官處挽

漢唐以來歎經晦；
孔孟而後有斯人。

井研縣縣長鍾國江挽

已醒二千餘年傳經迷夢；
恥誇八十一歲度世高齡。

門下小學生龔向儒挽

學問精微著作宏博，
六經淵藪一代斗山。

井研代理菸酒監察所所長范敦輔挽

詞壇健將，儒林大家，轉盼即期頤，廿載駒光天竟阨；
名教干城，梓鄉斗泰，爲殃來豎子，一朝鶴駕痛難留。

國民革命軍二十四軍憲兵司令部參謀長方印青挽

學宗董何，業精《公》《穀》，絶調仰高彈，曾記升堂聆雅操；
《詩》識倒景，《易》悟周流，新經歎未竟，那堪跨鶴赴修文。

受業孟光鄒　熊青雲　袁大亨　袁利亨挽

六藝分古今，解字繙經，想有薪傳型蜀士；
九州辨大小，披圖攬表，空餘室築失人師。

受業鄧先茂　陳順藩挽

晚年蹤跡，恒與林泉相因依，對中嵒山，領都江水，逮嘉州暮遊神愴廟記，最傷心沖齡撫頂許稱命世；

千秋經壇，當推明公爲巨擘，弭康南海，服章餘杭，歎一代才名終歸兜率，祇贏得六譯叢書流落人間。

世晚生宋星橋挽

道贊幽明，名播中外；

生爲人瑞，死作國殤。

後學劉粟滄挽

六譯闡精微，開拓縱横九萬里；

一朝夢楹奠，推倒上下五千年。

峨眉縣縣長後學黄澤榮挽

講經跨漢宋諸儒而上之，六譯書成，嘆矯矯先生，洵爲後賢傳絶學；

大名馳東西各國已久矣，一朝駕返，覺茫茫宇内，更從何地覓師資！

犍爲鹽場評議公所挽

大道爲公師表萬里；
哲人其萎天喪斯文。

合川縣縣長受業王錫圭挽

一代儒宗千秋景仰；
下爲河嶽上則日星。

青神縣縣長楊自廉挽

達人獨步儒林傳；
靈爽千秋井鑊山。

虞兆清挽

學貫古今，六譯叢書立言不朽；

名滿中外，千秋後世弔公有人。

世愚晚劉元昉挽

講學陋宋儒，溯自康成而還，千載談經稱巨擘；
遺書論道統，嘆息顔回早逝，畢生著述待全刊。六譯先生講學，晚年致力天人，人鮮能解。先兄經華追隨二十餘年，贊助著述，不幸早卒。今日先生來函，嘆息有加。謀刊全集，命先兄稿件一併付梓。未逾廿日，先生遂於吾鄉歸道山。心喪之感，悲不自勝。特叙數言，用誌哀悼。

受業黄農江率姪伯猷子國初姪孫漢楨挽

説經繼孔門七十子而傳，前無古人，後無來者；
歸神在鄒衍大九州之外，揮斥八極，周遊六虚。

劉湘挽

頓碩井研師，痛刮殘碎，直抉精微，學能綜貫群經，此摧陷廓清之功，儼同武事；
西南儒林傳，尤長《春秋》，善説禮制，天不慭遺一老，自秦漢魏晉而下，幾見斯人。

四川大學校長王兆榮挽

臨死欲刊有遺書百種；
服勤未竟願心喪三年。

門生蒙爾達　向承周　彭舉挽

恥爲《經籍纂詁》之子孫，超出阮王二家，自成六變；
直指《讀書雜誌》無師法，離開湘潭一派，獨有千秋。

後學成都吴虞挽

燕山錦水共銷魂，億廿年前，君送我歸，我送君歸，到今朝宇宙間，祇賸得一個還齋，朋舊凋完，又向土中埋玉樹；
節概性情雙傲骨，看兩家子，人傳經學，經傳人學，痛此後風雨夕，尋不着五洪高躅，斯文喪盡，敢爲天下哭儒宗。

弟朱青長挽

學究天人，看畢生四譯五譯至六譯；

識超今古，是一代經師人師大宗師。

後學沈宗元挽

抉經之心，執聖之權，先生無媿此語；
大義已乖，微言已絶，後死誰與斯文！

後學龔道耕挽

得壽逾八旬而終，繼往開來，公是無雙許叔重；
窮經至六合之外，下學上達，人訝彌天釋道安。

向楚挽

窮經先別古今，精義入神，西漢來共推一人而已；
昊天不憖遺老，靈光遽隕，後起者誰通六藝之傳？

門人林思進挽

不以富貴顯嚴名利勃志，不以容動色理氣意繆心，出人入天，盛德多愚，宛然獨瞻矩矱；
遠則六經皇王帝霸之術，邇則百家卜筮醫藥之書，融貫昭達，微言大義，惜哉未有傳人！

余舒挽

推倒一時，登泰山而小天下；
光被四表，合九州以爲大同。

李鳴和　黄鵬基挽

是蜀國靈秀所鍾，學究人天，更能新諦獨標，萬卷談經超白虎；
後濟南功業不朽，名流華夏，可惜宏文未竟，豐碑絶筆記烏尤。

成都縣立中學校挽

喪斯文如失泰山北斗；
執禮器已隨孔子西行。

成都市公安局長陳夢雲挽

高庠曾憶傳經，以衣裳顛倒，爲地球經緯之分，越世高談，俗士竪儒齊咋舌；
遠道驚聞曳杖，正禮樂崩頹，屆天喪斯文之會，臨風危涕，嗟麟泣鳳有餘哀。

受業官維賢挽

數載訂神交，雨晦雞鳴，成績優長超若輩；
一朝成永訣，塵封蠹簡，遺書零落付何人！

回教俱進會四川支部挽

知聖獨空前，同時南海傾心早；
翻經全似緯，後世康成下註難。

學生李樵挽

新義獨標，闢漢宋儒而立説；
晚年持正，究天人學而傳經。

國民革命軍二十八軍警衛團團長劉耀奎。

經師之名足千古；
魏晉以來比一人。

新繁縣縣長傳𣲖挽。

承數千年洙泗淵源，拒楊墨息邪説正人心，日月麗中天，萬國聞聲歸雅化；
值廿世紀風潮激烈，拜金錢尚武功崇詐術，龍蛇驚起陸，彼蒼何意喪斯文。

國民革命軍二十八軍參謀長丘延薰挽

曠代維賢，一生名著公羊傳；
萬流共悼，薄海深藏鄭氏經。

國民革命軍二十軍副官長向廷瑞挽

新義獨高標，先生儒術發皇，道德蓋蜀中名士；
哲人今已萎，後學韓瞻莫再，斯文喪海内經師。

華陽縣第一女子小學校校長方淑瓊挽

守高密之傳，由知縣改官，自古經師原博士；
繼湘潭而起，以耆年講學，一時後進抗前修。

揵爲教育局長張聯莊挽

先生本孔氏，發爲文章，學究公羊有卓論，康梁俱俯首；
吾輩原耶穌，儲作宗旨，教符墨翟聞妙談，俄美亦揚眉。

私立明德女子小學校挽

廿年前曾拜宮牆，春隨杖履之中，知家法自成，一掃巵言空馬鄭；
八秩餘猶親鉛槧，學究天人以外，論經神不死，漫嗟楹夢返烏尤。

受業亢廷鈐挽

是經學破天荒，前無古人後無來者；
本哲宗預言派，上通霄漢下同瀛寰。

東方美術專門學校挽

義貫群經，識空兩漢；
目營八極，身有千秋。

四川禁煙總處主任顔培忠、副主任粟學昌挽

歷前清四朝，閲民國廿載，有三達尊三不朽，名望播天涯，得心多付梓刊梨，公應瞑目；
入漢儒奥室，爲蜀學先河，是萬人傑萬世師，悽皇終道左，感懷在晨星碩果，我亦愴神。

成都市公安局警察第五署署長卜泰年挽

五百年名世必生，經學擅宏淵，六譯書成，蜀水巴山遺手教；
八十紀哲人其萎，文章標國史，九如誦罷，蒿音薤露倍心喪。

成都市公安局警察第一署署長陳志緒挽

經學紹薪傳，留有文章驚海内；
聲教悲叔季，安得壯士挽天河。

成都市公安局警察第四署署長常全清署員賴澤波挽

德範惟昭，永歸極樂；
風徽已渺，亂渡迷津。

成都市政公益券經理處處長劉仕廷挽

吾蜀産臯牢，百氏之才，逸群絶倫，昔數卿雲今宋廖；
先生尤恢詭，萬變不測，鎔經鑄緯，上通蒼昊下瀛寰。

鄧錫侯挽

起痼鈎玄，功邁馬鄭服何，學海波瀾狀六譯；
崇經創制，條貫周孔老釋，名山事業足千秋。

國民革命軍二十九軍第一師副師長兼步一旅旅長税梯青挽

大道無生宗師百代；
斯人不朽著述千秋。

吴金相挽

先生信一代儒宗，獨能抱道守經，直闡精微超宋漢；
末世正群言日競，賴有鴻篇鉅著，力崇聖教挽衰頹。

國民革命軍二十九軍第三路司令何德隅挽

道備一身，書傳六譯；
身登八秩，名著千秋。

犍爲鹽場場長李先春挽

□□東南，講學耄年無倦意；
名聞中外，譯書行世有真傳。

榮縣縣長汪銘鼎挽

得薪傳於大義久乖之秋，康之效，梁之崇，道顯名彰，不愧推倒一世；
聆教澤於經學五變之際，柴也愚，參也魯，理玄語詭，自慚虛度三冬。

北川教育局長門人成都余肇基挽

千秋大業邁前賢，儒道重光，獨破天荒宏聖學；
卅載深交共先子，醫書親授，終慚茅塞負師傳。

受業周守誠挽

開拓萬古心胸，偉論發明今古學；
推倒歷朝師説，素書留作帝王師。

世晚張光揚　孫崇階挽。

數海内大師，靈光巋然，當兹學絶道銷，獨抱遺經幸公在；
記墓前先友，晨星寥落，那更山頽木壞，追思往事重余悲。

世愚姪嚴式誨挽

天未喪斯文，抉經心，執聖權，藏之名山，傳之其人，播之通都大邑；
老不知將至，乘興來，揮手去，吟乎清風，弄乎明月，浩乎造物同遊。

年世愚弟趙鶊山率子錫儁挽

與先君秉燭談經，髫齔追隨，得侍名賢聞緒論；
爲蜀士開壇講學，旌麾崛起，獨從漢法闢新塗。

世晚劉孝頤挽

問家法有人無人，那堪夢奠兩楹，絶筆成書稱没世；
值斯文將喪未喪，誰是心喪三載，居廬赴冢哭春風。

受業秦昌緒挽

大文通古今中外之郵，思入風雲源探星宿；
雅道隨禮儀廉恥而去，士無師表國失人英。

學生李振舊挽

蜀學本今文，説易荄滋標漢史；
譚經成政變，維新改革啓康梁。

後學馮元勳挽

國粹賴昌明，孰後繼焉，漫道經師易得；
學潮隨鼓盪，如先生者，堪稱砥柱中流。

受業王志仁挽

居恒講學儼若兩人，似聖似狂，定論俟諸後世；
疇昔登堂曾叨一飯，古情古貌，至今想見先生。

後學簡陽王耀卿挽

開經學一重革命，自三代以來惟此老。
演故訓九大部州，從六譯而後無解人。

後學伍質彬　李崢嶸　盧蓀田　蔡振東挽

周遊六虚自今以始；
光被四表振古如兹。

後學趙世忠　張驥　張駮挽

伯揭拍案，先生驚名，老輩愛我何多，獨憾著述未完，兩公早卒；
勳業一時，道義千古，平生風流自賞，算到龍蛇化劫，天地猶寬。

譚創之挽

六譯傳書，私淑于今多學子；
八旬遺老，大年從古重經師。

宋元熙挽

以湘綺爲師，以長素爲徒，滄海横流，三十年中還後死；
作《太玄》擬經，作《法言》擬傳，雲亭高峙，二千載下有先生。

後學陳次錚挽

强爲我著千言，曾將管法通墨故；
誰繼公明六變，莫道前賢畏後生。季平先生學經六變，窮究人天。於壬戌夏用左腕書爲著《墨辯解詁序》千餘言，刻《六譯館叢書》之首，取《管子》七法説明墨辯之義，并勉以「前賢畏後生」之語。謙光盛德，追懷莫繼。謹撰此聯，用誌景仰。

後學伍非百挽

講學獨抒己見，講經衆號人師，寰海擅知名，猶使康梁稱弟子；
享年已逾八旬，享祀豈徒百世，彼蒼留遺老，偏教中外仰先生。

袁叶笙挽

翼奉所知猶淺矣；
騶衍之説何遼哉。

袁縣中學校校長陳禹傳挽

窮則變，變則通，通則久，日月經天，江河行地；
皇而帝，帝而王，王而伯，詩書牆壁，奴僕旌麾。

學生周澧挽

殿三百歲之終，造述未休，乃聞呼起起；
繙十二經以説，會歸有極，其餘從同同。

世姪祝同曾　後學龐俊挽

馬帳繼傳人，六譯叢書留手澤；
麟經同絶筆，一時後學感心喪。

後學吴雪琴挽

與天爲徒，以爲不知己者詬厲；
博學擬聖，見獨而後能無古今。

世愚姪楊正芳　蕭參挽

矢志攻群經，獨摧馬鄭籓籬，畢世專研凡六變；
含悲讀遺著，惟有天人學説，一辭莫贊自千秋。

世愚姪蕭汶俠挽

侍絳帷三載，末由鑽仰高堅，竊歎大著名山，出其塵垢粃糠，猶將陶鑄康南海；
愧季路片言，未遂刊傳注疏，尤幸先塋短碣，獲遇文章道德，概許書題六譯翁。

學生嚴樹勳挽

括班《志》，包劉《略》，惟先生獨闡心傳，倘天假遐齡，六譯發皇成百變；
張何學，鑄蜀才，問後起誰承口説，况世仍據亂，千秋事業盼重來。

後學孔慶餘挽

舊雨感師門，同此心喪，儻有高才承墜緒？
新潮横學海，若非聖譯，誰開覺路挽狂瀾？

受業李天培　唐朝堯　余覺民　曾古愚　曾義挽

殘局了清儒，讀《六譯叢書》，自成一隊開蹊徑；
群迷昭獨見，有千秋特識，截斷衆流辨古今。

受業胡志淵　陳慶　王安炳　賴銑挽

自創大同新例，爲曠代通儒，皓首尚窮經，常鄙兩漢難宗，要截衆流歸巨海；
兹誤小子遲來，值先生長訣，黄楊真阨閏，每恨九原不作，應藏六譯祭名山。

世晚劉素君　劉玉度　陳精業挽

漢標顯學，周實洪原，就初繙十二遺經，寫定禮堂昭後進；
聖固難知，賢堪作譯，謝著籍三千前哲，不當廊廡坐先生？

後學陶世傑挽

有德可風，芳型未遠；
其人雖往，古道猶存。

蕭平之挽

得尼父之真道，繼春秋絶代，微言超聖證；
比伏生爲天心，傷麐鳳人間，何世問先生。

後學王佑文　丁績熙　林樹九　陳光僦挽

與先叔同年同師，小子復獲追隨，兩世交親倍淳摯；
治群經六譯六變，後世研求遺著，百年學案費論思。

受業緜竹楊翔挽

信而好古，學不厭，教不倦，天喪斯文也；
臨之以莊，訥於言，敏於行，其爲東周乎。

平武縣民衆教育館館長兼教育會幹事楊曙東挽

本教育精神，存祖國真粹；
分儒墨嫡派，爲哲學大家。

國民革命軍二十四軍警衛司令鄧龢挽

先生足千古；
經學第一人。

後學曾克宣挽

傷吾國八鬬儒宗憖遺靡獲；
幸先生六譯文集奕葉流芳。

國立四川大學數學系畢業現任資陽縣女子師範教員後學郭永清挽

木鐸千秋遠紹尼山一老；
帝錫五篕同符夢坐兩楹。

國民革命軍二十九軍第二師師長曾憲棟挽

正倭寇披猖，救國難如救家難；
是蜀邦耆舊，悼經師更悼人師。

國民革命軍第二十九軍第四師師長王銘章挽

説經兼漢宋之長，八十年具見苦心，學不厭，教不倦；
遺著繼湘潭而後，數百紙獨標新義，窮乎古，信乎今。

江津縣職業學校校長李式中挽

泰山其頽乎，似兹碩學耆年罕聞罕見；
斯文將喪也，幸有鴻篇鉅制可誦可傳。

國民革命軍二十四軍司令部電務處處長兼成都電政局局長雷繼源挽

享壽八旬有餘，耆老猶勤，誰似西河新義富；
著書百數十種，高明所見，故應南海素心同。

犍爲縣教育會挽

著盛業深藏蜀山，丙申以前，由尊古以尊今，繼常州，拓湘潭，衆流無垠，六藝煌煌經六譯；
發餘緒遠播粤嶺，戊戌而後，自變齊而變魯，啓南海，衍新會，瓣香有在，三家炳炳耀三光。

私立成都華英女子高級中學校挽

大老蜀無多，河出圖，洛出書，具有仔肩擔道統；
斯文天忍喪，鳳不至，麟不見，頻揮熱淚哭人師。

什邡縣長黄莘牧挽

學術冠群倫，繼往開來，咸欽先導；
精靈還大地，山頹木壞，誰爲嗣音。

辜勉挽

道通今古，學貫天人，著述繼麟經，大義微言資闡發；
功在儒林，名欽黨國，老成歸鶴馭，秋風夜雨倍淒愴。

國民革命軍二十四軍司令部經理處副處長兼金櫃課課長李萬華挽

開經術新紀元，致遠鈎深，鄒嶧尼山應頷首；
是文家老博士，六譯三變，曲園南海共傾心。

四川省政府秘書處顧問秘書科長等挽

先南海公羊説經，六譯傳來寶書百二國；
似西狩獲麟絶筆，兩楹重奠弟子三千人。

國民革命軍二十九軍步十七旅旅長劉鼎基挽

是西蜀經師，小大天人終一貫；
爲中華國粹，皇王帝霸足千秋。

酆都縣教育局長李啓明挽

窮究天人幾，豈止今文彰絶學；
權衡中外理，不刊大道有傳書。

陸軍新編二十三師兼川康邊防軍第二師師長陳光藻挽

於當代不媿儒宗，數十載著述等身，早令朝野傾心，康梁避席；
爲吾蜀特種閒氣，二千年人文接踵，合與岷峨并秀，楊馬齊名。

國民革命軍二十九軍第三旅旅長曾起戎挽

是經學大革命家，最難入室操戈，氣魄壓賈馬許鄭而上；
應上界修文郎詔，縱使獲麟絶筆，精神貫日星河嶽之間。

後學張榮芳挽

西蜀大經師，奪鄭之席，闢劉之僞，囊括上下古今，天人一貫；
南湖高弟子，先顔而生，後孔而死，敝屣功名富貴，德壽全歸。

樂至縣教育局長楊以忠挽

披廖氏叢書，追念老成，大德百年流世澤；
宏蘆山教育，忝稱末學，望風千里動遐思。

蘆山縣教育局長宋九章挽

集劉鄭之成，歷四變而益精，論功世欲方曾子；
啓康梁之緒，惜九齡其未屈，述古應難得伏生。

射洪縣教育局長侯定遠挽

有清一代經師，獨數先生稱巨子；
遺著千秋傑作，行看史世傳耆儒。

新繁縣教育局長葉楨祥挽

卓然清代儒宗，學究天人，談經直奪匡劉席；
絶矣廣陵妙響，望摧山斗，遺著長爭日月光。

叙永縣教育局長李度挽

微言立繼，聖學淵源，著作等身，一代文章綿道統；
老成亡失，人群山斗，凄愴滿目，三秋風雨哭經師。

川康邊防軍一師師長冷薰南挽

皓首窮經，大白天人宗一貫；
浮生逆旅，殺青事業自千秋。

四川禁煙局會辦劉文成挽

蜀中殞名宿；
海內哭經師。

向傳義挽

書著等身，成就千秋學説；
山頹泰岱，惜此一代靈光。

向傳義挽

按劍相眄，築壘自雄，二三子駭異驚奇，又何能遊彼籓籬，窺其堂奥？
光大聖言，發皇儒術，八十年著書篤學，真不媿群倫師表，六經功臣。

國民革命軍二十九軍四師十一旅旅長鍾光黼挽

貫群經於天人，著述不朽，蔚成千秋偉業；
分禮制爲皇霸，研析入微，堪稱一代大師。

國民革命軍第二十四軍政治經濟討論委員會代委員長吴景伯　副委員長孔慶宗挽

繼王聖以開來，蓋世功名存六譯；
挽斯文於未墜，等身著述足千秋。

國民革命軍第二十四軍司令部金櫃課會計股股長孫德周　出納股股長康昭猷　文書股股長楊愚挽

經學早名家，不逢明眼南皮，隱擬陶潛栽碧柳；
遜清存逸叟，未許屈身近代，悲同虞舜過蒼梧。

川康邊防軍川康邊區屯殖司令青瀚南挽

先生爲當代文宗，博古通今，經著兩家言論；
後學多及門弟子，開來繼往，道存六譯叢書。

學友互助社第十二支社挽

講經得周孔正宗，名震千秋學府；
立論與蘇韓并駕，公真一代文豪。

財政部成都造幣廠挽

先生名標六譯，素仰金匱著書，至老彌勤，通國欽崇爲博士；
吾輩學守物鏡，忽聞玉樓奉詔，哲人其萎，臨風痛哭失良師。

參謀本部四川陸地測量局局長陳啓迪挽

尚道義以談心，重經學以名世，翰墨慕馳聲，公爲斯文標模範；
論品行是君子，言教育是完人，蓉城追落魄，我因時勢哭先生。

成都市公安局警察第三署署長林致和挽

六譯有叢書，繼往開來，千古大門垂不朽；
卅年欽令望，抗塵走俗，片時良覿悵無緣。

世晚羅迺璠挽

明是非抉馬鄭之籓，學説縱横，乃經神乃師表；
融小大發天人之秘，群經紹述，如北斗如泰山。

後學龔維錡　田明德挽

是名士，是真儒，雄辯創奇談，記曾講席優遊，兩漢而還稱作者；
非蠹食，非獺祭，高文砭俗子，無那道山歸去，三蘇以後此傳人。

涪陵縣立中小合校校長張又新挽

讀公遺稿等《春秋》，胡竟絶筆獲麟，撫卷愴懷空墮淚；
媿我不文同絳灌，方思投戈息馬，執經問難恨無師。

國民革命軍二十九軍三師七旅十四團團長薛廉身挽

知聖闡真，春秋三世公羊學；
尊經辨僞，著述一家司馬書。

大竹縣立中學校挽

宜享大名耆德耆宿；
永傳不朽經師人師。

國民革命軍二十八軍第一混成旅旅長楊秀春挽

數日間履席常親，古寺陪游，影片陪照，醫學陪談，書籍對聯重賜與；
兼旬來人天遽隔，新解未刻，壽辰未祝，省城未至，魚羹團扇兩茫然。壬申孟夏，大章因事赴嘉。越日，六譯老人駕亦到，言將入省做生，刻所著《詩》、《易》新解。游烏尤寺，大章奉魚羹爲壽，遊陳莊，并助團扇照像。留連數日，爲談烏尤寺歷史及中西醫學甚悉。時以《社會醫報》呈閱，因余雲岫醫師評論先生所著《脈學輯要評》，頗有功於世。乃大笑曰：「世人亦知某耶？」遂將《易經經釋》囑寄上海余雲岫醫師披露。大章將返省，蒙賜《六譯叢書》多種，左書對聯一副。今別剛兼旬，而訃耗忽至，因詮次其事，以誌悼念。

國民革命軍二十四軍第四師司令部軍醫處長國民政府註册醫師黃大章挽

天府固多才，揚子以還無餘子；
經師豈易得，伏生而後一先生。

國民革命軍二十四軍第一師副師長兼步六旅旅長高育琮挽

博學貫天人，洵不媿文壇泰斗；
叢書兼體用，尤留作後世儀型。

天全縣縣長後學佘詩宗鈺挽

説明大一統禮制宏規，新法溯淵源，喜重見鄒衍談天，公羊治世；
判厥二千年經學懸案，今文昭日月，已足使劉歆拜手，鄭馬低頭。

合江縣教育局長盧正權挽

學經六譯，名滿九州，籌世託青篇，公原不死；
贖擬百身，緣慳一面，承家懷綠荔，我獨何依。

宗再晚工鐵挽

制標王霸，學究天人，窮變以探微，著述直追漢唐上；
誰挽狂瀾，共承緒業，高風殷仰止，歸神應駐兜率中。

國民革命軍二十八軍第三師師長成都市市長陳鼎勳挽

大德不德，若獲坐言，起行知公，必陶冶宇宙；
以經解經，更能準今，達古其學，當邁越朱程。

仁壽縣縣長席新齋挽

是大經師，是大哲士：玄微六變，著作等身，喜壽逾八旬，目親四代，方期秉木鐸，運古斤，振聵聾，起衰靡，乃旻天不弔，遽喪斯人，感慨誦遺編，道統空餘名籍在；
失真鴻儒，失真博學：耆舊無多，文章憎命，歎星霣五月，淚灑三秋，縱令獻生芻，列清醴，陳俎豆，薦馨香，正國步難回，徒悲末世，蒼凉懷逝水，愁心欲與暮雲平。

李鐵夫挽

師伏㦰禮，長素考經，古學導先河，彪炳神州宗六譯；
壽櫟不存，問琴既逝，老成驚夢讖，淵源巴蜀自千秋。

田頌堯挽

著書千卷，下筆萬言，述經義本本源源，絕學纘緒；
享壽八旬，易簀五月，看岷峨黯黯淡淡，少微掩芒。

馬毓智挽

公無忝東亞經師，讀《六譯叢書》，私淑康梁皆後輩；
我悼失西川碩果，歎千秋尚論，學高魏晉獨先生。

開縣縣長羅壐挽

人盡仰經師，望重斗山，漢學淵源承馬鄭；
天不憖遺老，歌興梁木，孔門羽翼失程朱。

署理筠連縣縣長後學唐紹虞挽

文藝小雕蟲，薄司馬揚雄而弗爲，闡西漢微言，三《傳》獨精，死去簡編成不朽；
躬行傷歎鳳，記有熊老子以自慰，際中原多故，一棺長蓋，生平甘苦共誰商。

四川省立第一工科高等中學校校長黎道湜挽

儒自有真，名滿九州公不死；
耆猶好學，書成六譯世争傳。

後學刁世傑　劉蔭穠挽

尊聖闡微言，黜霸崇皇，《王制》一編推百世；
著書存絶學，準今酌古，儒林列傳有千秋。

後學黄隱挽

桃李滿公門，想當年負笈擔囊，執經問義三千輩；
文章推海内，悵此日山頽木壞，拊髀興悲幾萬家。

潼南縣縣長李松挽

著述貫古今，尤多能發明新義，啓迪後生，皓首尚窮經，不味浮名成學者；
聲華隆山斗，最難得流傳異邦，翕服士類，傾心傷論道，又從何地覔斯人。

國民革命軍二十九軍特務司令兼第九旅旅長田澤孚挽

繼曲園而平議，先南海而講經，論清季儒宗，此老群推祭酒；
宏子雲之草《玄》，狹瞿塘之説《易》，溯蜀中學派，吾鄉頓失靈光。

四川省政府主席劉文輝挽

辨删訂閳前知，抉古人未發之微，試覩聖證立論，圖讖註經何如六譯；
箴膏肓起廢疾，悲斯民直道而行，譬諸噩夢成篇，明夷待訪更擅千秋。

兼四川省民政廳長劉文輝挽

於數千年聖籍，慧眼獨開，劈清古學今學，家法昭彰，同康氏一夕談，川水分飛南海派；
豈叔季世流風，天心果醉，忍令經師人師，老成凋謝，踵文翁百代後，巴山痛惜魯靈光。

私立華西協合大學挽

以禮制判今古文，前者張陳，於公得其結，後者皮劉，於公發其端，一代説經歸腋下；
從《詩》《易》演天人學，道有《莊》《列》，適足爲之傳，醫有《靈》《素》，適足爲之説，百家馳論在環中。

敬業學院挽

治分小大，道貫天人，鑿開萬古鴻蒙，唐宋以還皆僞學；
歸獄莽歆，起疾馬鄭，譯出六經精義，孟、荀而後見先生。

受業郭元卿挽

絶學軼群儒，名滿謗隨，身後是非難定論；
高文表吾母，心長語重，行間詠歎早憂時。

愚晚李經權偕弟植挽

聲教如堯舜禹湯文武成康，實耶名耶，曰知來者，曰法後王，綜列朝博士治經，先生獨得立言之旨；
學説分天人大小外内今古，至矣盡矣，其流百家，其源六籍，留一片靈光照世，此道終應不脛而行。

門人燕翼挽

多年於國學勤苦艱辛，談世界大同，皇帝王與霸業迭變焉，而今已矣；
不僅是吾川讀書種子，問文章經術，海内外如先生其人者，究竟爲誰？

後學李天根挽

一死足成千古痛；
九原難贖百夫身。

門下士劉藜仙挽

鬱疏宕横佚之氣，筆精司馬文章，六譯著奇書，寧論詞富雕龍才高繡虎；
辨謹嚴浮夸之微，墨守公羊絶學，三千沾化雨，那堪悲興舍鵬經止獲麟。

後學鄭星垣挽

寸晷共風簷，誰知與許虚徐談經，驚倒潘吴縣；
等身宏著作，儻預曲臺虎觀鑿竅，應通漢大師。

年愚弟陳鍾信挽

兄曾從遊，誤認我爲兄，愧未治經稱弟子；
孔幾打倒，幸賴公尊孔，後來講學拜先生。

後學夏峋挽

學究天人，甄明重譯而一貫；
説窮通久，辨析群言以多方。

學生蔡賡　廖元章挽

伏勝老經師，敘齒德不讓昔賢，富貴弗能移，著作等身心未已；
王通隱君子，論熏陶有稗後學，詩書之所毓，孫曾繞膝胤彌昌。

四川財政廳廳長文和笙挽

大道慷陵夷，人師難求，經師亦不易得；
高文垂簡册，南面而立，北面咸争事之。

榮昌縣縣長後學趙世榮挽

名揚中外；
學貫古今。

協和女子助産學校全體公挽

先生乃自有千古；
弟子誠莫贊一詞。

學生陳福洪子傑挽

高密號經神，心傳遠授康南海；
中郎添墓誌，齒德同符陳太丘。

遂寧縣教育局局長奉楷挽

蜀學有傳人，湘綺南歸推此老；
文星相繼隕，問琴西去又先生。

志古堂挽

王謨帝典，是訓是型，曾側門牆稱弟子；
木壞山頽，吾仰吾放，同悲薄海失經師。

學生黃功懋挽

吾川不乏賢才，問當時經術闡微，寖饋百家如先生者幾輩？
著書能通中外，宜晚歲文章彪炳，簡編六譯爲學校之名師！

後學馮驤挽

先生多作士儀型，有《六譯叢書》，早以文章驚海内；
我輩歎老成凋謝，正群流仰望，祇留矩範在人間。

私立尚志學院院長馬瑶生挽

知聖著微言，木壞山頹，海内更無周柱史；
遺書垂大義，人亡琴在，蜀中空悵魯靈光。

孫震挽

紀迹廿年前，同上泰山絶頂，觀日暢談經，浪浪天風，滄滄海水；
相違千里遠，獨居涪渚故鄉，悲秋儘傷逝，已已老友，悵悵余懷。

愚弟吴本忠挽

耆年貫徹群經，繼往開來，不愧西川博士；
狀歲常聆德教，高談雄辯，難忘石室名師。

後學李開綿挽

大道久淪亡，誰知拾墜鈎沉，讀書求義；
先生如健在，我願雄冠劍佩，側坐聽經。

劉乃鑄挽

爲漢後一人，乃知者無幾；
距病前半月，尚與我書聯。

國民革命軍二十四軍第四師師長唐英挽

《春秋》兩家開學派；
井研千古仰經師。

國民革命軍二十一軍軍司令部顧問張鏡明　國民政府財政部科長張鏡海挽

一老不遺，上爲天下慟；
六合之内，吾將誰與歸。

後學皮祖珩挽

家法守周秦，當年石室談經，講席惟公推祭酒；
蜀學比齊魯，異日明堂議禮，安車何處訪通儒。

四川省政府秘書長尹朝楨挽

勤志服知，是爲蓍艾經緯本末；
應化解物，獨與天地精神往來。

國立四川大學教育研究會挽

比户誦遺書，六譯叢楮標千古；
談經臻絶恉，四海聲名仰大師。

華西協和中學校校長楊開甲挽

公洵當代經神，統天下至誠，微言不絶，闡彰極致，真箇是繼往開來，國粹賴昌明，溯自東漢而還，壓倒名家先後鄭；

我愧聖門孔伋，曾宮牆外望，瞻仰彌高，遽報山頽，更何由升堂入室，薪傳徒悦服，從此西川數去，寧論文章大小蘇。

族晚門生廖時劭挽

精思穿月窟天根，使學《易》再假數年，何止六譯；

定數厄星宮躔次，賦遊山竟成絶筆，從此千秋。

同學愚弟劉咸榮挽

困學勝生知，闡大義，發微言，掃空破碎支離，經術重光如日月；

苦心尋墜緒，穿九曲，貫六譯，極盡沉潛反覆，遺書不廢亘江河。

謝汝霖挽

門盡達人，隋唐以下文中子；

經傳寰海，秦漢之間老伏生。

世姪楊嘉淦挽

井研學貫九州，勝古今多少傳人，直從聖譯追西漢；
赤縣波揚東海，問南北有無敗類，妄引群經賦大同。

後學楊尚恒挽

先生非俗儒，力能皋牢群言，《六譯叢書》比文翁化蜀；
古史乃家法，天不憖遺一老，孤經絶筆止叔孫獲麟。

長寧梁正麟率子鉅文挽

奪席競名家，井研譚今，瑞安道古，一言析誼理文字而微，秉則維先溯湘綺；
傳經成絶響，長素竊緒，師伏拾餘，六譯綜異同源流之匯，籀書此後待侯芭。

晚學龍靈　謝盛堂挽

雜皇王霸而言治，王難爲師，康難爲友；
通天地人之謂學，孟無此博，荀無此奇。

張錚挽

盡人合天，爲孔孟真知己；
託古改制，是中華大經師。

受業顏如愚挽

嘔盡心肝，賸有叢書在；
自慚游夏，來哭泰山頽。

受業公孫長子挽

遺著僅存，誰傳絶學；
經師難得，天喪斯文。

成都建國中學校挽

有古儒者之風，師承一代尊湘綺；
結今文家之局，著述千秋重井研。

後學賀孝齊挽

六譯貫群經，理析天人，道通王霸；
千秋傳絶學，明標國史，功在儒林。

學生黄大愚挽

著書成百萬言，名揚四海；
享壽至八旬外，福備九疇。

四川省會城防司令張之鼐挽

隋唐以後復見王通，位不及公卿，但憑六譯著書，而乃名揚天下；
楚蜀之間學承湘綺，論能辨今古，藉使長素在世，當亦哭喪經師。

江油縣縣長任道重挽

漢學翻新成絶學；
經師雅不愧人師。

門人譚其蓁挽

嘉話由古君信之，傳來推余，詩爲蜀中第一，學愈精心愈細，賢者固非庸流所能及也；
清談衆芸子檢討，席上呑雲，夢者胸次八九，經雖專志欲兼，斯人問後生輩可易得乎？

昔謝无量鈔余五言古等詩以示季平，古君嘗親炙季平，故有是語，後宋芸子觴余于存古學校，季平與譚君灼庵、楊君道南在座，乃復殷勤致詞，欲從余學詩，余驚其老而壯其有志也，曾作七古存于集中，今撮其略如此。

國民革命軍二十四軍軍司令部顧問黃芸滄挽

國粹賴昌明，繼往開來公不媿；
麟經資羽翼，山頽木壞世同悲。

國民革命軍二十四軍司令部金櫃課副課長徐健挽

文心已自開千古；
人壽何須到百年。

國民革命軍第二十四軍司令部經理處督征科課長四川禁煙總局副處長徐圖挽

經學辨古今，享八十年華以終，環海欽崇直超伏董；

英才育新舊，數三千弟子而外，門牆私淑尚有康梁。

李煒如挽

大同説倡改制先聲，粤雅談天，南海驚心推絶學；
六譯書開詁經創例，欞星匿耀，西河揮淚哭先生。

後學高凌霄挽

許及于門，授我九州圖，内外古今，六譯大小天人意；
哭諸其寢，守師三禮説，皇帝王霸，四局損益聖賢心。

後學陸海挽

奥義闡大同，邁漢註唐疏宋元明清諸家，自成六譯；
微言知往聖，超許書鄭志劉董班王各派，獨有千秋。

後學舒啓元挽

石室舊傳經，道貫天人，振聵覺迷萃於六譯；

木鐸思牖世，學融古今，发微知聖獨有千秋。

先生作伴深明祇，《知聖》一篇便令康梁頫首；
吾蜀文章有祖述，瓣香千載斯爲楊馬後身。

門人高祺挽

慟大道亡云，一老不遺，誰爲木鐸；
闡六經精義，兩漢而後，獨有先生。

劉景淑挽

化雨一時新，康南海有聖人名，問難執經，聆訓猶深佩服；
凌霄衆山小，蘇東坡留遺跡在，登高長嘯，臨歿尚拓胸襟。

中央國醫館理事四川國醫館館長醫專校校長門生蔡幹卿挽

皇帝王伯逆數循環，鑿空鳴古趣，探賾運神斤，二千年舊獄平反，薪傳不媿承游夏；

受業徐澤祥挽

天人大小畫分程序，奇險闢别宗，苦心識孤詣，十餘載春風入座，世亂共誰哭老彭。

受業曾宇康挽

微言《知聖篇》，異説争鳴，一棺尚難定論；
平生大同學，斯文未喪，六譯儻有傳人？

楊光瓚挽

是可足千秋，士資模楷；
不慭遺一老，天喪斯文；

遂寧縣第一小學校校長夏孟雄挽

學術宏深，直與西京通氣脈；
經師殂化，空從遺著見典型。

李健行　羅汝霖挽

在閻惠王錢之間，安得司馬高文垂定論；
駕龔魏俞潘而上，何圖公羊絶學失經師。

郫縣縣長劉善徵挽

學辨僞真，蚤令湘潭失驚，南海折服；
名傳遐邇，終與岷山永固，江漢長流。

張永寬挽

弟子何敢評師，祇讀公辨《春秋》三傳異同，信事業功名已出康成安定上；
儒家豈能佞佛，但律己到蘇韓一流人物，覺奇文絶筆也容釋印大顛求。

季平千古早著寰瀛，今夏游嘉，應烏尤大佛兩寺住持之求，爲之作記，歸而棄世，記此以志不忘。

受業峨眉林錦峨挽

并世不數人，著書等身，共刊秘鈎沉，經術由來推北斗；
高名足千古，暫遊觀化，論振華摛藻，雄文夙已逼西京。

陳國棟挽

國粹蜀粹；
經師人師。

後學李德芳挽

六譯有傳書，是南海先驅北海後進；
千秋仰名德，歎經師易得人師難求。

宗後學天祥挽

後凋松柏姿，石室重瞻蜀郡守；
一老丘山重，素車争弔漢經師。

年愚姪曾孝穀挽

以佛典註葩經，記當年盃酒傾談，曾就《法華》商大義；
仰道望如梁木，看此日束芻共奠，猶從遺像見精神。

後學蔡錫保挽

偉矣五譯六譯；
哀哉經師人師。

世姪譚匡挽

經術別於王湘綺；
思想能開康有爲。

愚弟徐炯挽

公昔傳經，我方治史，風雨憶聯床，論難一周擬路德；
早分今古，晚究天人，日月懸著作，知音千載待桓譚。甲辰歲春，獲親教益。先生勸以舍史專經，移楊嘉定公學，命誠發論，效瑪丁路德難舊教之九十五條，往復一週。楊蘭皋君從旁筆記。今宿論不存，而哲人其萎。感念疇昔，愴何如之！

後學葉秉誠挽

功在六經，繼鄭康成、孔穎達諸儒，并稱健者；
年行八秩，於孟拾遺、蘇內瀚而外，又弔先生。

世姪繇竹馮南竹挽

人亡準維，百身莫贖；
國喪儁老，五經無師。

鄧胥功挽

說經自闢畦町，直欲前無古人，後無來者；
著書迄於老耄，可以懸諸國門，藏諸名山。

趙椿煦解重持挽

統整群經排世演；
難承絶學泣心喪。

及門劉漢升　李隅子　張建炎　雷仲偉挽

大雅云亡，邦國殄瘁；
斯人不作，經師難逢。

國民革命軍廿九軍第二師少將參謀長　代理第二師特科指揮兼任成都縣縣長李景驊挽

文成一家，胸羅百代；
學張三世，叢炳千秋。

國民革命軍二十九軍第二路司令昭廣邊區司令劉漢雄挽

一代傳人名已定；

八旬耆老世無多。

私立四川育德專修學校挽

世有不求仕進，著述滿石渠，波蕩風行，儒學復昌推此老；
天果將喪斯文，訃音傳井邑，山頹木壞，經師一去歎無人。

參謀本部四川陸地測量局全體職員挽

六譯書早成，囊括群言推宿儒；
八旬人遽杳，心愴後進失經師。

建本學校教職員挽

先生本教育名家，博學通今，羨全蜀名人，咸親教澤；
我輩屬警察末職，及時致悼，正滿城風雨，剛過重陽。

成都市公安局第一科科長鍾儒爲　第二科科長
尹起莘　第三科科長袁澤湘　第四科科長王季甫挽

六譯有遺書，蜀國儒宗超兩漢；

千秋留偉業，傳經師説繼文周。

成都建國中學校校長姚勤如挽

六經中天蘊爲開，藏之名山堪不朽；
八旬外雲深獨往，抱將明月竟長終。

成屬共立中學校挽

空前絶後，六譯成書，彼謂爲離經叛道，竟挂彈章，撼樹徒勞應自媿；
感逝懷人，一朝命駕，方冀幸侍坐雅談，忽聞噩耗，首丘未正最堪悲。

門生馮藻挽

學海精神推此老；
名山石室仰斯人。

署四川高等法院庭長世愚姪張鏡蓉挽

《春秋》外一字不通，《春秋》内無一字不通，商量今古，四譯書學祇如此；

改制在百王之後，改制留待百王之後，樂道堯舜，一遺老天不憖余。

先生在蜀學，每同集，喜引新舊，益得求與商量，不諱卌幾晉風。初挽有云：「《穀梁》師亡（先生有《穀梁古義疏證》，並說《公羊》、《左傳》，義均不刊，晚喜證西則非。），不可畝經學師亡，諸經自亡，短長知聖人無幾。」對曰「《疏證》義合，其言涉讖家義合，衍讖非合，新故化神腐未奇。」以此相對，課益用先生恒言「腐朽化奇」也。於乎，老成凋謝，孰可深言，痛乎！

前尊經襄校後學劉立夫挽

八秩正群言，幾與雅頌齊名，四海孤存六譯館；

百家宗大法，自有精神不死，千秋同仰一經師。

國民革命軍二十九軍第二路十九旅旅長王耀祖　參謀劉炯挽

爲蜀都老名宿望；

是經學大革命家。

後學康祐年挽

講學本師承，同姓偶呼康南海；

多情徵壽考，十年以長魯東山。

康祐年再挽

作令賦歸來，不負先生關念切；
説經空漢宋，長遺後學著書多。

康祐年再挽

高年沈麟士，碩儒鄭康成，漢代傳經今有幾；
得雋張南皮，事師王湘綺，蜀中講學後無人。

受業康紀勛挽

絳帳傳經侍坐，側陪弟子列；
青山躡屐歸來，忽隕老人星。

受業傳際唐樊孝達挽

湘潭學啓蜀中，愈變愈新人愈健；
井研名動天下，能貧能老道能尊。

成都青年會挽

讀書能寢饋諸子百家，不徒正學十三經，旁通廿四史；
立説必包羅古今中外，試看縱横九萬里，上下五千年。

石柱縣教育局長李蜀師率全體職員挽

是伏勝化身，説經硜硜，肆外閎中誰接軌？
本湘綺高足，著書種種，守先待後屬斯人！

洪雅縣縣長魏鳴鈞挽

昌黎起八代衰頹，北斗泰山，汗流籍湜雲天遠；
高密闡群經異義，今辰來巳，夢到龍蛇風雨哀。

名山初級中學校校長趙正和挽

學通今古；
道貫天人。

四川省立第二女子師範學校校長曾紀瑞挽

經術家自妙推行通耶變耶，南海相逢，知己當年稱達旨；
靈魂學從兹證到夢也思也，上清一去，先生此後好談詩。

筠連縣教育局局長黄大範挽

纂組群言，經傳六譯；
品題萬彙，名重千秋！

昭化縣教育局局長曾俊超挽

繙譯群經，抉隱發微，制作别皇王，三《傳》同源空往哲；
沾逢化雨，起聾振聵，追隨悲杖履，普天共悼喪斯文。

受業辜仲實　劉彬儒挽

博學貫群書，憶當年指授親承，如聆虎觀高談，那問淵雲雕小技；
哲人萎千古，值此日心喪抱痛，想到麟經有術，緬懷山斗動遐思。

新繁縣立女子小學校長楊勳鼎挽

文翁教授而後，蜀中文雅見重列朝，至先生鎔冶六經，智足知聖，貫通三《傳》，力主黜周，一枝筆獨破天荒，偏能令鄭孔低頭，范何撫掌；

光緒政變以還，革命風潮洋溢寰宇，得井研説倡改制，耳目頓新，學尚大同，車書遠逮，四譯編流傳海内，已可使湘綺刮目，長素傾心。

安岳縣受業生袁顯仁　王心臧挽

先生是曠代經師，身居西蜀，名滿東南，湘綺樓、曲園春已早被一拳捶破；

我輩是聯封後進，星實少微，山頽泰岱，草玄亭、六譯館又争看萬古齊輝。

青神縣教育局局長張孟才挽

變化六譯，融通一貫；

囊括今古，溝合人天。

門人西陽縣長鄒亮恭挽

八十年著作名家，麟角鳳毛，薄海傾風宗大老；

三萬人榮哀赴弔，山頹木壞，斯文逝水哭先生。

鹽亭縣教育局局長李价藩挽

尼山統緒有傳人，覩詖説横行，如此潮流資砥砫；
南海先生曾請益，悵斯文摧喪，載賡楚些怕招魂。

欒山寶興場女子小學校教職員挽

六變獨神遊，冥搜千古；
群經臻妙諦，想見斯人。

愚再晚帥萬榮挽

經集大成留六譯；
道傳餘子有千秋。

受業李文挽

經師人師，儀型宛在；

立言立德，靈光巋然。

川陝邊防督辦兼四川陸軍檢察使劉存厚挽

井研於今千古；

湘綺而後一人。

萬源縣縣長劉子敬挽

心儀湘綺樓，謹守家法；

手編六譯館，融會九流。

鹽亭縣縣長後學朱慶昭挽

本漢學中興，六譯閎深，海内康梁皆後進；

登霧山遥望，一旛旖旎，蜀川人士弔先生。

大邑縣教育局局長陳文煒　初中校校長蕭全善挽

彼蒼鍾哲士爲何，不及百年，名有令聞人已渺；

天下數經師能幾，又弱一個，學無宗繼恨偏多。

隆昌縣縣長冷建昌挽

紹湘綺而成書，六譯宏通，俾川中代有《太玄》，諸子百家羅腹笥；
鎮蜀秀以振鐸，三《傳》精富，致海内學傾長素，一人千古弔經師。

梓橦縣教育局局長鄧崇强挽

渭水惜年華，著述閎深，薄海經師留偉望；
蒲亭懷名宿，琴書宛在，玉京赴詔作修文。

川康邊防軍第二師少將參謀長兼署樂至縣縣長學生陳洪贊挽

執《論語》既往之言，六經以前無文化；
張騶衍推大之義，五變而後少人知。

受業徐溥挽

扶杖返珂鄉，垂老竟慳一面；

得師共湘綺，讓君獨有千秋。

如弟傅守中挽

六譯學五經師，公自有千秋，仰止高山私淑久；
大道乖微言絶，天不遺一老，横流滄海愴懷多。

後學何席卿挽

直令陋儒咋舌；
頓教我輩傷心。

學生楊斌挽

清明祝嘏甫登堂，鶴髮童顔，羅拜儒林瞻壽相；
著作等身今謝世，鯉庭訓杳，可憐士類失師資。

姻愚姪任峋　任嶧率子姪澤瑩　澤光　澤大　澤雨　澤馨　澤普挽

天爲經術生奇才，將聖多能，藝苑中僉推巨擘；

公乘運會倡哲學，領新標異，詞壇内獨立一尊。

世晚范奉同挽

秦漢而下無儒者；
周孔之後惟先生。

世弟范立　范耿堂挽

哲人云亡，蜀山減色；
斯文忽喪，仙井埋光。

姻愚弟但德芬率姪孫功漢　功熙　功榮挽

玄經不晦新鄉學；
緣荔先萎大哲人。

曹經沅挽

説經超兩京先秦而上；
知聖在宰我子貢之間。

吕超挽

前三十年從學《穀梁》，用志時紛，縱使藥倍偏材，難乎爲師起廢疾；
後數百載孰傳絶學，爲薪窮指，直到墓廬已撤，事如喪父有心喪。

門人李執中挽

經學有師傳，一代聲名光國史；
玉樓返仙馭，三秋風雨弔鄉賢。

本縣

甘績鏞挽

廖井窖丹砂，六譯老逍遥安在；
吴宫驚噩耗，半農人悲悼曷勝。

姻晚吴嘉謨挽

玉先山幸覿面有緣，雅範得親，安國風規忻再見；
蜀學界痛斯文竟喪，鵬音慘報，全川人士盡生哀。

鄉愚晚鄒德熙挽

儒術崇丘軻，出於其類拔乎其萃；
大名垂宇宙，雖死之日猶生之年。

吴廷賡挽

與先君講學，同門捷足，公成名進士；
予小子伏居，故土拊膺，痛哭老儒宗。

世晚陳和甫晚

節氣近端陽，鳳嶺鴉啼，無那客星歸上界；
文章驚海内，龍争虎鬥，誰刊遺稿散中華！

世晚丘國珍　胡新銘挽

薪盡火傳期後起；
山頹星隕哭先生。

吴潤餘　王屏虚　宋宜輔　胡燮邦挽

先生死矣，今也將安聞余過？
吾道非耶，天乎何不祚斯人！

閔不群　吴傑　吴愛廬挽

公爲近代經師，方謂碩果永存，長將雅範留仙井；
我忝嗣君舊佃，倏報靈椿凋謝，忍聽悲聲讀《蓼莪》。

佃晚等挽

等身著述，早刊成《六譯叢書》，海内仰經師，歎鉛槧辛勤，盛業直追何董上；
仗策戎行，竟不料頻年別里，天涯聞噩耗，痛儒宗隕謝，傷心豈爲梓桑悲。

鄉再晚潘蔚文挽

説經凡六變，著書成百種，貫天人，通古今，區分皇帝王霸，秦漢而還稱第一；
世交聯三代，立雪有五年，減薪俸，助膏火，視猶祖孫父子，音容遽渺恨何多！

門下生楊宗岳挽

著述震寰瀛，耋老猶勤，經説獨尊孔尼父；
龍蛇驚步讖，斯文又喪，儒林同哭鄭康成。

後學鄢曦卒子殊勳挽

明道立言，群經六譯；
守先待後，千載一人！

後學談蓋夫挽

《尊孔》《闢劉》，是秦漢時之著作；
説經析《易》，鄙班馬下爲糟糠。

後學金炳若挽

朱元晦常以臆説解經，釋《周易》傳《毛詩》，公曾病其多妄；
鄭康成不免穿鑿附會，《箴膏肓》《起廢疾》，我亦疑若無稽。

後學王鼎昌挽

著作惠儒林，一代斗山韓吏部；
微言倡絶學，六經淵藪鄭司農。

後學盧祝三　盧崇儒挽

天不假年，憖遺一老；
世之顯學，博極群書。

通家後學金世燾挽

高不可企，經學軼秦漢而上；
夐乎莫及，師承在游夏之間。

受業趙遵路挽

鷄碑刻字，馬帳傳經，千載師儒應景仰；

鶴馭興悲，龍孫繼美，一門家學自淵源。

井研縣立女中第一班全體學生挽

著述等身，死而後已；
哲人其萎，傷如之何。

井研縣教育會常務幹事周郁文　劉冕卿挽

風搖木石秋容淡；
露冷空山月影寒。

程會昌挽

書著二百餘種，崇正義，闡微言，俾聖教昌明，學者宗之如泰斗；
壽享八十一年，厭塵寰，歸仙馭，歎老成彫謝，文人從此失經師。

後學鄧楷挽

齒尊德優，當今師表；

道高學博，後世典型。

受業龔芷湘挽

一代文章推六譯；
寰球哲士仰先生。

後學許淩雲　鄒遂明挽

先生本道學中人，以言傳世，以德傳家，書史流芳光梓里；
我輩乃江湖之客，同聲致哀，同心致奠，白雲憑弔泣秋風。

井研忠漢仁義禮智社同人公挽。

學問貫古今，北斗泰山韓吏部；
聲名馳中外，精金良玉鄭司農。

義社吴叔陶　李柏舟　劉均齋　龔玉隆　曾德芳　羅柏青　龍緝熙　張述先挽

誰云海内多才，挹蘭芷清芬，長思雅度；

我亦東林倦客，聽梧桐疏雨，忍賦《招魂》。

井研東林場義社挽

學貫古今，《六譯叢書》傳後世；
名滿中外，四方追悼哭先生。

宋伯高　宋鏡明挽

經凡六變；
壽逾八旬。

後生林樹培挽

爲經學宗工，看壇坫高標，寰海騰聲欽北斗；
是遜清遺老，悵典型遽失，鄉邦何處仰靈光。

井研周家坡團正袁明章　郭象華挽

公到晚年，自號爲文章革命；

我來今日，同追悼海内經師。

井研集益場團正廖利川挽

先生當季世立説，著書薄海，交推名進士；
晚輩記平生講經，析《易》武陽，共仰大儒宗。

井研分水嶺團正鄒子益　教育委員余昧九　財務委員姜岫峯挽

六譯書成，風行海内；
大儒星隕，悲遍蒲亭。

井研第三區教育委員董圖南挽

翁是大經師，六譯精深無辨識；
我乃後起輩，老人幻化動遐思。

井研第六區教育委員楊子松　劉建勳挽

治經凡六變，海内名流傳衣鉢；

高年逾八旬，天上文星返蓬萊。
雁塔早題名，經學專長留百世；
鸞車今速駕，斯文淪喪悵千秋。

井研第九區教育委員盧建勳挽
井研第十七區教育委員劉永豐挽

公爲當代儒宗，筆參造化，學究天人，著述千秋垂不朽；
我忝鄉誼後進，景仰高風，追懷大德，憑棺一痛寄餘哀。

後學稅世昌　稅鼎挽

生爲誰忙，八十年中無息日；
死虧公忍，三千界裏更何師！

李猶龍挽

少微星隕空中，泰山其頹，哲人其萎；

學説風行天下，範圍不過，曲成不遺。

井研縣教育局督學王潤琴　第十二區教育委員王澄波挽

與古維新，憶昔年議禮談經，徒深私淑；
哲人其萎，合四海通材碩學，共哭先生。

井研第八區教育委員後學王晉丞挽

學貫天人，問秦漢以還，誰稱健者？
名馳中外，駕康梁而上，獨有先生！

井研第十三區教育委員雷之陽挽

著作等身，萬歲千秋神不死；
鑪錘在手，三墳五典慶重生。

井研第一區教育委員吴子松挽

前無古人，後無來者；

一則故宋，再則新周。

井研第四區教育委員胡静波挽

一代大名成進士；
千秋偉望有遺書。

竹園舖共立高小校教職員挽

學究天人，光昭北斗；
名垂宇宙，知遇南皮。

巫國臣　巫國恩　巫國堅挽

秦皇焚詩書，歷世失却真傳，經公六變成一貫；
清儒崇禮教，頻年耗盡心血，遺著百種垂千秋。

後學劉克迦　陳朗軒挽

以大德享大年，方期壽晉蒲觴，長留儒範同南極；

因世誼聯姻誼，忽報峯頹天姥，聊寫悲歌弔北邙。

姻再晚譚德鄰挽

公真經學大家，手著叢書遺後世；
我忝葭莩末誼，心香一瓣拜靈光。

姻晚徐國容挽

學説邁周秦，諸子百家應俯首；
大名垂宇宙，中華外國亦傾心。

姻世契戴樹倫　左向榮　左紹卿挽

四海仰奇才，北斗星辰隆衆望；
六經窺奧妙，東山泗水溯淵源。

姻愚晚王茂培　王茂康挽

周秦以前無文字，漢魏而下半糟糠，獨能開拓萬古；

中外一家判文野，文通和合感天人，公其神遊六虛。

姻再晚陳開森挽

薄命堪憐，寄拜膝前同愛女；
多才遭忌，名揭海内説經師。

寄女金本劉率子文光挽

宗孔教以續微言，蘊抱聖哲心傳，獨立千載；
小漢儒而著經解，綜核古今學説，自成一家。

受業朱芝挽

百年遺書傳世遠；
千秋絶學賴公存。

舒泰源挽

書傳經史子集；

學通中外古今。

後學胡西岑　劉明軒　李丸山　呂光周挽

三代至今惟此老；
六經從此更無師。

後學張倫挽

道參孔孟，德媲顏曾，學冠朱張，文如蘇柳，綜計古聖前賢，再添六譯；
身猶莊老，名似韓歐，經比鄭揚，才高李杜，合觀前知後覺，又少一人。

井研縣黨務指導委員會挽

齒德尊優，斯文山斗；
著作宏博，當代大儒。

世晚吴築城　吴辛臣　吴幹城　吴可貞　吴詠裳挽

六譯演真傳，辯駁精神，常爲來學開生面；

八旬尊上壽，逍遥而去，此後經師孰繼承？
　　井研縣立第二高級小學校挽

一老不憖遺，後聖而今誰繼武？
六經悲廢墜，昊天何忍喪斯文。
　　井研拱辰鄉公立小學校校長談蓋夫挽

聖道本難知，問古來講學諸儒，伊誰果能知聖；
經書不易讀，歎今後蒙求小子，其將何以讀經！
　　井研縣立第一高級小學校教員劉滙清　吴德高挽

六變擅窮經，千古知心惟孔孟；
一瞑歸樂國，萬編遺簡付文孫。
　　世晚劉月澤　劉雨之率子姪鵬年　彭年挽

此老千秋，傳經在世；

斯文一喪，舉國同悲。

第一官垣垣董許德彰　金凱風　何其昌　曾德芳　席淮章挽

青年登第，皓首窮經，析義競新奇，《六譯叢書》多種；
出遊嘉州，長辭井里，同情表追悼，各彈珠淚兩行。

井研縣公安局副局長吴子英挽

耄耋傳經，極深研幾，張皇幽渺；
倡明絶學，微言大義，彪炳日星。

井研縣保衛團副處長鄢玉成　督練長宋梓園挽

大著風行，千秋不朽；
哲人其萎，五經無師。

沈宏宜挽

六變譯群經，奥義測天尊至聖；

十年傷痼疾，左腕成書擬右軍。

井研縣立女子小學校挽

等身著述傳千古；
近代讀書第一人。

井研縣肉税代征員丘以權挽

得聖賢真諦，具名士皮毛，啓後承先，一代斗山人仰止；
領香國風光，歸極樂世界，思情觸景，九秋霜露夜凄清。

井研縣縣倉保管委員吴辛城　宋璧光　雷曉初　廖奉階　劉愷臣挽

不囿師承，别開生面；
會通典籍，闡發群經。

井研縣立南城小學校挽

壽逾八秩，學富五車，慧質本生成，靈氣鍾龜龍麟鳳；

名滿九洲，書傳六譯，權衡思往哲，聲望超喻李何青。

井研縣農會會長劉冕卿　周梓訓挽

天市隕奎星，大江南北同一哭；
傳經倡絶學，寰宇東西無二人。

井研縣財務局局長劉凱臣挽

一代斗山，書成六譯；
六經淵藪，師表千秋。

井研縣立女子小學校校長吴嘉讀挽

潦倒半生，愧我職居教養所；
上下千載，微公誰是讀書人！

井研縣教養所主任丘奎勳挽

《尚書》分今古文，先生考據精詳，獨具隻眼；

聖學無繼承者，我輩追維色笑，倍覺酸心。

井研縣立初級中學校第九班學生挽

公住鳳山陽，我讀鳳山陰，近隔城垣説經，恨未聆隻字；
本擬香國遊，偏從香國死，遠歸骸骨遺囑，全無痛九京。

井研縣立初級中學校第十班學生挽

先生一死誰知聖？
後學於今失所師。

井研縣立第一高級小學校第三十一班學生挽

誰得聖道真傳，大義微言垂宇宙；
時當中原多事，山頹木壞哭先生。

井研縣立第一高級小學校第三十二班學生挽

知聖獨先生，箋注六經，大義偏能超漢宋；

立言誠不朽，名留千載，讀書何祗問功名。

井研縣立第一高級小學校第三十三班學生挽

立言宗孔聖，駁斥先儒謬妄，厭棄近代新奇，看鉅幅宏篇，六譯書成傳不朽；
世局苦艱危，教育萬難振興，絃歌幾於輟響，歎山頹木壞，群經道喪哭先生。

井研縣立初級中學校第八班學生挽

鎔諸子百家於一鑪，直將造化爲工，陰陽爲炭；
窮五經四史於六變，何異江河行地，日月行天。

井研縣第三區一團團正吴喬松　二團團正王永安挽

博學震中西，開漢學之正宗，若者古史若者佚文，一任筆削修明，撥雲見天真妙妙；
大名垂宇宙，執藝林之主席，何爲大義何爲微言，隨憑删訂補綴，畫龍點眼最奇奇！

井研東林場五團團正蕭樹廷　六團團正吴現廷挽

五百年必有名世生，繼往開來，許鄭之間相伯仲；

數千載特創新文化，由小推大，程朱而下非匹儔。

蕭樹廷　吴現廷再挽

名望如北斗星辰，教育家亦著述家，當時文學傳千古；
淵源自東山泗水，老進士真博學士，近代讀書第一人。

井研第三區五團團正李毓賢　周宏卿挽

學經六變，闡幽發微，海内咸稱是書種；
年逾八旬，山頽木萎，吾儕共悼喪斯文。

井研金峯場團務辦事處挽

先生經學昌明，立説著書，宦海歸來宏教育；
我輩哀思罔極，宅心知訓，胡天不祐喪斯文。

井研鎮陽場團正李子靈　任金山挽

寰海仰經師，大名遠徹東西國；

泰山頹火運，曠代難逢著述才。

竹園鋪團學職員胡爵陳　宋培勳挽

秦火後聖教失傳，君主逞淫威，許多著述崇專制；
民國來學風更壞，士林無模範，全仗先生講大同。

井研縣第三區團總後學李子衡挽

看造物無私，將龍溪龜巒、麟山鳳嶺之靈，盡鍾此老；
喜人文蔚起，繼狀元宰相、理學名臣而後，又有經師。

井研縣立第三高級小學校教職員等挽

集詩書易象之精英，六變功成，不啻靈丹九轉；
秉麟鳳龜龍之秀氣，一朝星隕，允稱哲學大家。

井研縣文明鄉農會幹事吴玉波　李介甫挽

學問在周秦諸子之間，曲彌高則和彌寡；

聲名溢東西半球以外，生爲英即死爲靈。

千佛場公安主任吳喬松挽

一時人士齊抛淚；
四海經師今屬誰？

井研第一區團正程廷富　賀甫臣　朱子美　賈至剛　徐海清挽

我公得道統之真傳，小大人天，談經有誰能繼響！
先生執漢儒之主席，皇帝王霸，講學從此自空前。

張子峯　張文欽挽

我公其特生乎？具雋眼穿麟經，開漢學之先聲，平時以小大人天爲目標，至於筆則筆，削則削，所謂言偃無辭，子夏咋舌；
先生誠不死矣！有慧心窺豹變，執藝林之主席，素昔憑皇帝王霸作凡例，如他訂亦訂，删亦删，此真叔重居後，康成讓前。

門下生蕭其昌挽

擔着兩肩愁苦；
來弔六譯先生。

左泉挽

專長不獨解經，成書左腕，落紙滿煙雲，須知蒼勁中姿媚躍出；
生平卻具特性，藉酒抒懷，舉盃邀月影，那料丹詔從月窟飛來！

後學雷得隆　周峨生挽

文筆削除千古恨；
書田留與萬人看。

世弟鍾相門挽

天不遺一老；
人已足千秋。

彭堯臣　堯藩　堯佐挽

六譯學傳，海外齊稱康南海；
老人星隕，研中争悼廖井研。

范秉宣　何秉章挽

口不讀非聖之書，據典引經，可算得頭頭是道；
言必衷至當之理，翻新推腐，真果是筆筆生花。

程果煜挽

阨其遇，老其才，發爲文章，不可一世；
誦其詩，讀其書，壽之梨棗，自有千秋。

後學丘正煦　丘正熙挽

碩學冠千秋，倘炎漢早遭，定當壇坫獨標，豈僅博通推馬鄭；
談經凡六變，悵微言頓絶，從此巾箱盛業，更誰相紹似桓何！

宋鼎鳴挽

得一端以成名，海外有人稱弟子；
經六變而絶筆，國中從此乏名儒。

李樹培　宋秉倫挽

惟我公是進士，學博古今，平時立説著書，胡遽忍永離人間，修文天上；
憶曩日以經師，名馳中外，從此山頹木壞，問誰能不愧先覺，領袖群英！

井研教育局督學宋步青　教育委員主任王益之　牟祠學校校長王制文挽

名震九州，道通一貫；
光耀四李，學貫三蘇。

夏端王懷奇挽

疑解群經，功居漢宋諸儒右；
道傳後世，尊遍江河流域中。

李芬圃　熊永盛　王登高挽

得壽逾八旬，竟逍遥西方極樂；
立言經六變，期促進世界大同。

後學石無瑕挽

六譯著叢書，愈變愈真，國粹精神留亞陸；
八旬稱耄壽，是空是色，經師名譽震寰球。

後學曾子青挽

六譯垂成超今古；
大名不朽付千秋。

後學錢浩超　姜希陶挽

神州陸沉，問天心何時厭亂；
中原學派，微斯人吾誰與歸！

曾仲倫　彭賡堯挽

名震中外；
學貫古今。

井研純發場教育委員郭輔　唐團正　周慎之　周澤長挽

名震中外；
學貫古今。

世晚衛九如　謝宏謨挽

齒德俱尊，猶執謙恭維梓里；
形神俱逝，尚留清白著鄉評。

鄰佃等挽

博古通今，學冠顏曾思孟；
悲生送死，痛遍姻婭鄉邦。

世晚魯伯初挽

博古通今，學冠顏曾思孟；
悲生送死，恨留姻婭鄉邦。

徒姪吴橘泉挽

泰山頹乎，從此斯文掃地；
碩人已矣，自兹經學失傳。

世再晚楊仿陶　林緝熙　黄文中挽

翁乃先覺老人，立德立言，從此大名垂不朽；
我本後來學子，未鑽未仰，自今遺恨抱無窮。

世再晚夏竹薰挽

後學切追隨，仰山斗風徽，何堪永訣？
先生歸物化，有文章事業，已足千秋！

錢膏林　張紹懷挽

經術冠子政；
文章師南皮。

後學胡拙耘　談仲塀挽

正味在文章，凡識字人同一哭；
清風論出處，擬私謚者定何辭。

世晚劉賓賢挽

六譯著叢書，大義微言，五百年名世挺生，先聖心傳承道統；
八旬稱上壽，神清氣爽，忽一旦兩楹夢奠，士林感慨弔經師。

世晚胡治安　劉祥烈　黃邦俊挽

學講大同，名揚中外，
神遊華表，人若神仙。

後學夏治平挽

經師人師，名垂中外；
國老耋老，家紹武威。

世晚王道洽挽

先生究何之，當代伊誰匡絶學；
後昆能善繼，知天果不喪斯文。

鄉晚劉藜光率子焕堯挽

漢代伏生傳絶學；
魯殿靈光失典型。

陳佑培挽

兕觥初獻，絳帳俄空，想曳杖逍遥，早向名山藏絶筆；
一老不遺，昊天不弔，歎斯文淪喪，非關私痛哭先生。

趙元甫　趙元愷挽

先生不起；
後學何依？

雷致康挽

經師抱病，始由香國歸來，聞殘喘餘生，僅留一息還鄉里；
大道淪亡，群傷聖教失墜，問註箋前輩，究有幾人如我公？

衛明舟挽

講學鄙諸儒，立言精奥超群論；
英靈歸上界，極樂逍遥了一生。

井研縣立第一高級小學校第三十四班學生挽

名播五洲，先生不死；
經傳六譯，我輩堪師。

後學丘志　丘高挽

碩範瞻依失山斗；
後昆垂裕衍詩書。

井研縣第四區團總帥甫欽挽

當代一人，贗有門生徧天下；
大名千古，應無遺恨到泉臺。

井研鹽井壪團正曾直方　丘騰光　張均恒挽

天喪斯文，前不見古人，後不見來者；
公歸無所，下則爲河嶽，上則爲日星。

李正清挽

歸天上金仙府；
失海内大經師。

四川鹽務緝私第七大隊二中隊隊長吴應奎挽

步捷南宮，望降北斗；
名揚東亞，魂返西天。

世晚丘以松　丘毓輝挽

孔孟以外惟此老；
秦漢而後衹一人。

世再晚劉蜀良　劉守封挽

大雅云亡，風淒紫陌；
哲人其萎，雨泣青郊。

佃晚曾榮光　胡錫泉挽

學業已歸前輩録；
經史留與後人看。

井研東林場明全公契晚等挽

道窺羲軒以還，河圖洛書，參伍錯綜因變化；
書讀秦漢而上，古籀大篆，縱横點畫任精奇。

井研東林場智社契晚等挽

道通上下超東魯；
學貫人天壓西歐。

東林場康劇樂契晚等挽

斯文在焉，四益館昭兹來許，東亞西歐驚歎絶；
先生休矣，三神山如或見之，蓬萊海島任遨遊。

東林場禮社契晚等挽

閉户著書，糾正秦漢以上；
昇天謝世，合登孔孟之堂。

姻晚曾西銘挽

詩卷我曾看，劫後文章多苦語；
老儒天不負，階前蘭桂有奇芬。

後學沈子文　魏錫侯挽

詩書我曾看，劫後文章多苦語；
儒林天不負，階前蘭桂有奇芬。

内兄劉樹松挽

搗漢儒科窠，立論跨許鄭而前，玄根益壽，偉著等身，數十年矯首人寰，輔翼群經標特幟；
是蜀國遺賢，頤情在山水之外，碩果僅存，中聲遽絶，八百里招魂客道，愴懷後學失宗師。

後學方潮珍挽

縱横二萬里，上下三千年，知聖惟公，鄒魯心傳今始著；
窮書廿四朝，及門七十子，不才如我，典型目斷獨深悲。

後學方潮珍挽

一老不憖遺，誰爲繼孔；
五經將失墜，天喪斯文。

後生李安裕挽

畢世著書等身，小大天人融成一貫；
六經爲我註脚，皇帝王伯獨號專家。

後學楊天澤挽

經學起八代之衰，上庠聲譽同韓愈；
遺書爲薄海所重，師説宗傳似伏生。

同邑小門生施克疆挽

雅教親承五十年，研溪纂志，錦水談經，廓張鄙陋心思，促膝時聆驚座語；
叢編演繹數百卷，學貫天人，派分今古，摧陷儒先壁壘，藏家尚有大同書。

後學龔煦春挽

講學數十年，皓首窮經，創造破空翻舊案；
著書百餘種，青箱傳世，覺聾振聵啓新機。

鄉後學金可軍　金雨瑞挽

是醇儒是經師，國學當存亡絶續之交，得先生急起直追，允使康梁稱北面；
亦逍遥亦清静，品格在天上人間而外，俾後輩景行仰止，尤嗟桑梓失東山。

鄉後學雷沛　雷溶挽

貞元科第，伊雒素儒，解經貫帝霸皇王，晚歲憂時尊大統；
東魯兩生，商山四皓，爲學澈天人今古，後生有述在斯文。

鄉世晚楊鳴九挽

縱横天地一家學；
破碎河山萬卷書。

邑後生趙元勳挽

昊天不弔，遺老云亡，親故生徒，此日同聲一哭；
盛德難名，典型宛在，文章經濟，如公信足千秋。

鄉再晚吴伯康挽

尊經知孔，是兩漢而後一人，六變破天荒，新義獨標非好異；
黜霸崇皇，合九州以爲大統，萬邦開海禁，微言闡發本無偏。

同邑後生胡經邦　胡靖邦挽

一代經師，解經堪娩左公穀；
千秋學者，博學能通天地人。

同邑後生吴燮元挽

壽添八秩，學貫六經，恰當天耀德星，攬勝嘉峨瞻國老；
生處衰時，死丁亂世，想見神遊太素，炳靈江漢降人師。

世晚丘少淵　趙璧光　趙璧輝挽

學說創天人，標古今來未有新義；
聲名溢中外，自漢唐下僅見先生。

後學李翔挽

推步雅善談天，果有皇帝復生，完成統一由先覺；
講經智足知聖，若與孔子並世，應歎言詩賴啓予。

鄉後學龔載陽率子相成挽

形遊八十一年，九九恰符騶衍數；
書成百零六種，洋洋豈但伏生經。

世再晚宋孔徵挽

經言博奥，極民本以成治平，曠代無解人，疏注百家芻狗耳；
物競窮通，合天覆而齊軌制，先知惟此老，神奇六譯猶龍乎！

同邑後輩吴少曾挽

黜王霸，貫天人，皇極建中，寰海必通周正朔；
治群經，垂大訓，解人可索，禹甸重逢馬克斯。

同邑後生羅爲禮挽

素王之學倡於井研，語見《湘學報》。上下數千年，先生而後誰知聖？
南海僞經本宗廖氏，語出新會梁氏。縱横九萬里，廣雅之中有解人！

同邑後學胡静溪挽

學説爲十三經訓詁所未言，《知聖》《闢劉》，直令康梁齊俯首；
著作合九大州縱横而無有，通今博古，堪與揚馬並齊名。

鄉後學胡安瀾挽

前不見古人，後不見來者，念天地之悠悠，獨愴然而泣下；《幽州臺歌》。
上則爲日星，下則爲河嶽，《正氣歌》。霑余襟之浪浪，悲絶緒兮莫承。

鄉後學胡安澤挽

名滿天下，道在寰中，嵩嶽忽摧頹，一代儒宗千古痛；
故里靈光，神州耆彥，衣冠今縹渺，百年素志六經文。

井研縣立初級中學校校長余樂天挽

講學闢劉，南皮震色；
談經尊孔，長素傾心。

學生羅中道挽

尊孔闡微言，周秦以前無文字；
詁經得精髓，賈馬而下半糟糠。

鄉姻愚姪吴辛臣挽

知聖創新編，統繼孟、荀，學界潮流資砥柱；
徵文成絶筆，景懷山斗，國中子弟失經師。

鄉後學沈杰挽

天不憖遺一老；
誰爲疏證群經。

同邑後生劉可時挽

倒影發奇談，兒時便知名進士；
回身歸上界，此公應恥小朝廷。

鄉晚曾蜀榮　陳潤民　雷鳳梧挽

周、秦以前原無博士；
孟、荀而後又失導師。

鄉後生周道昌　周璧昌　周爾俊挽

發揮絶學，拋棄科名，聲譽震寰球，千載讀書人幾箇；
出遊海棠，永别珂里，哀音徧東亞，一盃進酒我重來。

井研縣教育局局長王廷佐挽

吾鄉自有宋四李而後今見先生，地小是名邦，六譯書成光史册；
經學從先秦兩漢以還未有達者，公爲示正鵠，千秋聖訓得津梁。

王廷佐挽

後先科第，頻疊葭莩，雖忘《公》《穀》辨微，三統尊王争界域；
早卸錦衣，同耽泉石，猶憶康居設學，一編知聖寄穹廬。

鄉姻愚姪吴嘉謨挽

大儒不再，學者安宗，從今山斗千秋，俛視康梁標矩墨；
異書滿家，海内所誦，厥惟經譯六變，直追班馬樹儀型。

射洪縣縣長舒錫三挽

學分今古，道悟天人，知聖闡微言，凌駕董劉馬鄭而上；
神遊六虚，光被四表，傳經誰繼起，悲歌齊楚燕趙之間。

鄉後學李仁　李偉挽

乃所願學孔子；
智足以知聖人。

鄉姻愚姪吴干城挽

皓首窮經，傷時獨作西河老；
蒼天莫補，多士長哀北斗沉。

鄉後生周拔凡挽

先生是當代名師，經術文章驚世界；
小子忝同鄉末誼，俚詞素酒餞仙輿。

鄉晚夏承平　談仲墀　胡拙耘挽

十數年身世奔走戎行，自恨未能親講席；
《六譯館叢書》風行海内，天生此老作經師。

川康邊防軍第一師一旅八團一營營長龔德修挽

寰球皆尊六譯學；
匹夫而爲百世師。

姻再晚鄢騰芳挽

内子系出經師，我究何修成戚好；
文章驚傳海内，人生到此顯精神。

外孫婿巫遠志挽

東西哲學；
中外馳名。

外孫婿伍烈光挽

是謫仙人也，不久留塵世事；
賦蔦蘿後瞻，依雅化綵堂家。

姪婿曾取善　田大經　袁定珠　姪外孫胡三和　姪外曾孫吴德勳挽

遥接洙泗淵源，經傳中外沾時雨；
忝附朱陳末誼，世無坊表泣秋風。

孫婿張盛勛　姪孫婿曾大楞挽

梁木其壞乎，絶口不談天下事；
哲人今萎矣，傷心怕讀渭陽詩。

甥陳志禮　志述　志煇挽

湘潭爲師，南海爲弟，新會爲友，公也教學不厭；
泰山其頽，梁木其壞，哲人其萎，天之將喪斯文。

外孫陳開遠　陳開祥挽

親聯桑梓，誼託蔦蘿，歡愛正無窮，怎忍一朝分袂去；
詔促緋衣，飄餘丹桂，音容今已杳，卻從何處覓魂歸。

内姪李世秀　世洪　世元率姪家水　表姪彭曰道率姪匡權　匡猷挽

詩禮三傳；
福壽全歸。

族晚松濤挽

遺範猶存，箕裘弓冶好貽謀，欣看後起；
盛德所及，鄉黨鄰里皆感泣，何況同宗！

族晚輔廷　叔明　叔武　松柏　海廷　純武挽

滿腹經綸沉海底；
六篇著述揚國中。

家族等挽

叢書成六譯，高挹群言，臂腕頻疲，誰放班姬完漢帙？
秀士憶三升，增光一族，祠梁頓壞，那堪猶子痛靈輧！

寄男成來　族姪成材　成碧挽

經濟才在山乃奇，平生執事爲能，共説扶輪大雅；
修文詔憑地而起，一旦逝仙不返，寧無攬拂興悲。

橫連橋廖氏總祠首事挽

自有先生，然後詩書禮樂易象春秋，各得其所；
初攻宋學，上推東漢西京先秦戰國，每變愈高。

世再晚丘挺生挽

公真一代大師，以制度説經，漢註唐疏皆俗學；
我忝交遊末誼，痛仙凡異路，淒風苦雨灑蒲亭。

熊治平挽。

洙泗溯淵源，六譯宏通成絶學；
士林凋碩彥，四方追悼哭先生。

鄉後學宋伯高　宋鏡明　宋孔征挽

父執繼聯姻，後輩姘㠏成我輩；
□□□□，□□□□□□□。

□□□挽

南極隕中霄，北斗星辰齊没影；
八旬尊上壽，□□□□□□□

井研商會主席周子書挽

學貫三才，心傳六譯；
□□□□，□□□□。

□□□挽

載南山竹，不足鋪陳遺稿；
□□□□，□□□□□□□。

□□□挽

天喪斯文，慨平時鑄史鎔經都成往事；
□□□□，□□□□□□□□□□□。

□□□挽

□□□□，□□□□□□□□□；
千秋絶學，永留光耀顯鄉邦。

井研觀音場團學執事鄢澤源　劉錫三挽

著述繼孔經，精義微言，時俗詎能窺富美；
□□□□□，□□□□□，□□□□□□□。

□□□挽

□□□□，□□□□；
古今人表，朝野仙班。

雷積德　何炳興　范樹文挽

□□□□□，□□□□□，□□□□□□□□；
忝與結婚姻，夙好恩流，百代景福集三多。

姻再晚方文安挽

編者按：以上數聯因出喪時天雨損壞，致殘缺不完，且恐因此尚有全副不存者，如荷開示，即當據以補入。又灌縣曾玉書先生一聯，於排印將竣時始行寄到，不及加入本省欄，特附於後。

論學在周秦間，要納九流歸六藝；
求人於游夏後，薪傳一脈紹千秋。

受業曾義挽

憶昔年負笈從遊，三載春風承教澤；
悼此日騎箕竟去，一天苦雨助哀思。

學生賀綸夔挽

傳記與評論

鄭曄編

校點説明

本附録包括有關廖平的傳記與評論兩個部分，收入比較重要的、具有代表性的、能够全面地反映廖平生平與學術的傳記資料和評論資料。包括廖宗澤《先王考府君行述》、章太炎《清故龍安府學教授廖君墓誌銘》、王樹枏《井研廖先生墓表》、侯堮《廖季平先生評傳》、蒙文通《廖季平先生傳》、向楚《廖平》、王森然《廖平先生評傳》、廖幼平《我的父親廖平》。評論部分收入蒙文通《井研廖季平師與近代今文學》、《廖季平先生與清代漢學》、《井研廖師與漢代今古文學》、《議蜀學》，錢穆論廖平、馮友蘭論廖平、聞一多《廖季平論離騷》、無名氏《井研學案》。並附録江瀚《與廖季平論今古學考書》、金天翮《寄懷廖季平先生》、吴之英《寄井研廖平》、劉豫波《壽廖君季平同學》，吴虞《愛智盧隨筆》、《哭廖季平前輩》，廖幼平《六譯先生已刻未刻各書目録表》。通過這些文獻的搜集整理，讀者可以窺見廖平一生的主要經歷與學術成就、影響，及其在中國近代學術文化史上之地位。

目録

先王考府君行述

孫　廖宗澤述

嗚呼！吾祖死矣！其生平著述，澤不孝，不能蚤爲刊布，以養其志，俾若八十之年，扶病奔走而死於道。有是哉，子孫之難恃也！即此後有以完成其願，澤之罪詎可逭耶？念先祖逝已逾月矣，謹臚其生平學行，敢告於當代長者之前。不欲失真，不敢溢美，千秋論定，則在高賢。惟是先祖之學，精微玄秘，苦未能窺其萬一。又澤生也晚，於其行事，亦十不識一，戚族長輩，又未能悉舉以告，則茲之所述，蓋其僅也。

先祖姓廖氏，諱登廷，字旭陔，繼改名平，字季平。初號四益，繼改四譯，晚年更號五譯，又更號六譯。曾祖考復槐公，配雷太宜人。復槐公子五人，先祖其第四子也。吾家明初由麻城入蜀，世居井研之青陽鄉，四百年來無顯者。至先曾祖尤貧困，初爲人牧牛，年得數百錢，後乃稍能自給。藍李之變，雷太宜人襁負五叔祖，而手牽先祖以避於寨。先祖時八歲，見人檐前之然紙燈也，則亦仿作而然之。偶不慎，屋焚，罄所有，家復困。又數年，先曾祖設磨坊於鹽井灣，命先祖自塾歸，助諸兄工作。先祖不從，强之，終不從。諸伯祖請於先曾祖曰：「季弟好學，曷聽之。」先曾祖曰：「諾，然吾力不足以供束脩。」於是雷太宜人每作飯輒撮一勺米，別置之。積之升，則獻之師；不足，則由諸伯祖益以錢，乃得卒讀。讀於寺，寺僧饋黍餅，膢以糖。時方讀，則蘸而食之，誤蘸墨汁，離座乃知，其專一如此。同治甲戌，入縣學爲諸生，丙子補廩生。時南皮張文襄公督川學，見先祖歲考文，驚喜，拔置優等，以高材生調尊經書院肄業。住院日，每飯惟恃米汁，不食菜，積有得，則并膏火助家用。先是，文襄未來時，蜀士除時文外，不知讀書，至畢生不見《史》、《漢》。文襄以紀、阮之學相號召，創立尊經書院，重録五經四史，風氣爲之一變。湘潭王壬秋先生又來主尊經講席，一時人文蔚起，比於齊魯。先祖與綿竹楊叔嶠、漢州張子宓諸太世伯，有「尊經五少年」之目。後來説經硜硜，皆於此數年植其基。湘潭故爲公羊家言，先祖因亦謹守今文家法。由癸未至壬寅，二十年中，學凡四變。丙午自序《四變記》曰：「初以《王制》、《周禮》同治中國，分周孔同異，襲用東漢法也。澤按：此期約五年，所著以《今古學考》爲綱要，平分今、古。繼以《周禮》與《王制》不兩立，歸獄歆、莽，用西漢法。澤按：此期在戊子以後，約十年，所著以《闢劉編》、《知聖編》爲綱要，尊今抑古。然今學囿於《王制》，則六藝雖博，特中國一隅之書耳。戊戌以後，始言大同，乃訂《周禮》爲皇帝書，與《王制》大小不同，一内一外，兩得其所。蓋鄒衍之説大明，孔子乃免拘墟。澤按：此期約八年，蓋自戊戌創始，沉思八年而其説始定，曾擬作《小大學考》未成，成書中當以《地球新義》、《王制集説》、《皇帝疆域圖》爲綱要。壬寅後，因梵宗大有感悟，始知《尚書》爲人學，《詩》、《易》則遨遊六合外，因據以改正《詩》、《易》舊稿，蓋至此而上天下地無不通，即道釋之學，亦爲經學博士之大宗矣。」澤按：此期曾擬作《天人學考》，未成，成書中當以《孔經發微》爲綱要，此後專就天人之説演進，不廢其名。當時以爲歸宿在此矣。繼又因秦火同文之説，悟六經皆爲雅言，自國師公顛倒五經，僞造三代鐘鼎彝器，謂孔子以前已有六書文字，於是孔子乃述而不作。實則孔子以前亦如今各國專用字母，孔子作經，以其文弗雅馴，乃造六書文字。所有堯、舜、禹、湯、文、武、周公諸名字，皆孔子作經所由翻譯，《莊子》所謂「翻十二經以教」，此五變也。此期約八年，所著以《文字源流考》爲綱要。王冰所增《素問》八篇，詳五運六氣，舊目爲僞。先祖以此乃孔門《詩》、《易》師說，專恃以說《詩》、《易》。舉凡《鄘》、《衛》、《王》、《秦》、《陳》五十篇，《邶》、《鄭》、《齊》、《唐》、《魏》、《邠》七十二篇，大小《雅》，大小《頌》，先祖云：詳《論語》「各得其所」之義，既有大小《雅》，亦有大小《頌》。及《易》之上下經十首、六首諸義，皆能璧合珠聯，無往不貫，此六變也。此期約十二年，所著有《易經經釋》、《詩經經釋》。其號五譯、六譯，義取諸此。說詳《經學四變記》、《五變記》、《六變記》。當初變時，以今、古兩家所根據多同出孔子，創爲法古改制之說。更進而以六經皆孔作，有各領域，無叠床架屋之弊，大小人天，自成系統。先祖嘗述其爲學之甘苦云：「學經六變，各有年代。苟遇盤根錯節，一再沉思，廢寢忘食，動以數年，豁然理解，如有鬼謀天誘，千溪百壑，得所歸宿，舊日腐朽，皆爲神奇。」其說之成立如此其艱且久，故自信甚深，不顧師友非難，不爲威勢屈服。當《地球新義》初成，見者大譁，馳書相戒者不一而足。及注《公羊》，仍用其說，卒被學使吳郁生以「離經叛道」揭參去官。宣統己酉，學使趙啓霖見先祖「三《傳》同出子夏」之說，先祖謂左丘明實無其人，即「啓予商」之變文，復因羅氏公羊、穀梁反切皆爲姜氏之說，改爲卜商之異文，蓋公、穀雙聲，穀、卜與梁、羊、商同爲疊韻，蓋齊魯各有首師，以氏其學。又以爲穿鑿附會，剥奪其教育權。即張文襄公爲最初識拔先祖之人，每有成書，皆先寄之。二變以後，屢以「風疾馬良，去道愈遠」爲言，蓋雖文襄亦有越軌之歎矣。梁啓超著《清代學術概論》，謂受文襄賄逼，復著書自駁，觀此可知其誣。自小大之説立，以前目爲僞經之《周禮》、《左氏》皆爲瓌寶，梁所見囿於今文家，故有此語。初，康長素得先祖《今古學考》，引爲知己。先祖己丑會試後，謁文襄於廣東。長素同黄季度過廣雅書局相訪。先祖以《知聖編》、《闢劉編》示之。别後致書數千言，斥爲好名鶩外，輕變前説，急當焚燬。先祖以爲此事要當面曉耳。後訪之安徽會館，談論移晷，頓釋前疑。未幾而康氏《新學僞經考》、《孔子改制考》告成，蓋即就《闢劉編》、《知聖編》而引申之者也。梁氏謂其師見廖氏所著書，乃盡棄其舊説者，指此。海内學者略窺先祖之學皆逮一二變而止，三變以後冥心獨造，破空而行，用樂山帥平均世丈語。知者甚鮮。五變、六變語益詭，理益玄，舉世非之，索解人不得，雖心折者不能贊一辭，胡適之至目爲方士。澤以莫測高深，亦未敢苟同。先祖嘗莞爾曰：「汝乃叛我！」門人中信其説且從而爲之詞者，獨樂山黄經華師，然猶未能發皇光大焉。先祖嘗自署楹聯曰：「推倒一時，開拓萬古；光被四表，周遊六虚。」蓋自贊也。説經之餘，兼及方技、堪輿，並多創解。其斥脈訣及寸關尺診法之謬，主恢復古經診法，尤爲切理饜心。今春手自編定《六譯館叢書》，爲翻譯類三種，論學類九種附一種，《孝經》類三種，《春秋》類二十種附二種，《禮》類六種，《書》類十二種，《詩》類十種附一種，《樂》類三種，《易》類八種，尊孔類十種，醫家類二十一種内分診脈、傷寒兩門。附五種，地理類五種，文鈔類九種，輯古類七種附八種，都一百四十三種。內除《四益館經學叢書百種解題》、《四益館經學穿鑿記》、《六變記》、《易經經釋》、《易經提要》、《詩經經釋》、《詩經提要》、《詩本義》、《貞悔釋例》、《周禮皇帝治法考》、《春秋分國鈔》、《左傳漢義補證》、《左氏三十論》、《論語微言述》、《中庸新解》、《楚詞新解》、《列子新解》、《古孝子傳》有稿未刻，《易經凡例》、《詩經凡例》改作未果，《樂經新義》、《樂記新解》擬作未果，《孔經哲學發微》、《杜氏集解辨正》、《文字源流考》、《地球新義》、《群經總義講義》曾排印已絕版，《爾雅犍爲舍人注考》刊入《蜀秀集》外，餘一百一十五種皆已刻者。版式凌雜，錯誤極多，先祖生前擬重刊。庚子年編訂書目，已在百種以上，見《井研藝文志》。大氐先立義例，尚未成書，而所説已變，遂致有目無書，非盡散失也。又《詩》、《易》之稿，成於病風以後，珍惜殊甚，亟欲及身見其刊佈，嘗商之渭南嚴穀孫世丈。又以《六譯叢書》版存川大中文院，尚未印行，擬醵資廣印，以資流佈，乃欲親至成都，謀了此願；詎知願未遂，而遽以身殉耶！先祖孝思肫篤，成進士後例得知縣，當避本省，念先曾祖年逾八十，先曾祖妣亦在七十外，重違膝下，乃吁請改教職。庚寅特授龍安府教授兼嘉定九峰書院院長，及成都尊經書院分校，往來僕僕，席不暇暖，然恒乘間歸省。暨丁先曾祖憂，服闋，亟思選嘉定府教授，冀迎養雷太宜人，乃格於丁憂人員不得選病故缺之例，致失所望。先祖御下素嚴毅，自先祖妣以次皆敬憚之。先父雖授室有子，猶不免箠楚，諸從父、從母見之股栗。獨其侍雷太宜人也，愉色婉容，先意承志，如恐弗勝。偶聞噫噎，則皇恐無措。方撻人時，聞雷太宜人至，未嘗不釋杖歡笑。先祖著《倫理約編》，謂中國獨以教孝爲立國之本，是爲文明進化之證，蓋亦有所自信者與！晚年乃和易近人，而子孫亦稍稍肆矣。襄校尊經，值院規頹弛之際，甚至有聚賭内院、放馬講舍者。乃言於瞿子玖學使，加以整理，頗遭人忌。又命住院生必作日記，領卷繳卷必親至，以便講説。三課不應，罰其膏火，以獎好學者，亦爲玩忽者所弗悦，幾釀朋黨之争。先祖先後主講九峰、藝風、鳳山各書院，所至率先籌款買書，其地人士於時文外，得稍稍聞經義，皆先祖啓迪之效也。惟晚年來學者，無少長咸詔以小大天人之説，訓誨雖諄，知者卒鮮。故及門亦罕有能舉其學説之大概者。喜購書，積至數萬卷，然不務求版本，斷簡殘編，在所不棄。人有假貸，苟有餘銀，必予之；至期故不償，亦不校也。又好周恤宗族，十餘年前家慈主家政時，每歲必詔曰：給某錢若干、給某穀若干。至授産子孫後乃止。國府許女子有承繼財産權，吾蜀未有行之者，先祖即以成都房産分授諸姑，呈縣備案，以示倡導。生平自奉極薄，身後猶賴舉債營葬，在同時學者中享用爲最嗇矣。豪於飲，舉杯輒盡，醉後意態怡然。己未之春，方晚餐，忽失箸暈厥，喑不能言。其後神識雖復，已手足偏廢，言語蹇澀。遍就中西醫治之無效，大爲講學著書之累，然猶不廢其事。在國專日，每扶掖入教室，而令澤爲之譯述，右手不仁，則代以左手，馴至以左書應人之求，蓋未嘗一日忘其疾之脱然愈也。今年仲春爲八旬晋一，稱觴賀者踵接，頗慰老懷。事後堅欲赴成都謀刊印所著書，並圖故舊之把握。澤等以高年不宜跋涉，阻之，不聽。取道嘉定，藉償文債。四日後覺內熱，自疏大黄芒硝利之，醫來謂不可服，更投清解之劑，則稍效。澤乃請於先祖曰：「曷歸乎？」先祖首肯之，擬六月七日就道，然猶不虞有他。五日之夜，疾忽轉劇，成昏睡狀。次晨，六叔、七叔奉之疾趨以歸，行至距家七十五里之河咡坎，已不救矣，竟無一語及身後事。嗚呼傷已！先祖以光緒己卯舉於鄉，己丑大挑二等，即於其年成進士，朝考三等，以知縣用，特授龍安府教授。歷署射洪訓導，綏定府教授，尊經書院襄校，嘉定九峰書院、資州藝風書院、安岳鳳山書院院長。在綏定教授任内，被劾罷官。晚歲任成都優級師範高等學堂、法政學堂、客籍學堂、補習學堂、成都府中學堂、成都縣中學堂、存古學堂教員。民國二年，以讀音統一會代表赴京師。返川，任國學專門學校校長十年，并兼高等師範、華西大學教授。民國十三年回縣，遂不復出。生於清咸豐壬子年二月初九亥時，亡於民國二十一年六月五日，即夏曆壬申年五月初二午時，享年八十一歲。配李太宜人，先卒二十三年。妾劉氏、帥氏、劉氏均先卒。子八人，長成芝由先伯祖登梯公次子入嗣，娶尹氏卒，繼譚氏。次即先父成學，庠生，早卒，李出，配任氏，華陽拔貢生、湖北知縣季棠公長女。次成璋，次××、次××均殤，帥出。次成勵，娶王氏，劉出。次成幼、成劭，帥出，均初中肄業。女四人，長燕適同縣舉人、璧山教諭陳鳳笙公季子義門，李出。次幼平，上海中國公學大學部肄業，帥出。次芳研，四川第一女子師範初中部畢業，劉出。次堯草，幼，帥出。均未字。孫三人，長宗伯娶劉氏。次即不孝宗澤，四川國學專門學校畢業，歷任各中級學校教員，娶蕭氏，卒，繼但氏。均成學出。次宗堯，幼，成勵出。孫女二人，長玉佛，適同縣張盛勛。次玉清，未字而夭，均成學出。曾孫六人，德麟成都公學初中部畢業，德厚、德輔、德威均幼，宗伯出。幾大，宗澤出。曾孫女五人，德蕙，成都女子實業學校肄業，德×、德×殤，宗伯出。絲絲，宗澤出。宗伯等將以九月十二日即夏曆八月十三日巳時，葬先祖於榮縣清流鄉陳家山之陽兆，爲先祖所自營，曾葬先曾祖妣及先祖妣、先庶祖妣者也。澤無文，於先祖生平事迹謹以所聞見者次之如此，倘邀當代長者之采擇而錫以言，感且不朽。不孝孫宗澤謹述。見《中國學報》（重慶）第一卷第一期（一九四三）。

清故龍安府學教授廖君墓誌銘

章炳麟

君諱平，井研廖氏，海内所知爲廖季平先生者也。余始聞南海康有爲作《新學僞經考》、《孔子改制考》議論多宗君，意君必牢持董、何義者；後稍得其書，頗不應。民國初，君以事入京師，與余對語者再，言甚平實，未嘗及怪迂也。後其徒稍稍傳君説，又絶與常論異。

君之學凡六變，其後三變雜梵書及醫經、刑法諸家，往往出儒術外。其第三變最可觀，以爲《周禮》、《王制》，大小異制，而康氏所受於君者，特其第二變也。《職方氏》大表中國疆域，面相距爲萬里。君以清世版圖，外及蒙古、伊犁，南北財距六千里，故推《周禮》以爲治地球之書，豈未考古今尺度有異耶？語曰：「聖人不考，時變是守。」自《周官》之行，逮春秋末，閲歲已五六百，中更霸制，朝章不能無變異。《春秋》所記地望，南不暨洞庭，西不及蜀，雖聖人惡能張大？謂《春秋》無太平制，足以破董、何，其大小何足言？《王制》者特後人摭拾殘缺所爲，愈不爲典要，其言東不盡東海，地反狹於《春秋》，海瞑盡棄，小亦不得矣。顧君未之思也。

君之言極恢怪者，以六經皆孔子所作，雖文字亦孔子造之，與舊記尤相左，人亦不敢信。初，君受學湘潭王翁，其後説漸異，王翁頗非之。清大學士張之洞尤重君。及君以六經説《周禮》，之洞遺書，以爲「風疾馬良，去道愈遠」。而有爲之徒見君前後異論，謂君受之洞賄，著書有駁，此豈足以污君者哉？君學有根柢，於古近經説無不窺，非若康氏之剽竊者。應物端和，未嘗有倨容，又非康氏自擬玄聖，居之不疑者也。顧其智慮過鋭，流於譎奇，以是與樸學異趣。康氏無儒行，其後數傳，言益亂俗，而君持論以教孝爲立國根本，事母先意承旨，如恐弗勝，乃不爲末學狂稚者所借，亦可知君雅素矣。

君著書一百二十一種，年八十二而卒，則民國二十一年六月也。清時曾成進士，以知縣用，改教職，受五品封。配李宜人。有丈夫子八，女子子五。其年九月，葬榮縣陳家山之陽。逾二歲，其孫宗澤以狀來，曰：「先生持論與大父不同，無阿私之嫌，願銘其幽！」余聞莊生有言：「聖人之所以駴世，神人未嘗過而問焉。」次及賢人君子，亦遞如是。余學不敢方君子，君之言殆超神人過之矣，安能以片詞褒述哉？以君學不純儒，而行依乎儒者，説經又兼今、古，世人猥以君與康氏並論，故爲辨其妄云。銘曰：

斯也燔經，不可以罪孫卿；盧也刦後，不可以誣高密。廖君之言多揚詡，末流敗俗君不與。見《制言》半月刊第一期（一九三五）、《中國學報》（重慶）第一卷第一期（一九四三）。

井研廖先生墓表

王樹枏

四川爲西南天險之國，北峙劍門，東扼三峽，連岡疊嶺，中貫長江。岷峨、青城、夔巫、玉壘之雄奇，岷雒、青衣、嘉陵、巴瀘、大渡之樛流廣盱，山川佳俠，是生偉人。漢之司馬相如、揚雄、王褒、嚴遵，唐之李白、陳子昂，宋之三蘇、三張、二范，類皆間出之才，或數十年而一見，或數百年而一見。乃至於今，人才之寥落且千年矣，而井研廖季平先生始繼起而承其後。語云地靈人傑，然亦見山川之鍾毓，非偶然已也。

伏案先生初名登廷，字旭陔，後改名曰平，字季平，晚年更號六譯，蓋自述其所學也。曾祖某，祖某。考諱復槐，配雷太宜人，生丈夫子五人，先生其季也。家綦貧，父爲人牧羊。遭藍李之亂，家益困。先生入塾，不足供脩脯，太夫人每飯必別撮一勺米，積之升則獻之師。又不足，則諸伯父助以錢，賴以卒讀。同治甲戌，補諸生，食廩餼。時南皮張文襄公督學四川，見先生文，大喜，調高材生，肄業尊經書院；湘潭王壬秋闓運繼主講席。先生食淡攻苦，博通經史暨諸子百家之書。凡先儒注疏，或從或否，獨抒己見，不爲鈔襲雷同之說。初以兩漢經學有今、古二派，各守家法，不相混淆。古學祖《周禮》，今學主《王制》；《周禮》爲周公所作，《王制》則孔子自爲。孔子壯年主《周禮》，意在守時制；《王制》則晚年所改定，意在救文弊。

自鄭康成解經，始合今、古兩派而通之，先師家法，遂致滅絶不可復覩。於是爲《今古學考》一書，傳布海内，學者韙之。久之，又本《禮運》「大同」之説，以《周禮》爲春秋以前皇帝治法之書，《王制》爲春秋以後治中國之書，學術至此，爲之一變。又久之，見時局之變遷，五洲列國之大小强弱，遂悟群經爲孔子自作；人名國號皆假設之辭，以影射當世。其言詼詭變幻，浩瀚無涯。學術之變，愈出愈奇，愈奇愈玄，非淺學者所能測其萬一。先生嘗以《禮》、《春秋》、《尚書》爲人學，《詩》、《樂》、《易》爲天學；天學三經皆空言，語多託比，不似人學三經之切於行事。《詩》指全球，《易》更推之六合以外。故其注《易》立大、小例：小爲中國，大爲全球；上經爲治中國，下經爲治全球。又謂《易》與《詩》同流於六合間，合則兩美，離則兩傷，於是爲《詩易相通考》以明之。晚年讀王冰《素問》八篇，以此爲孔門《詩》、《易》師説，舉凡《鄘》、《衛》、《王》、《陳》、《秦》五十篇，《邶》、《鄭》、《齊》、《唐》、《魏》、《邠》七十二篇、大小《雅》、大小《頌》及《易》之上下經、十首、六首諸義，皆能貫通聯合。至此蓋六變矣。先生之所謂六譯者即此，而説經之書，亦以是爲歸宿焉。尋自編定《六譯館叢書》都一百四十三種。其説皆冥心獨造，别樹一幟，於清代漢學諸儒之外，堅於自信，不顧人之非難剌譏。自《地球新義》出，見者譁然，師友時時寄書相規戒，南皮張文襄公屢以「風疾馬良，去道愈遠」爲言，卒被學使吴郁生以「離經叛道」揭參去官；學使趙啓霖見其説「三《傳》同出於子夏」穿鑿附會，立褫其教育之權，而先生不顧也。

先生以光緒己卯舉於鄉，己丑成進士，朝考三甲，以知縣用。以父母春秋高，不欲遠出省外，呈請改授龍安府教授。歷署射洪訓導，綏定府教授，又襄校尊經書院，主講嘉定九峰、資州藝風、安岳鳳山諸書院。誥授奉政大夫。被劾後任成都優級師範、法政、客籍補習諸學堂，成都府縣中學堂、存古學堂教員。癸丑之歲入京。返川後，任國學專門學校校長十年，兼高等師範、華西大學教授。十三年回里，遂不復出。己未之春，忽患風，手足偏廢，然猶講學著書不輟，時時以左手作擘窠大字，以應求者。《詩》、《易》二書，亦成於是時。壬申夏五月，謀刊其所著，親赴成都，行至嘉定，忽大病。其子成勛，成劼亟輿奉以返，行至樂山，卒於河咡坎場，享壽八十有一。某年月日，其子卜葬於榮縣清流鄉陳家山之陽。

先生性至孝，侍父母能曲博其歡。御下素嚴厲，長子成芝雖授室有子，時遭杖責，家人皆敬憚，無嘻嗃聲。原配李太宜人，次妻劉氏、帥氏、劉氏，均先卒。子八人：長成芝，娶尹氏，亦早歿；成學，廩生，歿後妻任氏守志，褒揚節孝；次成璋，次某，次某，均殤；次成勛、成□，均入學堂肄業。女子五人：燕、幼平、芳研、堯草、芸先。孫男三人：長宗伯；次宗澤，四川國學專門學校畢業，歷充中級學校教員，斐然有文，能承其家學；次宗堯。孫女三人，曾孫六人，曾孫女六人。先生稟賦强健，其子女皆六十以後所生也。平生自奉極儉薄，唯嗜書，積至數萬卷。俸入雖微，而好周恤宗族親友，假貸者雖署券，不責償。每歲必詔其家曰「給某錢若干，某米若干」。及歿，鄉里族戚赴弔者多哭失聲，門生會葬者數千人，人比之陳太丘云。

樹枏宰四川青神縣，時時與先生會於嘉定之九峰書院，爲論兩漢經師家法，連晝夜娓娓不倦。及癸丑入都，相與握談，乃知其學經六譯，益歎其言高深幽渺，如入嫏嬛福地，讀未見之書，不復能贊一辭矣。烏虖，若先生者，真博物君子哉！見《中國學報》（重慶）第一卷第一期（一九四三年）。

廖季平先生評傳

侯堮

廖先生名平，字季平，四川井研縣人。生於清咸豐二年壬子（公元一八五二）九月初二日，卒於今年（民國二十一年）壬申六月五日（陰曆五月初二日），得年八十有一歲。先生在中國經學史上，既具相當地位；而在晚清思想史上，亦握有嚴重轉捩之革命力量。由先生而康南海，而梁新會，而崔觶甫，迄至今日，如疑古玄同、馬幼漁、顧頡剛諸先生，均能昌言古文學之作僞，更擴大而爲辨僞之新運動。近日《辨僞叢刊》照耀人目，凡中國向來今文學家未做完未説完之餘瀝，一躍而爲新史界所嘖嘖鼓吹之新問題；前喁後于，當者披靡。回憶四十年來之中國思想界，類似霹靂一聲者，爲康南海之《孔子改制考》、《新學僞經考》等等，而廖先生則此霹靂前之特異的電力。自是以後，變法維新，思想革命，清政告終，社會改造，吾人於今日審查中國學術思想之進步如何，除東西洋舶來物品而外，要不能不歸功於貞下起元、曙光焕發之廖先生！先生之師，爲王壬秋闓運，好談公羊學，上承邵位西、魏默深、龔定庵之餘緒，以衍莊、劉等之常州學派。王先生所著如《春秋公羊傳箋》諸書，更足與翁叔平同龢等之言論風裁交映，蔚成同光間之復古色采（由東漢溯西漢）。但此輩或以公羊學爲文章聲色之傾助，或以之爲食芻豢者嗜藜藿之新轉换，積之既久，翁叔平門下之《公羊》，儼似潘伯寅門下之鐘鼎，玩物喪志，識者譏之。廖先生崛起，著成《今古學考》、《古學考》、《知聖篇》、《四益經話》等書，遂將三千年來之孔子，及數千年之經學，與經學所産生之思想言論，根本改造，發前人所未發。康南海讀其書，如重見天日，大放厥辭，於是操縱中國中心思想之孔子面目如何、儒家經典之價值如何、中古時期之思想與史實之真相如何、由中古思想所影響於數千年之社會政治又如何，此一切一切，皆形成空前之結論，又皆導源於廖先生經學革命之功，故以清代思想史言之，自王壬秋以上，似不克與廖先生分争一席也。今先生往矣，關於平生經歷，因有廖府纂成之行述，頗稱詳備，本刊或將轉載。兹爲避免重複，謹取先生事蹟中之值得稱道者，縷述於下。

（一）廖先生兒時，家極貧，於昆季中行四。父賣藥蜀中，諸兄亦棄書就賈。一日鋪板上書曰：「我要讀書！」詢之，知爲先生手筆，並有急切入學之誠懇要求，父大喜，許其赴塾。詎四川此時塾規，須照例備束脩來學。如貧寒之士，得師長破格收入，至少亦須有相當之禮物，藉作贄敬。先生復苦無禮可送，徘徊澤畔，歷時許久；忽得魚三尾，欣欣然賫爲贄品，始遂其入學之積願。此後先生名其齋曰「三魚堂」，按，齊白石璜有《三餘圖》，詩爲睡之餘，畫爲工之餘，壽爲劫之餘，乃繪爲三魚，即本此也。非上追陸清獻公，實其艱苦求學之發軔紀念也。從師以後，勤奮誦讀，不分晝夜；家貧無焚膏之力，或中夜起，就祖宗龕上之青油燈觀書，龕高八尺以上，鵠立困憊。父知之，熄龕上燈，先生復貯炷香噓火映讀，夜以爲常。半年後，家人見先生卧褥多火燒之孔，斑痕歷歷，即照書香焰之殘存，此與車胤、孫康何異？ 弱冠以還，勤讀不倦，食時家人以玉蜀黍進，附饋赤糖。 食既畢，爭詢：「玉蜀黍甜否？」答曰：「甜甚。」然先生兩唇黮黮黑色，蓋其所飽啖者，全爲墨汁。 此與顧棟高氏之佚事極合，由是可知先生刻苦攻學之一端。

（二）先生成進士後，猶自焠厲。 自民國八年，得半身不遂之疾，右手右足全廢。 平時飲食，均需僕媪，惟讀書敏疾如常。 喜作文，以左手起稿，命女公子幼平小姐等代爲清繕。 繕者既倦，先生則興味盎然，更迭纂稿。 染病竟越十年，更可知不因老疾廢學。

（三）先生所著《六譯館叢書》，刻於川中存古書局。 晚年常以改定稿易初稿，斤斤自信；而門人後學，均不以改稿爲是，仍初印稿。 先生或齗齗爭辯，雖不能有所移易，第頗不謂然。 惜吾人此時尚未得見先生易簀前所積改稿之真面目也。 聞有二書： 一爲《穀梁古義疏證》改定本，存蜀未刻； 一爲《論語□□》，原名不詳。 幼平小姐於二年前在上海呈交蔡孑民先生，此書月内或可由蔡先生寄平。

（四）先生弟子在蜀中者甚多，其高足如黄經華鎔、季邦俊等，主講四川國學院； 有高足如蒙文通君河南大學教授。 等。 據蒙君言：「世之真知廖先生學問者，與其謂康南海，不如謂劉申叔。」因先生雖主今文，但亦談《周禮》，推《周禮》爲《書》傳，《書》、《禮》爲人學。 談《春秋》三傳折中。 劉申叔氏以《左傳》世其家，或於先生有最深之了解也。

（五）先生年八十，猶健飯，精神優於常人。 今年春初，即擬出遊，幼平小姐作書勸阻。 孟夏命駕遊覽，至河咡坎逝世。數年前黄經華亦客死於河咡坎，前後如出一轍，或冥冥有定數歟？

（六）先生哲嗣如師慎等均歿，現存子三、女三。幼平小姐爲長，肄業上海中國公學大學部，近在平求學。餘均讀書川中。孫宗澤，字次山，學問最優。井研來函稱已選定八月十三日爲先生安葬之期。見天津《大公報·文學副刊》第二百三十九期。又見《中國新書月報》一九三二年第八期。

廖季平先生傳

蒙文通

譜注：先生姓廖氏，名平，字季平，初名登廷，字旭陔，四川井研縣人。生於前清咸豐壬子，卒於民國紀元二十一年，年八十有一。以清光緒己丑成進士，考選知縣不赴，歷任蜀龍安、綏定府教授，尊經書院襄校，嘉定九峰書院、資州藝風書院、安岳鳳山書院山長，國學專門學校校長。初號四益，繼改四譯，晚號六譯。子八，孫宗澤能世其學。

清之樸學，盛於吴皖，而常州一派多奇瑰。莊氏存與以《公羊》，張氏惠言以虞、鄭、荀氏之《易》，孫氏星衍以伏生、司馬、馬、鄭之《書》，洪氏亮吉以賈、服之《左氏》，鈎微述絶，發揚幽隱。而莊氏之徒，劉氏逢禄、宋氏翔鳳喜張皇劭公之義，以偏説群經，自誇今文學，不能究洞經旨，稍稍與常州諸老異，惟能以浮麗不根之辞，動人耳目。若謂常州之學盡於劉、宋，而今文之義悉在《公羊》，是胥言者之過也。暨乎湘之魏氏源，浙之龔氏自珍，益言無檢束，不可收拾，而皆自託於今文。凡諸雜書小記，無不采摭，書無漢宋，惟意所便，於漢師家法破壞無餘，則又出劉、宋下。獨閩之陳壽祺、喬樅父子，句容之陳立，甄輯舊説，義例謹嚴，不以詭詞異論高自標詡，翻爲人忽，以故不得附於今文之列。學術末流之弊，固至是耶？湘潭王氏闓運，以詞壇宗盟，而以説經自喜，治《公羊》何氏學。廖師出於王氏之門，説經之根實深宏過之。其孤懷遠意雖在《春秋》，而判析今、古門户，則在禮制。本之二陳緒論，誠不屑意於劉、宋、龔、魏之倫，條例精密，實遠邁常州先哲，而奇蹤超絶，殆又過之。漢儒以《禮經》多而《春秋》煩雜，故孟卿不以教子。廖師通貫二經，以明二千年不傳之學，義據通深，度越一世，香象渡河，衆流截斷，於是先生之學巍然雄視百代矣。

蜀經明季喪亂，學術衰頹。晚清南皮張文襄公之洞來督學政，始以紀、阮之學爲號召。時先生弱冠，應童子試，文襄得先生卷文，大奇之，遂成秀才，以高材生調入尊經書院。蓋先生以「獮犬」義釋《論語》「狂狷」之文。蜀士舊無知許氏《説文》者，獨先生偶得之敗簏中而好之，以故爲文襄所嗟異。故先生後亦爲《六書舊義》，申班氏四象説，以扶許義，有由然也。及既沉浸經術，專通大義，遂不樂爲名物訓詁之事，不復言此。文通初從先生學時，好讀段玉裁氏書，先生詈之曰：「郝、邵、桂、王之書，枉汝一生有餘，何曾能解秦漢人一二句？讀《説文》三月，粗足用可也。」蓋既識其大者，遂不復措意其小者如此。先生既入尊經書院，適湘綺來任山長，湘綺言《春秋》以《公羊》，而先生治《穀梁》專謹，與湘綺稍異。其能自闢蹊徑，不入於常州之流者，殆亦在是。《穀梁》釋經最密，先生用力於《穀梁》最深，著《穀梁古義疏》及《釋范》、《起起廢疾》，依傳之例以決范、何、鄭氏之違失，而杜後來無窮之辯，植基堅厚。旋復移之以治《公羊》、《左氏》，皆迎刃自解。於《公羊》有《何氏解詁三十論》、《公羊補證》，於《左氏》有《左氏古經説》、《杜注辨正》。其彈正杜、何，亦如范氏。蓋於傳例精澈，自不苟依違於注下也。於《左氏》，依杜預以《左》説《左》之法，而但糾其違戾，不取賈、服，以其兼采《公》、《穀》，有敗亂家法之嫌。最後爲《三傳折衷》，更依經以決三《傳》之得失，而精於取舍。於《公》、《穀》二傳中，復析其孰爲先師之舊義，孰爲後師所推衍。其決盪藩籬，推驗經旨，頗似宋人。惟宋精於傳例者寡，多臆説膚論，無足取。其黠者雖曰盡棄三《傳》，而實陰取《公》、《穀》以排《左氏》耳，又豈盡棄三《傳》之謂哉？視先生既解三《傳》再決從違者，迥不相侔。漢師往往株守一師之言以自飾，於《公羊》又别爲顔、嚴之學，其類實多。於是經之本義益失，説益歧而不可問，宏通之與拘固，識大識小，其道固殊。謂先生之於《春秋》超越漢宋，直接洙泗，不爲誇汙，彼區區以訓詁名物言經學者末矣。同門皮象榮初治《左氏》，先生問之曰：「昔之治《左氏》者或治經，或治傳，鮮能兼通。吾子治經乎？抑治傳乎？」皮初大駭，繼乃釋然。先生之所謂經學，與乾嘉以來所謂經學，若此其相徑庭也。先生以治《穀梁》之説，悟《王制》爲魯學之宗，析禮制、文句爲二事，以言《春秋》，如車之兩輪。復論《王制》爲十四博士之宗，與古學以《周官》爲主者各異趣。先生之説能風靡一代者，蓋在於是。

清代自宋于庭以來，大張今學之幟，然於今、古之界畔不能辨，於是以三世諸義，濫及群經，視前世區區欲以文字辨今、古學誠殊，而不知根荄則一也。以立學官與否爲辨，則更膚淺不足道。近世崔觶甫主今文，至斥《穀梁》爲古文。江慎中治《穀梁》，亦以《穀梁》爲古學，此邵公所謂誠可閔笑者耶？先生依許、鄭《五經異義》，以明今、古之辨在禮制，而歸納於《王制》、《周官》，以《王制》、《穀梁》魯學爲今學正宗，以《左氏》、《周官》梁趙學爲古學正宗，平分江河，若示諸掌，千載之惑，一旦冰解。先生《春秋》造詣之微，人不易知，由《春秋》而得悟於禮制者，遂不脛而走天下。皮氏錫瑞、康氏有爲、章氏炳麟、劉氏師培，胥循此軌以造説，雖宗今、宗古有殊，而今、古之分在禮，則決於先生之説也。蓋先生之前，陳卓人疏《公羊春秋》，旋見《白虎通義》所言符於《公羊》之義，遂先疏《白虎通》，而未及見《王制》也。俞蔭甫見《王制》與《公羊》同，遂以爲《春秋》家所謂素王之義，而未知《王制》之可統十四博士也。陳壽祺疏《五經異義》，又輯《三家詩異説考》；其子喬樅繼之，又輯《今文尚書遺説考》，爲言今文學者之矩矱，而未及知《異義》所陳今文師説之畢符於《王制》，斯乃今文中心之所在也。壽祺弟子林昌彝爲《三禮通釋》二百八十卷，甄録漢師今説最備，視徐乾學、秦蕙田書之大半取之史傳者，精已過之，視林喬蔭、黄以周書之雜於宋法者，博通謹嚴亦過之，然終不能推本許、鄭《異義》，以示今、古學之徑途，斯皆未達一間。先生最喜稱陳氏書以教人，獨能以《異義》之説以合於《王制》、《今古學考》遂由許、鄭書以上溯《王制》、《穀梁》，以爲今學正宗，以與《周官》抗行，而今、古之辨明。先生所道許、鄭之學，與乾嘉以來所謂許、鄭之學，於是辨也。

試更端言之。自惠士奇爲《禮説》，陳碩甫疏《毛詩》，而金鶚、鄒漢勛之流於説禮皆喜排後鄭，務取周秦之文，立爲奇説，然義無統宗，終不足以勝後鄭。自先生今、古之學明，以説禮混亂家法罪鄭氏，期復兩漢師説之舊規，坦然明白，無恢詭僻隱之言，大義皎然，以上嘲王子雍之攻鄭而未得其道，而孫詒讓、胡培翬、黄、林之儔説禮一依鄭法者，不能不失其據。三百年來之學，於是若整裘絜領，各有指歸。窮則變，變則通，清儒之學將窮，先生可謂能通之者也。二千年來之積惑，欲啓之而未能者，先生一旦昭然揭之，雖曰天縱之才，要亦由前賢之累積所致，若爲山九仞，而收功者固一簣也。於是一時言今文者莫不宗先生，而爲古文者亦取先生之論以説古文。餘杭章氏、儀徵劉氏，最爲古學大師，而章氏於《左氏》主於依杜以絶二《傳》，尤符於先生之意，然於《禮》猶依違於孫、黄之宗鄭。劉氏爲《禮經舊説考略》及《周官古注集疏》，以易鄭注，符於先生之説禮，而於《春秋》猶守賈、服。衡以先生之論，則章、劉於古學家法猶未能盡，翻不若先生論古學之精且嚴也。

自先生今、古之辨明，天下莫之能易，然六經儒家之學，何由而有二派之殊，則人各異論。先生固亦屢變其説而莫可定，然終以《王制》、《周官》之爲主，則未始有異，則先生之説雖變，謂之不變亦可。左菴先生於《西漢周官師説考》以古學爲西周之制，而《王制》爲東周之制，於《明堂考》則又臆説爲豐鎬、雒邑之殊。康、章以降，雖於今、古各有是非，所論不同，而言今、古之所以同異，則未始不一。繼今以往，雖數百年後，要亦是非奴主之見莫由齊，而於異同所在終無以異，是可知也，視前世儒者始終不明今、古所由殊者爲何如！此先生之爲學術劃分時代之人，不可誣也。先生於《今古學考》以今爲改制，古爲從周；古爲孔子壯年之學，今則晚年素王之制，此一説也。繼從宜賓陳錫昌之言，疑《周官》爲劉歆僞書，而今學乃孔子嫡派，作《古學考》，此二説也。及尋之《大戴》、《管子》，與所謂《刪劉》之條，皆能符證，則斥爲歆僞之論不可安，於是以今、古爲孔學小統與大統之殊，此三説也。三變之説雖殊，而皆以《王制》、《周官》爲統歸，或主或奴，比諸劉、康之異論，則三變之説謂之不變可也。今之後言學者即百變亦可也，而今、古之中心終不可移，斯又烏得爲變哉！先生三變而後，於《中庸》言誠、言道之文，别啓《中庸》天學、《大學》人學之論，此四變也。又以象形文字古之所無，爲始自孔子，此五變也。暮歲病風痺，喜醫術，以《素問》所言五運六氣爲孔門《詩》、《易》師説，此六變也。先生於術數方技之言，無不明曉，於醫家言成書二十一種，堪輿言成書五種，多所創獲。斥寸關尺診之謬，主復古經診法，詳申三部九候，宜黄丘希明歎爲絶學。先生以治醫之故而移以説經，頗滋人疑，而孰知先生之有功醫術，初不亞於經學。晚歲所獲，固在醫而不在經學也。

先生幼貧困，不能學。家故有茗肆，先生偶將壺涴客衣，遭詬怒，大恥之。欲從塾師讀，力不能具束脩，乃從溝澮間捕魚三尾以爲贄，塾師悦而教之。暮歸，立簷前燈下，借光以誦。入尊經書院，日食僅薄粥，而勤奮弗懈，不以窮達易慮，篤老猶精勤也。性純孝，事太夫人愉色惋容，而御家嚴毅，子已成立，猶不免箠楚，姪輩見之亦股栗。與人固和易，講説時雜詼諧，於及門弟子則每嚴辭厲色以責之。自奉極薄，而周恤宗族不少吝。豪於飲，數十杯一舉立盡。在國學學校時，每夜醉，輒笑語入諸生舍爲説經，竟委曲，無誤語。積書至萬餘卷，嘗示文通《漢書》中事，於積帙中信手抽出，展卷三數翻，直指某行，同學侍立者皆驚愕。不措意於文，而其文之雄者，固非詞章之士所能及也。其説經之書，初謂之《經話》，如《今古學考》諸作，皆自《經話》中録出，遂成卷帙。所自著書，學人有持以問者，見輒改。數十年中著書百餘種。早年所定稿，亦時以晚説入之，數行之間，每有同異。刊定舊稿，於説之已變者時存而不改，曰以存入門之迹，故讀其書、聽其言，不易得其一是之説。晚年來學者，悉詔以小大天人之説，語汪洋不可涯涘，聞者驚異，則益爲奇語以嘲之，非沉思不易得其根荄，故世鮮能明其旨要之所在。著書百四十餘種，有稿未刻者尚二十許種。名溢海外，毀譽亦參焉，先生不以爲意。嘗謂治經如蟻穿九曲，每遇盤根錯節，沉思每忘寢食，豁然有會，頓化腐朽爲神奇，不笑不足以爲道，世蓋有疑之者，而亦未嘗不震其精深閎肆也。

劉申叔每謂先生「長於《春秋》，善説禮制，其洞徹漢師經例，魏晉以來，未之有也」。求廖氏之學，當以劉説爲歸。廖師之精，特在三《傳》，由《春秋》而發，悟於禮制。然説《春秋》縝密，説禮則略，粗舉綱維，以示界畔，固未嘗縷析以論也。其言《春秋》，旨意邃密，不易索解，世罕明之，而説禮以能剖千年之聚訟，故禮説又尤大行於世。六變之論，皆由禮啓，然變者其枝末，不變者其根實也。竝世學者從其不變者而屢變之，言人人殊，先生亦屢變不一定，乃不善學者即先生之變以求之，遂迷罔莫從鑽仰。先生弟子徧蜀中，惟三台陸海香初治《周官》，洞明漢義，亦不廢先生晚年之説。成都曾宇康爾康治《左氏》，宗賈、服，略與先生殊。崇慶彭舉雲生、巴縣向承周宗魯亦從聞其緒論，而皆自成其學。文通並時同學，知之較悉者，惟此數君。犍爲李源澄俊卿於及門中爲最少，精熟先生三《傳》之學，亦解言禮。淳安邵瑞彭次公見而歎曰：「李生年少而學如百尺之塔，仰之不見其際。」丹徒柳翼謀反復與論學，稱其能傳師門之義。餘杭章太炎見其文，善之，延至蘇州，爲説《春秋》義於國學講習會。俊卿守先生説以論章氏，人或言之太炎，太炎不以爲忤。太炎謂聞人言廖氏學，及讀其書不同，與其徒論又不同，殆正謂俊卿也。世俗所言與深入廖氏學者所言，固區以别也。太炎殁，無錫唐蔚之復延之講經於國學專修學校。能明廖師之義而宏其傳者，俊卿其人也。文通昧瞀，於先生之學僅涉藩籬，不能究洞奥旨。俊卿謂文通曰：「廖師精卓宏深，才實天縱，惟爲時代所限，囿於舊聞，故不免尊孔過甚，千溪百壑，皆欲納之孔氏。又時當海禁初開，歐美學術之移植中土者疏淺且薄，不足以副先生之采獲。先生雖樂資之爲説，而終不能於先生之學大有所裨。使先生之生晚二十年，獲時代之助予，將益精實絶倫也。」文通愕然不知所答。是能論傳廖氏之學者，儻在俊卿也。見《新四川月刊》第一期。又收入《蒙文通文集》第三卷《經史抉原》，巴蜀書社，一九九五年；《經學抉原》，上海人民出版社，二〇〇六年版。以上各本文字小有異同，兹擇善而從，不一一出校。

廖平

向楚

本篇悉依據《六譯叢書》及其子姓、門人等所述；時賢論列，亦取以入録。篇中主要：一、傳略；二、思想與著述；三、對於教育之貢獻及影響。

廖平字季平，四川井研人。初名登廷，號四益，繼改六譯，蓋自述所學也。生清咸豐壬子（一八五二），卒民國二十一年壬申（一九三二），年八十一。幼貧困，家故有茗肆，平挈壺誤涴客衣，客怒訶之，恥，欲從塾師讀，力不能具脩脯，乃從溪澗捕魚以爲贄，師悦而教之。讀於寺，寺僧饋黍餅，滕以糖，且讀且蘸食之，誤蘸墨沈，既乃知之。暮歸，恒立檐前就燈下讀。以同治甲戌（一八七四）補諸生，食廩餼。光緒己丑（一八八九）成進士，以知縣用，改教職，歷龍安、綏定教授，襄校尊經書院，長嘉定、資州、安岳諸書院及國學專門學校。平性純孝，事母愉色婉容，而御子姓極嚴。與人固和易，講説時雜恢諧，於及門弟子則莊詞厲色以責之。自奉極薄，而周恤宗族不少吝。生平著述百四十餘種，未刻者十六種。其畢生精力盡瘁於説經，一意於尊孔。其爲學避剿襲，明系統，喜分析，辨真僞，富於假設，善變而不離其宗，往往發前人所未發，亦不免强群書以就我，穿鑿附會，武斷是已。平自稱幼篤好宋五子書、八家文，丙子光緒二年（一八七六），平年二十五。從事訓詁考訂之學，博覽考據諸書。庚辰光緒六年（一八八〇），平年二十九。以後，厭棄破碎，專求大義。見廖氏《經學初程》。綜其生平，治學凡六變：

癸未今、古，一變。光緒九年（一八八三），平年三十二。此期約五年。所著以《今古學考》爲綱要。

戊子尊今抑古，二變。光緒十四年（一八八八），平年三十七。此期約十年。所著以《闢劉篇》、《知聖篇》爲綱要。

戊戌小大，三變。光緒二十四年（一八九八），平年四十七。此期沉思八年，而其説始定，曾擬作《小大學考》，未果。成書中當以《地球新義》、《王制集説》、《周禮皇帝疆域圖》爲綱要。

壬寅天人，四變。光緒二十八年（一九〇二），平年五十一。此期當以《孔經哲學發微》爲綱要。此後專就天人之説演進，不廢其名。

戊午（一九一八）專就六經分天人小大，謂六經皆孔子所作，象形文字亦古所無，爲始自孔氏。五變。民國七年（一九一八），平年六十七。

晚年中風痹，喜醫術，以《素問》所言五運六氣爲孔門《詩》、《易》師説，六變。民國十年（一九二一），平七十以後。

平晚年自述其爲學之甘苦云：「學經六變，各有年代，苟遇盤根錯節，一再沉思，廢寢忘食，平晚年，弟子胡孝廉翼前往請益，與之共榻，中夜自動，平呼問：「醒否？醒則不宜再睡，凡白晝不能解決之疑案，一思多能省悟。余生平著書，實得力於此。」動以數年，豁然理解，如有鬼謀天誘，千溪百壑，得所歸宿，舊日腐朽，皆爲神奇」云。

時南皮張之洞督學四川，以紀、阮之學爲號召，見平文，大喜，以高材生調入尊經書院。蓋平以「猘犬」義釋《論語》「狂狷」之文。蜀士舊無知許氏《説文》者，獨平偶得之敗篋中而好之，故爲之洞所嗟異。此平《六書舊義》所由作也。據蒙文通《廖季平先生傳》。及既沉浸經術，識其大者，遂不樂爲名物訓詁之學。謂小學爲經學梯航，自來治經家未有不通小學者，但聲音訓詁亦非旦夕所能畢功，若沉浸於中，則終身以小道自域，殊嫌狹隘。故經學自小學始，不當以小學止也。又謂如段氏《説文》，王氏《經傳釋詞》、《經義述聞》，即使全通其説，不過資談柄，綉鞶帨，故決然舍去，别求所以安身立命之術。適湘潭王闓運來主尊經講席，闓運言《春秋》以《公羊》，平治《穀梁》。因治《穀梁》之説，悟《王制》爲魯學之宗，析禮制、文句爲二事。復論《王制》爲十四博士之宗，與古學以《周官》爲宗者異趣。著《今古學考》，定爲今學主《王制》、孔子，古學主《周禮》、周公。清代常州學者治公羊學，初莊存與兼治《周官》，其徒劉逢禄、宋翔鳳乃大張今學之幟，然與今、古兩派立説異同，其中心所在，實未知之，徒以三世諸義，濫及群經；又以立學官與否爲斷，以視前世區區欲以文字辨今、古學者誠殊，要其浮麗不根，知表而不知裏，則一也。平依許、鄭《五經異義》，以明今、古之辨在禮制，而歸納於《王制》、《周官》，以《王制》、《穀梁》魯學爲今學正宗，平分江河，如示指掌。其由《春秋》而得悟於禮制者，皮錫瑞、康有爲、章炳麟胥循此規以造説，雖宗今宗古之見有殊，平固亦屢變其説而莫可定，然終以《王制》、《周禮》爲之主則未有異。劉師培於《西漢周官師説考》以古學爲西周之制，而

《王制》爲東周之制；於《明堂考》又隱説爲豐鎬、洛邑之殊。康、章以降，雖於今、古各有是非，所論不同，而言今、古之所以同異，則終莫能外。蓋平發明經制，告顔子用四代，與子張論百世，斯文在兹，著於《論語》；祖述堯舜，憲章文武，明載《中庸》；改周之文，從殷之質，亦《春秋》家師説。孫卿所謂「聖者盡倫，王者盡制」，《解蔽篇》。徵之六經，無不符合。雖專守古文學者，亦未敢斷言孔子無創制之事也。故其書初出，論者比之亭林顧氏之於古音，潛丘閻氏之於古文《尚書》，爲三大發明焉。乾嘉以來，世儒競守《説文》、《禮》注，曰許鄭學。平本《五經異義》所立今、古二百餘條，專載禮制，不載文字，以考兩漢學説，今、古家法，釐然不亂。謂自鄭康成遍注群經，兼取今、古，而家法始淆，則廖氏之取於許鄭學，與乾嘉以來所謂許鄭之學，於是辨也。廖、劉兩家立説不同，廖氏過重視孔子，以爲皆一家之言，以今爲改制，古爲從周，古爲孔子壯年之學，今爲晚年素王之制。《論語讖》：「仲尼弟子子夏等六十四人纂孔子微言，以事素王。」劉氏過重視周室，以爲皆一王之法，故説爲豐、鎬、洛邑之制不同，西周、東周之宜有别。其言今、古兩學立異之故不同，其所以辨今、古兩學則一。故廖氏之學，其弟子蒙文通謂能尋其義以明今文者惟皮錫瑞，能尋其義以言古文者惟劉師培，可謂好學深思，心知其意者。此廖氏説經之第一變也。

自丙戌光緒十二年刊《今古學考》，自謂歷經通人指摘，不能自堅前説，乃以尊今者作《知聖篇》，闢古者爲《闢劉篇》，又復有《古學考》。自己丑（一八八九）試禮部後，謁之洞於廣州。康有爲與黄季度同訪平於廣雅書局，談竟夕，並以《闢劉篇》、《知聖篇》示之。未幾，有爲《新學僞經考》、《孔子改制考》告成，蓋《僞經考》本之《闢劉》，《改制考》本之《知聖》也。梁啓超謂其師之學説原轉變於蜀人廖氏，盡棄其舊説者指此。平弟子胡翼挽平詩，稱康氏著《新學僞經考》、《孔子改制考》，不言其所自來。其實康初從沈子豐得《今古學考》，於平傾倒甚至，及會於羊城安徽會館，平歷舉始皇未焚六經確證，康大悟。二書成，名滿一時，張之洞有書責平，指康爲其嫡傳弟子，梁啓超爲再傳弟子。近人錢穆謂今刻《知聖篇》非廖氏原書，稿本今藏康家，則頗多孔子改制説，顧頡剛親見之。平初因宜賓陳錫昌疑《周禮》專條古皆無徵，疑《周官》爲新莽以後之書，爲劉歆等頌莽功德，云「發得《周禮》，以明因監」，可知《周禮》出於居攝之後。平初考劉歆文集，初年全用博士説，晚乃立異。欲知其年限，因考《王莽傳上》言《周禮》者祇二事，在居攝後；《中》、《下》以後，則言《周禮》者十之七。如天子十二女，博士説也；百二十女，《周禮》説也。《莽傳上》用十二女説，莽納女事。《傳下》用《周禮》説。莽自娶一百二十人。使《周禮》早出，抑劉歆早改《周禮》，則當時必本之爲説，何以全無引用？是「發得《周禮》，以明因監」時，《周禮》始出，中多迎合莽意而作。於是專主今學《王制》爲孔學，古學《周禮》爲劉歆羼亂之學。以《周禮》與《王制》不兩立，歸獄歆、莽，用西漢法。此廖説經之第二變也。

繼以今學囿於《王制》，則六藝雖博，中國一隅之書耳。戊戌以後，乃言大同，蓋尋諸《大戴》、《管子》，與所謂删劉之條皆符證，則斥《周官》爲僞之論不可安，於是以今、古爲孔學大統與小統之殊。蓋初據《王制》典章説之，以至齟齬不合，因《詩》之小球大球與小共大共對文，共作貢，九州之貢。《顧命》之天球、河圖，緯説以河圖爲九州地圖。緯書即古微書。《漢·藝文志》《春秋》諸微，即緯爲微書之證。平以緯書、微書即孔子之微言，因緯書有天球、河圖，即地球大九州之義。據《詩》、《書》大小連文者，小字即在大字之上，定天球爲天圖，小球大球爲地圖，先小後大，即由内推外，乃用小球大球以説《周禮》。乃知《大行人》九服以内之九州即大九州，九州得方千里者八十一，即鄒衍海外九州之所祖。《内史》三皇五帝之書而不及王伯，《地官》由四夷以及四海。鄭注以地中爲萬五千里，地三萬里，四游浮沉。祀帝有二：一崑崙地中之神，一中國赤縣神州之神。由是據《大行人》、《職方》兩九州之神爲帝小皇大。一書中兼二統，所謂小司馬以小名官者，即《商頌》之小共小球，主五帝分方之小九州。所謂大司馬以大名官者，即《商頌》之大共大球，主大司徒大行人之千里一服大九州，與《詩》、《易》禮制相同。鄒衍方三千里之古九州，乃五帝分司五極之事，大於《王制》八倍，而小於皇者五倍者也。於是乃知今、古之分，一爲王伯，一爲皇帝，一爲禹方千里之九州，一爲方二千里、方三千里、方四千里、方五千里、方六千里之大九州。凡《周禮》與《王制》不合者皆海外大九州大統之制，求之經而《詩》、《易》合，而《戴記》、《左》、《國》合，求之子而《莊》、《列》是其專家，求之博士説而所謂五極、五神、四海皇帝之説，未嘗不足以相證，由是削去今、古名目，以帝王分之，以今古并不立，分屬帝王，則不相妨而相濟。以上見《家學樹坊》。於是刊《地球新義》，取《周禮》疆域别編爲《皇帝疆域考》，所謂三皇五帝之三墳五典者，全以屬之《周禮》，故擬編爲《小大學考》，於《周禮》取經，去其師說謬誤，故改今古之名曰小大，謂即此而群經傳記各得依歸，此廖氏說經之第三變也。

三變之說雖殊，皆以《王制》、《周官》爲統歸，而今、古之中心終不可移。三變而後，於《中庸》言誠、言道之文，別啓《中庸》天學、《大學》人學之論。人學爲六合以內，天學爲六合以外。《春秋》言伯而包王，《尚書》言帝而包皇。《周禮》三皇五帝之說專言《尚書》，《王制》王伯之說專言《春秋》。言皇帝王伯，制度在《周禮》、《王制》，經在《尚書》、《春秋》，一小一大，此人學之二經也。至於《詩》、《易》，以上徵下浮爲大例，《中庸》所謂「鳶飛戾天，魚躍于淵」，爲上下察之止境，此天學也。而以《靈樞》、《素問》、道家之學輔之。平自序《四變記》劉師培摘本。曰：「壬寅後因梵宗有感悟，終知《書》盡人學，《詩》、《易》則遨遊六合外，因據以改《詩》、《易》舊稿，蓋至此而上天下地無不通，即道釋之學亦爲經學博士之大宗矣。」按：劉師培與廖季平書，駁此說極深入，詳後。其《孔經哲學發微》云：《內經》舊以爲醫書，不知其中有天學，詳六合以外；有人學，詳六合以內。故《病能篇》末有曰上經下經，義與此篇不相屬。《易緯》文也。按：平《文學處士嚴君家傳》有云：「《素問》上經下經之明文，不啻十餘見，經文別無以上下名篇者，惟《易緯乾鑿度》上下經兩相符合。六相僦貸季、鬼臾區、岐伯、少師、少俞、伯高教授黃帝，雷公受，命黃帝以傳世，教者演六相之文，受者惟一雷公而已。《雷公》七篇，每於上下經三致意焉，凡陰陽、雌雄、先天、後天、太過、不及、損益，皆《易》說也。而揆度奇恒，此類從容，尤於上經三朋，下經五中，提綱挈領，此新發於硎，百變不易者也。」上經者言氣之通天，爲天學；下經者言病之變化，爲人學。區別界限，不容溷雜。此《内經》所以爲天人合發之書也。其全元起本所無，而爲王啓玄所補者，如《天元紀大論》、《至真要大論》、《六微大論》、《氣交變大論》、《五常政大論》、《六元正記大論》、《至真要大論》，共七篇，發明五運六氣、六甲五要之説，較《詩緯》尤爲精確，不可移易，當爲《詩經》師説。其中惟論疾諸篇，乃爲醫學專書。《上古天真論》真人、至人爲《楚辭》之師説，專爲道家神仙去世離俗之所本。讀《内經》而後《楚辭》之本旨明，上二節爲《尚書》、《春秋》師説，下二節爲《詩》、《易》神遊之學，爲六經之綱領。知此，而後孔聖天人之學乃得而明也。此廖氏説經之第四變也。

四變以後，專就六經分天人、小大，歷十餘年，復進而融小大於天人之内，以《禮》、修身齊家事爲治平根本。《春秋》、治國學，《王制》爲之傳，儒、墨、名、法家主之。《尚書》平天下學，《周禮》謂之傳，道家、陰陽主之。爲人學三經，《王制》、《周禮》爲之傳；《詩》、《易》、《樂》爲天學三經，《靈》、《素》、《山經》、《列》、《莊》、《楚詞》爲之傳，各有皇帝王伯之四等。當初變時，以今、古兩家所根據同出孔子，創爲法古改制之説。兹更進而以六經皆孔作，以六藝皆由孔子譯古書而成。且因《史記》八引孔氏古文，謂六書文字皆出孔氏。劉師培《與廖季平書》有數條爲孔制六書之助，詳後。蓋必以六經皆歸孔氏，而後小大天人之説乃有其系統可尋也。據《列子》引孔子之言曰：「吾修《詩》、《書》，將以治天下，遺來世。」《知聖篇撮要》云：「贊修六經，實參用四代，下俟百世，有損益於其間，非但鈔襲舊文而已。」《荀子》曰：「《詩》、《書》故而不切。」原注：《班志》「如有所譽，其有所試」，唐虞之隆，殷周之盛，仲尼之業，已試之效者也。是以《書》爲孔子所作。《莊子》：「孔子翻十二經以説。」六經、六緯。《知聖篇》云：「《春秋》未修之先，有魯之《春秋》，《詩》、《書》、《禮》、《樂》未修之先，亦有帝王之《詩》、《書》、《禮》、《樂》。其曰『述而不作』，言不作即作也，言述即非述也，與『其文則史，其義則竊取』同意。而作述之事，即兼總六經，不獨説《春秋》。《戴記》總言孔子事，則云翻定六經，制作六藝，其並稱之文，則多以作修屬《春秋》，於《詩》、《書》、《禮》、《樂》言刪正，文變而義同，無所分別。因作多屬《春秋》，故同稱則六經皆得云作修，而並舉則惟《春秋》所獨。此爲異名同實。」又云：「孔子爲素王，受命制作，翻定六經，皆微言也。」《知聖篇提要》云：「平客廣州時，欲刊此本，或以發難爲嫌，東南士大夫轉相鈔録，視爲枕中鴻寶，一時風氣爲之改變，湘中論述以爲素王之學倡於井研者此也。」又云：「《列》、《莊》言六經非陳迹芻狗，全爲特創百世以下新法新理，作而非述。」力反章學誠「六經皆史」之説。其弟子黄鎔述《五變記》云：「唐虞之事實狉獉蠻野，無可爲諱，正如百家言黄帝，文不雅馴者也。文不雅馴，此真古史之言也。史公擇言尤雅，以爲本紀書首，明明謂孔子所傳不離古文。《史記》八引「古文」，皆指孔經之文。是古史之《世本》、《譜牒》，史公猶及見之，以爲薦紳所鄙棄，故協厥經傳，待人深思。」又云：「誠知《尚書》之堯舜非唐虞之真堯舜，平《孔子作六藝考提要》云：「堯舜時洪水初平，獸蹄鳥迹交於中國，與《堯典》、《禹貢》典章美備，事出兩歧」，黄鎔申其師説云：「若謂中國唐虞而已四表光被，九州攸同，其可信乎？須知經之文明乃爲後世立法，不爲往古記事，則經史分途，孔聖之作以顯。」則表裏貫澈，可以説經，六經皆非舊史。可以論史，可以博古，可以通今。並徵之諸子，其宗旨不同，則所舉堯舜亦異：兵家之堯舜戰争，法家之堯舜明察，墨家之堯舜儉質，道家之堯舜無爲，儒家之堯舜德隆，農家之堯舜耕稼。借古帝以明學説，皆自以爲真堯舜。《韓非子·顯學篇》説。其實堯舜未必然也。子家皆出孔後，立標建幟，各發爲一種學説。其所以推美堯舜者，蓋以《尚書》獨載孔聖大統之規，託始堯舜，故諸子亦祖述二帝也。《班志》謂九家皆六經之支裔，豈不然乎？《尚書》託古垂法，以堯舜爲傀儡。宰我曰夫子遠賢堯舜，正謂《書》之堯舜政治文明，非若龍蛇同居之景象也。《論語》夏禮、殷禮杞、宋不足徵，則唐虞之文獻必更無可據也。緯説聖人不空生，生必有制，由心作則，創起鴻謨。經異於史，經爲雅言，史不雅馴。尚何疑義之有？」又云：「凡屬經中之典制，莫非聖心所獨斷。」蓋深知經義與史迴别雅俗也。又據《史記》八引孔氏古文，以爲孔子作六經，先制文字，史公稱「孔氏古文」、「《詩》《書》古文」、「《春秋》古文」，以爲孔經初造古文之證。新城王樹枏謂必有實據，乃足徵信。黄鎔爲文搜證，伸其師説，謂人之稱倉頡古文者，大氐根源許氏耳。然云倉頡初作書，並無倉頡古文之明文也。其曰孔子書六經，左丘明述《春秋傳》，皆以古文，即謂孔子肇造古文。又曰亡新居攝時有六書，一曰古文，孔子壁中書也。不言籀文。又馬頭人等説，皆不合孔氏古文，則明明以古文專歸孔子。其稱《易》孟氏、《書》孔氏、《詩》毛氏，《禮》、《周官》、《春秋左氏》、《論語》、《孝經》，皆古文也。此與《史記》所舉《詩》《書》古文、《春秋》古文、《尚書》古文、孔氏古文之説，造車合轍。許氏引「孔子曰」，即孔子初造古文解説字義之證。李堯勳平門人《中國文字問題》謂當草昧之初，所有語言假音，亦必同用字母。《易大傳》言「上古結繩而治，後世聖人易之以書契」。湘潭王氏以結繩象字母盤曲之形，太史公稱字母爲百家言，六經爲孔氏古文，所稱後世聖人，必爲孔子無疑。平《倫理約編》引《三藏記》：梁僧祐。「昔造字之祖凡三人：長曰梵，其書右行；次曰佉盧，蒙古所本。其書左行；少者倉頡，其書下行。梵及佉盧在天竺，倉頡在華也。」夫梵及佉盧皆字母，則倉頡亦字母可知。若謂書契爲倉頡古文，當云「古之聖人」，不當云「後世聖人」也。讀《莊子·天下篇》與《史記》本紀、表、傳，當時尚有兩種文字即百家語言與古文六藝。書籍並行於世。是以孔子以前，但有語言假音，孔子翻經正名，乃特創六書雅言。説詳《中國文字問題三十論題解》，文多不録。劉師培與平書云：「《説文》伊從人尹，是阿衡以前並無伊字。《夏書》有伊洛，《禮》有伊耆氏，均出阿衡之前，當阿衡未尹天下之前，果爲何字？引而伸之，足爲尊説孔著六書之驗。又如偰字及偓佺二字，均以人名爲正詁。然必有取名之義，字無正形；字有正形，因人而制。推之許書女部諸字，姬、姜皆水名，何字不從水而從女？厥例均同，亦足資尊説之助。」章炳麟爲平墓誌，則謂：「君之言絶恢怪者，以六經皆孔子所作，雖文字亦孔子造之，與舊説尤相左，人亦不敢信。」此廖氏説經第五變也。

五變以後，《詩》、《易》爲天學，非人間世所知，故辭涉玄遠，義皆窈冥，與舊説極異。何邵公謂《公羊》多非常異義可怪之論。平説《詩》、《易》亦然，且持之甚堅，謂確有可據。凡有非毁，略不爲動。惟《易》道化發微，窮理盡性，顯天地之奥，通鬼神之情，謂爲天學，語非不根。《詩》主言志，可通於政，興觀群怨，與《易》殊科。而平必謂天學者，以《詩》首《關雎》，《韓詩外傳》論此篇即窈渺神奥，靡測端倪。《外傳》卷五：「子夏問曰：『《關雎》何以爲《國風》始也？』孔子曰：『《關雎》至矣乎！夫《關雎》之人，仰則天，俯則地，幽幽冥冥，德之所藏，紛紛沸沸，道之所行，如神龍變化，斐斐文章。大哉，《關雎》之道也！萬物之所繫，群生之所懸命也。河洛出《書》、《圖》，麟鳳翔於郊，不由《關雎》之道，則《關雎》之事將奚由至矣乎？夫六經之策皆歸論汲汲，蓋取之乎《關雎》，《關雎》之事大矣哉！馮馮翊翊，自西自東，自南自北，無思不服，子其勉强之，思服之，天地之間，生民之屬，王道之原，不外此矣。』子夏喟然歎曰：『大哉《關雎》！乃天地之基也。』《詩》曰：鐘鼓樂之。』」《漢書·儒林傳》：燕、趙間言《詩》者由韓生，韓生亦以《易》授人，推《易》意而爲之傳。《詩》、《易》相通，師説有自。《論語》孔子以「詩無邪」蔽《詩》三百篇。平以《魯頌》之「思無邪」與「思無疆」、「思無期」、「思無斁」一例。「無邪」猶言「無涯」也，不取《毛詩》「發情止義」之説。謂《小序》非子夏作，乃衛宏、謝曼卿僞造。黄鎔述《五變記》，引《齊詩翼氏傳》云：「《詩》之爲學，情性而已。《集傳》誤解情性，以爲男女之情。五性不害，張晏注：五性，謂五行也。六情更興廢，六情：廉貞、寬大、公正、姦邪、陰賊、貪狠也。觀性以曆，曆，謂日也，即十日十干。觀情以律，律，十二律也，見《月令》。律曆迭相治，《内經》下加上臨。與天地稽。」天干地支。《匡衡傳》引《傳》曰：《詩經傳説》。「審好惡，《翼氏傳》：北方之情，好也；南方之情，惡也。理情性，好行貪狠，甲子主之；惡行廉貞，寅午主之；東方之情怒也，怒行陰賊，亥卯主之；西方之情喜也，喜行寬大，己酉主之；上方之情樂也，樂行姦邪，辰未主之；下方之情哀也，哀行公正，戌丑主之。此以十二支爲六情，可知五行十干爲五性。而王讀作皇。道畢矣。」人學既終，方可進求天學。下引《中庸》

「盡性參化」一章解之。據此，所謂性情，乃指天地干支而言。班氏《律曆志》引《傳》曰：《詩經傳説》。「天六地五，以干支之升降氣交言。數之常也。天有六氣，《内經》六氣：子午少陰，丑未太陰，寅申少陽，卯酉陽明，辰戌太陽，己亥厥陰。降言降即有升，生性者生也。五味。五味通於五行、五音、五色。夫五六者，天地中合，干支和合於地中。而民所受以生也。」人受之以爲性。《内經》五運六氣之説，盈千累萬，言之甚悉，即解此性情之義，莫非《齊詩》傳説也。《論語》性不可得聞，即謂《詩》學深邃。性非性理之謂。緯説有四始五際，五際即五運、五性，四始在寅、申、巳、亥月，爲四時之始，如《春秋》首時。得六情之二，加上下辰、戌、丑、未、子、午、卯、酉，即六氣六情也。《翼氏傳》云：「五行在人爲性，六律在人爲情。性者，仁、義、禮、智、信也；情者，喜、怒、哀、樂、好、惡也。」五常分五方，《詩緯》以邶、鄘、衛、王、鄭五國處州之中爲五音，《民勞》五篇爲五民五極，《邶》四風，谷風東，終風西，凱風南，北風北。《崧高》四篇分應四方，加中央爲五。《詩》之言六情者，《關雎》樂而不淫，哀而不傷，《論語》已舉上下矣。其他「中心喜之」、「中心好之」、「逢彼之怒」、「在彼無惡」。《内經》言人身五藏六府，契合於性情者，分配干支。其文連篇累牘，皆所以發明《詩》旨也。《白虎通》：「人稟陰陽而生，内懷五性六情。」《鈎命決》：「性所以五，情所以六何？人本含六律五行之氣而生，故内有五臟六府，此情性之所由出入也。」據此可見，人之性情，本具天地干支之運氣，修養在一己，即感動在天地。《論語》「性不可得聞」，言性不言情，性屬天，舉天以包地。《中庸》盡己之性，推之盡人物之性，可參天地化育，即兼括六情在內。《孟子》：

「盡心者知性，知性則知天。」《中庸》：「喜怒哀樂未發爲中，發皆中節爲和，致中和，天地位焉。」學者涵養一己之性情，得其冲和，陰陽無愆，疵癘不作，穆然與天地合德，久而道成，則神遊之境自不慮從之莫由也。其與門人説《詩》之旨，可約舉者，有數義焉。一義以《周南》、《召南》爲二伯，與《書》之羲和，《禮》之禮樂，《易》之兩儀，《論語》之文質，《國語》之司天司地，泰古之天皇地皇，爲二伯平分天下之事。凡各篇中有左右二字者亦指爲二伯，與《吕覽》、《淮南》等書言左禹右皋陶，不下堂而天下治義同。二義以《三頌》爲三統循環，《周頌》、《魯頌》、《商頌》，《魯頌》在中，即王魯之意。謂《春秋》實不王魯，《春秋》王魯乃何氏誤説。故以舊説新周、王魯，故宋、絀杞爲《三頌》説。《三頌》中有魯無杞，故絀杞爲本義。《春秋》以宋首，以杞殿，亦得爲絀杞。三義據《詩緯》列宿斗極以配十五《國風》四詩，《詩》之四始即《詩》篇名，正月、四月、七月、十月，仍以《詩緯汎歷樞》「《大明》在亥，水始也，《鹿鳴》爲《小雅》始，《文王》爲《大雅》始，《清廟》爲《頌》始」之説。五義以《易》爲形游，《詩》爲神遊之書。神遊之境，即《詩·周南》「輾轉反側」之義，大人占夢之説也。與《易》之「周流六虚」、《楚辭·遠游》之「周流六漠」、《列子》之「御風而行」、《莊子》「游於無何有之鄉」、《中庸》引《詩》之「鳶飛戾天」，其旨正同。謂《詩》本靈魂之學，人以性情以進修，則卷之在身心，放之彌天地，自西自東，自南自北，無思不服矣。六義以《詩》、《易》二經爲大同以後，民物雍熙，相與合力精進，研究上達之學術。顧《詩》無方體，變動不拘。《論語》「小子學《詩》」，所以立初學之根柢，切磋素絢，譬喻又極玄微，淺者極淺，深者極深，《孟子》意逆之教，最得説《詩》之三昧。嘗謂《詩》爲勸懲之書，其效不如《感應篇》、《戒淫文》遠甚，而於朱子説《詩》，攻之尤力。據班氏《藝文志》言，《詩故訓傳》取《春秋》，采雜記，咸非其本義，而獨以魯爲近。《魯詩》傳自申公，後鮮述者，惟《齊詩》四始五際，屏去人事，專主緯候之説。性情律曆，發明於翼氏者，博大精深，淺見寡聞者所畏避。蓋《詩》天學，翼氏斯爲得之。猶《書》主大統，惟鄒子爲能言之也。《詩》非述往，乃百世以下之書，又爲六合以外，《楚辭》是其師説，《中庸》爲之大傳。蓋先人後天，由小推大，《齊詩》多主讖緯者此也。其《論詩序》、《續論詩序》剖駁諸家，其言甚辯。暮歲於術數方技之言無不明曉，堪輿家言成書五種，醫家言成書二十餘種。駁《難經》文亂古法，創新診，斥寸關尺之謬，主復古診法，詳申三部九候。自謂志在醫醫，不在醫病。宜黄丘希明歎爲絶學。篤老中風痹，益喜醫術，以治醫之故而移此説經。讀王冰《素問》八篇，以此爲孔門《詩》、《易》師説，舉凡《鄘》、《衛》、《王》、《秦》、《陳》五十篇，《邶》、《鄭》、《齊》、《唐》、《魏》、《邠》七十二篇，大小《雅》、大小《頌》，及《易》之上下經、十首、六首諸義，皆能貫通融合，專以五運六氣明性與天道。此廖氏説經之第六變也。

綜其平生經説，餘杭章氏謂：「其後三變雜取梵書及醫經、刑法諸家，往往出儒術外。其第三變最可觀，以爲《周禮》、《王制》大小異制，而康氏所受於君者，其第二變也。《職方氏》表中國疆域，面相距爲萬里。君以清世版圖，外及蒙古、伊犁，南北財距六千里，故推《周禮》以爲治地球之書，且未考古今尺度有異邪？《太炎文録·封建考》論此極詳。語曰：『聖人不考，時變是守。』自《周官》之行，逮春秋末，閲歲五六百，中更霸制，朝章不能無變異。《春秋》所記地望，南不暨洞庭，西不及蜀，雖聖人焉能張大之？謂《春秋》無太平制，足以破董、何，其大小何足言？《王制》者，特後儒掇拾殘缺所爲，愈不可爲典要。其言東不盡東海，地反狹於《春秋》，海㬉盡棄，小亦不得矣。顧君或未之思也。初君受學王翁，其後説漸異，王翁頗非之。清大學士張之洞尤重君。及君以大統説《周禮》，之洞遺書，以爲風疾馬良，去道愈遠。而有爲之徒，見君前後異説，謂君受之洞賄，著書自駁，此豈足以污君者哉！君學有根柢，於古近經説無不窺，非若康氏之剽竊者。顧其智慮流於譎奇，以是與樸學異趣。」以上見章氏所撰《廖君墓志銘》。其分別今、古，洞明兩漢之家法，自二陳以來，可謂集古今學派之大成。章炳麟稱其「確然不易，爲惠、戴、凌、劉所不能上」。《程師》。「尋廖氏之學，則能推知後鄭之殊乎賈、馬，而賈、馬之別乎劉歆，劉歆之別乎董，伏、二戴，而漢儒説經分合之故，可得而言。」其謂《王制》爲孔氏刪經自訂一家之制，一王之法。俞樾、皮錫瑞同主所説。朱一新《無邪堂答問》云：「《王制》乃漢文集博士所作，盧傳中明言之。當孝文時，今學萌芽，老師猶在，博采四代典禮，以成是篇，乃《王制》摭及《公羊》，非《公羊》本於《王制》。周尺東田，明是漢人常語。」又曰：《王制》首篇即述孟子之言，故鄭以爲在孟子之後。按《史記·封禪書》云：「文帝召魯人公孫臣，拜爲博士，與諸生草改曆服色事，明年使博士諸生刺六經中作《王制》，謀議巡狩封禪事。」《漢書·郊祀志》同，皆其明證，康氏《駁皮錫瑞王制箋》尤詳。是孔子刪訂《王制》，誠不可爲典要也。而康氏六經皆非史舊之説，謂《尚書》之堯舜非唐虞真堯舜，諸子各借古帝以明學説，皆自以爲真堯舜。晚近託古、疑古諸學説，横被其風，而加厲矣。近人金天羽敷説中國學術，亦引廖氏之言，謂前人工夫是割碎書之本文，散爲類書，近人工夫是鈎取類書插入本書。一二十年來，聚斂獺祭，翦裁比輯，竄句遊心於有無異同之間，勇於著述者皆是也。夫記注纂類之不得爲著作，正即功力之不得爲學問，章學誠嘗箴之矣。六譯初分今、古，終究天學，嘗自署其楹曰：「推倒一時，開拓萬古；光被四表，周遊六虚。」蓋自贊也。劉師培謂其「長於《春秋》，善説禮制」，復推尊之曰：「貫徹漢師經例，魏晉以來，未有之也。」至天學諸論，比同孔釋，「使飛鳶之喻有徵，迓龍之靈弗爽。然巫咸升降，終屬寰中，穆滿神遊，非超繫表。蓋無免之外，方屬化城，非想之中，猶稱火宅。内典以道超天，故藉以天爲道，玄家所云方外，六合之外亦然。仍内典所謂域中耳。内典要歸，惟詮出世，部居既別，内外有歸，引爲同法，無資崇孔，括囊空寂，轉蠹道真」。《與廖季平書》。此誠善善而審其非者也。又章氏論廖氏學云：「歸命素王，以爲其言無不包絡，未來之事，如占蓍龜，瀛海之大，如觀掌上，一字之近於譯文，以爲重寶，使經典爲圖書符命。」《説林下》。其門人有李生源澄者，謂其師之於六變，其分今、古乃對清儒言漢學而發。今、古者漢學之事也，言漢代經學而不明今、古，是漢人本異而治漢學者强同之也。其分今、古雖未密，較清儒言漢學，則更進一步矣。然此乃經學史上之一發現，與經學仍無關係。其於經學歧異之故不能得，故必累變不止。又見孔學式微，欲化腐朽爲神奇，而言益遠矣。故初則平分今、古，而於今、古無所軒輊；繼之歸獄歆、莽，亦是爲經學去其不同，故終不得不盡棄前說。其致康有爲書，欲與南海互相呼應者，亦無非出於扶掖微學之意，後復以其書著之雜著，而公之世，無不可與人見者。梁氏以六譯受張之洞利誘而變其宗旨，今人又以廖致康書爲文人標榜之故智，一則厚誣六譯，一則輕議前修，皆非心知其意者也。源澄又謂其師才實天縱，惟爲時代所限，囿於舊聞，不免尊孔過甚，千流百壑，皆納之孔子。又時海禁初弛，外來學術，移譯無多，不足以供其采獲，雖樂資之爲說，不能於其學大有所裨。使其遲生二十年，得時代之助，其精卓宏深，誰能測其學之所至？章氏所謂學者事其師，義有未安，彈射糾發，亦無所避，此直諒不阿之論，豈儉聞膚受之徒所能妄詆其違悟哉？錢穆平議晚清學術，謂廖與康治經，皆先立一見，然後攬群書以就我，不啻六經皆我注脚，如考證學中之陸、王焉。康則並不説經。廖氏譏其《僞經考》外貌雖極炳烺，而内無底蘊，不出史學、目録二派之窠臼者，《致康長素書》。皆此弊也。自平「三《傳》同出子夏」之説出，謂左丘明實無其人，即「啓予商」之變文，明與商、羊、梁同音。左丘明啓予，左丘失明，則子夏喪明事。復推本羅氏卜、穀疊韻，公、穀雙聲，商、羊、梁疊韻之説，斷爲《左》、《公》、《穀》皆子夏所傳。爲提學使者所辱，斥爲穿鑿附會。讀章氏《程師》之作，至今有餘歎焉。見《文學集刊》（四川大學）一九四六年第二期。

廖平先生評傳①

王森然

廖平，字季平，四川井研縣人。生於清咸豐二年壬子九月初二日（一八五二），卒於民國二十一年壬申（一九三二）六月五日（陰曆五月初二日），享年八十有一歲。先生初名登廷，字學齋，受知張之洞。已從湘綺學，專治今文。既舉於鄉，易今名，更字季平。張之洞啓廣雅院，聘爲分校。後成進士，以知縣即用，自請改教，選授綏定府教授（詳後），襄校尊經書院。先成《經話》、《公羊論》、《王制考》；已爲《穀梁義疏》、《論語微》、《周禮考》。初以《毛詩》、《左氏傳》、《周禮》爲僞書，成《古文僞書考》。辛丑，吴郁生督蜀學，劾先生逞臆説經，革職交地方官管束；錫良方作督，仍延之主講學堂。先生嗜酒，醉後喜諷謾，坦直亢爽，不希榮寵，有古俠士風。早歲所爲文，浩瀚壯闊，博辨高識；後以孠經，語漸樸僿，若何邵公。湘綺初呰其深思而不好學，已而曰：「博通《公》、《穀》，交闡義旨，吾不如廖平也。」先生著《古今學考》、《穀梁古義疏》，旁比騶衍神話，謂「子所雅言，詩、書、執禮」，「雅言」即繙譯，繙譯即改制。

先生初治《左氏春秋》，後治《穀梁》，以《穀梁》與《王制》相出入。嘗自謂與張文襄論左

---

① 王氏《評傳》由鈔録而成，所述事實多欠準確，讀者引用時當與其他諸家傳記參看。

氏,爲成《條例》若干事; 後太炎謁文襄,出廖先生所爲《條例》示太炎,而太炎《左氏》故實竊諸己也。此事爲謝無量君聞先生言,見汪太冲《章太炎外紀》四七頁。由此可知先生在中國經學史上之地位矣。著有《六譯館叢書》、《群經凡例》、《今古學考》二卷、《古學考》、《王制訂》、《容經讀本》、《公羊三十論》、《起起穀梁廢疾》、《釋范》、《六書舊義》、《經學初程》、《經話》二卷、《王制圖表》、《春秋圖表》、《尊經書院自課題目》、《周禮皇帝疆域考》、《地形訓釋例》、《周禮疏證》、《周禮鄭注商榷》、《古文師説駁義》、《尚書新解》、《公羊大一統春秋凡例》、《皇帝學》、《利益百目》、以上九種光緒二十四年著。《天人學考》、《三才説例》、《生知説》、《俟聖篇》、《易經新解》、《詩經新解》、《楚辭注》、《山海經注》、《穆天子傳注》、《列子注》、《莊子注》,以上十一種光緒三十一年著。先生著述最多,詳見光緒三十年《井研縣志》。

先生在中國經學史上,既具相當地位; 而在晚清思想史上,亦握有嚴重轉捩之革命力量。由先生而康南海,而梁新會,而崔觶甫,迄至今日,如疑古玄同、馬幼漁、顧頡剛諸先生,均能昌言古文學之作僞,更擴大而爲辨僞之新運動。近日《辨僞叢刊》照耀人目,凡中國向來今文學家未做完未説完之餘瀝,一躍而爲新史界所嘖嘖鼓吹之新問題; 前喁後于,當者披靡。回憶四十年來之中國思想界,類似霹靂一聲者,爲康南海之《孔子改制考》、《新學僞經考》等等,而廖先生則此霹靂前之特異的電力。自是以後,變法維新,思想革命,清政告終,社會改造,吾人於今日審查中國學術思想之進步如何,除東西洋舶來物品而外,要不能不歸功於貞下起元，曙光煥發之廖先生！先生之師，爲王壬秋闓運，好談公羊學，上承邵位西、魏默深、龔定庵之餘緒，以衍莊、劉等之常州學派。王先生所著如《春秋公羊傳箋》諸書，更足與翁叔平同龢等之言論風裁交映，蔚成同光間之復古色采（由東漢溯西漢）。但此輩或以公羊學爲文章聲色之傾助，或以之爲食芻豢者嗜藜藿之新轉換，積之既久，翁叔平門下之《公羊》，儼似潘伯寅門下之鐘鼎，玩物喪志，識者譏之。廖先生崛起，著成《今古學考》、《古學考》、《知聖篇》、《四益經話》等書，遂將三千年來之孔子，及數千年之經學，與經學所産生之思想言論，根本改造，發前人所未發。康南海讀其書，如重見天日，大放厥辭，於是操縱中國中心思想之孔子面目如何，儒家經典之價值如何，中古時期之思想與史實之真相如何，由中古思想所影響於數千年之社會政治又如何，此一切一切，皆形成空前之結論，又皆導源於廖先生。經學革命之功，故以清代思想史言之，自王壬秋以上，似不克與廖先生分争一席也。

先生既歸道山，關於平生經歷，有廖府纂成之行述，頗稱詳備。兹爲避免重複，謹取先生事蹟中之值得稱道者，縷述於下。

廖先生兒時，家極貧，於昆季中行四，父賣藥蜀中，諸兄亦棄書就賈。一日鋪板上書曰：「我要讀書！」詢之，知爲先生手筆，並有急切入學之誠懇要求，父大喜，許其赴塾。詎四川此時塾規，須照例備束脩來學。如貧寒之士，得師長破格收入，至少亦須有相當之禮物，藉作贄敬。先生復苦無禮可送，徘徊澤畔，歷時許久；忽得魚三尾，欣欣然賫爲贄品，始遂其入學之積願。此後先生名其齋曰「三魚堂」。按，齊白石璜有《三餘圖》，詩爲睡之餘，畫爲工之餘，壽爲劫之餘，乃繪爲三魚，即本此也。非上追陸清獻公，實其艱苦求學之發軔紀念也。從師以後，勤奮誦讀，不分晝夜；家貧無焚膏之力，或中夜起，就祖宗龕上之青油燈觀書，龕高八尺以上，鵠立困憊。父知之，熄龕上燈，先生復貯炷香噓火映讀，夜以爲常。半年後，家人見先生卧褥多火燒之孔，斑痕歷歷，即照書香焰之殘存，此與車胤、孫康何異？弱冠以還，勤讀不倦，食時家人以玉蜀黍進，附饋赤糖。食既畢，争詢：「玉蜀黍甜否？」答曰「甜甚。」然先生兩唇黚黚黑色，蓋其所飽啖者，全爲墨汁。此與顧棟高氏之佚事極合，由是可知先生刻苦攻學之一端也。

先生成進士後，猶自焠厲。自民國八年，得半身不遂之疾，右手右足全廢。平時飲食，均需僕媪；惟讀書敏疾如常。喜作文，以左手起稿，命女公子幼平小姐等代爲清繕。繕者既倦，先生則興味盎然，更迭纂稿。染病竟越十年，更可知不因老疾廢學也。

先生所著《六譯館叢書》，刻於川中存古書局。晚年常以改定稿易初稿，斤斤自信；而門人後學，均不以改稿爲是，仍初印稿。先生或斷斷争辯，雖不能有所移易，第頗不謂然。惜吾人此時尚未得見先生易簀前所積改稿之真面目也。聞有二書：一爲《穀梁古義疏證》改定本，存蜀未刻；一爲《論語□□》，原名不詳。由幼平小姐於四年前在上海呈交蔡孑民先生，未識此稿今落何處。

先生弟子，在蜀中者甚多，其高足如黄經華鎔、季邦俊等，主講四川國學院，有高足如蒙文通君河南大學教授。等。據蒙君言：「世之真知廖先生學問者，與其謂康南海，不如謂劉申叔。」因先生雖主今文，但亦談《周禮》，推《周禮》爲《書》傳，《書》、《禮》爲人學。談《春秋》三傳折中。劉申叔氏以《左傳》世其家，或於先生有最深之瞭解也。

先生年八十，猶健飯，精神優於常人。壬申年春初，即擬出遊，幼平小姐作書勸阻。孟夏命駕遊覽，至河咡坎樂山至井研間之一鄉場。逝世。數年前黄經華亦客死於河咡坎，前後如出一轍，或冥冥有定數歟？先生哲嗣如師愼等均殁，現存子三，女三。幼平小姐爲長，肄業上海中國公學大學部，近在平求學。餘均讀書川中。孫宗澤字次山，學問最優。以上見天津《大公報·文學副刊》第二百三十九期侯堮《廖季平先生評傳》。

先生在清時得進士，以知縣起用，自謂才不勝百里，請改教諭，選授綏定府教授。嘗與富順宋芸子育仁同客張香濤之洞節府，深爲香濤器重。每召兩人夜飲劇談，達旦始散。芸子賦詩紀事，有句云：「借榻名園依水鶴，行階落月采芳薇。可憐十桂鐙邊酒，消得憂時淚滿衣。」足見當時三人相契之深矣。然先生經學師承王湘綺闓運，與香濤之論每相枘鑿，故其後香濤有強迫先生焚燬所著書籍之舉。梁啓超氏《清代學術概論》以此爲先生一生之病，實則環境使然，應加曲諒。先生生平思想，雖屢經變易，而宗尚今文，終無二致。著有《公羊論》、《穀梁義疏》、《周禮考》、《論語徵》等書。其《公羊論》一書，行文古樸，陳義甚高，與其師王湘綺《公羊箋》多不相侔。湘綺謂先生曰：「睹君此作，吾愧弗如！」先生入民國後，長成都國學院甚久，其寓所即在院側，嘗於新年書一聯云：「人壽丹砂井，春深絳帳紗。」見者皆以爲吐屬雋永，争相傳誦。次年過其門，則另易新紙，仍書此聯。又逾年，則但貼紅紙兩張，不著一字矣。其行事之出人意表，往往如此。先生與湖南之葉德輝焕彬皆爲近代名流，且皆以擅長屈頸鷮息之法著稱遐邇。惟葉氏僞託敦煌石室遺書，作《素女經》一書，敷疏素女對黄帝所舉五女之法，津津樂道，不稍避忌；先生則諱莫如深，靳不語人。聞先生晚年雖嬰痼疾，猶眷一侍女，洵異人也。

先生於壬申年五月中旬離家赴嘉定，原擬便道赴蓉，藉以整理舊作新著，刊行問世，行至嘉定，因該地士紳及門弟子要求多住旬日，曾撰烏尤寺《烏尤碑記》。繼而陳莊主人陳光玉請其移住陳莊，曾書對聯數付，照像兩張。於六月初，因感風寒，致一病不起，歿於河咀坎，而先生到省整理舊作補刊新著之志願，遂終未達到也。因此其門弟子吴辛誠等，在蓉開一盛大之追悼會，並募資刊行先生全部著作，藉慰先生之靈，而啓發來者。兹覓得先生未歿時，川中當道爲伊祝壽徵文，即可明了廖先生之全部著作，與前次擬到省之志願矣。原文志下：見《國聞周報》第九卷第三十一期「語林」。

六譯先生八十晉一大慶徵壽啓

井研廖季平先生，學經六變之後，自號六譯，所以志轉變之跡也。初變、二變，海内知之者衆；四變、五變，十年前亦刊版問世；惟六變精微幽窅，知者尚鮮。按先生《六變記》云：開首《頤》卦，解孔子以言立教，故托始於《頤》。《春秋》、《儀禮》、《尚書》爲人學三經，《詩》、《樂》、《易》爲天學三經，於丘頤一見聖諱，於二五爻兩見經字。上九「由頤，利涉大川」，《論語》「乘桴浮於海，從我者其由與，子路聞之喜」，「浮海」即「利涉大川」之象。第二，《史記》。鄭人有言曰：「東門有人，其顙似堯，其項類皋陶，其肩類子產。」子貢以實告，堯、皋陶，《尚書》；子產，《春秋》。孔子曰：「形狀末也，累累如喪家之狗，然哉！然哉！」以人學三經思先王之道，以待後之學者。第三，《韓詩外傳》。子夏問曰：「《關雎》何以爲風始？」子曰：「《關雎》其至矣乎！」天學三經，《詩》、《樂》、《易》，人首舉堯舜，天則陰陽，牝牡，雌雄。第四，《王制》、《周禮》。《王制》爲《春秋》師説，《周禮》爲《尚書》師説。第五，取《靈樞》、《素問》黄帝六相儆貸季、鬼臾區、岐伯、伯高、少師、少俞，黄帝受六相之教授，與雷公《内經》二部。前人戰國文學天學托始黄帝，其書堯舜，不知幾何年代。總之，孔子托始，何分優劣也。第六，《論語》「君子有九思」，《坎》、《離》所統十卦，形藏四，神藏五，「君子有九思」，四五合九也。三《頌》：《周頌》法天，其數六；《商頌》法地，其數五；《魯頌》法人，其數四。第七，《論語》「《雅》、《頌》各得其所」，《大雅》三十五篇，《小雅》三十七篇，《大頌》十五篇，《小頌》分上中下有三十三篇，詳「各得其所」之義，既有大小《雅》，亦有大小《頌》。第八，《周頌》本六篇，毛本依《大雅》爲三十一篇，十八字爲一篇，何足以爲《頌》？不知《左傳》武王作《武》，其分三章，六引詩文相證，足破群疑。《六變記》草稿未終，𢧐然中止。學經六變，各有年代，茍遇盤根錯節，一再沉思，豁然理解。爰就《叢書》分十五類，删去重複，提倡絶學，以成一家之言：繙譯類四種，《史記》八引「孔氏古文」，以爲孔子造字根據。論學類六種，《孝經》類五種，《頤象解》屬《孝經》。《春秋》類十五種，《禮》類六種，《書》類七種，《詩》類八種，《樂》類三種，《易》類八種，尊孔類八種，醫家類二十種，内附《診脈》、《傷寒》兩種，駁日本丹波之誤。地理類五種，補助蔣大鴻，並證其誤。文鈔類三種，輯古類八種，共一百零六種。此百六種均已刊行，未刊者十餘種不計焉。已刊各種版式，參差校印淩亂，欲其重新整理，改歸一律，及補刊各種以成全著，蓋非巨金不辦。先生年八十晉一，雖手足偏廢，而神識朗澈，南北學者，如南海、海寧、新會、富順，皆一時凋落，先生獨巋然無恙，亦今之魯靈光矣。廢曆四月初九日，爲先生懸弧吉日，同人等或同居鄉里，或從學庠序，仰伏生之大年，慶師門之作述，爲此春酒，以介眉壽。敢乞海内長者，有一言以備之，或藉此使先生六變叢書，得收其校勘整理之功，俾可行遠，則尤爲先生壽之意也。

蒙文通先生，當代通儒，爲先生高足，知先生亦甚切，曾撰《井研廖季平師與近代今文學》一文，深致讚揚之意。文曰：

今、古文之争，烈於漢代，清世經術，以漢學爲徽幟。搜討師説，尋研家法，遂亦不能不有今、古文之辨。阮伯元稱張惠言之治虞氏《易》，孔廣森之治《公羊春秋》，爲二千年來不傳之絶學。蓋各家之師法，至是而略明。然治《公羊》者，亦治《周官》；連治虞《易》者亦治《左氏》；莊存與、惠棟之流皆是。一經之義明，而各經相互間之關係，尚未窺其全。是則所知者各家一隅之今文説，尚無綜合各家整個之今文學。劉逢禄之流，信《公羊》則並駁《左》、《穀》，而《周官》亦疑爲僞書，黨伐之争以起。宋于庭以十四博士爲一家，至是而後有聯合派，與古文爲仇，較爲整個之今文學。然於今、古兩派立説異同，其中心所在，實未之知，徒以立學官與否爲斷，是則知其表而仍不知其裏。故在清末，尚有治《穀梁》之專家，而謂《穀梁》爲古學者，亦有治《公羊》以駁《穀梁》，而亦謂《穀梁》爲古學者，皆由立學官爲斷之説蔽之。論事而不知其本，則爲已得門徑，而未臻堂室。劉、宋不足以言成熟之今文，然其區分今、古，對壘抗行，自此之後，遂有整個之今文學，功實亦未可没。先生初治《穀梁》，有見於文句、禮制爲治《春秋》兩大綱，後乃知《穀梁》之説與《王制》相通，以爲《王制》者孔氏删經自訂一家之制，一王之法，與曲園俞氏之説出門合轍。然俞氏惟證之《春秋》，先生則推之一切今文家説而皆準。又推明古文家立説悉用《周官》，《周官》之制反於《王制》，求之《五經異義》、《白虎通義》而義益顯。至鄭康成遍注群經，兼取今、古，而家法始亂。推至於是，然後今、古立説異同之所在，乃以大明。以言兩漢家學，若振裘之挈領，劃若江河，皎若日星。故儀徵劉左庵稱先生爲「長於《春秋》，善説禮制，洞徹漢師經例，自魏晉以來，未之有也」。前乎先生者，陳壽祺、喬樅父子搜輯今文《尚書》、三家《詩》遺説，而作《五經異義疏證》；陳立治《公羊春秋》，而作《白虎通義疏證》，皆究洞於師法，而知禮制爲要，然大本未立，故仍多參差出入。先生推本清代經術，常稱二陳著論，漸别古今。先生之今文學，固出自王湘綺之門，然實接近二陳一派之今文學，實綜合群言，而建其樞極也。至魏源、龔自珍之流，亦以今文之學自詡，然《詩》《書古微》之作，固不必求之師説，究其家法，漢宋雜陳，又出以新奇臆説，徒以攻鄭爲事，究不知鄭氏之學，已今、古並取，異鄭不必即爲今文。世復有以阿鄭爲事者，亦得古文家之名，魚目混珠，彼此惟均，故龔、魏之學别爲一派，别爲僞今文學，去道已遠。激其流者，皆依傍自附者之所爲，固無齒於今、古文之事，故有見一隅而不窺全體之今文學，有知其大概而不得其重心之今文學，此皆未成熟之今文學，而又别有漫無根荄之今文學。至先生而後今文之説乃大明，道以漸推而漸備，故先生恒言踵事增華，後來居上，然不有莊、張、劉、宋、二陳之啓闢途徑於前，雖先生亦未易及此。而龔、魏以狂惑之説亂之於前，揚其波者又淆之於後，致求今文者亦非，擊今文者亦非，能遠紹二陳，近取先生，以治今文者，經師唯皮鹿門一人而已。夫自三百年來學者苦心孤詣，自宋而反諸唐、而魏晉，反諸東漢、而西漢，寸累銖積，然後僅有此之成績，乃病狂者以不根之説亂之，此非學術之可痛心者歟？

先生既通《穀梁》，明達禮制，以《穀梁》、《王制》爲今文學正宗，而《周官》爲古學正宗，以《公羊》齊學爲消息於今、古之間，就禮制以立言，此先生學根荄之所在。於是變法之議起，潘、翁方當國，《公羊》之説大行，世之學者皆競言改制。《穀梁》釋經，本義密於《公羊》，故由

《穀梁》而治《公羊》，其事至易。先生以其餘力説《公羊》，言《公羊》者悉未之逮，先生遂以《公羊》名於世。凡知先生者皆在《公羊》，不在《穀梁》。夫以禮説經者，漢師之家法，石渠、白虎之遺規，今、古之大限；援經入緯者，漢學之旁枝，亦今、古所同病，固非一家之過。由前之説，則《穀梁》魯學爲大宗；由後之學，則《公羊》齊學爲之巨擘。《公羊》多非常可喜之論，侈者樂焉，故其説易昌。言禮則樸實繁難，孟卿以禮多而三《傳》煩雜，不以教子，故使孟喜學《易》，故其道難明。清世言今學者，皆主於《公羊》，遂以支庶而繼大統，若言學脈，則固不如此。由《穀梁》以禮説今文者，魯學之遺規，由《公羊》以緯説群經者，齊學之成法，此今文中二派對峙之主幹。經學者固魯人爲嫡傳，緯書者固齊學之大本，齊學且不必專言經，治經者其餘事耳。自經學極盛，齊人亦起而説六典，遂以陰陽五行之論入之，其學自不必以經爲主。况以何休之義言之，改制之説，推本於王魯；王魯之説，推本於隱公元年；以爲諸侯不得有元年，魯隱之有元年，實孔子王魯之義，亦即改制之本。然《左氏》稱惠之二十四年、惠之十八年，《晉語》自以獻公以下紀年；諸侯之得改元，《春秋》著其實。《白虎通義》謂天子改元，即事天地，諸侯改元，即事社稷，則禮家斷其義，安在隱公元年即是王魯？而衍其説於改制，故改制者實不根之説。鄭玄《起廢疾》於「歲則三田」之説，以爲孔子虚改其制，而存其説於緯，則康成亦言改制，又安在改制獨爲今文家之大義微言？由改制故言托古，改制之事不實，則托古之説難言。秦漢之間，齊人之學陰陽，以五運之義與孔氏之經合爲一家，而六經有齊學，端門受命之説興，孔子幾於由人而變爲神，儒家幾於由哲學而變爲宗教，猶釋迦、耶穌然。今、古文諸家持其説者有之，幸破其説者有之，而孔子乃得仍爲人，此亦中國學術之一大事。由齊學者視之，則《公羊》緯書爲今文之正宗，而《穀梁》間居今、古之間，故來以《公羊》偏説群經之義。緯書雖盛於東漢，其説實導源於先秦。先生由《穀梁》而兼治《公羊》，故主於禮制而不廢神運之説，實以魯學而兼究齊學，其長在《春秋》禮制，此劉左庵稱之爲魏晉以來所未有，於神運之説尚非所長。世之侈言《公羊》齊學者，則又不究於災變之故，探五勝之原，尤不知其間各家異同分合之所在。純就齊學而言，惟淳安邵次公瑞彭洞曉六曆，於陰陽三五之故，窮源竟流，若示諸掌，自一行一人而外，魏晉及今，無與倫比，此固今世齊學一大師，而先生實非齊學之巨擘。然邵氏實亦襲清儒之前功，而後有此創獲，事亦與先生同。夫學安有不百年積之，而可一朝偶致者耶？由邵氏之説，則足以周知諸緯派別異同、源流先後之故，所繫至大，可資之以處理秦漢各派之學説。齊學之爲用若何不必言，而古有齊學，其根柢則若是，是以齊學言，則邵氏《齊詩鈐》之作，其深合齊學家法，固優於先生也。

先生之學，既推本於禮制，禮文異數，實爲今、古學一大分限，視世之徒以文字辨今古文、以義理辨今古文者，虛實不侔也。惟禮既異數，學判今古，勢必進而推明其致異之故。先生初年之學，以爲今文者孔子晚年之定論，鄒魯之士實聞之；古文者孔子初年之學，燕趙之士皆聞之。孔子初年之學主從周，遠方之士聞而先歸者實傳之，於後爲古文學。晚年修《春秋》，則損益四代之制，自爲一王之法，惟鄉黨之士聞之，於後爲今文學。及既與南海康有爲見於廣州，康氏遂本先生之《今古學考》以作《新學僞經考》，本其《知聖篇》以作《孔子改制考》。康氏之學實以龔、魏爲依歸，而未窮先生之柢蘊。梁啓超謂康氏之學非出自先生，而盛推龔、魏，以及於南海，是爲實録。惟《僞經》、《改制》兩考，不能謂非影響於先生，特自有先生之學，不得以康氏之言概先生之學耳。先生聞康氏以《左氏》、《周官》諸古經皆劉歆所僞作，信而用之，遂作《周禮删劉》，此當先生學之一變，是爲康氏學之影響於廖氏。然劉歆胡能悉僞諸經？又胡爲必僞諸經？王肅好賈、馬之學而不好鄭玄，所爲經注，異於鄭氏，慮不勝，然後有《孔子家語》、《尚書孔傳》之僞，有《論語》、《孝經》孔傳、《孔叢子》之僞。汲冢出書，而《紀年》、《周書》皆被改竄，則僞之非一人一時所能爲。所由作僞者又以鄭、王兩學相争之故，故書雖僞而義仍有據，事必有本。凡此作僞，皆南學之徒爲之，實爲王學而作僞，校鄭、王兩派之異同，足知僞書之僞者安在？其不僞者又安在？《紀年》、《周書》僞，而所據以作僞之材料不必僞，此辨僞者所宜知。其所改竄之書僞，而爲其學者所自爲書，又不必僞，所本之學不必僞。僞與不僞之書輔而行，不僞者信用之，僞者前世之儒亦信用之，以事固有所出，故廢則兩廢，行則兩行。李正剛先生言，梁譯《起信論》之僞由天台，唐譯《起信論》之僞由賢首，有《起信論》之僞，而後有《釋摩訶衍論》之僞，而後有《占察經》之僞，原有始則先由中國道家之言，天台宗等依之，欲自立據依，而僞論僞經以起。必皆先有僞書之學，而後有僞學之書，今劉歆胡爲而作僞，又胡能一人而悉僞群經？古文之起在先，古學之成在後，則先有僞書而後有僞學，本末倒置。劉歆實爲作僞而作僞，又能一手作僞，而掩盡天下之目，此皆事之不可能者。後之揚其波者，徒言作僞，而不能言作僞者屬於何學，果爲何事，一書之間孰爲僞，孰爲不僞。遂欲以作僞二字，抹殺古代之書，掩盡天下之目，不知「孟子見梁惠王」顯非子輿之辭，「仲尼居，曾子侍」尤非孔氏之筆，尋此例以言僞，則凡司馬遷言孟子退而與萬章之徒作《孟子》七篇，曾子傳《孝經》諸説，其愚爲不可及也。夫因改制之義，然後有托古之義；因王魯之説，然後有改制之説；後則徒揚托古之波，而莫知改制所本。有一家之學，然後有一家僞作之書。後則徒激辨僞之流，而不知求學派所據，則康氏波流所被，又康氏所不及料。故僞經之説，世之明者，自莫之信。

先生於此久而不自安，復由《大戴》、《管子》上證《周官》之非誣，則又易而爲大統、小統之説。以今文爲小統，孔子所以治中國方三千里之學也；以古文爲大統，孔子所以理世界方三萬里之學也。由《小戴》言小統，由《大戴》言大統，小統主《春秋》，大統主《尚書》、《周禮》。推而致之，文字孔作也，《詩》、《易》以治六合也，其道益以幽妙難知。既收《周禮》爲孔書，則亦不廢《左氏》，公羊之外，復兼丘明。故先生之學，《春秋》其大宗，禮制其骨幹，及學益宏遠，世之譏笑亦因之，惟儀徵劉師培獨能知先生之真，故稱道逾恒。左庵四世以《左氏》世其家，方其作《王制集證》，猶不信有今、古之分，及既接先生，遂專治《五經異義》、《白虎通義》。其作《白虎通義定本》，辨析今、古家法，極於毫芒。晚成《周官古注集疏》、《禮經舊説考略》，遂以禮爲宗，其推明兩漢説禮沿革，足以輔先生之説。自先生之學行，能知其柢蘊者，一人而已。劉師培進而推明今、古文立説之所由異，言禮不同之故，一則以爲洛邑、鎬京之制有殊，一則以爲東周、西周之禮不一，義既難定，説亦不著，惟微詞示意而已，不同於先生之張大其辭。廖、劉兩家立言不同，而推本於禮則一，其辨析今、古文則一，惟其説明今、古相異之故乃不同耳。要之，虞、夏、商、周，禮則異數，晉、楚、魯、齊，制亦不同。春秋之世，國異政，家殊俗，分爲七國，田疇異畝，律令異法。至於漢世，先代文獻并存，百家之説猶在，故事不一揆。先生過重視孔子，以爲皆一家之言，故以爲初年、晚年之異説，又以爲大統、小統之殊科；劉氏過重視周室，以爲皆一王之法，故説爲豐鎬、洛邑之制不同，西周、東周之宜有別。其言今、古兩學立異之故不同，其所以辨今、古兩學則一，苟不尋其所言今、古之實事，而徒事其説明所以爲今、古之虚言，則去道逾遠。能知廖、劉爲學之中心，則自知所以繼劉、廖而研學之方指，先究其所言今、古學之内容，再求其説明所以爲今、古學之得失，則庶乎近之。自先生之説出，能尋其義以明今文者，唯皮鹿門；能尋其義之言古文者，唯劉申叔；他皆無與於此事。至若不習古文而自謂能知今文，或不習今文而自謂能持古文，則非愚拙如余之所知也。

先生之學，長於《春秋》，善説禮制。惟長於《春秋》，能偏通三《傳》，既依何、范、服、杜之注，以通《公》、《穀》、《左氏》之書；三《傳》既明，則又依《傳》以正服、何、杜、范之失；既由三《傳》以通《春秋》，《春秋》既明，則又依經以正三《傳》之失。始則由注以明《傳》，由《傳》以明經，終則依經以正《傳》，依《傳》以正注。既爲《穀梁古義疏》、《公羊補證》、《左氏古經説》以通三《傳》之義，俾家法不亂；復爲《三傳折衷》，以求《春秋》之全，不爲三《傳》所散，不憚救三《傳》之失。《穀梁釋范》、《公羊解詁三十論》、《左傳集解辨正》以申三《傳》之本，不令爲注家所亂，而救何、范、杜三家之失。凡《公羊》、《穀梁》二傳中，孰爲先師之舊義，孰爲後師所推衍，抉别精明，以究《春秋》之本。於《左氏》之外，復取《五行志》中釋《春秋》者以當一家之學，并三《傳》而爲四，皆詳審深通，自漢以來所未曾有。清代三百年來之學，主於考據，尋名物，求訓詁，惟治經而無與於經。能通鄭氏、虞氏之《易》，服氏、何氏之《春秋》，已未易覯；至論虞師之得失，三《傳》之違合，則漢以來無此巨眼。唯善説禮制，依之以求漢師家法之變遷同異。故知居攝以前之古學，仍以《王制》爲主，以《王制》通《周官》；居攝以後，賈、馬之徒獨宗《周官》，而不復依傍《王制》；鄭玄而下之古學，又以《周官》爲主，而以《周官》通《王制》。則學術變合之故，了於指掌。故先生於古學，實以賈、馬爲説禮之正宗，劉歆、賈、服之説《左氏》，多牽引《公》、《穀》，唯杜氏《集解》獨宗丘明，不復旁涉二《傳》，故先生實主杜氏爲説《左氏》之正宗。蓋鄭玄之前，劉歆之後，言禮則今、古之家法分明，而費《易》則取京、孟，《左氏》則取《公》、《穀》，《毛詩》則取三家，於禮則家法分明，餘經則今、古家法淆混。鄭氏以後，王弼專主於費《易》，王肅專主於《毛詩》，杜預專主於《左傳》，餘經之今、古家法明，而禮之家法混，《周官》爲主而《王制》爲附庸。故王肅、杜預南學之徒，未必遽遜於東漢之説。西漢今、古之家法，禮與餘經皆混，而古文爲今文之附庸，故東漢之古學，未必遽遜於西漢。唯先生實能卓見古學之真，不惑於西漢、東漢之膚論。儀徵劉左庵深明先生之學，唯篤於西漢古文學，其爲《西漢周官師説考》、《春秋左氏傳略例》，皆意同於劉、賈，援今文以爲説，凡於《詩》、《書》莫不皆然，其言西漢之師法則是，而古文之真又未必是。蓋西漢之末，古學初興，壁壘未具，猶依附今文，桓譚、衛宏尚習《左氏》，餘更可知。唯左庵深明漢師經例，能知西京家法，其言兩漢古文學則是，而實抑古學爲今學之附庸，故左庵能揚西漢學，而未必即張大古文學，先生實真能張古學者也。章太炎雖未必專意説經，其於家法之故，實遠不逮左庵，然於《左傳》主杜氏，於費《易》取王弼，以《周官》爲孔子所未見之書，學雖遜於左庵，識實比於六譯。夫《周官》自有其價值，豈以附於孔氏則重，不附於孔氏則輕？先生説《春秋》，上以辯周、秦之嫌疑；至説禮，則下足以決兩漢之猶豫，於此固足以質先師而俟後世。古今説經之書汗牛車，充棟宇，義倘有幾於此焉者耶？

自莊、劉以來之今文學，至於近代，大體已明，雖時有浮惑不根之説雜出於其間，然非瓊瑶之精，固非砆碔所能紊。廖、劉二先生既講明今、古學，然今、古究兩漢之學，未必即可持以説周秦之學，勢不得不進而探索今、古兩學原始之學，於是廖、劉二先生皆略事齊魯學之研討。蓋西漢初年，祇齊魯之争，齊魯合而後《王制》出，有今文。劉歆以來，始有今、古之争，而齊魯之争息。先生以魯學爲今文正宗，齊學消息於今、古之間，而燕趙爲古學。以壁中書爲魯學，爲今文；劉左庵以壁中書爲魯學，魯學爲古文，而齊學爲今文。

夫古學之名，依於壁書，則壁書自應屬古學。然古學實以《周官》爲宗，非以壁書爲宗。佚《書》、佚《禮》以絶無師説，故古學家莫之傳，而《周官》豈有師説之傳耶？是古學家之不傳壁書，以壁書無繫於古文學之根底。古學徒以古文爲名，而不以之爲實。佚《書》本出自魯壁，自爲魯學，與《魯詩》、《穀梁》之類同爲今學，而非古學甚明。則壁中古文非古學，古學之立，初不依於壁書，故佚《書》、佚《禮》皆不傳，别取《周官》以爲宗，《周官》實無關於魯壁。則古文自古文，古學自古學，古學無傳壁書之實，徒假壁書之名。此先生之説，理實爲優。尋名則壁書自屬於古學，而劉左庵之説近是；究實則魯學實爲今文，而先生之説爲精。今、古兩學之分，在禮制之差，非徒以文字、佚篇爲别。故吴摯甫以爲《古文尚書》出自壁中爲古文，《今尚書》亦出自壁中爲古文；《今文尚書》以今文寫定正經，孔安國以今文讀之，亦以今文定正經；今文家唯傳二十九篇，古文家亦唯傳二十九篇；則今、古之殊異安在？善哉吴氏之論！蓋古學之本，實非以學文，而究别有在耳。廖、劉二先生雖已進而談齊魯學，然其説究未暢。漢之齊魯學即爲晚周齊魯學之本真，無所變異耶？亦未之辨。齊魯之學，即足以括盡晚周之學耶？亦未有説。

夫《周官》爲孔氏未見之書，丘明不在弟子之籍，佚《書》、佚《禮》出魯壁，當删餘之經，費《易》、《毛詩》出孔門，爲民間之學，其本非一途，其説非一致。群書爲之説，建《周官》以爲宗，而古學立。公羊、轅固本於齊，穀梁、申培出於魯，鄒、夾、韓嬰，其源異又異。刺六經爲《王制》，合殊科爲今文，古學爲源異而流合，今學亦源異而流合，欲並胡越爲一家，貯冰炭於同器，自扞隔不可得通。苟徒究心於今、古已成之後，而不求之今、古未建之前，不尋其所依之籍，義匪一家，思所以決蕩今、古之藩籬，而辨周秦之舊，實則徒有進而求齊魯學之意，而事則猶疏於上溯晚周之緒，不過但啓其端耳。先生之論清代經學，別之曰順康派、雍乾派、嘉道派、咸同派；劉氏之論清代經學，則別之曰懷疑派、徵實派、叢綴派、虛誣派。廖、劉之見有不同，故抑揚有異，謚名遂殊，然於内容之分析，則無大異。清初之學在排宋、明，繼則進而排唐與六朝而宗漢，繼則又進而辨東漢以上追西漢，而遠溯周、秦。學至先生，兩漢之家法已大明，其上溯周、秦之意亦最急。由晚周之學論之，其降而西漢、而東漢、而魏晉、而唐、而宋，推而下之，以見學之變遷則如彼；由清儒復古之學觀之，其由唐、宋而魏、晉，以進於東漢，而西漢，而周、秦，推而上之則如此。審學術古今往復之情，則先生所係於近代學術其重要之點自見。先生晚年自謂爲哲學，非經學。夫先生之所以成一家之言，與所以繼千載之絶緒者，本自不同，統觀學脈，窮源而竟其流，則近世之學孰爲正宗？孰爲旁支？孰爲賢勞？孰爲亂賊？於一人之言孰爲諦論？孰其餘事？而後之人所以繼往哲、竟前功，其端又安在？自可瞭然。

觀乎自考據之興以來，積數百年之歲月，勞千百人之心神，銖積寸累，所就者亦僅此一途，所啓者僅此一端。奈何龔、魏以來，才智之士自矜聰明，不究根實，漫爲浮論，雖自附於今文，而不思今、古究爲不易之道否？假之以自飾其非，而亂前賢之實，是則誠可深憂痛惜者也。劉申叔謂井研廖先生貫徹漢師經例，䵷秩便程，若別淄澠，掊擊服、鄭、杜、范，批郤道窾，如土委地，謋然合桑林、中經首，魏晉已來，未之有也。吴之英字伯杰，名山人，亦湘綺弟子。時蜀士皆治經，習駢文、詩歌、工散文者，祇劉子雄及之英二人，之英尤古樸雄傑。湘綺曰：「能以莊、列意爲董文者，其吴生乎！」於經通《禮》、《公羊》、《左氏春秋》，史考水道，治輿地，詩學阮籍，文法西漢。嘗寄井研廖平，謂其：「茂質灝氣，渾沌孤靈。初留《春秋》公羊説，後兼明《三禮》，鋭思深入，輒撤藩籬，襲宧奥，據所有，作主人，叱唶指麾肆意焉，規切弗上也。漸有成書，恒自寶，不輕出。初刊例言，爲江南北山東西學者傳誦，或徑述其法以撰説，是亦偏師横行者矣。」詩評先生，有「直抉心情對古初，始見糟粕化精醇。瀟瀟波瀾雖壯快，辯塞支離恢故界。七十七子守師傳，從此經學無雜派」。詩共七十四韵，因長未録。金天翮有《寄懷廖季平先生成都》一詩，有：「大道寂不語，聖者天喙鳴。詩禮閟孤塚，發之賢愚驚。天壞着百家，虛空綴繁星。東魯卓日觀，焰焰光天延。」詩共三十六韵。劉申叔《中國文學問題序》，又謂「井研廖氏平以瀕海俗説希行簡字，更六書，乃屬弟子資陽李堯勳撰《文字問題三十論》，以爲春秋以前，語文合壹，六書之興，肇耑孔尼。蓋撟爲悚世之言，以干俗失，持往説者詰非之。……信乎理萬變而不疑，貫百聖而不惑者矣。趨時士夫，則又見齊不見畸，終日言文典，便敏無類，托奇辭以亂正名，故廖氏之説生。廖氏立言，務反俗詞，雖或貿更前籍，贅附駢辨，然見智見仁，理非一軌，張質的以招弓矢，固壘守以徯矛伐，是固廖氏之志也」。論頗中理，凡此皆可以盡先生者矣。《近代名家評傳初集》。

我的父親廖平

廖幼平

貧困的童年

我的父親廖平先生，初名登廷，字旭陔，後改名平，字季平。初號四益，繼改四譯，晚年更號六譯。

清朝咸豐二年（一八五二）父親誕生在四川省井研縣青陽鄉鹽井灣（現名研經鎮）一個貧窮而人口繁多的人家裏。

井研是四川南部一個偏僻的小縣，鹽井灣又是井研的一個山鄉，隱藏在縣東北的一個死角落裏。這裏土地貧瘠，交通不便，文化落後，風氣也很不開通。清朝末年，鹽井灣場上祇有短短一條街，雖然大多是瓦房，但都是東倒西歪的。一出場口盡是草房和茅棚。場周圍是小山，緊緊把這個小鄉鎮包圍着。山上並没有鬱鬱葱葱的樹林，祇有一些稀疏的桐、棬、桑、柘，夾雜在瘦骨伶仃的包穀、高粱之間，給人以荒凉之感。場周圍没有河流，祇有一條若有若無、時斷時續的小溪。由於嚴重缺水，每年莊稼種下去，能有一半收成，便算不錯了。人們除了養蠶紡紗，沒有其他副業。但養蠶不可靠，紡紗利潤薄，可是清政府並未放鬆這些可憐的人們，捐税和徭役一年比一年繁重，一遇荒年，人們就衹有喝野菜湯吃觀音土了。

我的先祖在明朝洪武年間從湖北麻城孝感遷移入川，先定居井研東部的觀音堂，後移居鹽井灣。幾百年間世世代代都以務農和做小本經營爲生，沒有一個精通文墨的人。十九代傳到我父親，才出了他這個在學術上大有成就的人。

我的祖父名復槐，號繼誠，是一個鄉鎮的貧民。他沒有土地，沒有房子，全靠出賣勞力和做小本生意爲生。他爲人正直，爲窮人所信任，打架吵嘴之事常找他評理，一些公益事業也推他主持。他雖然窮，但不吝嗇，人有急難，總是竭誠相助。雖識字不多，但頭腦清楚，精明幹練，八口之家全靠他主持。我的祖母養蠶織布，手工針綫無不精通，是祖父的得力助手。她從不疾言厲色責駡孩子。因有祖父母的慘淡經營，我們這一家子雖然經常缺衣少食，但上上下下十分融洽和睦。父親這段既艱難又幸福的童年生活，對他性格的形成起了良好的潛移默化的作用。

祖母一共生了五個兒子、一個女兒，我父親行四。父親誕生時，大伯父已十五歲，二伯父十二歲。他們協助祖父料理磨房、糕餅店的營生。

咸豐七八年，也就是父親六七歲的時候，連天大旱，塘堰和沙凼的水都乾了，挑水要走十餘里。磨房和糕餅店都被迫關門了。一家人以野菜、芭蕉頭維持生命，衹偶爾吃頓野菜稀飯。五叔餓得面無人色，時常啼哭。路上也時見餓殍。這些悲慘景象，給父親留下了深刻的印象，以致民國初年他在成都國學院做校長時，每當家鄉有人來，父親第一句話就問：「今年雨水如何？」聽到雨水不好，就眉頭一皺；聽到雨水好，沙子凼都栽了，就喜笑顔開。我當時年幼，很不理解。常想家鄉那樣多好吃的東西不問，爲什麽單問雨水呢？

咸豐七年（一八五七）李永和和藍大順農民起義軍進至井研縣境時，資中知府董貽清率領資中、資陽、内江、仁壽四縣兵力來井研圍堵。當時謡言四起，鄉人紛紛逃避。祖父帶領全家避於廖家嘴、李家塥，後來又到仁壽縣境的大願寨。祖母是小脚，背負五叔，手携父親艱難隨行。到了山寨，自己砍樹子、割茅草建了一個茅棚棲身。那些富豪之家早在山上修有高大房屋，小康之家也選擇山陰避風之處，用樹條搭起屋架，蓋上厚厚的茅草，較之貧苦人家的窩棚就明亮舒適多了。

有些有錢人家，在檐前掛上檐燈，晚上點燃既很明亮又極氣派。父親十分欣羡，就向祖父要求也做一個掛上。祖父聽後責備他説：「别人是什麽人，我們是什麽人？兵荒馬亂的，喫飯都艱難，還點檐燈？」父親從小就倔强，聽了很不服氣，竟悄悄做了一個紙燈籠，點燃掛上。茅屋周圍頓時大放光明，父親與一群窮孩子樂得拍手歡呼。忽然風吹燈擺，燈籠着火，立即引燃了茅屋。等到大人發覺時，茅屋連同僅有的一點被蓋衣物已全部化爲烏有。祖父氣極了，要趕走父親，幸祖母再三哀求，並把一切過失攬在自己身上，才使父親免了難。

東西燒光了，一家幾口怎麽過？ 幸好已是暮春天氣，又得到鄉親們的資助，才得免凍餒之苦。

勤學苦讀

李、藍兵退之後，祖父率領全家回到鹽井灣。 然而磨房和糕餅店已毀於兵，徹底破産了。後來祖父起了三十吊錢的會，才得以重理舊業。

爲了生活，祖父母日夜辛勤勞動，三個伯父也都各有任務。 父親當時衹七八歲，還做不了什麽事，便讓他上私塾讀書。 祖父這麽做，並無奢望，衹不過希望他能寫會算，將來好在生意上助他一臂之力而已。

私塾設在鹽井灣的萬壽宫，啓蒙老師叫向春廷。 以後父親又曾從胡龍田讀於鹽井彎禹王宫，從曾雩亭讀於小黄沖廖榮高家，從鍾毓生讀於高屋基，前後共四五年。

父親做對子、做文章都不落人後，但因記憶力不强，書讀多遍仍不能流暢地背誦，總是結結巴巴，面紅耳赤，十分尷尬。 爲此常受到老師的責備。 舊中國的傳統教育是很强調背誦的，老師常以此來衡量學生的聰慧與愚魯。 祖父得知後，十分失望，認爲父親是一塊不堪造就的材料，就叫他輟學回家參加勞動。 父親雖極不願意，可又不敢違抗。 一天，他於萬分苦惱中，獨自去塘邊釣魚，心中默念説：「假若我將來讀書有成，今天便釣到一對鯉魚。」不料果真釣到兩尾鯉魚。父親歡喜若狂，提着魚奔回家告訴祖父。那時很迷信，祖父也認爲這是祖先的啓示。遂帶着父親到塾師那兒去請免背誦。塾師爲父親的誠心所感動，答應了他的請求，這樣父親才得以繼續向學。父親晚年名他的書齋爲「雙鯉堂」，就是紀念這件事。

父親曾自叙其幼時用功之方説：「予素無記性，幼讀五經未完，然苦不能成誦，棄學，師許以不背，乃復從學。故予後專從思字用功，不以記誦爲事。心既通其理，則文字皆可棄，至於疑難精要之處，雖不能通其詞，然亦默識其意。」見《經學初程》原稿。又曾對人説：「吾於《春秋》幾無字不爛熟胸中，然試令予背，則不能及半頁。」

記憶力不佳，不知給他帶來了多少苦惱，可是他善用一「思」字戰勝種種困難，排除了大大小小的障礙，終於在學術上取得了成就，成爲近代有名的經學家。

父親十四歲時，大的兩個伯父都已成婚，家累更重了。

這荒凉貧困的小鄉鎮上，要靠一間麵坊維持一家大小的生計，是很難的。祖父决定在麵房之外增設茶館。家裏人手忙不過來，也由於祖父怕幾個兒子勞逸不均，將來會有閑話，便强令父親回家賣茶。父親再度輟學了。一天，他爲客人斟茶，不慎，斟到客人身上。客人惱怒，大駡他一頓。慚愧、委屈、失望交織在一起，他在櫃房裏粉牌上大書「我要讀書」四字就跑了。家裏的人四出尋找，祖父終於在一個破廟裏找着了他，他正拿着一本書在誦讀。父親痛哭流涕地懇求祖父讓他繼續讀書。祖父起初不同意，後來祖母和幾個伯父都爲他請求，並願各自延長勞動時間，以頂替父親勞動，祖父才又同意了。

從此父親遷入私塾所在的廟内，專一攻讀。伯父們起早貪黑辛勤操作，以求增加收入。祖母則於每頓煮飯時，抓一把米另存一處，積到一兩升後便送到廟内供父親食用。親人如此含辛茹苦地支持和愛護，是多麼令人感動啊！父親學習更加勤奮了。

他爲了强制自己不要輕易離座，曾用一條長繩把自己拴在書桌上，並打上很多死結。坐久了，感到疲乏，看見同學在外面活動，也想出去走走。但想到要解開那麽多死結，又坐下了。晚上他没有錢買燈油，廟裏大殿上有一盞倒明不暗的神燈，他就站在下面閲讀，直到深夜。有一次，和尚起來燒早香，見他站在燈下。問他：「這麽早你怎麽就起來了？」他才知道已天亮了。冬天，大殿上太冷，受不了，他便坐在床上用破棉被裹着足，一手執書，一手拿着一把香；吹一口，看幾行。一個冬天過去，破棉絮上滿是香灰燒的小孔。

他這勤學苦讀的精神，深得和尚的敬重。一天和尚做嫩包穀粑，給他送去一盤，外加一碟紅糖。他正在看書，一面看，一面吃。和尚來收盤碟，見紅糖原封未動，他一嘴黑墨。笑着問他：「粑甜不甜？」他説：「很甜，很甜。」和尚哈哈大笑，説：「墨都給你吃光了，還説很甜很甜。」他一看桌上，自己也忍不住笑起來。

父親十六歲就完婚了，是東林鄉李家山農家女，年齡也衹有十五歲。當時風俗，婚後逢年過節應一道回娘家。兩家相距二十里，家貧不能坐轎，衹好步行。母親是小脚，走得很慢，父親總是快跑一程，坐在山坡上拿出書來讀；等到母親走近了，又快跑一趟，坐下繼續看書。連路上這點空隙，他都不輕易放過。

舊時人們認爲，糟踏字紙就是侮辱聖賢，是要瞎眼睛的。有些老年人爲了「積陰德」，專門拿字紙到廟内火化。父親對他們十分恭敬，給他們倒茶、點煙，並幫他們焚化字紙。在投入鐵爐之前，父親總要細心尋檢一番，看看有無可供使用的東西。這件事對他一生曾起過很大的作用。向仙樵先生爲父親作的傳記中曾提到此事：「張之洞督學四川，以紀、阮之學爲號召，見公文大喜，以高材生調尊經書院。蓋公文以狾犬之義釋《論語》狂狷之文。蜀中舊無知許氏《説文》者，獨公偶得之敗簏中，而好之，故爲文襄所嘆異。」

我們小時埋怨筆不好寫，亂撕課本。父親就要説：「我當年都是撿别人丢了的筆寫字，字也是在别人寫過的廢紙空隙中抄練的，一張紙要寫得黑漆漆一團才丢。」我們聽了，都把頭低下，感到很不好意思。

父親入尊經後，眼界就開闊了。當時四川交通不便，得書不易，尊經書院與省外書院相比，顯得貧乏，但與井研農村相比，那就琳瑯滿目，美不勝收了。父親如飢餓得食，日以繼夜，廢寢忘餐地讀呀、抄呀，成爲尊經一致公認的用苦功的人。

當時的官員大多是科舉出身，競尚風雅，常從外省運來名貴版本書籍裝點書齋。書運經成都，常寄放尊經書院。父親得知後，必懇求師長一睹。若蒙允諾，他就整夜不眠地閱讀、鈔寫。後來他寫文章引用到書上的言論，朋輩都驚訝，不知他是從何知道的。當時張之洞購得李心傳《建炎以來繫年要録》及《東都事略》一書，父親借來從頭至尾鈔録一遍。他這種傻勁，王湘綺都感到驚奇。

母與子

我的祖母姓雷名貞慈，是井研千佛鄉人。據説是千佛鄉雷翰林的後代，但傳到她的上輩已以務農爲生了，因之她具有農村婦女的特性：她温和善良，勤勞樸實，且頭腦清楚，明辨是非，認定該做的事會義無反顧地堅持下去。祖父由於有她這個好幫手、好内助，才能够把這個窮家支撑下去，把子女一個個撫養成人。父親也由於有她這個好母親的支持、鼓勵，才能走上探討學術，著書立論，成一家之言的大道。

每夜，祖母在家務事做完後，就架起紡車紡棉花。夜裏紡紗是不能點燈的，哪怕點比較便宜的桐油吧，也不劃算。誰家屋前點了檐燈，她就把紡車放在檐燈附近去借光；無光可借，就點兩根香插在紗車上做照明。紡車嗚嗚地總要響到三更。她一個晚上紡一斤多棉紗，可以賺三四兩棉條。冬天農民都需要一雙布鞋，布鞋有銷路，祖母就熬夜做布鞋來掛在堂口上賣。紡紗和賣鞋得的錢就作爲付老師的學費。

吃的呢，因爲當時鹽井灣常鬧天旱，紅苕稀飯、瓢兒菜稀飯、包穀糊糊成了主要食物。家裏難得吃一次肉，推半升豆子做連渣菜已是盛筵了。夏天伯父去堰塘洗脚，偶爾摸到一兩條魚和幾條黄鱔，成了全家的大喜事。但祖母總是説今天她吃齋，不能吃，大家把她那一份給她留下，她却悄悄用菜葉包好與父親送去。哪怕一塊豆渣粑，一個大頭菜，她都要與父親留着。幾年過去，祖母逐漸消瘦枯老了。慈母的犧牲和愛護，它鼓舞鞭策着父親去克服一切艱難險阻。

光緒二年(一八七六)父親被選入尊經書院學習。書院每月有四兩銀子的「膏火」補貼。富家子弟每月家裏再補助五兩十兩都嫌不够用，父親却要把這微薄的待遇省下來寄回家去。每頓他衹以米湯下飯，因此博得了個「廖米湯」的綽號。後來，有一次他酒後曾向我們講，每遇祖父母生日或他得了褒獎，他就「打牙祭」慶賀，那就是從他自己泡製的泡菜罎中撈出幾個紅海椒或者泡生薑佐餐。

光緒十五年(一八八九)父親參加殿試，中二甲進士，授任湖北某地知縣。這本是父親可藉以飛黄騰達的起點，沿着這條路，父親滿可以像他的同學那樣爬到知府、侍郎或御史的地位。可是父親覺得丢下老母去追求榮華富貴，他於心不安；帶着老母去受長途跋涉之苦，又於心不忍。於是他毅然决然以「親老」爲理由，請改教諭。他從此遠離仕途，以教書爲生。

父親開始任龍安府(今平武縣)教諭,以後歷任尊經襄校和資中、射洪、綏定、安岳、松潘、嘉定等地書院山長。祇要祖母樂意,父親都要迎接她去奉養。去嘉定,祖母是最樂意的,因爲距井研近,來去較方便。

父親工作之餘就陪祖母閑談,祖母的老龍門陣,别人都聽厭了,父親還是感到很有興味。父親也常把外面聽來的新聞趣事,有聲有色地講給祖母聽,逗得祖母大笑。

祖母勞動一生,老來也閑不慣,就績麻消遣。父親回家來就泡上一杯茶坐在祖母身旁看書。他怕老人過於勞累,就常用脚趾拇悄悄地將祖母懷中的麻絲一縷一縷地扯去。祖母没有察覺,還高興地向父親説:「老四呀! 我還没老,一會兒績了一只麻。」父親樂得哈哈大笑。

祖母怕熱,一到夏天汗流不止,父親命令我母親與兄長輪流與祖母打扇。他工作之餘也來參加打扇行列。祖母怕他太累,不要他扇。他總是説:「我扇一百下就走。」於是像小孩似的一、二、三、四……地數起來。

父親少年時代生活艱苦,學習勤奮,他希望下輩也像他那樣。每當兄輩不能按時完成學習任務,或花了不該花的錢,都要受到處分,因此晚輩在他面前,都是戰戰兢兢的。但是無論他多麽忿怒,祇要祖母一到,他就停止責駡,讓他們退去; 因爲他不願使祖母因此不高興。

父親從中進士後奉養了祖母十五年,到光緒三十年(一九〇四)三月,祖母病逝於井研東林鄉老宅，享年八十八歲。

這前後是父親内憂外患聚於一身的時刻。從外患來説，屢遭打擊參貶。光緒二十九年四川學使吴郁生以「離經叛道」的罪名革去父親教諭之職；次年，學使趙啓霖見父親「三《傳》同出子夏」的主張，以爲穿鑿附會，通令各校不得延聘父親任教。父親被迫回到井研，在東林鄉高洞寺聚徒教學，形同私塾老師。從内憂來説，在家庭方面也一再發生不幸。光緒二十八、二十九兩年接連死去了我的大哥、二哥和三哥。除了早嫁的大姐，父親就没有子女了。五十之年喪子，而且一連三個，這是人所難堪的事，加以我的三伯父和父親的摯友張祥齡也於此時死去，他們都是支持他、愛護他的兄弟朋友，他的傷感可知，而恰恰在這時刻，慈母又撒手而去，這如何不更增加了他的悲痛呢！

父親自己設計在東林鄉陳家山爲祖母修了墓塋，並在旁邊爲自己留了一穴。「誰言寸草心，報得三春暉」。這個安排也體現了他對慈母之愛。

兩師長

父親能在經學上獨樹一幟，成一家之言，曾得力於兩位師長的提拔和培育。一位是獨具慧眼拔識他於落第生中的四川學臺張之洞，一位是學識淵博、志行高潔、循循善誘的湘潭學者王闓運。

張之洞在戊戌政變後成爲后黨，倒向慈禧的一邊，政治上是右傾保守的。但僅就光緒初年在四川做學政的那段時間而言，工作是卓有成效的，爲蜀學的發展奠定了基礎。

同治十三年（一八七四）張就任四川學臺後，感到四川舊有的錦江書院偏重時文，成就不大，便同當時總督吴棠商議，在成都南較場建立一所環境幽静、規模更大的高等學府，這就是尊經書院。

書院於光緒元年（一八七五）建成，調府縣高等生百人肄業其中。張手訂規章制度：除山長（校長）一人外，設襄校二人、監院二人。所授課程包括經、史、小學、詞章，尤其注重通經。規定人立日記一册，記每日看書起止及所疑所得。山長和襄校每五日爲學生講課一次，監院呈日記，山長和襄校提問考核。一月筆試二次，出四題：經辭一，史論一，賦與雜文一，詩一。文章不合格者，停發膏火，以示激勵。

張以川省得書不易，籌積資金購置書籍數萬册，起尊經書閣爲藏書之處。又設書局刊行小學、四史等書，在坊間大量發行。在此以前，四川諸生除時文外别無所知，至此眼界大開，文風亦變。

關於張之洞辨學的宗旨和治學的途徑，他在《尊經書院記》中曾有所闡述：「諸生問曰：『先生與臺司諸公及諸鄉先生創此舉何意？』曰：『爲讀書。』曰：『讀書何用？』曰：『成人才。蜀材之盛舊矣，漢之郭、張、馬、揚，經之宗也；宋之二王、二李、史、范，史之良也；其餘唐之陳、李，宋之三蘇，元之虞，明之楊，氣節經濟文章之淵藪也。使者誠欲諸生紹先賢，啓蜀學，於是議立書院。學成以歸，各以創導其鄉里，輾轉流衍，再傳而後，全蜀皆通達之士，致用之才矣。』諸生問曰：『宜擇何術？』曰：『無定。經、史、小學、算經、經濟、詩賦、古文辭皆學也。高材或兼二三，專門精通其一。性之所近，志之所存，擇而爲之，期於必成。非博不通，非專不精……』」一個封建官僚，能有這樣遠大眼光和抱負，是令人敬佩的。

光緒二年（一八七六）十月，張之洞任滿回京，行至綿竹，與繼任學政譚宗濬寫信説：「身雖去蜀，獨一尊經惓惓不忘，略有規模，未臻堅定。通省佳士豈能盡採無遺？就目力所及言之，大率盡在其中……」第二年在西安又給譚宗濬信説：「以蜀才言：曰四校官，五少年。四校官：郫縣教諭楊聰、雅安教諭蕭署，茂州訓導李星根，梁山教諭譚煥庭也。五少年：楊鋭、廖登廷、張祥齡、毛瀚豐、彭毓嵩也。」他人雖已離蜀，對四川文教事業仍異常關心。

種瓜得瓜，幾十年後他的願望終於實現，四川的文教事業獲得了巨大發展。

民國二十一年（一九三二），龔熙臺在我父親的追悼大會上説：「清朝二百餘年，大江南北，學者林立，四川獨無一人列入著作之林，可謂大恥。自尊經設立，人材輩出，廖先生尤出乎其類……」龔先生這段話，是對我父親和尊經最公允的評價。

張之洞可以説是拔識我父親的伯樂。

同治十三年(一八七四),父親二十二歲,參加院試。題爲「子爲大夫」。八股文破題,例衹兩句,父親的文章破題却是三句。閲卷的人以爲不合格,早已棄去。張之洞檢落卷復查,覺得文章有新意,乃拔置第一。兩年之後參加科試,父親以「猘犬」之義釋《論語》「狂狷」之文。張之洞感到驚異,於是以高材生調入尊經肄業。

由於這個原因,父親對張知遇之感很深,别後經常有論學、論《易》的書信寄呈「南皮師」;每成一書,必送呈請求指正。

父親每次出川,無論張在廣州、太原、武昌,必繞道前去謁見。光緒九年(一八八三)張任山西巡撫,父親因事去北京,歸途特赴太原晉謁。張有意讓父親與山西學術界人士相見,特設筵款待。當時父親正治《穀梁》,酒後竟大言説:「治一省易,治一經難,苟《穀梁》有成,不羨山西巡撫。」一座皆驚,以爲大不敬,張却微笑説:「志願宏大可嘉。」

他們師生情誼雖深,但在學術思想上却並無共通之點。父親學説多變,張以爲越軌,屢次以「風疾馬良,去道愈遠」相誡。光緒十二年《今古學考》成,張不喜此書,寄語父親:「但學曾、胡,不必師法虬髯。」又説:「洞穴自有主,難於自立。」光緒十三年,張以父親愈變愈離正宗,又命宋育仁傳語父親:「如不自改,必將用兵。」竟以威勢脅迫了。

其實,父親新説的成立,是經過長期思考、探索的過程的。因爲來之不易,所以自信甚堅。得宋信後,他廢寢忘餐近月,經過激烈的思想鬥争,寫了兩封答辯的書信。一信給宋育

仁,因爲是積久而後發,言辭是十分激切的。比如:

夫兩漢舊説,墜緒銷沉,鄙人不惜二十餘年精力,扶而新之,且並群經全新之。其事甚勞,其心尤苦。審諸情理,宜可哀矜。即使弟子學生不紹箕裘,而匠門廣大,何所不容? 以迂腐無用之人,假以管窺,藉明古義,有何不可? 若以門户有異,則學問之道,何能囿於一途? 况聖人宏通,萬不爲此,反復推求,終不知開罪之所由。

今以尊鄭之故,强人就我,而不許鄙人以經説經,亦殊未平允……不知風之見疾,馬之見良,正以其識見鮮明耳。

最後竟毫不妥協地宣佈:「今者各報新開,學館林立,必别招天下之兵,日與角逐,得失所形,兩有裨益。國雖新立,固非可兵威脅迫屈服者……」

另一封上《南皮師相書》,言辭要委婉些,但態度仍很堅決。

宣統元年(一九〇九)張之洞病故。消息傳來,尊經同學在成都舉行公祭。父親痛哭失聲。他和張之洞思想上雖然有牴牾,但在感情上對他仍是念念不忘的。

張之洞留川僅三年,對尊經祇是大刀闊斧做了一些開創工作;至於因材施教,潛移默化,循循善誘等等培育人材的細緻工作,則是王闓運完成的。

尊經開創之初,即聘王做主講,王不肯來。後來四川總督丁文誠五次去函相邀,王纔於光緒五年(一八七九),也就是父親入尊經後的第三年,就任尊經山長。當時尊經已缺主講近兩年，王到後對尊經進行了一番整頓，規模制度更臻完善。「諸生喜於得師，勇於改轍，宵旰不輟，蒸蒸日上。」「其時自督部將軍均執弟子禮，雖司道側目，而學士歸心」。

王闓運初見父親時，詢問他現在專攻什麼，他回答説：「有志於習《春秋》。」王見他土裏土氣，又「拙於言，尚不知其學如何」，没有把他放在眼裏。幾次執經問難以後，纔驚訝於他的功力的堅實，纔認識到他是一塊可塑造的材料。從此對父親産生了好感，從而建立了深厚真摯的師生情誼。

此後不久，父親和張祥齡一同搬入内院，以便向王請教。王同他們談論經義，常至深夜。春秋佳日，王常帶學生出遊。光緒五年（一八七九）六月十五日，父親與同學八人隨王游浣花溪。《湘綺樓日記》記此事説：「從曾園登舟，溯洄溪月，遂至三更。竹蕉滴露，坐聽鷄鳴。」

光緒五年（一八七九）九月，父親應鄉試，《湘綺樓日記》對此事亦有記載：

己卯年九月八日，今夜放榜，與季平坐談至三更。季平醉去，余就寢。半覺聞砲聲，起披衣，未一刻，報者至矣。院中中正榜二十一人，副榜二人，皆余所决可望者。其他學使所賞及自負材高者皆不中。余素持場屋文字有憑之説，屢驗不爽也，甚以爲喜。頃之，季平等入謝，已鷄鳴矣。談久，乃還寢。

幾天之後，王率書院新舉人出南門，訪百花潭，公宴於二仙庵。王令諸生題名壁上。王題詩其後。有「瀓潭積寒碧，修竹悦秋陰。良朋多欣遇，嘉會眷雲林」之句。

這年年底王闓運歸湘潭，院内、外諸生送行者數十人，依依不舍，直送到彭山的江口纔分別。

這以後王還於光緒六年（一八八〇）和九年（一八八三）兩次來川主講尊經，到光緒十二年纔最後離去。

父親在尊經約十年，受王教誨近七年。王是治《公羊》的，父親受他的影響，治經亦從《春秋》入手。但他並不謹守師法，亦步亦趨，而有他自己的途徑。王對此曾表示過擔心。他在離川後與友人書説：「此來居然開其風氣。他日流弊，恐在妄議古人……」後父親學説一變再變，愈變愈背離師説。王深感不滿和擔憂，光緒十四年（一八八八）致書宋育仁説：「廖、劉子雄明慧，深淺不同，而兼併輕躁，因時箴之，以進大道，則友道隆矣。」

當時學術界認爲父親學説的多變，其意在勝湘潭。父親同學新都周宇仁曾諷刺父親「每變愈上，不能自止，蓋其意在勝湘潭。」父親對此的解釋是：「其意衹在求實，非求勝人，但不能謂青不能勝藍也。」

民國二年父親入京參加國音統一會議，曾去天津拜見老師。

民國五年王病卒，父親爲文哀悼。

真摯的友情

父親的總角交是楊靜齋先生。楊名楨，也是井研鹽井灣人。同治十年（一八七一）前，他們一同就讀於鹽井灣禹王宮；十二年一同設帳於鹽井灣舞鳳山；十三年同入縣學，並同時調入尊經，因而結下了深厚的友誼。他比父親長十歲，常常像兄長一樣關懷照顧父親，父親也把他當親哥哥看待，事事與他商量，向他請教。父親早年所作之書，不知爲什麽大多托名楊作。這些書都没傳下來。

楊先生在父親滿四十歲時就死了。他家庭貧困，父親常給以照顧。民國初年楊的孫子楊岱安同二侄次山一同考入國學院。父親對他兩人一視同仁，同樣繳學食費，同樣買文具，有失誤，同樣受責備。直到楊岱安畢業參加工作，娶妻生子，父親纔放下了心。

當時選入尊經的都是些雋異之士。「尊經五少年」尤爲張之洞、王闓運所器重，這五人的交情也較深。

楊鋭字叔嶠，就是戊戌政變被慈禧殺害的六君子之一。楊在北京遇難，父親時在資中藝風書院作山長，在資中知府鳳全的筵席上得知這個消息。回到寓所對我二哥説：「楊叔嶠、劉裴村死於北京矣！」俯首伏案，痛哭失聲。

仁壽蕭藩字西屏，也是父親尊經時的親密朋友。

蕭是仁壽大地主，家資富裕。讀書似乎不很認真，因爲從現存資料看來，他們在一起研究切磋學術的記載不多。但早在光緒十一年（一八八五）父親還是默默無聞的窮學生時代，他就兩次出資爲父親刻《起起穀梁廢疾》和《釋范》。這確是難能可貴的事。

蕭很早就死了，父親常關懷他的家屬。民國初年他的一位夫人和兒子在成都做寓公，抽大烟，生活奢侈腐化。後來，他的孫子因債務與我家發生過一次糾紛。從這次糾紛的順利解決，也可看出父輩的友道之隆。

蕭家光緒末年曾向我家借錢七千串，立有字約爲據。到民國十七年，蕭的孫子來交涉，要以七千串銅元償還這筆舊欠。我的二嫂、大侄堅決不同意。他們認爲光緒年間一串錢可換一個銀元，而民國十七年要二十六串銅元纔能換一個銀元，這七千串等於化成了水，喫虧太大。慫恿父親與蕭孫打官司，要求按當年銀價償還。父親也認爲喫虧太甚，同意訴諸法律。可是他始終煩躁不安，心情很沉重。

當時我家分成兩派，二嫂、大侄是實權派，一切從經濟利益出發；我同二侄次山是一派，我們受了些「五四」思潮的影響，堅決反對打這種「重錢財輕仁義」的官司。我們暗暗商量，決定采取釜底抽薪法，利用父親與蕭的舊情去打動他，使他主動撤銷這場訴訟。次山怕犯大不韙，我衹好鼓着勇氣前去。

我走進父親房間，問道：「明天要與蕭××過堂了嗎？」父親點點頭。我說：「人事真難預料，幾十年前，爹爹同蕭伯伯在尊經時，恐怕没想到明天要與他的孫子公堂對審吧？」我的話刺到父親的痛處，又冒犯了他的尊嚴；他勃然大怒，抓起桌上茶杯向我擲來。我一閃身，茶杯落在地上。我低下頭把碎瓷片撿起，退了出去。

第二天一早，大侄進來請示，因爲他要代表出庭。父親説：「官司不打了，狀子撤回來。」大侄驚問：「爲什麽？」父親説：「不打了，不爲什麽！」

蕭孫知道後十分感動，親到我家拜見老人，談起他死去的祖父，彼此都很激動。

民國十六年深冬，父親好友、歷史學家合川張森楷先生突然隻身從北京到井研來看望父親。這意外的重逢，使父親又驚又喜，一下仿佛年輕了二十歲。

父親自民國十三年回鄉後，没有一個瞭解他、可與之深談的人，他的心已静寂得如同一潭死水。張先生的到來，有如一塊石子投入潭中。

他們不停地笑呀，説呀。談到死去的師友，相對嘆息；談到少年得意之事又哈哈大笑。可惜父親在民國八年（一九一九）六十七歲上中風後口齒不清，没有聽慣他講話的人很難全部聽懂。張先生聽不懂了，父親就寫，但他右肢偏廢，書寫用左手，大字還能辨認，小字常常是黑漆一團。張先生認不得，兩人都急了，叫我們去翻譯。他們談的内容我們不懂，也無法翻譯。

夜裏他們總要喝上兩杯，一面喝酒，一面談論，有時争得面紅耳赤，有時又高聲大笑。一夜，張先生醉了，我們扶他到書房去睡。他不去，要與父親抵足而眠，説是此生衹此一次了。我們不敢違背，衹好多多與他們蓋上被子。

張先生要回合川過春節，父親堅决不讓他走。春節後行期改了三次，最後不能不走了，彼此都知道不能再見了，没有説再見的話，衹含着淚叮嚀互寫墓誌銘。可是這個諾言並未實現，彼此都未見到對方的訃告就死了。

另外父親與劉子雄、張祥齡、宋育仁、駱成驤、謝無量、劉師培、龔熙臺、趙熙等先生的感情也很深厚。

劉、張是父親學問上的諍友，在尊經時常互相砥礪切磋，兩人皆中年過世，父親竭盡友道，爲他們哺育遺孤，直至成家立業。

父親與宋育仁同爲王闓運高足。宋對父親的主張雖不完全贊同，但「服其勤勞」，「感其經學功夫甚深」，成爲知交，經常在一起研究、辯論。

光緒二十三年（一八九七）宋任尊經山長，聘父親與吴之英爲主講。設蜀學會於書院，發刊《蜀學報》。宋爲總理，吴爲主筆，父親爲總纂。該報鼓吹發展文化教育事業，改革吏治、農業，成爲四川報紙的先聲。

民國初年父親做國學院院長，聘宋作主講，後來宋作院長又聘父親作主講。

龔煕臺先生是我們的同鄉，他與父親同修《井研縣志》，有五十多年交誼。龔和父親關係密切，常來我們家。我們也最喜歡他。他好收藏古董，我們圍着他叫「龔叔叔」。央求他把褲脚裏的小古董拿出來看看。他一摸一大把，什麽五銖錢、開元通寶、刀刀片片，以及各種奇怪的小東西。聽人説他最節省，一個鹽鴨蛋從重慶吃到宜昌。我們看完古董就要他講是怎樣吃到宜昌的。他總是一面收撿他的小古董，一面笑，説：「别人亂説的，不要相信。」

民國元年，劉師培做國學院院長。一天名流學者會聚於國學院，龔先生拿出他所收藏的張船山「南臺寺飲酒圖」請大家題詞。吴文英、謝無量、劉師培等均揮毫題詩於上。父親推辭不了，也寫了一首五古。這是我所見到的父親的唯一的一首詩：

幾山好收藏，我久厭李杜。强迫人題畫，牽牛上皂樹。物以罕見珍，保此荒年穀。寄語後來人，無分鷄與鶩。

這幅畫我在一九三四年成都花會場曾見過。

民國七年，成都軍閥混戰。開戰之初，華西壩洋人提出抗議。軍閥雙方答應爲了保證洋人安全，不轟擊南郊。於是狀元、翰林、進士先後都到國專我家避難來了。後來聽説那兒也不保險，母親勸他們去雙流暫避。父親堅持不走，母親衹好帶着我們走了。停火後我們回來，見墻壁上不少槍眼，堂屋内幾張方桌并排在一起，上面放了五六床被子，地上是空酒罎和花生殼。我的堂兄告訴我們：「交戰時，他們都躲在桌下，外面子彈嗚嗚響，他們在桌下飲酒高談闊論，有時還高聲大笑。很快就把預備的東西吃完了，再不停火就慘了！」

探求與挫折

父親治經，學説多變。從光緒九年（一八八三）到光緒二十八年（一九〇二）二十年中，經歷四變。

父親曾自述其爲學的甘苦説：「學經六變，各有年代。苟遇盤根錯節，一再沉思，動以數年，豁然理解，如有鬼謀天誘，千谿百壑得所歸宿，舊日腐朽，皆爲神奇。」他的思想敏鋭，意志堅强，而用功尤極勤極深。他不盲從，不固步自封，不以已取得的成就爲滿足，故不惜一再推翻自己的主張，而另闢蹊徑，以致「流於譎奇」，爲同儕所不解，師長所非難，當道所迫害。儘管其學説的是非可以疵議，然而他這種追求真理、忠於學術的精神是可敬的。

此外，值得特别一説的，還有父親與康有爲的糾紛。

光緒十四年（一八八八），康有爲從沈子豐處得《今古學考》，讀後對我父親十分欽佩，遂引爲知己。光緒十六年（一八九〇）春，父親在京會試後去廣州拜謁張之洞。康有爲與黄季度過廣雅書院相訪。父親以《知聖篇》和《闢劉篇》稿本贈康，徵求他的意見。康很不以爲然，寫信給父親，指責他「好名騖外，輕變前説，急當焚燬」。父親答以此事要當面纔能説得清楚。

於是父親訪康有爲於廣州安徽會館，暢談一夜，一再以始皇未焚六經爲證，康大悟。這年秋，父親返川，還未到重慶，而康有爲的《新學僞經考》出版，其立論的要點就是依據《知聖篇》、《闢劉篇》引申而成的。康書一出，「天下振動」。但康説之來歷亦爲當時國内學術界所共知，康有爲對此很忌諱。父親於光緒二十年（一八九四）曾致書康有爲説：

吾二人交涉之事，天下所共聞之，吾不願①貪天功以爲己力，足下之學，自有之可也。然足下深自諱避，致使人有向秀之謗。每大庭廣衆之中一聞鄙名，足下進退未能自安。淺見者又或以作俑馳書歸咎鄙人，難於酬答，是吾二人皆失也。天下之爲是説惟吾二人，聲氣相求，不宜隔絶，以招讒間。且吾之學詳於内，吾子之説詳於外，彼此一時，未能相兼；則通力合作，秦越一家，乃今日之急務，不可不深思而熟計之也……

在這封信中，父親表明他無意揭康的老底，還希望與康「通力合作」，求得學術的發展。父親的胸襟是開闊的，態度也是誠懇的。

民國二年，父親又致書康有爲説：

憶昔廣雅過從，言談微中，把臂入林，彈指之間，七級寶塔，法相莊嚴，得未曾有。巍然大國，逼壓彈丸，鄙人志欲圖存，別營堂構，太歲再周，學途四變……

① 不願：原作「以欲」，據《六譯先生年譜》改。

父親在信中含蓄地表現了他二十年辛勞被人掠美的憤懣之情，但還送書與他，把他引爲同志，足見父親態度是十分光明磊落的。然而康派却力圖從人格上貶抑父親。梁啓超在其所著《清代學術概論》中没有舉出任何證據，公然誣衊父親：「晚年受張之洞賄逼，自變其説，其人不足取也。」

真是如此嗎？且看古文學家章太炎先生的評議吧：

君之學凡六變……其第二變最可觀，以《周禮》、《王制》大小異治，而康氏所受於君者，則其第二變也……而有爲之徒，見君前後異説，謂君受之洞賄，著書自駁，此豈足污君哉？君學有根柢，於古今經學無不窺，非若康氏之剽竊者……

民國二十一年，在父親的追悼會上，四川大學校長王宏實説：「我們對廖先生的崇拜有一個共同之點，便是廖先生的治學態度。廖先生有他特殊的地方。他有很强的自信力，無論何人怎樣非難，怎樣用威勢脅迫，他都能不改其説。但是廖先生又不固步自封，總不斷爲更進一步而努力，一旦得有新的主張，便把舊的拋棄。所以廖先生治學的態度是進步的，發展的，不是一成不變的。」也可謂公允之言。

然而因爲梁啓超是「權威」，流謗所及，一直到現今。兩年前，一位史學家曾引用梁説，那是私家著作，倒無足輕重；但新編《辭海》，在「廖平」條中仍引用梁氏之説，這就不能不使人覺得十分遺憾了。

一個好園丁

父親在成、嘉各地從事教育工作長達五六十年，桃李滿巴蜀，爲四川培育了不少人才。

他對教學工作是一貫勤勤懇懇，嚴肅認真的。當年無論做山長、做院長，他都擔任全部的經學課程，工作已够繁多了，可他晚上還常到自習室巡視，瞭解學生的勤惰。樂山帥平均先生曾向我説，他在九峰書院念書時，晚上父親常在自習室窗外聽學生讀書和議論，有時也步入室内作些指點，言簡意賅，使人久久不能忘懷。

蒙文通先生也曾談到他在國學院受業時的情況。他説父親不帶講義，一上堂就滔滔不絶，有如長江大河傾瀉而來，基礎差的，接受不了。有時夾以詼諧，引起哄堂大笑。當時《資治通鑑》是必讀之書，每個學生案頭都有一部。當學生問到書中某一件事情時，父親略一思考便可明確無誤地回答。有時需要查對，儘管案頭《資治通鑑》的版本不同，但父親祇須把全書抱起來在桌上一放，用眼睛審度一下，然後翻開，前後不出五頁就可找到他們所詢問的那件事。

民國八年，父親六十七歲時，中風後舌頭不靈活，説話不清楚，右脚右手失靈，行動、飲食需人扶侍。但他這時還在國學院做院長，仍然堅持上課。由次山扶掖入教室，講話學生聽不明白，由次山轉述。

民國十八年，父親七十七歲，已退居井研五年。犍爲李源澄、仁壽陳學源忽然來井研求教。對這兩個素昧平生的青年人，他不僅熱忱接待，而且全力以赴，爲他們講經。這是炎熱的夏季，書房又當東曬，師生都汗流不止。加以父親見他們聽不懂他的話，更急得滿臉通紅，一節課下來，滿頭大汗，疲乏不堪。我們見他累得可憐，雖不贊成，但爲他的「鞠躬盡瘁」的精神所感動，便未加以阻攔。

父親在教學時是嚴師，但在平時則和藹可親，從不擺老師的架子。父親在九峰書院的學生胡素民在父親逝世後作挽詩十二首，其中一首說：

儒家氣象尚巖巖，争説爲師道在嚴。
獨有達人知聖久，降尊先禮不爲嫌。

自注說：「先生於門人愛之如子，待之如友，未嘗輕呼名號，反以先生老師稱之，别久，尚未及拜，即先長揖，反使受者惶伏。」

父親青少年時期家庭貧困，讀書艱難，十分理解窮學生的困苦，對他們體貼入微，愛護備至。他們有病，有急事，總是盡力資助。有些人後來有錢了，還他，他收下，没有錢，或者忘了，他也不計較。另一學生楊宗岳在他挽聯中也說：

立雪有五年，減薪俸，助膏火，視猶祖孫父子，音容遽渺恨何多。

有些學生追隨他一生，建立了家人父子般情誼，特別突出的是青神鄭可經和嘉定黃經華。鄭可經號席五，是父親被參貶後到青神講學收的弟子。他與父親情同父子。《四變記》是父親口述，他筆記的。

鄭曾留學日本，歸國後與我家同住汪家拐。後與父親的朋友的女兒結婚。婚後遷居少城，兩家還過往很密。後來鄭患急病死了，父親未中風前，常去看望可憐的孤兒。

民國十五年，鄭妻忽然來井研，企圖了結一場債務。原來鄭先生生前因父病與父親借去大洋五百元，立有約據。父親知鄭妻無力償還，從未過問。但鄭妻怕父親一死，那張約據將是她母子的後患，希望在父親未死之前交結此事。父親慨然用左手書寫下「約據已失，任何人拾得，作爲無效」的字據。鄭妻拿着這張紙條，感激涕零地回去了。

黄經華先生少年負笈相從，從九峰到藝風，以後又同到國學院任教。他還協助父親寫作，成爲父親得力的助手。父親晚年的著作，有些是由他整理編校的，學術方面的酬答，也常由他代筆。

民國八年，父親忽然中風，舉家慌亂，不知如何是好，幸賴黄先生等幾位大門生親視湯藥，日夜守護床前，並參加陸錦亭等醫生的中西醫會診，纔把父親搶救過來。

黄先生先父親死去，父親得消息後，十分悲慟。

民國二十一年，父親去成都，過樂山河咡坎，現名磨池。見到黄的寡妻、寡媳和孤孫，景況十分淒涼，父親愴然幾乎淚下。立命七弟取銀元一封送與黄妻，鼓勵她將孤孫扶養成人。

由於父親是這樣一位既是嚴師又是慈父般的老師，所以學生對他是十分尊重依戀的。在成都每年二月初九父親生日，學生成群聯翩而來，老的、少的、窮的、富的，關係密切的還帶來了夫人和孩子。父親見桃李滿門墻，十分興奮，每次必開懷暢飲，酩酊大醉。

興趣・愛好・情操

假若有人問我：「你父親喜歡什麽？」我會毫不猶豫地回答：「他喜歡書。」

爲衣食，爲陳設，父親是捨不得花錢的，但買起書來，錢却從書房的角落裏滚滚而出了。有大銀子，有散碎銀子，有一串串的小錢，書商看了也感到好笑。

民國以前，他歷任各縣書院山長，每年俸銀是五百六十兩。民國以後任國學院院長和大學教授，因當時教育經費奇缺，經常欠薪，收入也不多。他用這一點點錢養活弟兄子侄以及妻兒子孫一大家外，竟購得藏書兩萬餘册，這完全是他節衣縮食得來的。

他的書不是成批買的，而是有多少錢買多少書，遇到什麽就買什麽。父親買書，不計較裝幀，不講究版本，哪怕斷稿殘篇也願收藏。因之他的書大大小小新新舊舊都有，書櫃也因此是七長八短的。

他的書房内除了滿架滿架的書以外，桌上、椅上、凳上、枕上甚至地板上都是書，簡直是書的世界，書的海洋。要是有誰看到不順眼，替他整理一番，反而會招來一場埋怨。因爲據説亂中自有其規律，誰打亂這規律，反會給他帶來很大麻煩。

每日清晨，他很早就起床了。梳洗完畢走進書房，泡上一杯茶，拿上一本書，就神遊到另一世界去了。假若没有人去請他喫飯，去找他交涉事情，他會一直坐到深夜。

一般腦力勞動者都要求有個安静的環境，可是父親不在乎，他常説「心遠地自偏」。民國初年我們姐弟幾人都小，常在院中打鬧。有時皮球打在書房板壁上咚咚作響，父親竟充耳不聞，照常工作。有一次小弟弟撞在花臺上，頭上碰了一個口，血流不止。家裏的人十分慌亂，又是找藥、又是請醫生，父親好像没有聽見似的。晚飯時見弟弟頭上包着白布，纔驚訝地問：「他咋搞的？」大家暗暗好笑。

民國八年，父親中風後仍手不釋卷，並用左手十分吃力地寫成《詩易合纂》一書。民國十三年，他退休回鄉後，生了一場大病，身體更弱；眼睛似乎患了白内障，老光眼鏡之外再加放大鏡也不行了，這纔被迫停止了閲讀。他僻居山鄉，没有可交談的朋友，没有可散心的娱樂，長日無聊，唯一的消遣是聽人念《三國演義》和《水滸》。這時我母親已去世，這任務就落在我這個停學在家，代母親照看弟妹的十三歲的一年級中學生肩上。有時候不免念得結結巴巴，或認錯了字，父親立即糾正。我感到委屈，放下書就要走，父親讓步説：「對的對的，念下去，念下去。」

他最喜歡聽《三國演義》的「三顧茅廬」、「長阪坡」、「草船借箭」、「空城計」等章節。《水滸》是「智取生辰綱」、「三拳打死鎮關西」、「野猪林」、「景陽崗」等章節。尤其是武松打虎，百聽不厭，每到精彩處還哈哈大笑。

當時我喜歡看小説，却不喜歡念書，因而一聽到叫我念書，我就皺眉頭，祇要有藉口，我就要設法躲避。現在我已到父親當時的年齡了，才深深體會到父親晚年的孤寂與可憐，恨不得拿起《水滸》爲他明聲朗誦，可惜已經遲了。

父親還喜歡喝酒。他壯年時期酒量很大，號稱百杯之量。我家别的東西不多，酒却是大麯、白干、紹酒大罎小罎地放着。父親中飯晚飯必喝一兩杯，從不現醉態。客人來了，總是談笑風生，開懷暢飲，一端就是幾大盅。我常常想：就是茶也喝飽了，這是酒，怎麽受得了？

外出作客，常常是醉了用轎子抬回來。當大家從轎内把他扶出，他總是嘻嘻哈哈地笑，有時還哼幾句不成腔調的川戲。然後就沉酣地睡去，從不使酒發瘋，絮絮叨叨。

父親平時是很威嚴的，全家都怕他；但酒醉後却變成另外一個人：和靄可親，笑容滿面，逗大的、抱小的。我們常趁這個機會提出平時不敢提的要求，往往有求必應。

父親嚴格禁止子孫抽煙、賭博，但不干涉他們喝酒，我的兄輩侄輩都很有酒量。

退休回鄉後父親的酒量大減了，祇在晚上喝一小杯。家裏爲他釀有穀子酒，是很香很醇的。酒不多,是他的專用品,因而放在他屋裏。一天夜裏,一群年輕人在一起,説到這種酒都想嘗一嘗,公推我去偷。我走進屋去,見父親在椅上打盹。我把燈移來背着酒罎,就蹲下倒酒。父親聽見響聲,明知有人倒酒,並不阻止,祇長長地哼了一聲。我把酒拿出去,幾個人你一口我一口,用大頭菜下酒,吃得又香又樂。幾十年後,每回憶到此事,總會産生一種温馨幸福的感覺。

父親工作之餘,偶爾也參加一下文娱活動,這就是射箭與下棋。父親有時中,有時不中,黄經在國學院時,秋高氣爽的下午,父親常同教師去操場射箭。黄經華先生却常中紅心。他是這些教師中年歲較大,箭術較好的。每當他射中紅心,父親就帶頭歡呼「黄忠老將」,圍觀的人一片掌聲,我們這一群孩子也隨之又跳又叫,氣氛十分活躍。

父親偶爾還同他的老朋友在庭園中下圍棋。樹木掩映的凉亭中,一對白髮長鬚的老人對坐沉思,頗有古畫情趣。

回到井研因爲没有會下圍棋的人,不再下了,圍棋子也不知弄到哪裏去了。象棋倒還有幾付,他常用的是一付黄楊木的,棋子很大很沉,下起棋來幾間屋都聽見「駝駝駝」的響聲。家裏的人大都會下象棋,但除堂兄慶三外,都不是他的對手;但他一見慶三下棋,就不高興,更不用説和他對弈了。原來,慶三是大伯的次子,繼承了祖父的糕點鋪,以賣糕點爲生。他整天坐在櫃檯上與人下象棋,不理正事,本錢蝕光了,父親給以資助,始終扶不起來,四十以後還未成親，故父親見他下棋就皺眉頭。

父親晚年性格變得温和慈祥，十分喜愛小孩和小動物。我們小時，他忙於工作，忙於寫作，很少愛撫我們。回到井研後，他把他的愛傾注在孫子、曾孫身上，常把他們抱置膝上，感到無比快樂。以後這一批幼小者也入學了，他就疼愛他那隻麻猫。麻猫也似乎通人性，整天陪着他，一同在大竹椅上打盹、打鼾。父親去世不久，麻猫因無人愛護也死了。

父親不願結交官府，却喜與老農攞家常。

當時是防區時代，井研經常更换縣長，有些是文官，有的是武將。這些人附庸風雅，一上任都要到我家「執弟子禮」拜見「老師」。有的三鞠躬，有的行跪拜禮。我感到很奇怪，問父親：「他們都是您的學生嗎？」父親十分厭惡地説：「他們配稱學生？」

我的一位堂嫂因事與人打官司，見縣長如此尊重父親，就提着鷄和點心來請父親與她説人情。父親一言不發，艱難地站起來走到窗前，把禮物一件件擲出去。堂嫂狼狽而去。

這些縣長都設筵招待他，他總是以病殘爲辭。祇有民國十八年縣長李先春正式發出通知，舉辦讀經講習班，父親才去縣府講過幾次《易經》。

但他對農民又是一種態度。我家在縣城和鎮上都有住宅，但都在郊外。當大太陽天氣，父親喜坐門前曬太陽，看田間農民耕種。有農民走門前過，父親總要招呼他們，和他們攞談幾句，有時還請他們進屋去抽煙喝茶。他瞭解他們，與他們有共同語言，因而談得很投機。

二嫂對此很反感，常暗地說：「這真有點失身份。」父親知道後笑道：「民以食爲天，他們是功臣，失掉我什麽身份？」

父親雖然一生尊孔、讀經，講求孝弟，對三綱五常尊卑老幼等級觀念是根深蒂固的，但與當時一般士大夫比較起來，思想並不十分僵化，對新生事物還頗爲敏感。

「五四」運動後，他首先令家裏的女孩子放足，比我大十歲的大侄女已是大足，這在井研是創舉。

民國十五年，在女孩子們的要求下，父親讓家中女孩子與男孩子一道去成都讀書。這對落後閉塞的井研縣城是一種衝擊。在這影響下，接着就有一群女孩子涌上成都投考學校了。我到成都不久，曾接到父親一封來信，内面祇有他用左手寫的「孫文買完」四個大字。想了半天，纔理解到他叫我把孫中山著作買完，寄回去，他要加以研究。

這年五月，我同三妹就自動把髮辮剪了，這在當時是一件反封建的大事。回到井研，紳士們説：「倒男不女，不像話！」但父親却未提出批評。

這時國民政府頒佈了女子繼承權。盛宣懷第一個把財產分給女兒。我家由二嫂當家，我們上學的學費常受她的卡制。我們在報上看到這消息後就向父親提出繼承權的要求。父親慨然允諾，將成都兩院房子和一筆現金儲蓄，分給我們姊妹三人。但二嫂和大侄反對，並向廖氏宗祠控告。在家族會議上，父親堅持原意，並向井研縣府正式備案，這場糾紛纔以我們勝利而告終，這在二十年代的四川也是一個創舉。

我們一部分旅省青年，在「五四」新思潮的影響下，在成都成立了「研新社」。目的是研究新思想，倡導新文化，改革井研舊的思想風俗。「研新」成立後，在社長廖次山的領導下，發行了三期不定期刊《研新》，猛烈向故鄉封建勢力開火，引起了很大的反響。父親對「研新社」的行動，有的默許，有的積極支持。如打東嶽廟的菩薩，抓縣督學的煙燈游街，父親明明知道，却不加以阻止，官紳會首們雖氣得咬牙切齒，見父親未表態，也不敢輕舉妄動。

以後次山等又在井研北街創辦「結純」小學。本地教員純粹盡義務，大家都很努力，學校辦得也很有成績，深得學生家長的好評。父親爲表示對學校的支持，曾命最小的妹妹入學。

民國十六年寒假，「研新」同仁決定在井研舉行遊藝會，苦於没有幕布，父親知道後，捐贈了一幅幕布。上面貼着他左手寫的「少者懷之」四個大字。下款是「邑人廖平贈」。

開會那一天，一群年輕人來請父親去看演出，父親欣然前往。當看到三妹與王嘉祥姐妹同跳《葡萄仙子》，廖次山與李亞群合演文明戲《孔雀東南飛》時，父親點頭微笑。但亞群回家，却受到他父親的責備，説：「拿錢送你去讀書，你不争氣，去學小旦！」

民國十八年，「研新社」在井研創辦私立中學，因爲没有經費，企圖用父親名義募捐，故取名「六譯公學」。父親首先捐贈五十元大洋，並令曾孫女入學。但此校開辦不到半年，就被當局以「赤化嫌疑」的罪名給查封了。

父親一生教書，對青少年特別有感情，他又比較豁達開明，因而我家經常賓客滿門，大都是次山、七弟和我的朋友。有的人簡直是長客，常住我家。

後來亞群參加了革命，轉入地下從事秘密活動，回井研常以我家爲掩護。一日風聲緊急，次山就用佃家衣帽把他喬裝打扮成農民，從後門把他送走。一次亞群在堰塘邊釣魚，八哥去通知他說：「叫你快走，捉你的人來了。」他丢下魚竿就跑了。

父親對這些年青人一會兒出現在眼前，一會兒又不知去向的神秘行徑，也感到蹊蹺。但他相信他的孫子和這些青年不是爲非作歹的人，從不追究。由於他的雍容大度，給這些青年很多方便。

儉樸的家風

父親出身寒素，青少年時期飽經貧困，因而養成了儉樸的生活作風。

他在尊經時，脚上穿的是祖母做的青布鞋，身上穿的是家機土布衣，有時還打上一兩個補丁。這麽一個十足的「鄉巴佬」，站在衣冠楚楚的少爺們中間，多麽寒傖呵！可是，他毫不在乎，旁若無人。他這種獨特的風格，博得了有識之士的欽佩，因而在尊經結交了不少肝膽相照的朋友。直到父親中進士後，我家無論來了什麽客，最豐盛的宴席仍然是一頓豆花飯，故除當年「廖米湯」之外，父親又得了個「廖豆花」的綽號。

每年秋天豆子上市，我家就買一兩石來用囤子圍着。平時用炒豆子下稀飯，或者自己生豆芽，客人來了，就用來推豆花。推豆花是勞動量較大的工作，家裏人常爲此感到麻煩，但父親總是改不了這個習慣，一直到八十歲還喜歡吃一頓又辣又麻又燙的豆花飯。

父親中風以前，我家飯菜始終保持井研農家本色。平時白水煮菜蘸紅海椒，父親吃得十分香甜。初二、十六打牙祭，一斗碗回鍋肉，幾大碗菜湯。中風以後，身體需要肉食多一些了，常用黄芪、党參炖肉；但命令小人不得上大人飯桌，説是吃了大人吃的東西要上火，實際上就是怕我們經常吃肉，養成不甘澹泊的習性。我們小桌上經常是兩碗蔬菜，打牙祭時一人一小碟回鍋肉，或者牛肉絲炒紅蘿卜，吃大魚大肉的時候很少。我們極難得吃零食，父親常説：

「吃得飽飽的，穿得暖暖的，還要什麽？」

我家的農村本色還表現在喜歡吃鹹菜，做鹹菜。醬油、豆瓣都是夏季做來吃一年，泡菜、醬菜、伏菜、甜菜、豆豉、豆腐乳無不齊全。一間小屋盡是罎罎罐罐。打開這間屋，就聞到一股香味，我們就愛擠進去撈點什麽來吃。可是小官僚家庭出身的二嫂很反感，常常背地裏埋怨：「别人家有的是古董、字畫、盆景，我們家却一屋瓦罐罐，這土氣不知要傳到哪一代？」

父親經常穿藍或灰色洋布長袍，外罩一件青緞或羽紗馬褂。家裏爲他制有四季的綢緞衣服，可是他一見那些金光閃閃的東西就皺眉頭，衹好成年纍月壓在箱底。民國初年，熊克武在成都做督軍，一次請父親赴宴，熊與我們是同鄉，父親決定前去。臨行，母親拿出緞子衣服要他換，他堅決反對。穿着一身舊衣服就往外走。母親抱着新衣服追出去；他繞着圓桌躲。結果還是穿着舊衣服去了。晚上他大醉歸來，扶下轎子就哈哈大笑説：「我今天没有穿新衣裳，還是坐了上八位！」接着又向我説：「布衣傲王侯，你懂嗎？丫頭！」這件事在我記憶裏留下了深刻的印象。

父親不但自奉節儉，治家也是很嚴謹的。在國學院做校長時，一家大小穿的鞋子都是母親做的，常常睡醒一覺，還見母親在燈下納鞋底。我們姐弟數人夏天是家機麻布，其餘三季是家機的土布，用藍靛染成深藍或淺藍色。剛穿上身時有很大一股臭味。我們滿十歲時父親給我們做大生，纔給縫一身洋布衣褲，但也衹能外出穿，一回家來就得趕快脱下，放在箱子裏。平時布襪子疤上重疤，穿在脚上十分難受。比起一般士人子女，我們是顯得很土氣的。

父親總是天明就起，梳洗後用手杖敲我們的門，一面敲，一面叫：「天亮了，快起來！」早晨的瞌睡是很香的，但不敢不起來。起床後，男孩子掃地，女孩子燙水烟袋，抹桌椅，提着一個小水桶，用抹布包着指頭把雕花椅上的洞一個一個地揩拭乾净。女孩子滿十二歲，家裏雖有女工人也要學洗被蓋，學炒菜，一而再，再而三，非學會不可。還定下一條奇特的規則，客人來了，女孩子下厨房操作，媳婦出來陪客。説是讓女孩子多鍛煉，以免將來爲難。

他還鼓勵我們儲蓄，每人給買一個瓦的撲滿，上面寫上名字。客人給的錢，銀元交母親，銅元小錢自己存入撲滿。年三十夜比賽，看誰存的錢多。

父親的子侄議婚了，他總問姑娘能不能幹？是不是養蠶能手？他們結婚了，就要帶個信回去叫給他做一雙布鞋來看看。一般士大夫家庭，選的是才貌出衆、善於知賓待客的姑娘；他選的都是健壯結實，能紡紗織布、勤儉持家的主婦。

井研老家一貫務農，養蠶織布。大嫂是農家女，對農活很内行，就由她主持其事。春天我們回到老家，大嫂就帶着我們去砍桑條，摘桑葉，幫着她把桑葉撒在蠶棚上。聽着蠶兒沙沙吃葉聲，感到無比高興。我同小伙伴一道爬到桑樹上去摘桑椹，捉毛蟲。有一次不小心掉在水田裏，從頭到足一身稀泥。大嫂悄悄把我從後門帶回去，全身脱盡，塞在被窩裏，待衣服烤乾了，纔讓起床，怕二嫂知道後會責備「粗野」、「没規矩」。

民國初年，我們住在國專附近楊遇春故宅裏。房子古老陳舊，但四進的院落面積大，房間多而寬敞，中間還有兩個大壩，頗有農家風味。父親命前院種菜，後院種花。花園裏常常鮮花盛開，蜂蝶成群，菜園裏呢，地壟中栽滿包穀、豇豆、茄子、南瓜，圍墻上還爬滿絲瓜、扁豆。父親工作之餘帶領我們去掰包穀，摘茄子，豇豆、絲瓜，煮成一鍋，蘸上紅辣椒，父親吃得比山珍海味還鮮美。

當時我家房子有空的，就分一部分與商務印書館四川分館的龔館長居住。龔是吴淞人，穿着打扮都很講究。當時父親的名氣比那位館長的名氣大，拜訪的人也較多，人們常誤認他家子女爲父親的孩子；他家孩子也譏笑我們是「阿木林」。

父親嚴厲的家規，對子女近於苛刻的待遇，當年不知使我們受了多少委屈，我曾產生過極端不滿的情緒。可是七十年後，在我將走完這坎坷的人生旅途的時候，緬懷往事，我反而產生了强烈的感激之情。老父啊！是你給了我好的教誨、熏陶，使我能於生活澹泊自甘；使我煉就了堅韌的性格，因而新中國成立前久走爛路，没有摔倒，史無前例的十年中，飽經狂風惡浪的衝擊，没有沉淪！

原載《龍門陣》一九八五年第五、第六期。

井研廖季平師與近代今文學

蒙文通

今、古文之争，起於漢代，亦烈於漢代。清世經學，以漢學爲徽幟，搜討師説，尋研家法，遂亦不能不有今、古文之辨。阮伯元稱張惠言之治《虞氏易》，孔廣森之治《公羊春秋》，爲二千年來不傳之絶學，蓋各家之師法，至是而略明。然治《公羊》者亦治《周官》，治虞《易》者亦治《左氏》，莊存與、惠棟之流皆是。一經之義明，而各經相互間之關係尚未窺其全，是則所知者各家一隅之今文説，尚無綜合各家以成整個之今文學派。劉逢禄之流，信《公羊》則並駁《左》、《穀》，而《周官》亦爲疑書，黨伐之静以起。宋于庭以十四博士爲一家，至是而後有聯合之今文派，與古文爲仇，較爲整個之今文學。然於今、古兩派立説異同，其中心所在，實未之知，徒以立學官與否爲斷，是則知表而仍不知其裏。故在清末，尚有治《穀梁》之專家而謂《穀梁》爲古學者，亦有治《公羊》以駁《穀梁》而謂《穀梁》爲古學者，皆由以立學官爲斷之説蔽之也。論事而不知其本，則爲已得門徑而未臻堂室。劉、宋不足以言成熟之今文學，然其區分今、古，對壘抗行，自此以後，遂有整個之今文學，功實亦未可没。

本師井研廖季平先生初治《穀梁》，有見於文句、禮制爲治《春秋》兩大綱，後乃知《穀梁》之説與《王制》相通。以爲《王制》者孔氏删經自訂一家之制、一王之法，與曲園俞氏之説出門合轍。然俞氏惟證之《春秋》，廖師則推之一切今文家説而皆準。又推明古文家立説悉用《周官》，《周官》之制，反於《王制》，求之《五經異義》、《白虎通義》而義益顯。至鄭康成遍注群經，兼取今、古，而家法始亂。推闡至是，然後今、古立説異同之所在乃以大明。以言兩漢家學，若振裘之挈領，劃若江河，皎若日星，故儀徵劉左菴師稱廖師爲「長於《春秋》，善説禮制，洞徹漢師經例，自魏晉以來未之有也」。

前乎廖師者，陳壽祺、喬樅父子，搜輯《今文尚書》、《三家詩遺説》，而作《五經異義疏證》，陳立治《公羊春秋》，而作《白虎通義疏證》，皆究洞於師法，而知禮制爲要，然大本未立，故仍多參差出入。廖師推本清代經術，尚稱「二陳著論，漸別古今」。廖師之今文學，固出自王湘綺之門，然實接近二陳一派之今文學，實綜合群言而建其樞極也。他若魏源、龔自珍之流，亦以今文之學自詡，然《詩》《書古微》之作，固不必求之師説，究其家法，漢宋雜陳，又出以新奇臆説，徒以攻鄭爲事，究不知鄭氏之學已今、古並取，異鄭不必即爲今文。世復有以阿鄭爲事者，亦得古文家之名，魚目混珠，彼此惟均。故龔、魏之學別爲一派，別爲僞今文學，去道已遠。激其流者，皆依傍自附者之所爲，固無當於今、古文之事。故有見一隅而不窺全體之今文學，有知其大概而不得其重心之今文學，此皆未成熟之今文學，而又別有魏、龔一派漫無根荄之今文學；是漢代之今文學惟一，今世之今文學有二。至廖師而後今文之説乃大明，道以漸推而漸備。故廖師恒言：踵事增華，後來居上。然不有莊、張、劉、宋、二陳之啓闢途徑於前，雖廖師亦未易及此。而龔、魏以狂惑之説亂於前，揚其波者又淆之於後，致求今文者亦非，擊今文者亦非。能遠紹二陳，近取廖師以治今文者，近世經師惟皮鹿門一人而已。夫自三百年來，學者苦心孤詣，自宋而反諸唐，而魏晉，反諸東漢，而西漢，寸累銖積，然後僅有此渺焉之成績，乃病狂者以不根之説亂之，此誠學術之至可痛心歟！

廖師既通《穀梁》，明達禮制，以《穀梁》、《王制》爲今文學正宗，而《周官》爲古學正宗，以《公羊》齊學爲消息於今、古學之間。就禮制以立言，此廖師學根荄之所在。於時變法之議起，潘、翁方當國，《公羊》之説大行，世之學者皆競言改制。《穀梁》釋經，本義密於《公羊》，故由《穀梁》而治《公羊》，其事至易。廖師以其餘力説《公羊》，言《公羊》者悉未之逮，廖師遂以《公羊》名於世，凡知廖師者皆在《公羊》，不在《穀梁》。夫以禮説經者，漢師之家法，石渠、白虎之遺規，今、古之大限；援緯入經者，漢學之旁枝，亦古今所同病，固非一家之過。由前之説，則《穀梁》魯學爲大宗；由後之學，則《公羊》齊學爲巨擘。《公羊》多非常可喜之論，侈者樂焉，故其説易倡；言《禮》則樸實繁難，孟卿以《禮經》多而三《傳》煩雜，不以教子，故使孟喜學《易》，故其道難明。清世言今學者皆主於《公羊》，遂以支庶而繼大統，若言學派，則固不如此。由《穀梁》以禮説今文者，魯學之遺規，由《公羊》以緯説群經者，齊學之成法，此今文中二派對峙之主幹。經學者固魯人爲嫡傳，緯書者固齊學之大本。齊學且不必專言經，治經者其餘事耳。自經學既盛，齊人亦起而説六典，遂以陰陽五行之論入之，其學自不必以經爲主。

况以何休之義言之，改制之説推本於王魯，王魯之説推本於隱公元年，以爲諸侯不得有元年，魯隱之有元年，實孔子王魯之義，亦即改制之本。然《左氏》稱惠之二十四年、惠之十八年，《晉語》自以獻公以下紀年，諸侯之得改元，《春秋》著其實。《白虎通義·爵篇》謂：「天子改元，即事天地；諸侯改元，即事社稷。」則禮家斷其義，安在隱公元年即是王魯，而衍其説於改制？故改制者實不根之説，非經學之本義也。鄭玄《起廢疾》於「歲則三田」之説，以爲孔子虚改其制而存其説於緯，則康成亦言改制，又安在改制獨爲今文家之大義微言？由改制故言託古，改制之事不實，則託古之説難言。秦漢之間，齊人之學以陰陽五運之義與孔子之經合爲一家，而六經有齊學。端門受命之説興，孔子幾於由人而變爲神，儒家幾於由哲學而變爲宗教，猶釋迦、耶穌然。今、古文諸家持其説者有之，幸破其説者有之，而孔子乃得仍爲人。此亦中國學術之一大事。由齊學者視之，則《公羊》、緯書爲今文之正宗，而《穀梁》居今、古之間，故來以《公羊》遍説群經之譏。緯書雖盛於東漢，其説實道源於先秦。廖師由《穀梁》而兼治《公羊》，故主於禮制而不廢神運，實以魯學而兼治齊學，其長在《春秋》、禮制，此劉左菴稱之爲魏晉以來所未有，於神運之説尚非所長。世之侈言《公羊》齊學者，則又不究於災變之故，探五勝之原，尤不知其間各家異同分合之所在，甚無爲也。純就齊學而言，惟淳安邵次公瑞彭洞曉六曆，於陰陽三五之故，窮源竟流，若示諸掌，自一行一人而外，魏晉及今，無與倫比，此固今世齊學一大師，而廖師實非齊學之巨擘。然邵氏實亦襲清儒之前功，而後有此創獲，事亦與廖師同，夫學安有不百年積之而可一朝偶致者耶？由邵氏之説，則足以周知諸緯派别異同、源流先後之故，所係至大，可資之以處理秦漢各派之學説。齊學之爲用若何不必言，而古有齊學，其根柢則若是。是以齊學者，則邵氏《齊詩鈐》之作，其深合齊學家法，固優於廖師也。

廖師之學，既本於禮制，禮文異數，實爲今、古學一大分限，視世之徒以文字辨今古文、以義例辨今古文者，虚實不侔也。惟禮既異數，學判今、古，勢必進而推明其致異之故。廖師初年之學，以爲今文者孔子晚年之定論，鄒魯之士實聞之；古文者孔子初年之學，趙燕之士皆聞之。孔子初年之學主從周，遠方之士聞而先歸者傳之，於後爲古文學。晚年修《春秋》，則損益四代之制，自爲一王之法，惟鄉黨之士聞之，於後爲今文學。及既與南海康有爲見於廣州，康氏遂本廖師之《今古學考》、《古學考》以作《新學僞經考》，本其《知聖篇》以作《孔子改制考》。康氏之學實以龔、魏爲依歸，而未窮廖師之柢藴。梁啓超謂康氏學非自廖氏，而盛推龔、魏以及於南海，是爲實録，知師固莫如弟子。惟《僞經》、《改制》兩考，不能謂非受影響於廖師，特自有廖氏學，不得以康氏之言概廖氏之學耳。廖師聞康氏以《左氏》、《周官》諸古經皆劉歆所僞作，信而用之，遂作《周禮删劉》，此當廖師學之一變，是爲康氏之學影響於廖氏。然劉歆胡能悉僞諸經？又胡爲必悉僞諸經？王肅好賈、馬之學而不好鄭玄，所爲經注，異於鄭氏，慮不勝，然後有《孔子家語》、《尚書》孔傳之僞，有《論語》、《孝經》孔傳、《孔叢子》之僞。

汲冢出書而《紀年》、《周書》皆被改竄，則僞之非一人一時所能爲，所由作僞者。又以鄭、王兩學相爭之故，故書雖僞而義仍有據，事必有本。凡此作僞，皆南學之徒爲之，實爲王學而作僞。校鄭、王兩派之異同，足知僞書之僞者安在，其不僞者又安在。《紀年》、《周書》僞，而所據以作僞之材料不必僞，此辨僞者所宜知。其所改竄之書僞，而爲其學者所自爲書又不必僞，所本之學不必僞，僞與不僞之書輔而行，不僞者信用之，僞者前世之儒亦信用之，以事故有所出，故廢則兩廢，行則兩行。李證剛先生言：梁譯《起信論》之僞由天台，唐譯《起信論》之僞由賢首。有《起信論》之僞，而後有《釋摩訶衍論》之僞，有《釋摩訶衍論》之僞，而後有《占察經》之僞。原其始則先有中國道家之言，天台宗等依之，欲自立據依，而僞論、僞經以起。必皆先有僞書之學，而後有僞學之書。今劉歆胡爲而作僞？又胡能一人而悉僞群經？古文之起在先，古學之成在後，則先有僞書而後有僞學，本末倒置。劉歆實爲作僞而作僞，又能一手作僞而掩盡天下之目，此皆事之不可能者。後之揚其波者，徒言作僞，而不言作僞者屬於何學、果爲何事，一書之間孰爲僞、孰爲不僞？遂欲以「作僞」二字抹殺古代之書。不知「孟子見梁惠王」，顯非子輿之辭，「仲尼居，曾子侍」，尤非孔氏之筆。尋此例以言僞，則凡司馬遷言「孟子退而與萬章之徒作《孟子》七篇」，曾子傳《孝經》諸説，其愚爲不可及也。夫因改制之義，然後有託古之義；因王魯之説，然後有改制之説；後則徒揚託古之波，而莫知改制所本。有一家之學，然後有一家僞作之書，後則徒激辨僞之流，而不知求學派所據。則康氏流毒所被，又康氏所不及料也。故「僞經」之説，世之明者自莫之信。廖師於此久而不自安，後由《大戴》、《管子》上證《周官》之非誣，則又易而爲大統、小統之説。以今文爲小統，孔子所以治中國方三千里學也；以古文爲大統，孔子所以理世界方三萬里之學也。由《小戴》言小統，由《大戴》言大統；小統主《春秋》，大統主《尚書》、《周禮》。推而致之，文字孔作也，《詩》、《易》以治六合也，其道益以幽眇難知。既收《周禮》爲孔書，則亦不廢《左氏》，《公羊》之外，兼治丘明。故廖氏之學，《春秋》其大宗，禮制其骨幹，及學益宏遠，世之譏笑亦因之。惟儀徵劉師獨能知廖師之真，故稱道逾恒。左菴四世以《左氏》世其家，方其作《王制集證》，猶不信有今、古之分，及既接廖師，遂專治《五經異義》、《白虎通義》。其作《白虎通定本》，辨析今、古家法，極於毫芒。晚成《周官古注集疏》、《禮經舊學考略》，遂專以禮爲宗，其推明兩漢説禮沿革，足以輔廖師之説。自廖氏之學行，能知其柢蘊者一人而已。劉師進而推明今、古之立説之所由異，言禮不同之故，一則以爲洛邑、鎬京之制有殊，一則以爲東周、西周之禮不一，義既難定，説亦不著，惟微詞示意而已，不同於廖師之張大其辭。廖、劉兩家立言不同，而推本於禮則一，其辨析今、古則一，惟其説明今、古相異之故乃不同耳。要之虞、夏、商、周禮則異數，晉、楚、魯、齊制亦不同。春秋之世，國異政，家殊俗，分爲七國，田疇異晦，律令異法。至於漢世，先代文獻並存，百家之説猶在，故事不一揆。廖師過重視孔子，以爲今、古皆一家之言，故以爲初年、晚年之異説，又以爲大統、小統之殊科。劉氏過重視周室，以爲皆一王之治，故説鎬京、洛邑之制不同，西周、東周之宜有別。其言今、古文學立異之故不同，其所以辨今、古文學則一。苟不尋其所言今、古之實事，而徒事其説明所以爲今、古之虛言，則去道逾遠。能知劉師、廖師爲學之中心，則自知所以繼劉師、廖師爲學之方法指要，先究其所言今、古學之内容，再求其説明所以爲今、古學之得失，則庶乎近之。自廖師之説出，能尋其義以明今文者惟皮鹿門，能尋其義以言古文者惟劉申叔，他皆無於此事。蓋治經者有主於訓詁，以《説文解字》、《廣韵》爲本者爲一派；主於微言，以緯候、圖讖爲本者爲一派。若廖、劉則主於禮制，以《白虎通義》、《五經異義》爲本，又自爲一派。皆可依之以言今、古文，非此一道爲古文，而彼一道爲今文也。至若不習古文而自謂能知今文，或不習今文而自謂能持古文，則非愚拙如余之所知也。

廖氏之學，長於《春秋》，善説禮制。惟長於《春秋》，能遍通三《傳》。既依何、范、服、杜之注以通《公》、《穀》、《左氏》之書，三《傳》既明，則又依《傳》以正服、何、杜、范之失。既由三《傳》以通《春秋》，《春秋》既明，則又依經以正三《傳》之失。始則由注以明《傳》，由《傳》以明經，終則依經以正傳，依傳以正注。既爲《穀梁古義疏》、《公羊補證》、《左氏古經説》以通三《傳》之義，俾家法不亂；復爲《三傳折衷》，以求《春秋》之全，不爲三《傳》所蔽，不憚救三《傳》之失。《穀梁釋范》、《公羊解詁三十論》、《左傳集解辨正》以申三《傳》之本，不令爲注家所亂，而救何、范、杜三家之失。凡《公羊》、《穀梁》二傳中，孰爲先師之舊義，孰爲後師所推衍，抉别精明，以究《春秋》之本。於《左氏》之外，復取《五行志》中釋《春秋》者以當一家之學，并三

《傳》而爲四，皆詳審深通，自漢以來所未曾有。清代三百年來之學，主於考據，尋名物，求訓詁，雖治經而無與於經。能通鄭氏、虞氏之《易》，服氏、何氏之《春秋》，已未易覯。至論虞、鄭之得失，三《傳》之違合，自漢以來無此巨眼。唯善説禮制，依之以求漢師家法之變遷同異，故知居攝以前之古學仍以《王制》爲主，以《王制》通《周官》。居攝以後，賈、馬之徒，獨宗《周官》，而不復依傍《王制》。鄭玄而下之古學，義以《周官》爲主，而以《周官》通《王制》，則學術變合之故，瞭如指掌。故廖師於古學實以賈、馬爲説禮之正宗。劉歆、賈、服之説《左氏》，多牽引《公》、《穀》，惟杜氏《集解》獨宗丘明，不復傍涉二《傳》，故廖師實主杜氏爲説《左氏》之正宗。蓋鄭玄之前，劉歆之後，言禮則今、古之家分明，而費《易》則取京、孟，《左氏》則取《公》、《穀》，《毛詩》則取三家。於《禮》則家法分明，餘經則今、古家法淆混。鄭氏以後，王弼專主於費《易》，王肅專主於《毛詩》，杜預專主於《左傳》，餘經之今、古家法明，而禮之家法混，《周官》爲主而《王制》爲附庸。故二王、杜預南學之徒，未必遽遜於東漢之説。西漢今、古之家法，禮與餘經皆混，而古文爲今文之附庸，故東漢之古學未必遽遜於西漢。惟廖師實能卓見古學之真，不惑於西漢、東漢之膚論。儀徵劉左菴師深明廖師之學，惟篤於西漢古文學，其爲《西漢周官師説考》、《春秋左氏傳略例》，皆意同於劉、賈，援今文以爲説。凡於《詩》、《書》，莫不皆然。其言西漢之師法則是，而古文之真又未必是。蓋今、古文家所依據周秦之經籍，一書有一書之面目與地位，漢師組合面目不同之書以爲同一面目同一地位，是則爲漢人之學，已非周秦之學。故西漢之末，古學初興，壁壘未具，猶依附今文，桓譚、衛宏尚訾《左氏》，餘更可知。惟左菴深明漢師經例，能知西京家法，其言西漢古文則是，而實抑古學爲今學之附庸，故左菴能揚西漢學，而未必即張大古文學，廖師實真能張古學者也。章太炎雖未必專意説經，其於家法之故，實不逮左菴，然於《左傳》主杜氏，於費《易》取王弼，以《周官》爲孔子所未見之書，學雖遜於左菴，識實比於六譯。夫《周官》自有其價值，豈以附於孔氏則重，不附於孔氏則輕？廖師説《春秋》，上以辨周秦之嫌疑，至説禮則下足以決兩漢之猶豫，於此固足以質先師而俟後世。今、古説經之書汗牛車、充棟宇，義倘有幾於此焉者耶？

自莊、劉以來之今文學，至於近代，大體已明，雖時有浮惑不根之雜説出於其間，然瓊瑶之精，固非碔砆所能紊。廖、劉兩師既講明今、古學，然今、古究兩師之學，未必即可持以説周秦之學，勢不得不進而探索今、古兩學原始之學。於是廖、劉兩師皆略事齊、魯學之研討。蓋西漢初年祇齊魯之争，齊、魯合而後《王制》出，有今文。劉歆以來始有今、古之争，而齊、魯之争息。廖師以魯學爲今文正宗，齊學消息於今、古之間，而趙燕爲古學，以壁中書爲魯學，爲今文。劉師以壁中書爲魯學，魯學爲古文，而齊學爲今文。夫古學之名依於壁書，則壁書自應屬古學，然古學實以《周官》爲宗，非以壁書爲宗，《佚書》、《佚禮》以絶無師説，故古學家莫之傳，而《周官》豈有師説之傳耶？是古學家之不傳壁書，以壁書無係於古文學之根柢，古學徒以古文爲名，而不以之爲實。《佚書》本出之魯壁，自爲魯學，與《魯詩》、《穀梁》之類同爲今學，而非古學甚明，則壁中古書非古學，古學之立初不依於壁書，故《佚書》、《佚禮》皆不傳，别取《周官》以爲宗。《周官》實無關於魯壁，則古文自古文，古學自古學，古學無傳壁書之實，徒假壁書之名，此廖師之學理實爲優。尋名，則壁書自屬於古學，而劉師之説近是。究實，則魯學實爲今文，而廖師之説爲精。今、古兩學之分在禮制之差，非徒以字文佚篇爲别。故吴摯甫以爲《古文尚書》出自壁中，爲古文；《今文尚書》亦出自壁中，爲古文。《今文尚書》以今文寫定正經，孔安國以今文讀之，亦以今文寫定正經。今文家惟傳二十九篇，古文家亦惟傳二十九篇，則今、古之殊異安在？善哉，吴氏之論！蓋古學之本，實非以古文，而究别有在耳。劉師、廖師雖已進而談齊魯學，然其説究未暢。漢之齊魯學即爲晚周齊魯學之本真無所變異耶，亦未之辨；齊魯之學即足括盡晚周之學耶，亦未有説。夫《周官》爲孔氏未見之書，丘明不在弟子之籍，《佚書》、《佚禮》出魯壁，當删餘之經，《費易》、《毛詩》出孔門，爲民間之學，其本非一途，其説非一致。合群書爲之説，建《周官》以爲宗，而古學立。公羊、穀梁、申培出於魯，鄒、夾、韓嬰，其源又異。剌六經爲《王制》，合殊科爲今文。古學爲源異而流合，今學亦源異而流合，欲併吴越爲一家，貯冰炭於同器，自扞隔不可得通。苟知今、古學實爲漢人不合理强制組成之學，而剖析今、古家所據之典籍，分别研討，以求其真，則漢人今、古學之藩籬立即動摇。苟徒究心於今、古已成之後，而不思求之今、古未建之前，不尋其所依之籍義匪一家，思所以決蕩今、古之藩籬，則徒有進而求齊魯之意，而事則猶疏。故廖、劉以來，江慎中、鄭東父雖言齊、魯學，於上溯晚周之緒猶不過但啓其端耳！然廖、劉之前，今、古之真未見，故無由求得晚周之緒。至廖、劉而今、古大明，上以結兩漢之局，下以闢晚周之端，然後可依之以求晚周之學，此正數百年來學術轉變之一大界限。乃今之言學者，不思今、古學決非堅固不可破壞之學派，而別求本始之學；不知今、古學徒爲兩漢之學，而當沿廖、劉、江、鄭所明，以上求晚周之學，而喋喋於過去之陳言，以墨守此崩潰離析之學派；徒爭今、古學，而不知今、古之自身本即是不一致之學，即學術中絶無所謂今、古學，尤不能持之以上概先秦，況於不探兩漢今、古文之内容而專事近代今、古家之空説？究空説則今、古若有堅固不破之界限，尋實義則今、古乃學術中之假名。尋廖、劉之説而推之，則廖、劉尚非諦説，此實前儒未竟之緒而必由之途。廖師之論清代經學，别之曰順康派、雍乾派、嘉道派、咸同派。劉氏之論清代經學，則别之曰懷疑派、徵實派、叢綴派、虚誣派。劉、廖之見有不同，故抑揚有異，謚名遂殊，然於内容之分析則無大異。清初之學在排宋明，繼則進而排唐與六朝而宗漢，繼則又進而辨東漢以上追西漢，而遠溯周秦。學至廖師，兩漢之家法已大明，其上溯周秦之意亦最急。由晚周之學論之，其降而西漢，而東漢，而魏，而唐，而宋，推而下之，以見學術之變遷則如彼。由清儒復古之學觀之，其由唐宋而魏晉，以進於東漢，而西漢，而周秦，推而上之則如此。審學術古今往復之情，則廖師所係於近代學術之重要自見。廖師晚年自謂爲哲學，非經學。夫廖師之所以成一家之言，與所以發千載之絶緒者，本自不同。統觀學脈，窮源而竟其流，則近世之學孰爲正宗，孰爲旁支，孰爲賢勞，孰爲亂賊，於一人之言孰爲諦論，孰爲餘事；而後之人所以繼往哲，續前功，其端又安在，自可瞭然。嗚乎！自考據之興以來，積數百年之歲月，勞千百人之心神，銖積寸累，所就者亦僅此一途，所啓者僅此一端，奈何龔、魏以來，方智之士自矜聰明，不究根實，漫爲浮論，雖自附於今文，而不思今、古究爲不易之道否，假之以自飾其非，而亂前賢之實，是則誠可深憂痛惜者也！原載天津《大公報》一九三二年八月十五日《文學副刊》；後經增改，載《學衡》一九三三年第十九期。收入《廖平年譜》附録，巴蜀書社，一九八六年版。又收入《蒙文通文集》第三卷《經史抉原》，巴蜀書社，一九九五年版；《經學抉原》（蒙默編），上海人民出版社，二〇〇六年版。兹據《經學抉原》整理。

廖季平先生與清代漢學

蒙文通

漢史稱鄭玄之答何休，義據通深；李育以《公羊》義難賈逵，往返皆有理證；漢師著述之存於後者，亦義理與證據不偏廢。於宋亦然。學至清世，然後有純工考據之漢學，此學術之衰也。余年十五，從人家借《四庫總目提要》、《書目答問》讀鈔之，然後知學有漢宋之殊，遂取《說文》及清兩《經解》略事披閱，欣然以爲循是足以爲漢學也。年二十，從本師井研廖季平先生、儀徵劉申叔先生問經學。廖師屢曰：「兩《經解》卷帙雖繁，但皆《五禮通考》、《經籍纂詁》之子孫耳。」又言清代各經新疏及曩在江南見某氏未刻之某經正義稿，大要不能脱小學家窠臼。劉師則直謂：「清代漢學未必即以漢儒治經之法治漢儒所治之經。」又言：「前世爲類書者，《御覽》、《類聚》之類。散群書於各類書之中；清世爲義疏者，正義之類。又散各類書於經句之下。」兩師訕諆清代漢學若此。余初聞而駭之，不敢問，以爲兩《經解》尚不足以言經術，稱漢學，舍是則經術也，漢學也，於何求之？亦竟不能揣測兩師之意而想像其所謂。及年已三十，教學渝州，欲一覽清末經術家言，稍搜各家書讀之，始知考據之學無與於經術，稱考據爲漢學者陋矣。而兩先生之言實卓識，爲百世不易之論，固足啓一時之惑而醒群蒙。

憶昔初見劉師，師詔之以初學治經，但宜讀陳喬樅父子書。經術有家法，有條例：《詩》、

《書》者有家法，無條例；《易》、《春秋》者有家法，有條例。廖師於陳氏書又抉擇其冗而無關於大體者，於《春秋》又抉擇其孰爲後師據文推衍者。嗚呼，廖師又宏遠矣！世之言今、古學者攻訐如仇讎，惟劉師與廖師能相契。劉師之稱廖師曰：「洞澈漢師經例，魏晉以來未之有也。」惟就經例以窮漢學，故廖、劉則相得益彰；舍經例而言漢學，争今、古，由賢者視之，則蛙鳴又何辨乎公私。劉師推清世考據學風之起，以爲始於明末之楊升菴、焦弱侯。楊、焦皆文章浮華之士，兼雜漫之學，其所述作皆小説筆記之流，辭人獺祭之習而已。衍其風爲樸學，人人以考據自矜，於是攻勘校，究金石，凡地望、天算、律吕、陰陽之儔，皆得號稱漢學。其治經者，但能詳名物、通訓故，亦得號經師。故移説經之文以説《漢書》、《文選》也可，移説《漢書》、《文選》之文以説各經也亦可，經術之弊至此，則又何説哉！夫宋明性道義理之學即不必講，而一經之條理義類顧可不講耶！此江鄭堂《漢學師承記》一書於戴東原有微辭者也。張惠言亦言：「天下争爲漢學，而異説往往而倡，學者以小辨相高，不務守大體，或求之章句文字之末，人人自以爲許、鄭，不可勝數也。」蓋經術自經術，其要固有在也。汪中之流，固亦嘗推崇東原戴氏也。蓋前乎戴氏者，其治瑣事謏聞，與經事相比，如惠氏箋《漁洋菁華録》之流；至戴氏而一革舊習，鄙唐宋以下事不屑言，悍然攻程朱之説而不顧，漢學之壁壘，至東原而始固，此前世之所以推東原也。今之盛推東原者並此而不知，徒以俞氏著書擬於高郵王氏，由俞推王，由王推戴，顧曰戴長於斷。余固不知言考據而不能斷，兩《經解》中不能斷者將誰氏也？清世每惠、戴並稱，惠言《易》宗虞，言《左氏》宗服，於《書》、《禮》宗鄭。能開家法之端者實惠氏，於《虞易》言消息，故通條例之學者亦惠氏，雖後之通家法、明條例者或精於惠氏，而以惠、戴相較，則惠實爲優。世之研骨化石者，得其半骼殘骸，於以推測其全體，得他之片骨殘骸，又以推測全體，此家法條例之比也。苟萃衆多不同世之化石於一室，割短續長，以成一具體備形之骸，雖至愚人亦不出此。不明家法，不究條例，萃古文於一篇，折群言而歸一是，於此而言學在能斷，余不知斷從何起？事之可笑，孰過於斯！清人言學，本辭人獺祭之習，或治小道末技，但緣《説文》以飾詞，便可以稱漢學，凌唐宋，雖或哀然大帙，無非碎辭小辨，即斷而偶中，於大綱弘旨概乎未之有聞，兩《經解》中纍纍皆是物也。廖、劉之學，求之清儒，於惠爲近。故廖氏所爲經疏，皆推明經義，本其大綱，而貫其全體，不漫爲徵引，覈名物訓故，以塵穢簡牘，故其書之體制，求之清儒，已不相類。劉、廖之學本不同，能歡然晤談一室而通神明於千里之外者，亦以究心經旨之故，倘所謂聞足音於空谷者乎！今日之言學者，其言愈繁，其事愈細。宜黄歐陽師嘗笑之曰：「此所謂日日能畢業之學，亦千年不能畢業之學也。」爲其遺大而事小，置精而求粗也。内之則以廖、康、劉、王之説相矜，外之則託科學方法以震俗，又奉戴氏爲之祝。嗚呼，戴氏之鬼豈食是哉！余常讀譯本西人《法住記》及《十六阿羅漢考》，深歎其一縱一横，條理井然，其考證某種經典爲小乘之何派，何派之學術在何世持何説，深有合於中國家法條例之説也，胡今之言科學方法者與之不類？湯錫予先生告予曰：「西人之具此能力者但數人耳，餘亦辨一枝一節之文字而已。」然後歎乎賢者識大，不賢者識小，古今一揆，東西皆爾。命世之儒，固間世而或有，若廖師之剖析今、古而示其指歸，辨兩漢師法而明其同異分合，俾世之學者不至欲萃多量不同世之骨化石以求成一備形之骸，此廖師之所以爲魏晉以來所未有者也。循廖師之法而推致其義者，於今文則善化皮鹿門，於古文則儀徵左菴師，若他之持不根之説以争今、古之事者，固所謂蛙鳴無公私者乎！余於三十以後，始覺左菴之學與廖師同歸，其未入蜀之前所著作，與入蜀後者不復類。及再游金陵，以問謝無量師，謝師與廖、劉亦同時居蜀講席者，謝師爲余言左菴所以問於廖師者，其事甚悉。左菴初本長於聲均文字之學，世治《左氏》而守《説文》，其入蜀後，盛稱廖師之長於《春秋》，善説禮制。禮制者，廖師所持以權衡家法、辨析漢師同異者也。左菴於時亦專以《五經異義》、《白虎通義》爲教學之規，出蜀後，成書皆《周官》、《禮經》之屬。左菴之漸漬於廖師，此其明驗。廖師之學以左菴而益張，左菴之歿，世無復有知廖師者；余之膚學淺殖，又何敢贊其端末哉！

師原名登廷，後改名平，字季平，蜀之井研人。從湘潭王湘綺學，清之光緒己丑科成進士，以即用知事改教官，歷任尊經各書院山長。民國初年一任四川軍政府樞密院長，又任四川國學專門學校校長，卒於民國二十一年五月，年八十有二。其行實著述之詳，則師之孫宗澤字次山既叙之也。師晚年尤究心醫術，《六譯叢書》中言醫學者又最多，余不能學，故亦不具論。原載南京《國風半月刊》一九三二年第一卷第四期。又見重慶《中國學報》一九四三年第一卷第一期。收入《廖平年譜》附録，巴蜀書社，一九八六年版。又收入《蒙文通文集》第三卷《經史抉原》，巴蜀書社，一九九五年版；《經學抉原》（蒙默編），上海人民出版社，二〇〇六年版。茲據《經學抉原》整理。

井研廖師與漢代今古文學

蒙文通

言漢學而不知今、古文之别者，不足以語漢學；言今、古文而不知歸本禮制者，不足以語今、古文。自清代考據學興，搜佚文，尋舊詁，事密而功巨，然家法、條例迄未明，懸之以漢儒治經之法，已倜然遠矣，則未足以言漢學。二三浮麗之士，侈談今文，而究無辨於兩家之分野及其統歸，則亦未足以言今文。誦賈、馬，守許、鄭者踵接肩摩，而師法之不明，則亦未能知古學。蓋明訓詁名物之匪難，通類例條貫乃爲難耳。《易》之京、孟，《春秋》之賈、服，一經之義，一家之言，蓋有能知之者。然持孟、京固不足以貫十二家之今文，西漢衹十二家，今人動言十四家，乃東漢事也。習賈、服尤不足以辨今、古之界域。既統紀之不立，游談而無根，今、古之體且不明，則孟、京、賈、服之端緒亦未易言也。井研廖師，長於《春秋》，善説禮制，一屏瑣末之事不屑究，而獨探其大源。確定今、古兩學之辨，在乎所主制度之差。以《王制》爲綱，而今文各家之説悉有統宗；以《周官》爲綱，而古文各家莫不符同。其有出入參差，正足以考其流變之故。於是兩漢今、古之學平分江河，若示諸掌。今、古之中心已明，然後兩漢之學，始可得而理。則廖師之後而後有今文，皮鹿門究其緒矣；廖師之後而後有古文，左菴師劉申叔明其變矣。今、古學之重光，實自廖師，亦即兩漢學之明自廖師，廖師實爲近代推明今、古學之大匠矣。

余前以吴君雨生之囑，爲論《近代今文學與井研廖師》，既詳之矣；又以繆君贊虞之囑，而爲《廖季平師與清代漢學》，又詳之矣。然皆以廖師之學與近代師儒挈短長，而未及漢代之今、古學；惟詳言廖師爲推明今、古學之首功，而未闡明廖師中年以後言學則又轉以破毁今、古學之意也。夫今、古學，兩漢之事也，不明今、古則不足以知兩漢之學。然而兩漢之事固不足持之以語先秦。推兩漢學之本，更溯源於先秦則可，墨守漢人之學以囿先秦則不可。廖師以淵微卓絶之識，博原深宏之學，既已辨析兩漢之學也，而上溯其源若猶未合，此固廖師之欲罷不能者。今、古兩家，禮制不同，壁壘斯異，此事之昭著，兩漢已然之實也。苟進而上求其源，經學胡因而成此今、古兩家，其説禮制又胡因而致今、古之參錯，初則以爲孔子晚年、初年之説不同也。説不安，則又以孔氏之學與劉歆之僞説不同也。而《大戴》、《管子》乃有爲古學作證者，則又以爲大統、小統之異，《小戴》爲小統，《大戴》爲大統，歡然以爲昔之説一林二虎，今之説若套杯之相成，此廖師説之累變而益幽眇者也。左菴師於此亦有二説：其以明堂有今、古兩説者，蓋一爲酆鄗之制，一爲雒邑之制；其以疆里有今、古兩説之異者，一爲西周疆里，一爲東周疆里，皆欲究此兩家不同之故。廖師既爲大統、小統之説，遂以鄒衍、《山經》、《素問》之義，皆所以發明孔氏之書，極之於天人六變之旨，靡不肇端於兹。然其先後説明所以成今、古學之故不同，而所説之今、古學則未始有異。左菴亦然。廖師大小統以後之説，多推本於方技術數，援緯候、醫學、陰陽家以立義。淳安邵次公善律曆、陰陽、緯候之術，能知廖師之學，推明廖師所本而知其得失，已別爲文論述其事。廖師方技之學，武進顧惕生、宜黄丘晞明能知之。顧氏贊廖師醫學復古之功，爲三百年來卓然一大家。丘氏謂自唐以來所未有，非金元四大家所能及。文通於師門術數方技之學愧未能通，將更請顧、丘兩先生論之。兹篇闕焉，不敢論，僅論其經術而止。

今、古兩學之重心爲禮制，其要在《王制》與《周官》，以《周官》考古文家説而皆符，以《王制》考今文家説亦大體不異。《周官》與《王制》枝細之別已繁，而後人所認爲大端之異，蓋在設官而已。《王制》之説，以司馬、司徒、司空三公爲大綱，而《周官》則以冢宰、司徒、宗伯、司馬、司寇、司空六卿爲大綱。而自古設官之事必限於三公或六卿歟？是未必然。考之《洪範》：「三曰八政、四曰司空、五曰司徒、六曰司寇」，此通乎夏殷之制也。虢文公陳籍田之典曰「司空四之，司徒五之」，亦稱司寇。司寇爲士，而「蠻夷猾夏，責之司馬」，則司寇職也，司寇與司馬得互統。虢文公所陳爲夏制，《洪範》亦本於夏，而殷人箕子爲周陳之，此夏殷之制重三公也。《綿》之詩曰：「乃召司空，乃召司徒。」《牧誓》曰：「司徒、司馬、司空、亞旅。」此周之先世與武王克殷時制也。《立政》、《梓材》亦言「司徒、司馬、司空」，此《作雒》以後之制也。《立政》曰：「古之人迪惟有夏，告教厥后曰：宅乃事，宅乃牧，宅乃準，兹惟后矣。謀面用丕訓德，則乃宅人，兹乃三宅無義民。亦越成湯，乃用三有宅，克即宅。周公曰：告嗣天子王矣。曰：王左右常伯、常任、準人，亦越文王、武王，立民長伯。立政：任人、準夫、牧，作三事。」夏所謂「宅乃事」，常任也；而「牧」，常伯也；「準」，準人也。在夏商曰「三宅」，在周曰「三事」，於《詩》曰「擇三有事」，曰「三事就緒」，曰「三事大夫」，即《立政》之「任人、準夫、牧，作三事」，亦曰「天子之三吏」。《吕刑》曰：「乃命三后，恤功於民。伯夷降典，折民惟刑；禹平水土，主名山川；稷降播種，農殖嘉穀。三后成功，惟殷於民。」《湯誥》曰：「古禹、皋陶，久勞於外，其有功于民，民乃有安，萬民乃有居。后稷降播農殖百穀，三公咸有功于民，故后有立。」此亦殷周所述三后説也。於《酒誥》曰：「若疇圻父，薄違農父，若保宏父定辟。」此亦司徒、司馬、司空也。在昔爲三后、三宅，殷末周初而三公之制遂確立；則三事、三宅，固自昔設官之主幹也。此與金鶚説古以五官爲主不同。

《禮·昏義》言：「古者天子立六官、三公、九卿、二十七大夫、八十一元士。」鄭玄以爲「似夏時制也」。《説苑·臣術》篇：「伊尹曰：三公，所以參五事也；九卿，所以參三公也；大夫，所以參九卿也；列士，所以參大夫也。」則三公與五事、六官實不相悖。《左氏·昭二十九年傳》：「蔡墨曰：五行之官是謂五官，實列受氏姓，封爲上公，木正曰句芒，火正曰祝融，金正曰蓐收，水正曰玄冥，土正曰后土。」又曰：「后土爲社；稷，田正也。」則此五官也，而實六官。《左氏·文七年傳》郤缺説，《三朝記·四代篇》孔子説，並以水、火、金、木、土、穀爲六府，則五行而實六府，六官之即五事。《尚書大傳》言：「水火者，百姓之所飲食也；金木者，百姓之所興作也；土者，萬物之所資生也。」土正、田正，或并或否，并則五行，分則六府。三公而參五事，立六官而三公九卿，則三五相參也。何休言：「古者諸侯有司徒、司空，上卿各一，下卿各二，司馬事省，上下卿各一。」此正三卿五大夫之説，以三參五之義。崔靈恩言：「司徒之下，置小卿二人，一是小宰，一是小司徒；司空之下亦置二小卿，一是小司寇，一是小司空；司馬之下，惟置一小卿，小司馬也。」天子三公參五事，當亦是例。三公與六官固不相悖也。自少昊、顓頊以來，五官六府重也。而三宅、三公之起，本之三后，則實亦六府。《左氏·昭十七年傳》：「郯子曰：少昊摯之立也，鳳鳥適至，故爲鳥師而鳥名：鳳鳥氏，曆正也；玄鳥氏，司分者也；伯趙氏，司至者也；青鳥氏，司啓者也；丹鳥氏，司閉者也；祝鳩氏，司徒也；鴡鳩氏，司馬也；鳲鳩氏，司空也；爽鳩氏，司寇也；鶻鳩氏，司事也。五鳩，鳩民者也。五雉爲五工正，利器用，正度量者也。九扈爲九農正，扈民無淫者也。」顓頊五行之官：「曰木正，曰火正，曰金正，曰水正，曰土正。」此沿於少昊之五鳩者也。顓頊有田正，此因於少昊之農正者也。而少昊有工正，顓頊宜亦有之。顓頊有「南正重司天以屬神，火正黎司地以屬民」。南正司天，此因於少昊之曆正也。火正黎司地，則顓頊時黎爲祝融，祝融爲火正。倘五鳩之官又以火正爲長以司地，以配曆正之司天，猶禹之以司空而宅百揆，少昊以五鳥從《漢書》。司天屬神，五鳩司地屬民，而别有五工正，曰鷷雉、鶅雉、翟雉、鵗雉、翬雉，有九農正，曰春扈鳻鶞、夏扈竊玄、秋扈竊藍、冬扈竊黃、棘扈竊丹，行扈唶唶，宵扈嘖嘖、桑扈竊脂、老扈鴳鴳。則曆正、工正、農正又并五雉而八。顓頊之官，南正、田正亦并五正而七，則又安在五行、六府之官即限於五六乎？斯則三公而六官、五事而八政，不以五行之官而廢田正、南正，又安在以三宅而悖六官？《曲禮》言：「天子建天官，先六大，曰大宰、大宗、大史、大祝、大士、大卜，典司六典。」此事神之官，同於少昊之曆正五鳥、顓頊之南正司天者也。「天子之五官，曰司徒、司馬、司空、司士、司寇，典司五衆。」此同於少昊之五鳩、顓頊之五行官司民者也。「天子之六府，曰司土、司木、司水、司草、司器、司貨，典司六職。」此同於少昊之農正，顓頊之田正者也。「天子之六工，土工、金工、石工、木工、獸工、草工，典制六材。」此同於少昊之工正者也。而《洪範》之「八政」，《堯典》之「九官」，以義言之，則上以通乎少昊、顓頊之官，下以通乎《曲禮》之説，由損益因革之迹，見五行之官固不盡括一代之制，又明乎言五不傷於八政、言三不傷於五事也。《王制》：「大樂正、大司寇、市，三官以其成從質於天子，大司徒、大司馬、大司空，齋戒受質。」此正《王制》三公參五事之實也。市卑不足齒列，則《王制》言三公而實五官，《昏義》言六官而即三公，其義又明也。

若《周官》之制，與西周不符，實爲晚世之書。《王制》言：「冢宰制國用，必於歲之杪，五穀皆入，然後制國用。」又曰：「司會以歲之成質於天子，冢宰齋戒受質。大樂正、大司寇、市，三官以其成從質於天子，大司徒、大司馬、大司空齋戒受質。百官各以其成質於三官，大司徒、大司馬、大司空以百官之成質於天子，百官齋戒受質。然後體老勞農，成歲事，制國用。」夫百官之成質於天子，而三公實總百官。惟冢宰不總於三公，此天子之近臣也。冢宰之秩，卑於三公。《王度記》曰:「天子冢宰一人,爵禄如天子之大夫。」故冢宰恒與趣馬、師氏、膳夫爲列。《雲漢》之詩曰:「鞫哉庶正,疚哉冢宰,趣馬、師氏、膳夫左右。」《十月之交》詩曰:「皇甫卿士,番維司徒,家伯冢宰,仲允膳夫,聚子内史,蹶維趣馬,踽維師氏。」則宣、幽之世冢宰猶在司徒之下,與《王制》、《王度》之説合。《常武》之詩曰:「王命卿士,南仲太祖,太師皇甫。」合《十月之交》觀之,則宣、幽之世,卿士最尊,執政權,而冢宰猶卑。《周語》言:「榮夷公好專利,爲厲王卿士。」《鄭語》言:「虢石父好讒諂,爲幽王卿士。」《左氏·隱三年傳》言:「鄭武公、莊公爲平卿士,王貳於虢,鄭伯怨王。」此自厲、宣、幽以來,皆卿士執政之證。鄭伯亦卿士執政者也。隱之八年,虢公忌父「始作卿士於周」;桓之五年,「王奪鄭伯政,鄭伯不朝」。自隱八至桓之五年凡九年間,鄭伯未奪政,尚爲卿士,而虢已爲卿士,明厲、幽以來,皆卿士二人夾輔天子,位居大師、司徒之上。而隱之九年傳言:「宋公不王,鄭伯爲王左卿士,以王命討之,伐宋。」鄭伯爲左卿士,則虢公爲右卿士可知。此尤卿士恒二人之確證。推西周言之,《書序》言「召公爲保,周公爲師,相成王爲左右」,此周、召以二人輔政也。陝以東周公治之,陝以西召公治之,故《樂記》言:「周公左,召公右。」周公既歿,命畢公保釐東郊,則畢公實繼周公之任。於《顧命》曰:「太保率西方諸侯入應門左,畢公率東方諸侯入應門右。」此召公、畢公之爲二相也。龕之難,周公、召公相與和而修政,則自成、康以來,周皆以二相輔政,下及宣王之世亦然,不聞有一人輔政之制。而冢宰之秩尤卑,更無冢宰一人輔政之説,下及平、桓，皆無此制也。

《公羊·隱五年傳》：「天子三公何？天子之相也。天子之相何以三？自陝而東，周公主之，自陝而西，召公主之，一相處乎内。」周、召爲輔、保兼二伯，此所謂周公入爲三公，出爲二伯也。一相處内，自太師也。《顧命》：「乃同召大保奭、芮伯、彤伯、畢公、衛侯、毛公。」召、畢率東西諸侯，以二伯兼三公；毛公稱公，此一相處内，太師也。《節南山》之詩曰：「尹氏太師，維周之氐，秉國之鈞，天子是毗。」此太師之一相處内，周初則太公任之，實主兵，故《樂記》言：「發揚蹈厲，太公之志也，武亂皆坐，周召之治也。」《詩》亦言：「惟師尚父，時惟鷹揚。」而宣王之世，「王命卿士」在先，「太師皇甫」在下，則卿士已居太師之上。則周初以三公輔政；東遷前後，以二人輔政；冢宰一人輔政，其事又在後也。

《春秋》隱之元年，「使宰咺來爲惠公仲子之賵」。桓四年，「天王使宰渠伯糾來聘」，於時鄭、虢方爲卿士執政，則宰之不爲卿士可知。僖九年，「公會宰周公於葵丘」，「王使宰孔賜齊侯胙」。《公羊傳》曰：「宰周公，天子之爲政者也。」隱、桓之世，卿士爲政，而宰居其下；僖之世，宰已躋卿士之列而爲政。「周之東遷，晉、鄭焉依」，觀於《左氏》隱六年周桓公之言，宣十二年隨季子之言，《晉語》叔詹之言而可知。蓋晉、鄭實夾輔平王，股肱周室，並爲卿士。自晉之亂而「王貳於虢」，虢公忌父之作卿士，蓋繼晉侯之任。及「王奪鄭伯政，鄭伯不朝，王以諸侯伐鄭，王爲中軍，虢公林父將右軍，周公墨肩將左軍」，知周公實繼鄭伯爲左卿士。桓之十八年：「王殺周公墨肩。」僖之五年：「晉滅虢。」僖之九年，而宰周公見於經。僖之二十四年：「太叔以狄師伐周，獲周公忌父。」僖之二十八年，朝王踐土，「王子虎盟諸侯於王庭」。《國語》謂之太宰文公，則繼宰周公、周公忌父爲政者王子虎也。僖之三十年：「王使宰周公閱來聘。」繼太宰王子虎爲政者，又宰周公閱也。周自惠、襄以前，輔政皆二人，而宰居卿士之下，不爲崇官；惠、襄以後，宰以一人輔政，而司徒之屬皆出下也。《論語》言：「君薨，百官總己聽於冢宰三年。」則冢宰以司王闈之官，天子之近臣，於諒陰三年間，代表天子總揆百工。僖之九年，周襄王之元年也，於時虢已滅，僖五年滅。卿士缺焉。宰孔以冢宰當襄王諒陰之際而爲政，諒陰之後，蓋遂沿而不廢，以供卿士之職。踐土之會，爲襄王之二十年，而王子虎以太宰爲卿士。襄王之二十二年，宰周公閱亦以宰爲政。總襄王之世，皆宰爲政。自宰孔而王子虎，而周閱，冢宰之躋於卿士以爲政自此始，遂開冢宰一人輔政之端。西周之初，三公執政則三人；厲、宣以來，則卿士執政者爲二人；自襄王始而冢宰以大夫執政爲一人，冢宰遂躋於卿士之列矣。《周官》以冢宰卿一人股肱天子，其制當自宰孔以後，則《周官》一書爲襄王以後之制，前此之執政者皆左右卿士，而此則冢宰也。古者五行之官，并田正爲六府，而《周官》冢宰并五官爲六官。古者火正黎司地以屬民，祝融而總五官，禹以司空宅百揆，皆以五官而兼大録，至周三公執政、卿士執政、冢宰執政，由公而卿而大夫，皆非以五行之官宅百揆，此周制之異，而天地四時之名猶前所未聞也。

至《王制》殆又爲西周之制。《王制》書成六國之後，晚於《周官》，而所叙之制則先於《周官》。箕子陳《洪範》，虢文公説藉田，皆稱司空、司徒、司寇，不言司馬，此夏殷之制。《泰誓》、《牧誓》、《梓材》皆言司徒、司馬、司空，不言司寇，此周制，而司寇攝於司馬也。說見前。《王制》以司徒、司馬、司空爲三官，而樂正、司寇次之，此周制而非殷制。不得如鄭玄説。《王制》「冢宰制國用」，直係天子，無與於三官，合於《十月之交》、《雲漢》之詩，異於《周官》之制，則《王制》固西周之制，雖成書晚於《周官》，而所敘之制先於《周官》也。《王制》三官，並司寇、樂正皆稱大，此三公而實五官，《左氏·成二年傳》曰「王使委於三吏」，杜注：「三公也。」通於鄭説。則惠、襄以後，迄於定王，三公之制如故。周之三公與五官不相悖，與虞之九官而三后、夏殷六府而三宅，其事一同。三公而實五官，五官而實別有曆正、農正、工正，則六府亦未足以盡一王之制。若《考工記》一書，合於《曲禮》言「天子之六工」，同於少昊之五雉爲五工正，知《考工記》乃工正之書也，以之補司空之書者妄也。是昧於五官之外，猶有農正、工正之職也。既知三公而參五事，六官而三公九卿，三五之制既通，《王制》、《周官》之因革既顯，則周之典章可以知其故。《周官》、《王制》既相通而不相妨，則必執《周官》、《王制》各爲今、古壁壘以相争，而欲今、古兩家之説各以通於一切，執一端以遍説群經者，漢師今、古學家之陋也。廖師既成《今古學考》，知漢師今、古兩學之中心爲《王制》、《周官》二書，實足以通兩派之學，則已洞悉漢人之學而得其要，故左菴師稱其「洞徹漢師經例，魏晉以來未之有」。然漢師家法固若是，而周秦傳記參差猶多，實非區區今、古家法所能統括，而各得其所。劉歆言：「往者《書》有歐陽，《春秋》公羊，《易》則施、孟，孝宣皇帝猶復廣立穀梁《春秋》、梁丘《易》、大小夏侯《尚書》，義雖相反，猶並置之。」則孝宣以前所立之學，與孝宣新立之學，雖同爲今文，而義已相反，則今文一家之中已自有異同，此甘露中之所以論五經同異於石渠也。范升言：「費、左二學，而多反異。」此古文之學不同於今文，誠無足怪。升又言：「如今左氏、費氏得置博士，高氏、騶、夾，五經奇異，並復求立。」則騶、夾、高氏又異於費、左，若曰「五經奇異，並復求立」，則兩漢傳經之學，奇説孔多，奚止四派？豈區區今、古兩宗所能括？專就《公羊》、《穀梁》兩傳而論，説禮已各不同，皆不能盡合於《王制》。俞蔭甫説《王制》同於《公羊》，廖師説《王制》同於《穀梁》，皆各持一端之義也。於是廖師於今文一家之學立齊、魯兩派以處之。古文一家所據之經，奇説尤衆，則別之爲《周官》派、《左傳》派、《國語》派、《孝經》派以處之，而總之曰今文爲齊魯之學，古文爲燕趙當作梁趙。之學。此廖師於漢儒家法既明之後，又進而上窮其源，於是立齊、魯、燕、趙以處之，别《公羊》、《穀梁》、《左傳》、《周官》爲數宗，此廖師之欲因兩漢而上溯源於周秦，其度越魏晉以來之學既遠，而啓後學用力之端亦偉矣。劉師於判今、古之分界與廖師同，遂而究齊魯學亦與廖師同，於是石城江愼中、象山陳伯弢亦爲文論齊魯學，皆所以召學者之應從兩漢而上探周秦，由今、古而溯之齊魯，求周秦學術之家法，以易兩漢學術之家法，此固廖師偉志也。

今、古之學殆起於漢師之争立學官。後起者必别據一説以易前幟，各持門户之見，而學術分域遂若堅不可破。然不特今、古之學非周秦之學，即兩漢齊魯之學亦非晚周齊魯之舊。就歷史之義觀察以明之，今、古之學全以《王制》、《周官》爲宗，然《王制》、《周官》既爲二周先後不同之制度，則持《王制》、《周官》以讀先秦之書，自不能盡合；而依《王制》、《周官》以立之今、古學，欲持之以衡先秦之學，其勢自扞格而難通，其不能括周人之學而得其條貫宜也。殆晚周之學，自有晚周之流别，而非可依兩漢學術之流别以求也。晚周所傳佚禮，既參差零落難求。廖師昔嘗命文通曰：「五德之運，以子承母，故説少昊爲黄帝之子。實則五帝各傳十餘世，各數百千年，各代疆域，四至迴殊，固非一家祖孫父子也。」命文通詳考論之。文通求其説十餘年，因作《古史甄微》，就晚周人所傳史説求之，於五帝堯舜之故，見其異義孔多，仿佛晉之《乘》，楚之《檮杌》，魯之《春秋》，似各有鴻溝不可紊者。復就五勝五帝之説，求其遷革同異之故，而晚周學術流變若有可尋，今、古家説，失之已遠，即漢人齊魯學亦遠非晚周齊魯之舊。而後知廖師誨誘後進其意之深也。蓋孔子之書惟曰：「質勝文則野，文勝質則史，文質彬彬，然後君子。」於《表記》推文質而及史，惟曰「虞夏之質，殷周之文」，復曰「虞質夏文，殷質周文」。此文質再而復之説。故《禮記》恒言四代，《春秋》亦言四王。春秋之末，文質之説而已，無三正之説也。孟子以來，戰國之初，於是有三王之説，此正朔三而改之説，所謂夏尚忠，殷尚敬，周尚文，與文質再而改之説差也。於是以王爲最尊，故齊魏相王於徐州，而戰國之君皆稱王。聚周秦之書不涉疑僞者而論之，孟子之時惟言三王，荀卿以來乃言五帝，《吕氏春秋》乃言三皇。惟戰國之初止言三王，故六國皆稱王。其後言五帝，而齊因之爲東帝，秦爲西帝。戰國之末言三皇，而秦人因之稱皇帝。政治之事實，正以學説爲轉移，益證三五之説爲次第而起。自鄒衍言五德之運從所不勝，故「虞土，夏木，殷金，周火」，《淮南·齊俗訓》高誘注引。此五而復之説也，與文質三正之説皆不同。自東方齊人五運之説起，而西方秦人作西畤祠白帝少昊，作密畤祠青帝，上畤祠黄帝，下畤祠炎帝，此《吕氏春秋·月令》一篇之所本，秦人之説固與秦人之祠同也。方秦疇未備五時之先，而晉之巫祠五帝，荀卿爲趙之儒者，言五帝，東方之人言五德終始，而西方言五帝。鄒子、吕氏所述各不同，以東、西之固殊途也。《孫子·行軍篇》言「凡此四軍之利，黄帝之所以勝四帝也」，則并黄帝同時爲五帝，此又别爲南方之五帝説。《荀子·非相》云：「五帝之外無傳人，非無賢人也，久故也。」而《成相》云：「文武之道同伏羲。」知荀子所言五帝上併三皇。《大略篇》言：「誥誓不及五帝，盟詛不及三王。」《非相》又云：「五帝之中無傳政，非無傳政也，久故也，禹、湯有傳政。」則荀子所言五帝，下外三王。吕氏所言全同《荀子》。五德之説五而復，三正之説三而復，文質之説再而復。五德與三正之義不並行，則五帝與三王之説不兩立。故鄒子説下據三王，而《荀》、《吕》則外三王而言五帝。東方之説與西方之説既殊，《吕》、《荀》言異時五帝，與《孫子》言同時五帝又異。《吕氏》西少昊，北顓頊，中黄帝；《山海經》又以顓頊之國在南，西軒轅而東少昊，南方之説又異也。及戰國之末，而三皇之説起。秦博士言：「古者有天皇，有地皇，有泰皇。」《淮南子》言：「泰古二皇，得道之柄。」高注謂二皇爲羲、農，於是《五帝德》、《帝繫姓》、《尚書大傳》並以黄帝、顓頊、帝嚳、堯、舜爲五帝，上外三皇。此三皇説既起以後之五帝説也。黄帝爲五帝之本，不可以上躋三皇，故惟以羲、農入三皇，而三皇終闕其一，則或以燧人、以祝融、以女媧、以共工，乃疑而難定。羲、農既躋於三皇，則《月令》之五帝俄空焉，則以帝嚳、堯、舜備之，或并少昊言之，而五帝有六人，或遂不言少昊。《荀》、《吕》説五帝上併羲、農，此未有三皇説以前之五帝説；戴、伏上外羲、農，此既有三皇説以後之五帝説也。《書傳》言「維十有三祀，帝乃稱王，入唐郊，猶以丹朱爲尸。」是舜自稱王，不稱帝，稱帝則殁而臣子尊之，史氏述之，以配天之辭耳。而《堯典》言「肆類于上帝」，於是天子無帝號，惟天稱帝。《易》孟、京説「《易》有君人立號，帝天稱一也，王美稱二也，天子爵號三也」。以王者配天，而後有帝稱。舜之得稱帝，固臣子以之配天之説。及三皇説既起，舜亦躋於五帝之列。伏生既以燧人、羲、農爲三皇，以黄帝、顓頊、帝嚳、堯、舜爲五帝，馬遷以降並用之，既非《荀》、《吕》之説，尤遠於鄒子之義。董仲舒更謂：「湯受命而王，應天變夏作殷號，時正白統，親夏、故虞、絀唐，謂之帝堯，以神農爲赤帝。周人之王，親殷、故夏、絀虞，而號舜曰帝舜，改號軒轅，謂之黄帝，尚推神農以爲九皇。」以爲「聖王生則稱天子，崩遷則存爲三王，絀滅則爲五帝，下至附庸，絀爲九皇，下極其爲民」。鄭司農注小宗伯云：「三皇、五帝、九皇、六十四民。」伏生以降説三皇、五帝、三王，而董子言九皇、六十四民。兩漢今、古文家並用伏生説。伏之義：皇、帝、王，其人爲固定；董子義：王、帝、皇、民，爲以次推遷。初則文質、三正、五德，皆推遷説，繼則五帝、三皇爲固定説。至東漢而燧人、伏羲、神農之外，復有天、地、人三皇，與伏生燧人爲天皇、伏羲人皇、神農地皇之説又異。至魏晉而羲、農、黄帝爲三皇，少昊、顓頊、帝嚳、堯、舜爲五帝，亦與兩漢今、古家殊。皇甫士安以「天皇大帝曜瑰寶，地皇爲天一，人皇爲太乙」。《始學篇》又以「天皇號天靈」，徐整、任昉又取俗説有盤古，《古微書》復有「天皇姓望，名獲，字潤；地皇姓鑒，名岳，字子元；人皇姓愷，名湖洮，字文生」。戰國以前，春秋之末，孔氏之書言文質、言四代。戰國之初，孟子之屬言三王、本三統，而鄒衍言五運，下據三王。戰國中葉，荀卿之徒言五帝，下外三王，而上兼三皇。戰國之末，西漢之初，《吕覽》、伏生之屬上外三皇，下外三王，而言五帝，董子之流又言九皇。至若羲、農外別有三皇，則爲前後相複。劉歆踵吕、伏之義而談三五相包，鄭注《周禮》而三九相復，韋昭、張晏九皇不異三皇，而三九相雜。於五運一義，已見兩漢之學遠非周秦之學。周秦之學變易已多，派別亦衆，豈今、古兩家之説所能括盡？即在兩漢魏晉，亦異説時生，則徒執今、古家法，欲以明周秦之故，殆決不可能也。不惟今、古不足言周秦，即仲舒《公羊》之學所謂齊學也，以漢師齊學九皇之義，校之鄒衍齊人五德之義，則漢之齊學，非周之齊學也。魯學家三皇五帝之説，既非孔子之文質説，又非孟子之三王説，則漢師之魯學，亦非周人之魯學。鄒衍言五運爲五勝，向、歆言五運爲五德相生，蓋《月令》以五帝五行相比，以爲相生之義，而向、歆取之耳。兩漢師法不足以括周秦，而必別求周秦法以説周秦，於此益斷斷明矣。

廖師承清代二百餘年之漢學，推迹於禮制，而今、古家法燦然以明，此廖師之突過前儒者。蓋清儒矜許書，重文字，嘗從文字以求今、古文之辨，無當也。則又求之於義，稽之讖緯，以求今、古之辨，而義無定實，其敝或以《公羊》一家一學傳之群經，亦未有當也。廖師折而求之禮，禮數明著，非可出入，故廖師稽之而今、古家法得以重彰，持石渠、白虎之舊規，以判析兩漢，而今、古之辨顯。今世能知廖師者，概以此也，斷以禮而得漢儒師法也。然廖師獨造之學，尤在《春秋》，初蓋專精於《春秋》，而後偶悟於禮制。故廖師之學，以禮言，則爲守兩漢之壁壘，俾今、古不相淆；以《春秋》言，則抉擇於三《傳》，明其孰爲先師本義，孰爲後師所推衍，非復兩漢今、古所能囿。其守三《傳》家法，以匡漢師之違失，此其置身炎漢，比肩江、董。至於會通三《傳》，以經決義，取舍由心，固已直入周秦，接武游、夏，齊、魯之坊，已不能囿，更何有兩漢今、古家法之足守哉！早已輕視今、古之界而思破壞之，以探周秦之室也。文通昔嘗爲文《議蜀學》，謂廖師之於《春秋》，本注以通傳，則執傳以匡注；由傳以明經，則依經以訣傳。左菴稱廖氏「長於《春秋》，善説禮制」。吾謂廖師之説禮制，誠左菴所謂魏晉以來未之有，至其論《春秋》，則秦漢而下無其偶也。蓋其説禮固能明兩漢之學，曉然於今、古之辨，突過前儒；至若究明《春秋》，則已決盪周秦，棄置兩漢今、古學而不屑道也。然其發明兩漢今、古學之功人知之；其破棄今、古直入周秦，人未有能知之者。夫廖師既明今、古學之大綱，又進而剖析於今、古學之内容，則别今學爲齊學、魯學，此求今學本身不得安，從其裏而思破之也；剖析古學爲《左氏》派、《周官》派等，此求之古學之本身不得安，亦從其裏而思破之也。説今、古爲晚年、初年之學，爲孔氏、劉歆之學，爲小統、大統之學，此求之今、古學之立場又不安，思從其表而破之也。取舍三《傳》，以言《春秋》，則上探晚周，以下破兩漢之今、古學也。周秦之學一明，而兩漢之壁壘頓破。廖師由禮以明兩漢，人知之；因於禮則由《春秋》以明晚周，而破兩漢，人未知之也。文通昔受今文之義於廖師，復受古文學於左菴劉師，摳衣侍席，略聞緒論，稍知漢學大端，及兩師推本齊魯，上論周秦之意。自壬子、癸丑迄於癸亥，十年之間，尋繹兩師之論，未得盡通，然廖師之論，每以得廖師之疏疑釋滯而益顯，中困於匪窟，而作《經學導言》，略陳今、古義之未可據，當别求之齊、魯而尋其根，以揚師門之意。時左菴師已爲道山，而廖師猶於病中作書欣許，以誨勉之，不以稍異於己説爲嫌。旋以尋繹師門五帝堯舜之訓而作《古史甄微》，更爲《天問本事》以輔之，乃覺周秦學術諒有三系之殊，復改定《經學導言》舊稿爲《經學抉原處違論》，略陳漢師今、古學之未諦，以思究宣師門棄兩漢、宗周秦之微旨，師皆見之也。乃再繹五運之訓，而略見周秦之學復如彼之曲折，按古官之沿革，而又確知今、古家各據《王制》、《周官》以爲宗者爲可議。今、古學之綱宗本可疑，故依之以成之今、古學，持之以衡兩漢，固若綱之在綱，無往而不協；若持之以通周秦，則若鑿之於枘，無往而有當，無怪其然也。廖師之揭齊魯以易今、古之學而召後進，其義固確然不可易，而以五帝五運之説命文通，其訓亦深微也。文通既鑽研師之義，由禮數之故以求兩漢之學、今古之事殆十年，始於《公》、《穀》之異同而見《王制》爲雜取齊、魯以成之書。《王制》之爲齊、魯糅合而成，亦猶鄭康成之糅合今、古兩學。於是舍今、古之異同而上求之齊、魯，於是略窺師門舍兩漢而探晚周之意。乃推晉之《乘》、楚之《檮杌》，以與魯之《春秋》六藝相校難，乃見晚周學派，仿佛若有三系之殊，而齊、魯究爲一家之學，大同而小異。齊則東方前期學術，魯則爲東方後期新興之學術，其爲東方之學則一也。自《呂氏春秋》而東方與南北之學以合，《呂氏春秋》糅合三系，正猶《王制》之糅合齊、魯。漢初之齊、魯學雖導源於晚周之齊、魯學，然流變已多，不可以漢初學當晚周學，況後齊魯之今、古學哉！由師門破今、古而周秦之意以求之，迄今又十年也，猶蔽瞀無所曉，方將作《周秦民族與思想》一篇以究之，必待晚周之學明，非兩漢所能淆，而後廖師之道可著。然非文通之力所能堪，更非此短説所能盡意。若茲編所陳，以明廖師論周秦、兩漢之學派爲主，其所以分疏兩漢之學而建立之，其詳具在《六譯館叢書》中，不贅論；特論其不拘泥於兩漢而上溯周秦之意，欲宣其微旨，而證其確實。若其直探洙泗，抗意周秦，精詣所萃，則在《春秋》，當俟深明廖師《春秋》學者李君源澄浚清論之。廖師數術陰陽之精，俟邵次公先生論之。廖師方技醫學之精，俟顧惕生先生論之。文通所陳，窺天一管耳，又烏足以宣其宏深幽眇之旨？嗟乎！三百年來之學，以復古爲前進，由宋而復之漢、唐，由東漢而復之西漢，由西漢而復之周、秦。廖師於禮，此所以復之西漢而度越前賢者也；廖師於《春秋》，則已復之晚周，於兩漢之説，已不屑措意也。世猶紛紛執今、古學以推崇之，或詆謗之，鴻飛冥冥，羅弋尚安所施？至其亂之以方技，雜之數術，五光十色，學者眩震，將俟邵、顧諸君子啓論其途徑，然後廖師之學庶有入處，而道術乃可大明也。原載《學衡》，轉載於上海《新中華半月刊》第一卷第十二期，一九三三年六月二十二日。收入《廖平年譜》附録，巴蜀書社，一九八六年版。又收入《蒙文通文集》第三卷《經史抉原》，巴蜀書社，一九九五年版；《經學抉原》（蒙默編），上海人民出版社，二〇〇六年版。兹據《經學抉原》整理。

議蜀學

蒙文通

清代經學之明，稱軼前世。乾嘉之間，家研許、鄭氏書，博名物，窮訓詁，造述之宏，不可遍計而周數也。迄乎近世，特識之士始喟然慨清儒之無成，獨古音之學實能於散漫繁惑之中明其統理，斯爲足尚，則清學之窮矣！夫清儒序論，每喜以小辯相高，不務守大體，碎辭害義，野言亂德，究曆數，窮地望，卑卑於章句文字之末，於一經之大綱宏旨或昧焉。雖矜言師法，又未能明於條貫，曉其義例；求其能若惠氏、張氏之於《易》，孔氏、莊氏之於《春秋》，金氏、凌氏之於《禮》者，殆不可數數覯，則清學之弊爲不可諱也！道窮則變，逮其晚季，而浮麗之論張，儒者侈談百家之言，於孔氏之術稍疏，經術至是，雖欲不改弦而更張之，誠不可得。井研廖先生崛起斯時，乃一屏碎末支離之學不屑究，發憤於《春秋》，遂得悟於禮制，《今古學考》成，而昔人説經異同之故紛紜而不決者，至是平分江河，若示諸掌，漢師家法，秩然不紊。蓋其識卓，其斷審，視劉、宋以降游談而不知其要者，固倜乎其有辨也！故其書初出，論者比之亭林顧氏之於古音、潛丘閻氏之於《古文尚書》，爲三大發明。於是廖氏之學，自爲一宗，立異前哲，岸然以獨樹而自雄也！蓋三百年間之經術，其本在小學，其要在聲韻，其詳在名物，其道最適於《詩》、《書》，其源則導自顧氏者也。廖氏之學，其要在《禮經》，其精在《春秋》，不循昔賢之舊軌，其於顧氏，固各張其幟以相抗者也。世之儒者矜言許、鄭氏學，然徒守《説文》、《禮注》耳。廖氏本《五經異義》以考兩漢師説，剖析今、古家法，皎如列星，此獨非許、鄭之學乎？今、古之學既明，則孫、黄、胡、曹之禮書爲可廢，此左菴先生《周禮古註集疏》之所由作也。然不有乾嘉諸儒之披荊榛，尋舊詁，以導乎先路，則雖有廖氏，無所致其功。惟廖氏之學既明，則後之學者可以出幽谷，遷喬木，於擇術誠不可不審也！

尋廖氏之學，則能周知後鄭之殊乎賈、馬，而賈、馬之別乎劉歆，劉歆之別乎董、伏、二戴，漢儒説經分合同異之故，可得而言。左菴先生其最也，斯豈乾嘉老碩所及知乎！左菴四世傳《左氏》之學，及既入蜀，晨夕共廖氏討校，專究心於《白虎通義》、《五經異義》之書。北遊燕晉，晚成《周官古注集疏》、《禮經舊説考略》，曰：「二書之成，古學庶有根柢，不可以動摇也！」左菴之於廖氏，儻所謂盡棄其學而學焉者耶！其尊推廖氏也，曰：「貫徹漢師經例，自魏晉以來，未之有也。」則海内最知廖氏學者，宜莫過於左菴。今世紛紛言今、古學，而左菴禮疏全帙未顯，則古學可得而言乎！廖氏欲作《王制義證》，康更生欲作《孔子會典》，又皆不成，則今學可得而言乎！昧者不察，乃拘牽於今字異同之故以立論，斯亦遊談夢囈已爾，豈足道哉？廖氏成《今古學考》，遂欲集多士之力，述十八經注疏，以成蜀學。夫伊洛當道喪學絶之後，獨能明洙泗之道，紹孟學之統，以召天下。蜀人尚持其文章雜漫之學以與朔洛並驅。自顧氏以迄於今，其道已敝，吴越巨儒，復已悔其大失，則蜀中之士獨不思闡其鄉老之術以濟道術之窮乎！是則承學之士所宜熟思而慎擇者也。然吾之所以欽夫廖氏，匪曰《禮經》焉耳，而尤樂聞其論《春秋》。三《傳》異同，爲學者難明，由來舊矣！廖氏匡何、范、杜、服之註以闡傳義；復推《公》、《穀》之文，孰爲先師之故義，孰爲後師之演説；本之於經，以折中三《傳》之違異。蓋自五家並馳以來，言《春秋》固未有盛於此日者也！漢儒窘於師法，是謂知傳而不知經，宋儒於傳猶有所未喻，則於經何有！清儒之高者或能發明漢師之説，是謂知注；下者視六藝猶《説文》、《漢書》已爾，何足道哉！惟先生本註以通傳，則執傳以匡註；由傳以明經，則依經以訣傳。左菴稱廖氏長於《春秋》，善説禮制。吾謂廖氏之説禮，誠魏晉以來未之有也，至其考論《春秋》，則秦漢而下無其偶也。七十子喪而大義乖，《穀梁》屬傳，當尸子、孝公之世。蓋自子夏之歿，徒人各安其意以離其真，而《春秋》晦。先生起數千載之下，獨探其微緒，申其本義，不眩惑乎三家之成言。謂廖氏之言《春秋》，僅次游、夏而已可也，則亦司馬、北宫之儔乎！六國而後，未易比擬。嗚呼！亦已偉矣！近者先生方論《詩》、《易》於錦城，闡其六變之説，蓋其道益以幻眇難知。而愚方滯渝中，未得聞其旨要，不敢論，以俟面聆天人六譯之緒者，贊而辨之。原載北平《甲寅》週刊第一卷第二十一期，一九二五年十二月。收入《廖平年譜》附録，巴蜀書社，一九八六年版。又收入《蒙文通文集》第三卷《經史抉原》，巴蜀書社，一九九五年版；《經學抉原》（蒙默編），上海人民出版社，二〇〇六年版。茲據《經學抉原》整理。

錢穆論廖平

錢　穆

廖平，字季平，四川井研人。生咸豐二年，卒民國二十一年，年八十一。自稱早年研求宋學，漸而開悟，主張尊孔。又謂幼篤好宋五子書、八家文。丙子光緒二年，廖氏年二十五。從事訓詁文字之學，博覽考據諸書。庚辰光緒六年，廖氏年二十九。以後，厭棄破碎，專求大義。按：廖氏又稱庚辰在家時專治《春秋》，則所謂「專求大義」者，即指治《春秋》也。此蓋已受劉、龔諸家影響矣。而及其成學，則專以分析今、古爲說。謂：「國朝經學，顧、閻雜事漢、宋，惠、戴專申訓詁，二陳左海、卓人。漸及今、古。」《論學三書·與宋芸子論學書》。其分今、古也，又自稱有五變：

癸未：今古。光緒九年，廖氏年三十二。

戊子：尊今抑古。光緒十四年，廖氏年三十七。

戊戌：小大。光緒二十四年，廖氏年四十七。

壬寅：天人。光緒二十八年，廖氏年五十一。

此所謂「經學四變」也。見《四益館經學四變記序目》，劉申叔摘本。及戊午民國七年，廖氏年六十八。改去「今古」名目，歸之「小大」，專就六經分天人、大小，則謂之經學之「五變」。《五變記》。

其書最先成者曰《今古學考》，在光緒十二年丙戌，廖氏年三十五。自謂「不過初變、二變萌蘖之生耳」。《五變記》小注。其書據《五經異義》所立今、古二百餘條，專載禮制，不載文字，定爲今學主《王制》、孔子，古學主《周禮》、周公。然不久即變其説，謂六藝皆新經，非舊史。以尊經者作《知聖篇》，闢古者作《闢劉篇》，則所謂「尊今抑古」之候也。又後有《古學考》，謂：「丙戌刊《學考》……謹守漢法，中分二派。八年以來，歷經通人指摘，不能自堅前説，謹次所聞，録爲此册。以古學爲目者，既明古學之僞，則今學大同，無待詳説。」《古學考》成於光緒二十年甲午四月，廖氏年四十三。

此季平治經學，初主今、古中分，既則尊今抑古之大略也。

康、廖交涉。長素辨新學僞經，實啟始自季平。此爲長素所深諱，而季平則力揭之。謂：「廣州康長素，奇才博識，精力絶人，平生專以制度説經。戊己間，從沈君子豐處得《學考》，謬引爲知己。及還羊城，同黄季度過廣雅書局相訪，按：趙豐田《康長素先生年譜稿》，長素返粵在光緒十五年己丑之冬，而移居羊城安徽會館則在十六年庚寅之春。季平己丑在粵，庚寅至鄂，二人初晤，應在己、庚冬春之際。余以《知聖篇》示之。馳書相戒，近萬餘言，斥爲好名騖外，輕變前説，急當焚毁。當時答以面談再決。後訪之城南安徽會館。按：此在庚寅春。兩心相協，談論移晷。明年，聞江叔海得俞蔭老書，而《新學僞經考》成矣。甲午，晤龍濟齋大令，聞《孔子會典》已將成……然則《王制義證》可以不作矣。生公説法，求之頑石，得此大國，益信不孤。長素刊《長興學記》，大有行教泰西之意。長素或亦儒門之達摩，受命闡教者乎？」《經話》甲編一。

又曰：「己丑在蘇，晤俞蔭甫先生，按：此當廖先在蘇，後至粵也。極蒙獎掖，謂《學考》爲不刊之書。語以已經改易，先生不以爲然，曰：『俟書成再議。』蓋舊誤承襲已久，一旦欲變其門户，雖蔭老亦疑之。乃闢劉之議，康長素踰年成書數册。」

又曰：「外間所祖述之《改制考》，即祖述《知聖篇》；《僞經考》，即祖述《闢劉篇》，而多失其宗旨。」

又曰：「戊子以前，尊經友人撰《王制義證》，稿已及半，後乃散失。繼聞康長素《會典》即是此意，即決意不作。」

又曰：「丁亥光緒十三年，廖氏年三十六。作《今古學考》。按：廖氏《古學考·序》自稱《今古學考》刊於丙戌，此又云作于丁亥，必有一誤。戊子成爲二篇，述今學爲《知聖篇》，古學爲《闢劉篇》。按：據此則《知聖》、《闢劉》兩書均已成，何以又云「己丑在蘇見俞蔭甫，曰俟書成再議」乎？抑猶未爲定稿乎？大抵廖既屢變其説，又故自矜誇，所言容有不盡信者。昔李恕谷欲爲毛西河作年譜，苦其自述先後紊亂不可據而止。以廖視毛，尤甚。庚寅，晤康長素于廣州，議論相克。逾年，《僞經考》出，倚馬成書，真絶倫也！」《經話》甲篇卷二。

季平既屢屢自道其事，又親致書長素争之，曰：「龍濟之大令來蜀，奉讀大著《僞經考》、《長興學記》，按《學記》成書在康、廖會談之後，所以中亦采及廖説也。並云《孔子會典》已將成書。彈指之間，遂成數萬寶塔，何其盛哉！後之人不治經則已，治經則無論從違，《僞經考》不能不一問途，與鄙人《今古學考》，永爲治經之門徑，欣忭何極！惟庚寅羊城安徽會館之會，鄙人《左傳》

經説雖未成書，然大端已定，足下以左學列入新莽，則殊與鄙意相左。今觀《僞經考》，外貌雖極炳烺，而内無底蘊，不出史學、目録二派之窠臼，尚未足以洽鄙懷也。當時以爲速于成書，未能深考；乃俟之五、六年，仍持故説，殊乖雅望。昔年在廣雅，足下投書相戒，謂《今古學考》爲至善，以攻新莽爲好名。今足下大名百倍鄙人，以子之矛，攻子之盾，久宜收斂。又吾兩人交涉之事，天下所共聞知。余不願貪天功以爲己力，足下之學，自有之可也。然足下深自諱避，使人有向秀按：應作郭象。之謗。每大庭廣衆中，一聞鄙名，足下進退未能自安，淺見者又或以作俑馳書歸咎，鄙人難於酬答，是吾兩人皆失也。天下之爲是説，惟我二人，聲氣相求，不宜隔絶，以招讒間。其中位置，一聽尊命。謂昔年之會，如邵、程也可，如朱、陸也可，如白虎、石渠亦可。稱引必及，使命必道，得失相聞，患難與共。且吾之學詳於内，吾子之學詳於外，彼此一時，未能相兼，則通力合作，秦、越一家，乃今日之急務，不可不深思而熟計之也。」《四益館文集·致某人書》。

龍濟之至蜀在甲午，據前引《經話甲編》。《古學考》刊於甲午四月，已引及《僞經考》，則龍之至蜀，應在甲午初春也。長素《僞經考後序》謂：「《僞經考》初出時，海内風行，上海及各直省，翻印五版。徐仁鑄督學湖南，以之試士，而攻之者亦群起，朝野譁然。」故季平謂「今足下大名，震動天下，百倍鄙人」也。是年二月，長素入京會試未第，六月歸粵，七月清廷即下諭毁禁其書。季平與長素書當在其時，故有「久宜收斂」，又「患難與共」之語；而猶未知毁禁之令，故書中亦未及。其曰「稱引必及」，蓋名士相標榜之故智。《僞經考》既享大名，季平欲藉其稱引，自顯姓字，故爲《古學考》，先兩引「長素《僞經考》」云云，我以此施，亦期彼以此報。蓋長素驟得盛名，全由《僞經考》一書，公車上書，尚在明年乙未。宜季平健羨不能置。而長素則深諱不願自白。然季平亦震于盛名，方期相爲桴鼓，故書辭亦遜，而《古學考》亦未及長素攘己書事。及戊戌，長素得罪，季平亦盡棄舊説，則經學之三變，不復爲今、古之辨矣。

《僞經考》一案，凡季平之斷斷於其事者，具如上述。而長素則藏喙若噤，始終不一辨。及民國六年丁巳爲《僞經考後序》，始稍稍道及之，其言曰：「吾向亦受古文經説，然自劉申受、魏默深、龔定庵以來，疑攻劉歆之作僞多矣，吾蓄疑於心久矣。吾居西樵山之北，銀塘之鄉，讀書澹如之樓，卧七檜之下，碧陰茂樹，藤床偃息。藏書連屋，拾取《史記》，聊以遮目，非以考古也。偶得《河間獻王傳》、《魯共王傳》讀之，乃無『得古文經』一事，大驚疑。乃取《漢書》《河間獻王》、《魯共王傳》對較《史記》讀之，又取《史記》、《漢書》兩《儒林傳》對讀之，則《漢書》詳言古文事，與《史記》大反。乃益大驚大疑。按：此實無足驚疑者，辨詳後。於是以《史記》爲主，偏考《漢書》而辨之；以今文爲主，偏考古文而辨之。先撰《僞經考》，粗發其大端。按：撰《僞經考》在羊城，不在銀塘，上文皆飾説也。長素又謂撰《禮運注》亦在銀塘澹如樓七檜之下，亦飾説，辨詳下。今世亦有好學深思之士，談今、古之辨，或闇有相合者。惜其一面尊今文而攻古文，一面尊信僞《周官》以爲皇帝王霸之運，矛盾自陷，界畛自亂。其他所在多有，脈絡不清，條理不晰，其爲半明半昧之識，與前儒雜糅今、古者無異，何以明真教而導後士？或者不察，聽其所言，則觀其尊僞《周禮》一事，而知其道不相謀，翩其反而也。」

按：長素先亦尊信僞《周官》，聞廖氏之論而變，今乃轉以譏廖，亦一奇也。「無情者不得盡其辭」，此文有之。其回翔瞻顧，誠如季平所謂「進退未能自安」者。謂自劉、魏、龔以來疑攻劉歆者多矣，此特微見彼之所爲不必出自季平，抑不悟其與《僞經考》初成書時所言異也。長素當日之言曰：「始作僞，亂聖制者，自劉歆；布行僞經，篡孔統者，成于鄭玄。閱二千年，咸奉僞經爲聖法，亦無一人敢違者，亦無一人敢疑者。竊怪二千年來，通人大儒，肩背相望，而成爲瞀惑，無一人焉發奸露覆，雪先聖之沉冤，出諸儒於雲霧者，豈聖制赫闇，有所待耶？」又曰：「孤鳴而正易之，吾亦知其難。然提聖法於既墜，明六經於闇曶，吾雖孤微，烏可以已！」

則長素在當時，應不知有廖季平其人，不知有《知聖》、《闢劉》其書，且不知有劉、魏、龔諸氏而可。不然，《知聖》、《闢劉》之篇，固足以助我之孤鳴矣。此無怪乎季平之喋喋而道也。長素謂「道不相謀，翩其反而」，事亦有之，惟其事在後不在前。即季平亦自言之，謂：「憶昔廣雅過從，談言微中，把臂入林。彈指之頃，七級寶塔，法相莊嚴，得未曾有。巍然大國，偪壓彈丸，鄙人志欲圖存，别構營壘，太歲再周，學途四變。由西漢以進先秦，更由先秦以追鄒、魯，言新則無字不新，言舊則無義非舊。前呈《四變記》摘本一册，求證高明，周璞鄭鼠，不知何似？」《與康長素書》，文載《中國學報》第八期，民國二年四月十六日出版。

蓋時過境遷，季平已不守舊解，而猶未忘夙恨，故如此云云也。然謂「志欲圖存，別構營壘」，則亦一時之遁辭。此已在季平經學四變之後，有《與江叔海書》，謂：「憶昔治三《傳》時，專信《王制》，攻《左氏》者十年，攻《周禮》者且二十餘年，抵隙蹈瑕，真屬冰解。後來改《左傳》歸今學，引《周禮》爲《書》傳，今古學説變爲小大，化朽腐爲神奇，凡昔年之所指摘，皆變爲精金美玉，於二經皆先攻之不遺餘力，而後起而振救之。伍氏曰我能覆楚，申氏曰我能興楚，合覆、興於一身，以成此數千年未有之奇作。説詳《二變》、《三變》，無暇縷述。」《四益館雜著·答江叔海論今古學考書》，作于民二癸丑夏六月《四變記》刊本初成之時。

是則積二十餘年之攻駁，而一旦盡變其故説，此固三百年來考證諸家所未有。季平不自慚恧，轉以爲伍胥能覆，申胥能興，覆、興之能事，萃於一身，自詑爲數千年未有之奇，是何其與乾、嘉以來所謂「實事求是」之意相異耶！夫既昔年之所指摘，皆變爲精金美玉，則方者尊今抑古之見，固宜如鷦鷯之翔寥廓矣。故季平又言之，曰：「足下謂吾崇今擯古，以《周禮》、《左傳》爲俗學云云。案《學考》平分今、古，並無此説；此乃二變，康長素所發明者，非原書所有。舊説已改，見於《四變記》中。」《答江叔海書》。

至是而又以尊今擯古之見，推爲長素所發見，不惟不願貪天功，抑若不欲分人謗，出朱入素，前後判若兩人矣。夫考證之事，貴乎有據，所據苟確，則積證益富，歷年益信。未有前據必搖，後説必移，一人之學，若四時之代謝，以能變爲出奇者也。而季平顧不然，其言曰：「爲學須善變，十年一大變，三年一小變。」

不幸而季平享高壽，説乃屢變無已，既爲《五變記》，又復有六變。先號「四益」，後改「五譯」，繼稱「六譯」。及其死，而生平之所持説，亦爲秋風候鳥，時過則已。使讀其書者，回皇炫惑，遷轉流變，渺不得真是之所在。蓋學人之以戲論自衒爲實見，未有如季平之尤也！而長素以接席之頃，驚其新奇，穿鑿張惶，急成巨著，前後一年外，得書十四卷，竟以風行海内，驟獲盛譽。及戊戌毀版，至丁巳復辟既敗，幽居美使館，不忘前業，重付諸梓，距書之初成，則既二十有七年矣。顧獨如《吕覽》之懸書咸陽門，一字不易，則何其成書之迅，造説之確，與六譯善變，其事雖異，蓋可俱譏矣。

梁啟超記康、廖著書交涉。抑長素書出於季平，長素自諱之，長素弟子不爲其師諱也。其書亦本由其弟子助成之，而其弟子即不盡以師書爲然。梁啟超曾言之，曰：「有爲早年，酷好《周禮》，嘗貫穴之，著《政學通議》。後見廖平所著書，乃盡棄其舊説。廖平晚年受張之洞賄逼，復著書自駁。按：此指戊戌三變，廖氏自飾謂「志欲圖存，別構營壘」者也。其人固不足道，然有爲之思想，受其影響，不可誣也。有爲弟子陳千秋、梁啟超，並夙治考證學，《僞經考》之著，二人多所參與，亦時時病其師之武斷，然卒莫能奪。實則此書大體皆精當，其可議處乃在小節。乃至謂《史記》、《楚辭》經劉歆羼入者數十條，出土之鐘鼎彝器，皆劉歆私鑄埋藏，以欺後世。

此實爲事理之萬不可通者，而有爲必力持之。有爲以好博好異之故，往往不惜抹殺證據，或曲解證據，此其所短也。」《清代學術概論》。是書成于民十辛酉，在復辟失敗後四年。謂有爲受廖平影響爲不可誣，不啻針對其師之自辨發也。

考證中之陸王。梁氏之言如此，然而猶未盡。《僞經考》所持，爲事理之萬不通者尚多，論大體亦無是處。昔全謝山謂毛西河著書，僞造證據，然毛書固多可傳，不如長素抹殺一切，强辯曲解，徒亂後生耳目也。方植之有言：「考證學衰，陸王將興。」若康、廖之治經，皆先立一見，然後攪擾群書以就我，不啻「六經皆我注脚」矣，此可謂之考證學中之陸、王。而考證遂陷絶境，不得不墜地而盡矣。昔萬充宗有云：「非通諸經，則不能通一經；非悟傳注之失，則不能通經；非以經釋經，則亦無由悟傳注之失。」此數言者，蓋不啻爲清代經學開先河。自公羊家專以一經之義説群經，而通諸經以通一經之意失。又主口説家法爲微言大義所在，而以經通經以悟傳注之誤之意亦失。而後説經者皆爲小夏侯之「左右採獲，具文飾説」焉。至於長素則並不説經，洵如季平所譏爲「史學、目録二派窠臼者，特以己意進退諸經，以赴我之所欲」云云，經學烏得而不趨絶境哉！

《孔子改制考》。長素書繼《新學僞經考》而成者，有《孔子改制考》，亦季平之緒論，季平所謂《僞經考》本之《闢劉》，《改制考》本之《知聖》也。今刻《知聖篇》，非廖氏原著；原書稿本，今藏康家，則頗多孔子改制説。顧頡剛親見之。

經非古史論之背景。季平必謂孔子造六經者亦有説。彼謂：「以經爲古史，則芻狗陳跡，不足自存，故必以孔子爲空言待後。」《四益館叢編·尊孔篇》。又曰：「海外法政學説昌明，因時立法，三王且不同禮，五帝且不襲樂，果係古史，芻狗糟粕，今日已萬不能見之實行，更何能推之萬世以後？此必須改爲至聖立言，師表萬世，決非已往陳跡，而後經乃可以自立。」民二癸丑在北京《世界哲理進化退化演説辭》。又謂：「凡屬史事成跡，芻狗糟粕，莊、列攻之，不遺餘力。孔經新非舊，經非史。」《四益館雜著》「舊説以經爲史之弊」一條。

此季平必主孔經非史之微意也。又謂：「學經四變，書著百種，而尊孔宗旨，前後如一。」《尊孔篇》。蓋季平必求所以尊孔者而不得其説，乃屢變其書以求一當。其學非考據，非義理，非漢，非宋，近於逞臆，終於説怪，使讀者迷惘不得其要領。其弟子亦言之：「海内讀四譯書者，每苦不得門徑。蓋自考據、義理專行已久，學者先入爲主，于四譯新解，輒多扞格。故初學尚易領悟，從事漢、宋工深者，轉多迷罔。」《四譯宬經學穿鑿記》二卷，侄師政跋。此可謂真率之言也。以上見錢穆《中國近三百年學術史》第十四章。

馮友蘭論廖平

馮友蘭

講今文家經學較康有爲稍早，而康有爲亦受其影響者，有廖平。廖平，字季平，初號四益，晚年更號五譯，又更號六譯。四川井研人，生于清文宗咸豐二年，西曆一八五二年。卒於民國二十一年，西曆一九三二年。年八十一歲。據《行述》。

（一）經學一變

廖平之學共經六變，故晚年自更號六譯。第一變爲「今古」，時在癸未。光緒九年，西曆一八八三年。《四益館經學四變記》，成都存古書局本，頁一。此時學説，以爲「今、古兩家所根據，又多同出於孔子，於是倡爲法古改制，初年晚年之説」。同上，頁二。在所著《今古學考》書成於丙戌，光緒十二年，西曆一八八六年。中，條列今、古文經之異同，以爲今、古學之分，先秦已有，而皆出於孔子。廖平云：「《論語》：『周監於二代，郁郁乎文哉！吾從周。』此孔子初年之言，古學之祖也。『行夏之時，乘殷之輅，服周之冕，樂則《韶》、《武》。』此孔子晚年所言，今學所祖也。又言夏殷因革繼周者，百世可知。按《王制》，即所謂繼周之王也。」《今古學考》卷下，成都存古書局本，頁五。

蓋孔子初年，「尊王命，畏大人」，尚無革命之意，祇有從周之心。「至於晚年，哀道不行」，於是以所欲爲者「書之《王制》，寓之《春秋》」。同上，頁三。《禮記》中《王制》一篇，即孔子所作。

所謂《王制》者，即繼周之王之制也。《周禮》所説爲周制，即孔子初年所欲從者；《王制》爲繼周之王之制，乃孔子晚年決心革命之後之所作者。當時主張改制者，不僅孔子。「春秋時，有志之士皆欲改周文，正如今之言治，莫不欲改弦更張也。」同上，頁二十四。康有爲諸子改制之説，蓋本於此。

因孔子有初年晚年之主張，孔子歿後，宗孔子初年之説者，爲古學；宗孔子晚年之説者，爲今學。廖平云：「魯爲今學正宗，燕、趙爲古學正宗。魯乃孔子鄉國，弟子多，孔子晚年説，學者以爲定論。燕趙弟子，未修《春秋》以前，辭而先反，惟聞孔子從周之言，已後改制等説，未經面領。因與前説相反，遂疑魯弟子僞爲此言，依託孔子，故篤守前説，與魯學相難。」同上，頁九。

以後今學、古學相争不已。實則今、古學不同者，衹在制度方面。廖平云：「《論語》因革損益，唯在制度。至於倫常義理，百世可知。故今、古之分，全在制度，不在義理，以義理今古同也。」同上，頁八。

即就制度方面言，亦「其實今學改者少，不改者多。今所不改，自當從古。凡解經，苟今學所不足，以古學補之可也」。同上，頁九。故今、古二派，「如水火陰陽」，「相妨」而亦「相濟」同上，頁一。也。

（二）經學二變

廖平之學第二變爲「尊今抑古」，時在戊子。光緒十四年，西曆一八八八年。此時學說，廖平云：「於是考究古文學淵源，則皆出許、鄭以後之僞撰。所有古文家師說，則全出劉歆以後據《周禮》、《左氏》之推衍。又考西漢以前，言經學者皆主孔子，並無周公。六藝皆爲新經，並非舊史。於是以尊今者作爲《知聖篇》，闢古者作爲《闢劉篇》。」自注：外間所祖述之《改制考》即祖述《知聖篇》，《僞經考》即祖述《闢劉篇》，而多失其宗旨。《經學四變記》，頁三。

此時以今文經爲孔子所作。「帝王見諸事實，孔子徒托空言。六藝即其典章制度，與今《六部則例》相同」。《知聖篇》卷上，成都存古書局本，頁二。古文經說，皆劉歆及以後人所僞造。劉歆眞「爲聖門卓、操」。《古學考》，頁二十。廖平此時學說與康有爲之《孔子改制考》及《新學僞經考》所主張者同，並以爲康之《改制考》爲祖述《知聖篇》，《僞經考》爲祖述《闢劉篇》。

廖平此時以爲春秋時主張改制者，實祇孔子一人。廖平云：「或以諸子皆欲傳教，人思改制，以法孔子，此大誤也。今考子書，皆《春秋》後四科流派，托之古人。按以言立教，開於孔子。春秋以前，但有藝術卜筮之書。凡子家皆出於孔子以後，由四科而分九流，皆託名古人，實非古書。」《知聖篇》卷上，頁二十七至二十八。惟其如此，故孔子爲唯一之大聖也。

（三）經學三變

廖平之學第三變爲講「小大」之學，時在戊戌。光緒二十四年，西曆一八九八年。此時之學用邵康節說，分政治爲皇、帝、王、伯四種。以爲《王制》、《春秋》乃孔子王、伯之制，乃所以治中國者。然孔子非「一隅之聖」，故王、伯之制外，尚有皇、帝之制。孔子皇、帝之制，以《周禮》爲根基，《尚書》爲行事，亦如《王制》之於《春秋》。此乃孔子所以「經營地球」者。《中庸》所謂「洋溢中國，施及蠻貊，凡有血氣，莫不尊親」，《禮運》所言「大同」之説，皆謂此也。《經學四變記》，頁四。所以知《春秋》、《王制》爲孔子治中國之制，《尚書》、《周禮》爲孔子治世界之制者，以《春秋》、《王制》及《尚書》、《周禮》中所説疆域不同也。《皇帝疆域圖》廖平弟子黄鎔本師説編輯。云：「《王制》説《春秋》三千里爲小標本，《周禮》説《尚書》加十倍方三萬里爲大標本。而六合以内，人事盡之矣。《騶衍傳》所稱大九州得九九八十一方三千里，儒者九州止得八十一分之一。所謂儒者九州，即指《春秋》、《王制》而言。」《皇帝疆域圖》第一，成都存古書局本，頁一。

騶衍之大九州即《周禮》、《尚書》所説之九州，即現在吾人所知地球之全部也。《皇帝疆域圖》云：「世界開化，由野而文，疆宇由小而大。春秋之時，九州僅方三千里。上推虞夏，草昧尤甚。孔聖删書，托古定制，乃據當日之州名，隱寓皇帝之版圖，以俟後施行。藏須彌於芥子，推而放諸四海而准，豈但爲魯邦、治列國而已乎？」同上第八，頁二十二。

故孔子之學，實爲全世界之政治及社會立一整個的辦法。世界進化，必依之而行。依孔學之表面觀之，則似皇、帝之治，乃古代所已有，後乃退化而降爲王、伯之治。其實孔子之意，乃「立退化之倒影，告往知來，使人隅反」也。《大成節講義》，《六譯館雜著》，成都存古書局本，頁二十四。廖平立爲一《聖經世運進退表》，同上，頁二十七。其表如下：

聖經世運進退表（略）

經爲空言。實行經制，始于戰國魏文、齊威、燕昭。戰國以前，中國君民程度，與今泰西略同。

東人言，西方行。秦皇漢武，皆屬創造，非古所有。由經説變爲史事，在戰國後。

西人所主進化説，如五大洲交通，乃新創之局，非堯、舜、周公以前，海禁已通，幽、厲之後，乃閉關三千里，此退化之理，孔經據以立源，然由退可以知進。

如專主退化，堯舜至春秋迭降四等，秦漢至今二千年，又當降四等，由此推之，數千萬年後，不復爲人矣。

退化至於君後，中國又返草昧，爲戰國以前程度。

經爲理論，史爲實事。《春秋》、《王制》之理論，自秦漢以後，已逐漸變爲實事。西洋人未受孔經之教訓，故今西洋人之程度，與春秋時人略同。此後正宜行《周禮》、《尚書》之理論，使全世界歸於大同。

所謂今、古學之分，實孔子治中國之制與治世界之制之分。廖平云：「故改今、古之名曰小大。……以《王制》治內，獨立一尊。……而海外全球，所謂三皇五帝之三墳五典者，則全以屬之《周禮》。……與《王制》一小一大，一內一外，相反相成，各得其所。……孔子乃得爲全球之神聖，六藝乃得爲宇宙之公言。」《經學四變記》，頁五。

孔子之經學，乃爲全球制法。孔子及經學之地位，於是似可爲最高矣。

(四)經學四變

然廖平以爲猶不止此。廖平續云：「雖然，此不過六藝之人學，專言六合以内。但爲《春秋》、《尚書》與《禮》，僅得其半；而天學之《詩》、《易》、《樂》，尚不在此數也。」同上。故自壬寅光緒二十八年，西曆一九〇二年。以後，廖平之學四變而講「天人」。

廖平云：「初以《春秋》、《尚書》、《詩》、《易》，分配道、德、仁、義之皇、帝、王、伯。……遲之又久，乃知四經之體例，以天人分。人學爲六合以内，天學爲六合以外。《春秋》言伯而包王，《尚書》言帝而包皇。《周禮》三皇五帝之説，專言《尚書》；《王制》王伯之説，專言《春秋》。言皇、帝、王、伯，制度在《周禮》、《王制》，經在《尚書》、《春秋》。一小一大，此人學之二經也。……人學六合以内，所謂絶地天通，格於上下，人而非天，故人神隔絶。至於《詩》、《易》，以上征下浮爲大例；《中庸》所謂「鳶飛於天，魚躍於淵」，爲「上下察」之止境。周遊六漠，魂夢飛身，以今日時勢言之，誠爲力所不至。然以今日之人民，視草昧之初，不過數千萬年，道德風俗，靈魂體魄，已非昔比。若再加數千年精進改良，各科學繼以昌明，所謂長壽服氣，不衣不食，其進步固可按程而計也。」《經學四變記》，頁七。

廖平以爲：「自天人之學明，儒先所稱詭怪不經之書，皆得其解。」《經學四變記》，頁七。如《靈樞》、《素問》、《楚辭》、《山海經》、《穆天子傳》中，荒唐不經之言，皆説别一世界，皆天學也。

又如司馬相如《大人賦》，「讀之有淩雲之志」，所説亦「不在本世界」也。佛經亦屬天學，廖平云：「將來世界進化，歸於衆生皆佛，人人辟穀飛身，無思無慮，近人論之詳矣。特未知佛即出於道，爲化胡之先驅。所言即爲將來實有之事，爲天學之結果，一人爲之則爲怪，舉世能之則爲恒。」《經學四變記》，頁十。

佛出於道，道出於孔，孔經所包，更益廣矣。

(五)經學五變

廖平之《經學五變記》，其弟子黄鎔注云：「戊午民國七年，西曆一九一八年。改去今、古名目，歸之小、大，專就六經分天人、大小。」視前之專就《春秋》、《尚書》、《詩》、《易》分天人、大小者又不同。六經中分人學三經、天學三經。人學三經中有《禮經》。廖平云：「六藝中，先有小禮、黄注：如《曲禮》、《少儀》、《内則》、《容經》、《弟子職》。小樂。黄注：十三舞勺，成童舞象。此爲《禮經》，乃修身齊家事，爲治平根本。修身爲本，本此禮也。《經學五變記箋述》卷上，成都存古書局本，頁一。

小禮、小樂，乃修身齊家之學，乃人學三經中之第一種。其第二種爲《春秋》，乃「治國學，王伯學，爲仁爲義。《王制》爲之傳」。此乃「人學之小標本，儒、墨、名、法家主之」。其第三種爲《尚書》，乃「平天下學，皇帝學，爲道爲德。《周禮》爲之傳」。此乃「人學之大標本，道家、陰陽家主之」。同上，卷上，頁四至十一。

天學三經中有《樂》及大禮。廖平云：「王伯之樂，中國略有仿佛；皇帝之樂，中國無此世局。其人未生，空存其説以待之。」同上，卷下，頁十三。所謂大禮，廖平亦無詳説，或者亦「空存其説以待之」也；此乃天學三經中之第一種。其第二種爲《詩》，乃「神遊學」。「如仙家之嬰兒煉魂，神去形留，不能白日飛昇，脱此軀殼。黄注：《易經》則能形遊。《詩》故專言夢境，黄注：托之夢遊，以明真理。魚鳥上下，黄注：莊子夢爲鳥而戾天，夢爲魚而潛淵。《内經》、《靈樞》、《素問》、《山海經》、《列子》、《莊子》、《楚辭》、古賦、遊仙詩各書以爲之傳。」同上，卷下，頁十五。康有爲、譚嗣同皆以爲大同之治之上，尚有「天造之世」。此皆廖平所謂之天學，惟廖言之特詳耳。

注：天學三經中之第三種當爲《易》，但下文未言。所見刊本，當有脱誤。廖平經學五變之後，又有六變。其《經學六變記》，未見刊本，不知與《五變記》所説，又有何不同。

經學時代之結束

廖平所説，如上所引者，吾人若以歷史或哲學視之，則可謂無價值之可言。但廖平之學，實爲中國哲學史中經學時代之結束。自此方面觀之，則廖平在哲學史中之地位，亦有相當重要。本篇第一章謂中國哲學史，自董仲舒以後，即在所謂經學時代中。在此時代中，諸哲學家無論有無新見，皆須依傍古代哲學家之名，大部分依傍經學之名，如以舊瓶裝新酒焉。中國與西洋交通後，政治社會經濟學術各方面，皆起根本的變化。此西來之新事物，其初中國人仍以之附會于經學，仍欲以此絶新之酒，裝於舊瓶之内。本章所述三人，其代表也。此三人中廖平最後死。其經學之五變，始於民國七年。其此後所講之經學，可謂已將其範圍擴大至於極點。其牽引比附，有許多可笑之處。牽引比附而至於可笑，是即舊瓶已擴大至極而破裂之象也。故廖平之學，實爲經學最後之壁壘，就時間言，就其學之内容言，皆可以結經學時代之局者也。

歷史上時代之改變，不能劃定於某日某時。前時代之結束，與後時代之開始，常相交互錯綜。在前時代將結束之時，後時代之主流，即已發現。在廖平未死之前，即在其講經學五變之前，撇開經學而自發表思想者，已有其人。故中國哲學史中之新時代，已在經學時代方結束之時開始。所謂「貞下起元」，此正其例也。不過此新時代之思想家，尚無卓然能自成一系統者。故此新時代之中國哲學史，尚在創造之中；而寫的中國哲學史，亦祇可暫以經學時代之結束終焉。以上見馮友蘭《中國哲學史》下卷。

廖季平論離騷

聞一多

自來談《離騷》談得最離奇的，莫過於廖季平。談得最透闢的，恐怕也要算他。謝无量先生在其《楚詞新論》中說：

十年前在成都的時候，見着廖季平先生，他拿出他新著的《楚詞新解》給我看，說：「屈原並没有這人。」他第一件說，《史記·屈原賈生列傳》是不對的，細看他全篇文義都不屬。他那傳中的事實，前後矛盾，既不能拿來證明屈原出處的事蹟，也不能拿來證明屈原作《離騷》的時代。第二件，拿經學的眼光說，《楚辭》是《詩經》的旁支。他那經學上的主見，以爲《詩經》本是天學，所講都是天上的事。自然《楚辭》也是一樣，所以有那些遠遊出世的思想，和關於天神魂鬼的文詞，也是適用《詩經》應有的法度。第三件，說《離騷》首句「帝高陽之苗裔」，是秦始皇的自序。其他屈原的文章，多半是秦博士所作。《史記》「始皇不樂，使博士爲《仙真人詩》，及行所遊天下，傳令樂人歌弦之」——這是廖先生的根據。

謝先生敘述廖氏這三點意見的次序，略嫌顛倒。須知廖氏的出發點是經學，首先認定了《詩經》是所謂「天學」，苦於《詩經》本身没有證據，乃借《楚辭》——《詩》之旁支以證實其主張。這是論證發展的第一步，然而這樣講來，又與《史記》所載《離騷》作者的性格行爲皆不合，適逢《史記》這篇傳是一筆糊塗賬，有隙可乘，就判定屈原本無其人，其所有事實，皆史公杜撰。這是第二步。屈原的存在既經勾消，乃以《離騷》爲秦始皇所作，並以其他相傳屈原諸作品歸之秦博士。這是第三步。説法確乎是新奇得出人意表！

但是，我們讀《離騷》，除了一個「朕」字外，未發現作者的口氣與身分有絲毫像帝王的地方。「古者尊卑共稱朕」，若謂《離騷》稱「朕」，作者便是帝王，想一代經師不至如此之陋。何況秦祖帝嚳高辛氏，怎見得這「高陽苗裔」便是始皇呢？廖氏三點意見中，這一點最不足辯。

至於《史記》的「文義不屬，前後矛盾」，卻是無可諱言的，自宋以來便不斷的有人懷疑。但《史記》全書中，同類情形甚多，若憑此而一一否認其人物的真實性，恐決無此理。其實「文義不屬，前後矛盾」，也不過是廖氏的藉口而已。縱令史文不矛盾，這段記載就能令他滿意嗎？他不是認爲《離騷》是「天學」嗎？然而史傳中的屈原分明是祗講「人學」的。史傳不能替他作證，便把史傳中人物的存在根本否認了，性子未免太急了！其實如果《離騷》作者的性格，據《離騷》本文看，真與史傳中的屈原不合，充其量也祗能把屈原與《離騷》的關係解除掉。爲廖氏起見，讓屈原還存在，祗説《離騷》不是他做的，不就够了嗎？其實連這一着都不必。至少目前我們還得承認《離騷》是屈原作的，因此屈原的思想如何，祗有《離騷》纔是千真萬確的口供，史傳似乎無定輕重。並且祗要史傳没有明白提出反證，我們又何妨當它默認了？史傳與《離騷》不合，誠然，但消極的不合與積極的相反相尅，究竟是兩回事。我們何不假定史傳衹是一幅不完備的畫像，其中儘留有點睛添毫的餘地，説不定拿《離騷》中的屈原補入史傳，更覺生動逼真點。這來，廖氏的困難也就自動解決了，所以他那第一點，根本無成立的必要。

廖氏本意原要説明《離騷》是「天學」，想藉以證實《詩經》之「天學」。這實在是三點中最驚人，也最有啓示性的一點。但究竟什麽是「天學」，謝先生所見到的《楚辭新解》，既不見傳本，我們衹好從《六譯館叢書》中求注脚。《離騷釋例》曰：「聖神仙佛，皆在所包。」《離騷釋例》。又曰：「《離騷》發源《詩》、《易》，神遊六合，爲道家宗旨，《列》、《莊》比肩，爲黄帝之學之嫡派。故《楚辭》稱述，全出《山海》、《詩》、《易》之博士學也。」《治學大綱》。《經學四變記》中還有詳細的解説：

> 《楚辭》爲《詩》之支流，其師説見於《上古天真論》，專爲天學，詳於六合之外。蓋聖人於六合以外，存而不論，《詩》、《易》之托物比興，言無方體是也。《楚辭》乃靈魂學專門名家，詳述此學，其根源與道家同，故《遠遊》之類多用道家語。全書專爲夢遊，即《易》之遊魂歸魂，所説皆不在本世界，故有招魂掌夢之説。凡所稱引，後人皆就中國一隅説之。既屬遊魂，何以尚在中土？故因《楚辭》專引《山經》，而《山經》亦因之大顯。

這大概就是謝先生所指的第二點。謝先生在他的書裏述完那段大意後，含蓄的批評道：「這種廖先生所創的特别經學系統，……實在比匡衡所説的《齊詩》，還新奇得有趣，我當時自然也就『解頤』了。」

我想大家都同情謝先生的「解頤」。但那還是四變中的廖氏，再一變，可就要人「捧腹」了。《五變記》曰：

《詩》神遊學。如仙家之嬰兒煉魄，神去神留，不能白日飛昇，脱此軀殼，《易經》則兼形遊。《詩》故專言夢境，托之夢游，以明真理。魚鳥上下。《莊子》夢爲鳥而戾天，夢爲魚而潛淵。《内經》、《靈樞》、《素問》、《山海經》、《列子》、《莊子》、《楚辭》、古賦、如宋玉《高唐》。《遊仙詩》各書，以爲之傳。當引各書以注《詩》。

其弟子黄鎔復爲之箋述曰：

《楚辭》意義緟複，非一人之著述，乃七十博士爲始皇所作《仙真人詩》，采《風》、《雅》之微言，以應時君之命。史公本《漁父》、《懷沙》二篇爲《屈原列傳》，後人因以《楚辭》歸之屈原，誤矣。考《遠游》周游六漠，《易・繫》：「周流六虚。」即《詩・周南》「輾轉反側」之義。《莊子・逍遥遊》、《知北遊》亦取此意。《招魂》、《大招》，「招」即《召南》之「召」，召、招古通。「魂兮歸來」即「之子于歸」，于篆作亏，近云。《韓詩》「聊樂我云」，云字作魂。他若「未見君子」，魂未歸也；「既見君子」，魂已歸矣；「振振君子，歸哉歸哉」，招之之詞也；「之子歸，不我過」，魂已歸去矣。全詩與《楚辭》吻合者甚夥，且體裁亦與《詩》相符。

我們笑是笑够了，卻不當以一笑了之。把渣滓汰盡，關於《詩經》的話，當然全是白日見鬼。賸餘的卻不能説没有精粹。比方，話説得較平實時，如《五變記》又曰：

《素問・上古天真論》「真人」、「至人」，爲《楚辭》之師説，專爲道家神仙去世離俗之所本。讀《内經》而後《楚辭》之本旨明。

這樣就不容我們不接受了。任何讀《離騷》的人，祇要肯平心静氣，忘掉太史公的傳，王逸以來的注，就《離騷》讀《離騷》，他的結論必與這相去不遠。可惜千餘年來没有人肯這樣讀《離騷》，就是廖氏，若非因太熱心於建設經學系統，而援儒入道，恐怕也説不出那樣的話來。史遷的《傳》、王逸的《注》，是不容易忘掉的，所以廖氏的話説出了，徒爲他的弟子謝无量先生「解頤」之資而已。原載《文學雜志》一九四九年十月第二卷第五期。據開明書局版《聞一多全集・神話與詩》編入。

井研學案

廖先生以尊孔愛國之精神，發揮其進化論之新學説，而斷定以爲六經所載三代禮俗之文明，皆孔子待後之學説，當時社會之觀象，實與黑蠻紅印無殊。而春秋以後之禮教，較之三代，決爲進化，此孔子制作之功也。於是臚陳五大端以證實之：

一曰明孝。《喪服傳》：「野人曰，父母何算焉。」《史記·商君傳》曰：「秦戎狄之俗，父子不同居。」《匈奴傳》曰：「匈奴貴壯賤老。」孔子見世道衰微，彝倫攸斁，於是作《孝經》，立人極，以親親之道維繫人心，使人反本盡性，各至於道，而治平之事寓焉。其《開宗明義》即曰：「先王有至德要道，以順天下，民用和睦，上下無怨，汝知之乎？」曾子曰：「參不敏，何足以知之。」夫以曾子之賢而不知孝，則中國古時無此孝之觀念亦明矣。孟子有言，蓋上世嘗有不葬其親者，親死則委之於壑，此紀實也。《大戴禮·盛德篇》：「凡不孝生於不仁愛也，不仁愛生於喪祭之禮不明。夫祭祀，致饋養之道也，死且思慕饋養，況於生而存乎？故曰喪祭之禮明，則民孝矣。」此孔子之功也。

一曰宗廟。緯云，唐虞二廟，夏三廟，夏末四廟，周五廟，周末七廟。言立廟自唐虞始，則唐虞以前無廟，可知矣。由二廟以至七廟，亦猶三月喪服以至三年，此進化也。先生以爲中國人倫學之至精者，以宗廟爲極典。祭爲天學，非千百年後，六合同風，天人相應之世，不能藉知鬼神之所在。而諸經之詳言祭祀者，類皆啓發孝思，維持人倫，非故爲此無徵之舉也。立廟之説，《穀梁》、《禮記》述之較詳，而《禮三本》篇尤著。皆聖人撥亂之旨也。

一曰喪服。《易》云：「古者喪期無數。」墨子主夏禮，喪期三月。《公羊》哀五年經書齊侯杵臼卒，六年傳除景公之喪，武氏子當喪出使，季孫斯居喪在官出聘，是皆足爲周無三年喪服之證。今《禮經·喪服》全文皆爲孔子手定，以撥亂反正，爲百世師表者也。《尚書·無逸》「高宗諒闇」，《帝典》「百姓如喪考妣三年」，以及其他所載三年喪服之制，皆爲千萬年後皇帝大同時所奉行之制，其必托之堯舜殷宗者，孔子述古之義，以爲無徵不足以信人也。

一曰諱名。夫諱非古也，周人以謚易名，於是有諱。《禮》、《左氏》：周人以諱事神，名終將諱之。則周以前無諱可知矣。夫禮不諱嫌名，臣不敢與君同名，二名不偏諱，以及《詩》、《書》不諱、臨文不諱、祭不諱、教學不諱，皆孔子改質從文之制也。

一曰扶陽抑陰。《喪記》云「禽獸知有母而不知有父」，史云「胡人先拜母」，《禮記》「商得坤乾」，皆爲中國古時陰勝於陽之證也。洎其進化則不然。《内則》云：「禮始於謹夫婦，爲宫室，辨内外。女子居内，深宫固門，閽寺守之，男不入，女不出。」《郊特牲》云：「一與之齊，終身不改，故夫死不嫁。」《記》曰：「婦人從人者也，幼從父兄，嫁從夫，夫死從子。」又曰：「婦人無爵，從夫之爵。」《郊特牲》又云：「男子親迎，男先於女，剛柔之義也。天先乎地，君先乎臣，其義一也。」《禮經記》曰：「婦以夫爲天。」《杜欽傳》曰：「妻者夫之陰，子者父之陰。」凡此所以明陰陽之義也。

廖先生進化的倫理談，其大要如此。廖先生之言，是非醇駁，當世必有評論之者。要之先生之爲人，精力彌滿，能驅使經史以爲己佐證，凡他人所視爲疏漏者，先生固已慮之，而别有説以彌縫之矣。其學術變化之迹，亦有可循者，余將以次而紹介之。見《戊午週報》一九一八年第十二期。

廖先生之説經，其迹經四變。初以《王制》、《周禮》同治中國，分周、孔同異，用東漢法也。繼以《周禮》與《王制》不兩立，歸獄歆、莽，用西漢法也。然今學囿於《王制》，六藝雖博，特中國一隅之書耳，於是始言大同，訂《周禮》爲皇帝書，與《王制》大小不同，一内一外，兩得其所，凡有血氣，莫不尊親。蓋孔學之大明，鄒衍之功亦不少也。其後涉獵梵宗，乃斷定以爲《書》盡人學，《詩》、《易》則遨游六合外，因據以改正《詩》、《易》舊稿。先生之學，至此而上天下地無不通，即道、釋之學，亦爲經學博士之大宗矣。先生以爲，由聖人而求至神，其大小淺深，亦猶道德之於仁義，必至無聲無臭，而後超變化而行鬼神。今復據其所述四變之概，分期紹介之如下。

（一）初變分今古

先生初致力於宋學，及入尊經書院，得王湘潭之緒論，乃自立門户。湘潭爲今文學之鉅子，先生以爲今、古文之分，當直探其根源所在，不當主張在文字之間。以文字論，古與古不同，今與今不同。《公》、《穀》，齊、魯、韓三家同爲今學，而彼此歧出。又如顔、嚴之《公羊》，同出一師，而經本各自不同，故雖分今、古，仍無所歸宿。乃據《五經異義》所立之二百餘條，專載禮制，不載文字，故定爲今學主《王制》、孔子，古學主《周禮》、周公，然後二家所以同異之故，燦若列眉，千谿百壑，得所歸宿。乃編《今古學考》，兩漢今、古學派，始能各自成家。此書刊於成都，近國學扶輪社有印本。其後又改《左傳》爲今學，以其制度本《王制》，著有《穀梁古義疏證》、《左氏古經説》、《公羊補證》等書。

（二）二變尊今僞古

兩漢之學，《今古學考》詳矣，本可以告無罪於天下。惟一經之中，既有孔子、周公兩主人，典禮又彼此矛盾。漢唐以下儒者所有經説及典考、政治諸書，又於其中作調人，牽連附會，以《周禮》爲姬公之真書，《王制》爲博士所記，與《周禮》不合，又以爲夏殷制。然考《左》、《國》、《孟》、《荀》以周人言周事，皆與《王制》合，而分州建國，設官分職，無一與古文家説相同。於是考究古文家淵源，則皆許、鄭以後之僞撰。所有古文家師説，則全出劉歆以後，據《周禮》、《左氏》之推衍。又考西漢以前言經學者，皆主孔子，並無周公，六藝皆爲新經，並無舊史。於是以尊經者作爲《知聖篇》，闢古者作爲《闢劉篇》。《知聖篇》國學扶輪社有鉛字本。《闢劉篇》又名《古學考》，以古文家《尚書》、《毛詩》、《左氏》、《周禮》其原流皆晚出僞説。力反秦火經殘之論，以爲諸經皆全文，《詩序》、《尚書序》皆歆弟子僞撰，《周禮》爲逸禮，與《王制》同，其異者皆歆羼入。復著有《群經凡例》、《王制義證》、《經話甲篇》。此説爲南海之所宗法，南海之《孔子改制考》宗《知聖篇》者也，其《新學僞經考》宗《闢劉篇》者也。見《戊午週報》一九一八年第十三期。

與廖季平論今古學考書

長汀　江瀚

月日瀚白，季平大兄足下：瀚不佞，闊別三年，學弗加益，每接高譚，輒增慙悚。足下以古聖遐遠，大義久乖，慨欲繼絶扶微，存真剗僞，甚盛甚盛！瀚經術荒淺，無足比數，顧於尊説，竊有未安，敢略陳其愚，以求教益。

周道既衰，孔子以《詩》、《書》六藝設教，受業之徒，各以性之所近，轉相流衍，其於夫子之道，固已不能無稍歧互，如《檀弓》所記曾子、子游之事是也。二子者，皆門人高弟，尚猶相戾，況後之不及聖人之門，而徒守遺經者，其亦安能盡合哉！夫五嶽分形，竝極於高，四瀆殊源，咸就於深，三代異制，共臻於盛。故君子之爲學也，唯求其是，譬之貨殖，或以鹽，或以鐵冶，或以畜牧，或以丹穴，其操術有不齊，致富則一也。彼夫老、墨、名、法，諸子雜家，言之踳駁者多矣，而通方之士，獨有取焉，奈何皆爲誦法洙泗？乃妄分畛域，横相訾謷，非莊生所謂大惑不解者與？今足下爲《今古學考》，有孔子晚年論定之説，嘻，其異矣！今文家於西漢皆列學官，然大小夏侯，同受《尚書》，勝既非建「章句小儒，破碎大道」，建亦非勝「爲學疏略，難以應敵」。嚴彭祖、顔安樂俱事眭孟，質問疑義，各持所見，其紛然不一也如此，孰爲有師法邪？孰爲無師法邪？足下崇今擯古，果將何以適從哉？且其所謂家法者，即當時之功令焉耳。彼欲邀求博士，自不能不篤守師説，誠禄利之路然也。是以馬融指博士爲俗儒，何休亦詆古文爲俗學，是猶世之工辭章者，與夫科舉之士，更相笑耳。方今功令，十三經注疏與宋元注四經竝重，足下欲遠遵西漢功令，胡不遵本朝功令乎？此其舛矣。昔王伯安講良知，作《朱子晚年定論》，已爲舞文之書；兹更鄒而相效，加諸孔子，可乎哉？可乎哉？抑瀚所最不解者，足下謂《王制》爲今學之祖，兩漢經師均不識此。夫表章《王制》，乃足下獨創之見，前人何由知之。盧植據《史記》，以《王制》爲孝文博士作，近孫季仇力辨其誣，姑勿論。而瀚疑《王制》者二事：簡不帥教，黜歸田里可也；放流之刑，舜所以罪四凶，若庠序造士，何至屏之遠方，終身不齒？又四誅不以聽，與附從輕、赦從重之義不合，非仁人言也，矧曰孔子法乎？或因《易緯·乾元序制記》有「文王稱王制」一語，遂定爲文王作，則更非瀚所知已。又足下謂史公不見《左傳》，而《周禮》乃莽、歆僞書，瀚亦未敢附和。《史記》述十二諸侯事，多本《左傳》，唯往往捃摭異聞，故不免抵牾，況《年表序》中明分《左氏春秋》與《國語》爲二，安得謂《左氏春秋》即《國語》邪？《孔子世家》言狩大野獲麟，亦今文所無，尤可證。《韓非子》載楚靈弑郟敖，以爲《春秋》記之，其文廑見《左傳》，而《楚策》作「孫卿謝楚相書」云云，是其授受之故，洵未可誣，其不出天漢以後明矣。《周禮》一書，從來疑信參半，然必曰莽、歆所爲，終無定讞。莽引《尚書》、《春秋》爲居攝即真之據，誦六藝以文姦言，莫此爲甚，豈特緣飾《周禮》乎？是書雖晚出，其制度典章非盡無考見，凡汪容甫《周官徵文》已詳者，不復贅。六官之設，雖不見它經，然《大戴禮記》有之。又《管子》偁黄帝六相，唯以司馬屬秋，義少别，然正足審其沿革之由，不得反援以排之也。學者離全經久，遺文放失，茫昧難徵，與其過廢，毋寧過存，故雖東晉《古文尚書》僞迹昭著，或者猶不欲黜，蓋其慎也。若夫尚論而心知其意，是在信古闕疑之君子矣。至於力攻鄭君，論亦非是。康成之學，博大精深，爲兩漢冠，自王肅、虞翻、趙匡輩未嘗深究本原，妄加駁難，其氣力不翅什伯今人，究於鄭君何損豪末乎？然經義深廣，靡得悉窮，雖在大賢，詎能無失。且所注既多，或有先後不同，彼此互異，補苴罅漏，繄來者是賴。近世尊奉高密，每義有未衷，不惜援引傅會，屈經以從其説，殆有如王邵所譏「寧道孔聖誤，諱言鄭服非」者，是誠過矣。苟必刻意矯之，若姚際恒、魏源之大言非毁，其庸有當乎？況混合今、古，固未足爲病。漢氏諸儒，顓門傳受，抱殘守缺，是其所長，膠固𥊍通，道仍鬱滯。鄭君崛起，實綜其全，注《古文尚書》則采今文説，箋《毛詩》則參稽齊、魯、韓，囊括網羅，一洗前師之陋。善夫，陳左海曰：「守一先生之言而不敢雜，此經生之分也；總群師之言，稽合同異，而不偏廢，此通儒之識也。」焉可詬厲之哉！且夫六經之書，并包三才，大小畢具，仁者見仁，知者見知，貴能致其用也，何必盡同？不蘄爲此，而務勝人，齗齗焉以張徽志，争門户，於聖人垂世立教之意，不已偭乎遠哉？至決别群經，悉還其舊，誠一大快事。雖然，吾生也晚，冥冥二千餘載，以迄於兹，何所承受取信？雖欲私行金貨，定蘭臺桼書經字，以合其私文，且不可得，徒支離變亂，而卒無益於聖經，奚取紛紛爲也？瀚承足下知愛，有所疑不敢畜，言多未當，勿吝指擿。

或遂置之，以示不屑之教誨，亦無慍焉，交好之情，要不以此易也，惟足下亮之。瀚再拜。

此戊子年在成都所作，曾經黎蒓齋先生刊入《續古文辭類纂》中，爲鈔胥顛倒錯亂，幾不成文，迨書成，蒓老已病，未能校正。今季平所學日新，余雖荒落，亦漸變舊説，姑録於此，以質海内學人。自記。見《中國學報》一九一二年第二期。

寄懷廖季平先生

成都　金天翮

大道寂不語，聖者天喙鳴。詩禮閟孤塚，發之賢愚驚。天壤着百家，虚空綴繁星。東魯卓日觀，箊箊光天廷。尊孔攬群賢，鉅細包六經。絶學樹堅壘，高座闡大乘。四變達位育，泛濫窮滄溟。巴蜀挺此豪，十載想儀型。一朝得捧手，挈之東魯行。巖巖訪岱宗，太河當前横。栖栖滯闕里，接席多豪英。經筵推祭酒，胡牀獅子憑。翻轉大千案，舌辯波瀾生。聽者三月聾，奔走如中酲。曰通天教主，海外馳聲名。窮秋動歸思，驅車下彭城。諸生遮不留，惆悵難爲情。過江暫别去，風笛吹離亭。十日書復來，書來告行程。巴船整帆索，布被秋風輕。蜀道青天難，我老惜頽齡。及此重握手，他生再合併。奉命走滬江，江上寒潮聲。寒潮送君去，漢臯駐行旌。尚復記阿蒙，書來話生平。仲冬天雨霜，上水過夷陵。定知瞿塘峽，水縮石凌兢。峨峨錦官城，門生當郊迎。夜觴跋燭淚，秋子敲棋枰。禮堂寫述作，下帷筆不停。蜀漢車軌同，西行當擔簦。來上夫子堂，清酒假三升。奮髯詆王伯，脱屣輕公卿。青城峨眉秀，撰杖吾猶能。見《甲寅雜志》一九一四年第一卷第二號。

寄井研廖平

吴之英

同進士季平廖平，井研人也，茂質灝氣，渾沌孤靈。與余同學十餘年，初治《春秋》公羊説，後兼明三《禮》，鋭思深入，輒撤藩籬，襲宧奥，據所有，作主人，叱唶指麾肆意焉，規切弗止也。漸有成書，恒自寶，不輕出。初刊例言，爲江南北、山東西學者傳誦，或徑述其法以譔説，是亦偏師横行者矣。英老矣，一卷空山，自鳴古趣，截截畸論，幸此年華，鬱久生情，懷吾故友。憾人事違異，離索逖深，不得抒肘張眉，長於紅鐙白酒間，辯覆短長，𠱓喜怒哀樂之意，長歌自遣，藉寄相思。知君罪君，故無忌爾。

古人已往形骸落，曲曲心情無可託。强留數簡在人間，不寫精醇寫糟粕。六經由來出大始，帝王相襲亶如此。正因宗派過支離，常懼波瀾涸涸爾。兀興尼父怛苦辛，圖書滿目自游神。直抉心情對古初，始見糟粕化精醇。瀟瀟波瀾雖壯快，辯塞支離恢故界。七十七子守師傳，從此經學無雜派。嬴家皇帝不讀書，糾會孔經與焚如。當時博士詡靈讖，譔得訣詞作緯書。漢劉受命七十載，屋壁巖穴發精采。可惜古樂遂彫殘，六經饒有五經在。重説大義尚鏗鏗，前輩傳經有盛名。舊聞史遷頌五藝，魯齊燕趙九先生。劉歆不學憙生事，校編《七略》成新例。次列六藝補樂篇，若無專師揚古誼。豈知班固亦云云，徑删《六略》志《藝文》。已識

《輯略》非要典，餘略猶然依次分。首列六藝敘爲九，因收三藝陪其後。三藝果非五藝法，敘九題六已否否。何況《論語》著綱常，宜歸《尚書》應帝王。《孝經》原附禮家說，小學入《詩》是詞章。諸子分門流品賤，賦爲四等《詩》不變。兵法四種術數六，四分方技爲之殿。標目如計甚斗樊，支節難鳴斷割冤。若解綜關三藝意，盡屬五經言外言。志成萬篇數故牘，出者除之入者復。種類爰離三十八，名家五百九十六。種類名家都異科，三家相較竟如何。枝葉繁密根株簡，史遷自少劉班多。自昔五經頗相擠，弟子尊師尤互詆。更有同經持異說，特爲今文分三體。今文先出黽與蛙，古文後出龍與蛇。更有籀文中古書，藏入秘府拱瓊葩。秘府藏書不可獲，籀文知是古文格。鄉塾嬗傳今古文，兩家齟齬争點畫。今文立學諸經同，時有四種解難工。不妨鈎稽說漏者，乃在古文篇第中。《書》多十六殊莽莽，三十九篇《禮》尤廣。《論語》故說增一篇，《孝經》四章亦加長。今文舍此更無嫌，四種已聞盡魯淹。後來爲亂他經法，都學奇字寫新縑。古有不傳心獨寫，今所共讀可寶也。今文雖讓古文博，古文不及今文雅。倘能合勘俱可憐，縱然剖别已蹄筌。所以後師觀大略，至今密密二千年。篤生吾兄獨捷足，忽舞文法理舊獄。初入何室竊寶書，旋倚戴門續狗曲。謾言今古學派歧，此派所分在禮儀。今學今禮皆可考，古學古禮不復疑。自叱鑿空得奇趣，動有妖祥爲詭遇。說令相遇苦相難，定接新律裁章句。裁去若仍與律乖，黜爲雜種更安排。最怪人情喜沿習，坐見新說渡江淮。吁嘘，五藝明明五爲斷，豈容史遷獨通貫。劉班造逆未整齊，吾兄劈來得兩段。禮制何必說古今，歷代損益聖賢心。試讀鄭玄《三禮注》，兩文更據如瑟琴。宣道《春秋》張變例，變出禮文成今制。未覺今制無禮文，止復古法張三世。當年纂述贊新猷，六經大旨共源流。不然早是今古雜，學夏學殷更從周。吁嘘，先儒故訓半淪滅，幾多疑竇待人説。嚼得靈根清瀝瀝，不成芳汁自成血。亦知奇險開别宗，鑽來孔穴尚重重。且饒巧藉錐錘力，破出奇險又中庸。與君比舍素相戚，愛君精神壯無敵。匪唯吃口鬱横恣，確有匠心助堅僻。我今成書亦薈薈，不襲陳言游方外。近日幸免舛悖名，慙愧經筵稱丘蓋。每思君法我欲去，又憾我法君不與。儗革君法我用法，古人心情在何許。見《四川國學雜志》一九一二年第四號。又見《甲寅雜志》一九一四第一卷第二號。

壽廖君季平同學

劉豫波

微言奥旨費鑽堅，海外争傳廖井研。心醉六經尤嗜酒，目營八表更談天。河汾道義開來學，方朔詼諧引大年。老去心思明妙甚，城南結屋傍秋煙。

愛智廬隨筆①

吴虞

乙巳光緒三十一年，一九〇五年。八月，廖季平丈過余，談甚久。季平丈去後，余將所言録於日記，兹特選載入隨筆。其有益學子，正不淺也。

其言曰：「陳蘭甫調和漢宋，王湘潭謂之漢奸。近日朱蓉生一新、繆小珊荃孫即其一派。蓋略看數書，以資談助；調和漢宋，以取俗譽。《東塾讀書記》是也。又多藏漢碑數十種，以飾博雅；京師之爛派頭，大抵如此也。昔年游廣東，居廣雅書院室，與朱蓉生、屠京山寄、陶心雲濬宣諸人僅鄰。一日聞蓉生言，講學問須自作主人，勿爲人奴隸。因亟往問如何方能作主人。而蓉生所言，則仍奴隸之奴隸也。高郵王氏，惟談校勘，但便學僮，實不知學。故其所著之書，牽引比附，望文生義，絶不知有師説。俞蔭甫尚知《穀梁》一家喜用某字，王氏則不知也。陳左海壽祺父子喬樅所著書皆今學。陳卓人立所著書，有八分今學，二分古學。張南皮常囑予

---

① 案：《吴虞日記》（一九三二年八月八日）記：「寄三台東街《尚志》週刊社《六譯老人餘論》三頁。」但此文今不見。核廖宗澤編《六譯先生年譜》多處引《六譯老人餘論》，文皆見於《愛智廬隨筆》，則《隨筆》似即《餘論》，或其部分。

看卓人《公羊義疏》何如。予云：『專心講禮制，不知經例，以注《白虎通》之法注《公羊》，故凡傳中言禮制者，必詳徵博引；至言經例處則承用舊説。』凡考據家不得爲經學家，真正經學家即當以經爲根據，由經例推言禮制。凡禮之條例，必由經而生，此乃爲專門經學。蓋十四博士所言，皆由經文而生，彼此不同。若不言經證，謂由經文而生之證也。但詳典禮，如説《公羊》而牽涉《詩》、《易》舊説，則於本經爲贅説，每至矛盾矣。漢學乃惠、戴出死力探求而得者，如尋美洲之哥侖布也。清初諸老，皆宋學而參漢學者耳。清代今學，無成家者，孫淵如星衍以《今古文尚書疏證》合而爲一，此必不可通之説。晚年自悟其非，於是將原著《今古文尚書》中古文家説別提出爲一書，曰《尚書古文説》，而今、古文之説始分。陳左海父子則集爲《今文尚書歐陽夏侯師説考》，此本乃專爲今學。特其書又於文字專詳聲音訓詁，不知今、古典制之別。又其書但鈔古説，不能推考融爲一片，所謂明而未融。至於張臯文、魏默深、龔定庵，妄詆康成爲操、莽，實則於經傳少有心得。王湘潭於經學乃半路出家，所爲《春秋例表》，至於自己亦不能尋檢。世或謂湘潭爲講今學，真冤枉也。康長素本講王陽明學，而熟於廿四史、九通；蓋長於史學者，於經學則門外漢。章太炎文人，精於小學及子書，不能謂爲通經也。」

胡安瀾爲余言：季平丈游湖北，見張南皮，歷指《書目答問》之謬誤。《書目答問》爲莫子偲底本，或言繆小珊也。南皮爽然久之，曰：「予老矣，豈能再與汝遞受業帖子耶？」是後，南皮頗言高郵派之非。湘潭即高郵一派。南方人士，知受季平之影響，謂廖説若行，南方經學罕能立足，遂授意吴郁生，而參劾季平丈之事發生矣。趙啓霖爲湘潭弟子，以廖學與湘潭參商，亦大不洽。故南皮之亡，同學公祭，季平丈獨痛哭，蓋感南皮之相知也。

余常謂蜀學孤微，不僅受南方人士之排抑，正續兩《經解》、正續《碑傳集》、《文苑》、《儒林》，皆不收蜀人。即蜀中士夫，亦未嘗有崇拜維持之事。且於一代不數見之人才，淡漠視之，傾陷及之，務使其沉埋困頓而後快！其所標榜者，皆虚僞不學之輩也。而後生之繼起者，於前輩爲學之本末、用心之深苦，毫無所見，亦復雷同呰謷，予智自雄，意氣甚盛，浮薄淺陋，罪過尤甚。余書至此，不能不爲蜀學前途悲也！

季平丈雖不屑爲詞章，然所言無不精到。嘗爲余言：「《白虎通》爲十四博士專門之説，實諸經之精華。此書即十四博士之講義，而録講義者爲班孟堅，文筆尤妙。當時招集十四家博士講説，其事體重大，用度繁巨，非皇帝之力量，殆難辦到。且此書皆今學，極爲難得，真現在中國少有之書。詞章家不能深研經學，能精此書，殆可横行天下。專精之書，一部已足，豈在多乎！然看《白虎通》，宜先看陳左海《五經異義疏證》，方易了晰。今人讀書，務博而不求精；不知精之中自有博。即如《史記》、兩《漢書》注中人迹不到之地正多，老僧寸鐵殺人，豈在多也！一部《楚辭》，所用事實，不出《山海經》。昔年看《文選》，每日看文一篇，請湘潭講之。湘潭喜謝詩，『通蔽互相妨』一篇，尤所酷好。《文選》之佳勝，在每一文李善必詳注其作此文之原因及其關係。唐以來之選本，未有佳於《文選》者。欲爲有才識之文，宜從史書中所録文觀之，然後能詳其此文之關係何在，而其文之妙處始可求。但看選本則不能，如屠京山爲文，專學《宋書》，是其例也。余按，史書所録之文，非於當時有關係之作，必當時最有名者，讀之增人才識，視姚鼐、林紓、吴曾祺選本，自有天淵之異。屈、宋、揚、馬諸人，皆出道家，觀《大人賦》可見。故詞章有源於道家者，有源於儒家者，《易》與《詩》所衍一派是也。觀《大招》篇後半，實具皇帝之學術，而有撥亂世反之正之理想。則詞章一道，何可輕哉！一部《文選》，不用道家之意，必用道家之詞。讀《文選》之佳者，觀其注，必係老、莊、列、文之語可悟，殆直可以《文選》合於道家也。」余按：如劉孝標《辨命論》，全本《淮南·俶真訓》，是其證也。

余問：「湘潭重徐而不滿於庾，後學深信其特識，丈以爲何如？」答曰：「學徐可上合於任、沈諸家，學庾則不能；因庾既自立一幟，與古人大異，不能複合也。後來學庾者多不再向上求，故從而尊庾。猶李、杜並稱，而後人尊杜是矣。學汪容甫、洪稚存文者，宜熟於《文心雕龍》、《水經注》、《列子注》、《淮南子》、《世説新語》、《宋書》。《志》尤好。至桐城派古文，天分低者可學之。桐城派文，但主修飾，無真學力，故學之者，無不薄弱。欲求亂頭粗服之天姿國色於桐城派文，不可得也。吴伯朅、宋芸子兩先生，其文實出《淮南》，但自諱之耳。故其文多紆徐漫衍，須多看數行，乃能知其意之所在也。曾季碩名彦，華陽人，著有《桐鳳集》。詩，爲四川第一。季碩伏案既勤，且未讀唐以後書也；沉雄壯邁不及男子，則會朋友閱歷少之故。凡人伏處山林，詞章斷難造成。蓋人闊然後詞章乃得佳也。季碩在四川時，篆書並未寫成，出遊後始工矣。凡讀書，當專求恩人與讎人。合於我之學者，恩人也；反對我之學者，讎人也。無恩無仇之人，置之可也。」

丈言：「居蜀時，未敢自信其説，出遊後，會俞蔭甫、王霞舉諸公，以所懷疑質之，皆莫能解，膽乃益大。於湘潭之學，不肯依傍。故湘潭與陳完夫書，謂『楊度但以慕名之心轉而慕利，暗爲梁煥奎所移而不自知。前之師我者，亦以名也，非求益者也，與夏時濟同，與廖登廷異。登廷，季平丈榜名。廖登廷者，王代功類也，思外我以立名；楊、夏思依我以立名。名粗立，則棄予如遺矣！故康、廖猶能自立，楊、夏則隨風轉移』。」而丈《祭湘潭文》，亦有「避水畫火」之語。蓋學貴自立，無與感情；依傍既空，方覘真識。依人以立名，奴隸之學也；不依人以立名，豪傑之士也。夫以湘潭之才學，自好者猶不屑依之以成名，况才學出楊度下遠甚者，乃急於依之而不知所擇，斯亦可哀憫之尤者矣！

章太炎、王湘潭，皆一代之怪人也。太炎國學既深，又富於世界知識。在日本時，讀其《高等師範講義》，悉能理解。高等師範生與之談，恒爲所窘。嘗評嚴幾道之知識深，梁任公之知識寬，則自負可知矣。故其學説，去國家社會最近。湘潭長於文學，而頭腦極舊，貪財好色，常識缺乏，而自恃甚高，唇吻抑揚，行藏狡獪，善釣虚譽。故其學説去國家社會最遠。遠則遨遊公卿，不爲所忌，依隱玩世，以無用自全；近則影響政治，易惹波瀾，激切人心，引起贊成與反對。其力至偉，而常不免於賈禍。蓋王怪屬於舊，章怪屬於新，要皆有以自成其學而獨立，與夫近來口談名教，依草附木，毫無新舊學之可言者，誠有鳳凰鷄鶩之別矣！録自趙清、鄭誠編《吴虞集》，四川人民出版社，一九八五年版。其中字誤已經改正。此文作於一九一五年十月。原編者按：「此文發表於《國民公報》，後收入成都美信印書局《吴虞文續録》。木刻本《吴虞文續録》删去了該文最末一段。是一篇記述和廖季平談經學等問題的文章。」

哭廖季平前輩

吴　虞

四十非儒恨已遲，予非儒之説，年四十始成立。公雖憐我衆人嗤。袁世凱尊孔時，公與予步行少城東城根，勸予言論宜稍和平，恐觸忌。門庭自闢心疑古，膽識沖天智過師。垂老名山遊興在，臨逝前數周，游烏尤寺。横流滄海歎誰知。近漢奸趙欣伯創立孔學會，則孔學之宜於帝制可知。益州耆舊凋零盡，下馬陵高望轉悲。載《吴虞日記》，一九三二年六月二十日。

六譯先生已刻未刻各書目録表

廖幼平

先君六譯先生著述極富，目録可考者殆數百種。除有目無書及遺稿散佚、一時無法搜集外，現有未刻者二十一種，已刻者九十七種。刊刻年月先後不一，且非出自一人一地。先君曾勒爲《六譯叢書》。未經收入《六譯叢書》者，亦尚有數種。今將書名及成書刻書時間，分别考證列表於下：

書名	卷數	成書時	刊刻時	刊刻者	備考
爾雅舍人注考	一	光緒三年	同	成都尊經書局	在《蜀秀集》中
穀梁春秋經傳古義疏	十一	光緒十年	(一)光緒廿六年 (二)民國十九年 (三)民國十三年	湖南周文焕 犍爲張崇芳 渭南嚴穀孫	此書有三本，版各存其家。
起起穀梁廢疾	一	光緒十年	光緒十一年	仁壽蕭藩 渭南嚴穀孫	附刻《穀梁疏》後。

書名	卷數	成書時	刊刻時	刊刻者	備考
釋范	一	光緒十年	光緒十一年	同上	同上
今古學考	二	光緒十一年	光緒十二年	尊經書局	
經學初程	一	光緒十二年	光緒二十三年	同上	
公羊解詁三十論	三	光緒十二年	光緒二十三年	同上	十年成《十論》，十一年成《續十論》，十二年成《再續十論》。
群經凡例		光緒十二年	光緒二十三年	同上	今本係十二年後改訂本。
分撰兩戴記章句凡例	一	光緒十二年	光緒二十三年	仁壽蕭藩	
六書舊義	一	同上	光緒十四年	尊經書局	
王制集説	一	同上	民國四年	存古書局	此書係十二年後改訂本。

書名	卷數	成書時	刊刻時	刊刻者	備考
春秋圖表	二	同上	光緒十九年	尊經書局	此書成於十二年，二十七年又有修補。
再箴左氏膏肓	一	不詳	民國二十五年	自刻	
知聖編	一	光緒十四年	光緒二十七年	綏定府中學堂	此書成於十四年，二十七年改定。
周禮删劉	一	光緒十四年	光緒二十三年	尊經書局	此書成於十四年，二十七又有增補。
會試硃卷	一	光緒十五年	同上	不詳	
游戲文	一		民國五年	存古書局	
左傳杜氏集解辨正	二	光緒十八年	民國二十四年	自刻	
劉申綬左氏考證辨正	二	光緒十六年	民國二十五年	自刻	
生行譜例言	一	光緒十九年	民國四年	存古書局	

書名	卷數	成書時	刊刻時	刊刻者	備考
貞悔釋例		不詳	民國二十六年	自刻	
古學考	一	光緒二十年	光緒二十三年	尊經書局	此書係將十四年所成之《闢劉編》改訂。
游峨日記	一	光緒二十二年	民國四年	存古書局	
經話甲編	二	光緒二十二年	光緒二十三年	尊經書局	
王制訂	一	光緒十一年	光緒二十三年	尊經書局	
尊經題目		光緒二十二年	光緒二十三年	尊經書局	
經話乙編	一	光緒二十三年	光緒二十三年	尊經書局	
地球新義	二	光緒二十四年	(一)光緒二十四年 (二)光緒二十五年 (三)民國二十五年	資州藝風書院排印，新繁羅秀峰刻，自刻。	
易經古本	一	光緒二十四年	民國四年	存古書局	
周禮鄭注商榷	二	光緒二十五年	民國四年	存古書局	

書名	卷數	成書時	刊刻時	刊刻者	備考
知聖續編	一	光緒二十七年	光緒二十七年	綏定府中學堂	
家學樹坊	二	光緒二十八年	民國四年	存古書局	子師慎纂。
公羊補證	十一	光緒二十九年	光緒三十二年	綏定府中學堂	祇刊上卷。
大統春秋條例	一	光緒二十九年	民國四年	綏定府中學堂	附《公羊補證》中。
大同百目	一	光緒二十九年	民國四年	綏定府中學堂	附《公羊補證》中。
群經大義		光緒三十年	民國三年	存古書局	門人洪陳光補。
經學四變記	一	光緒三十二年	民國三年	存古書局	
群經總義講義	二	光緒三十二年	光緒三十三年	不詳	未收入《六譯叢書》。
周禮今證	四	光緒三十二年	民國三年	四川官班法政學堂	
禮運三篇合解	一	不詳	民國四年	存古書局	

書名	卷數	成書時	刊刻時	刊刻者	備考
容經訂本	一			尊經書局	
莊子新解	一	光緒三十二年	民國二十四年	自刻	
楚辭新解	一	光緒三十二年	民國二十四年	自刻	
倫理約編	一	光緒三十二年	民國四年	存古書局	
坊記新解	一	光緒三十二年	民國四年	存古書局	
左氏古經學	十一	光緒三十四年	民國四年	成都府中學堂	
尊孔編	一	宣統元年	(一)宣統元年 (二)民國三年	成都排印 存古書局	
人才診補證	二	民國三年	民國三年	存古書局	
孔經哲學發微	一	民國二年	民國三年	中華書局石印	未收入《六譯叢書》。
四益館書目	一	民國二年	民國三年	存古書局	
診皮篇補證	一	民國三年	民國三年	存古書局	附《釋人》。

書名	卷數	成書時	刊刻時	刊刻者	備考
地理答問	一	民國三年	同上	存古書局	
詩緯新解	一	民國三年	民國七年	存古書局	
漢志三統曆表	一	民國三年	同上	存古書局	此書係先生子師慎原稿，門人黄鎔補編。
脈學輯要評	一	民國三年	民國七年	存古書局	
靈素五解編	一	民國三年	民國四年	存古書局	此書係先生孫宗澤所輯。
楚辭講義	一	民國三年	民國四年	存古書局	此書係先生孫宗澤所輯。
高唐賦新釋	一	民國三年	民國四年	存古書局	
世界哲學箋釋	一	民國三年	同上	存古書局	門人黄鎔箋釋
地理辨正補證	四	不詳	民國五年	存古書局	
撼龍經傳訂本注	一	不詳	民國五年	存古書局	

書名	卷數	成書時	刊刻時	刊刻者	備考
命理支中藏干釋例	一	不詳	民國五年	存古書局	
傷寒講義		民國四年		存古書局	
黄帝内經明堂		民國四年		存古書局	
診筋篇補證	一	民國五年		存古書局	附《十二筋病表》。
診骨篇補證	一	民國五年		存古書局	附《中西骨格辨正》。
平脈篇	一	民國五年		存古書局	
仲景三部九候診法	二	民國五年		存古書局	
營衛運行篇	一	民國五年		存古書局	
診絡篇	一	民國五年		存古書局	
分方異宜篇	一	民國五年		存古書局	
三部九候篇	一	民國五年		存古書局	附《十二經動脈表》。

書名	卷數	成書時	刊刻時	刊刻者	備考
難經經釋補證		民國五年		存古書局	
皇帝疆域圖		民國五年		存古書局	此書係門人黄鎔就先生原稿補編。
大學中庸衍義	一	民國五年		存古書局	
春秋三傳折中	一	民國六年		存古書局	此書係門人季邦俊就先生原稿補證。
周禮訂本略注	二	民國六年		存古書局	先生原有《周禮訂本》，黄鎔爲之注。
傷寒古今考	一	民國六年		存古書局	
平脈法砭僞平議	一	民國六年		存古書局	
傷寒平議	八	民國六年		存古書局	

書名	卷數	成書時	刊刻時	刊刻者	備考
瘟病平議	一	民國六年		存古書局	
傷寒總論		民國六年		存古書局	
桂枝湯講議	一	民國六年		存古書局	
尚書大統凡例	一	民國七年		存古書局	
尚書宏道編	一	民國七年		存古書局	以上二書係黃鎔推本先生之説所成。
中候宏道編	一	民國七年		存古書局	
禮記識		不　詳	民國七年	存古書局	
易　説	一	不　詳	民國七年	存古書局	
五變記	一	民國七年		存古書局	
傷寒古本訂補	一	民國七年		存古書局	
傷寒雜病論古本	一	民國七年		存古書局	

書名	卷數	成書時	刊刻時	刊刻者	備考
文字源流考	一	民國十年	民國十二年	成都排印	未收入《六譯叢書》。
詩經經釋	一	民國十九年	民國二十五年	自刻	
易經經釋	二	民國十九年	民國二十五年	自刻	
六變記	一	民國二十一年	民國二十四年	自刻	
六譯館雜著		民國七年		存古書局	
六譯館文鈔		民國九年		存古書局	

未刻書目

詩經提要
周禮皇帝治法考
左傳漢義補證十二卷
左氏釋例一卷
中庸新解一卷
經典釋文考證
四益館經學叢書百種解題四卷
四益館經學穿鑿記一卷
詩本義
春秋分國鈔四卷
左傳三十論
左氏五十凡箋一卷
論語微言述

列子新解一卷
古孝子傳三卷
六譯館文集

以上據《廖平年譜》附録，巴蜀書社，一九八六年版。

井研藝文志

廖平 等撰
楊世文 張玉秋 校點

校點説明

光緒《井研縣志》四十二卷，始編於光緒二十年甲午（一八九四），迄事於光緒二十六年庚子（一九〇〇）。其中《藝文志》四卷，著録井研歷代著述，詳加解題。廖平參與其事，光緒二十五年（一八九九）六月曾從成都歸井研，與吴蜀輶、龔熙臺、董南宣等共商《縣志》體例，並將自撰各書提要備入《藝文志》。次年十月朔《縣志》刻竣，廖平作《井研縣志序》。《藝文志》所收井研著述，以廖平所著數量最多，皆有提要。有的著作雖不著廖平之名，實爲廖平托門人、師友、子侄之名而作，有的書已經寫成，有的則並無成書。但據提要，亦可窺見廖平經學前三變學術大旨，實爲研究廖平學術的重要參考文獻。這裏非收録《井研縣志·藝文志》全文，僅録入廖平及師友、子侄、門人所撰的、與廖平學説關係密切的提要。

目録

光緒《井研縣志・藝文》

易經古本一卷 附十翼傳二卷 廖平自刻本

考《易》以反易、變易爲主。《大傳》云：「《易》之爲書也，變動不居，周游六虚，上下無常，剛柔相易。」平因用其例，編爲反復繫辭之本。其書用《大傳》「《易》之爲書也」三節、「《易》之興也」二節、「書不盡言」二節爲序例。錯卦八，乾、坤、坎、離、頤、中孚、大過、小過。以三爻反復爲六爻，一卦自爲一圖，長少父母八卦，子息三十二卦，則六爻反復，《繫辭》二卦，合爲一圖，所謂「盍朋」。此初彼上，此剛彼柔，即所謂損益合中、矯枉過正也。亦錯亦綜，八卦八中。卦則各自爲圖，如錯卦，但仍合爲一圖，一順一逆，不取裁成之義。至于震、艮、巽、兑、咸、恒、損、益八卦，爲長少父母，亦猶長少之例。共計三十六圖，上經十八，下經十八，以符六六二九之數。十翼則分爲二卷，仿吴氏《纂言》之例，畧有審訂。其于義例有關者，間加案語。創始癸巳，成于戊戌，經數年之久，義例始定。體例雖新，然于經文初無變亂，反復相對，各成一解，或即知者謂知、仁者謂仁之義歟！

易經古義疏證四卷　廖平

其書不用「三易」之説，分經傳爲二，以經爲殷人作，孔子繙而傳之，十翼則與《易本命》等篇同爲傳，乃先師集孔子語，與各經大傳相同，非孔子自作。又以《易》與《詩》爲一類，同爲空言以俟後聖，故語多託比，不似《春秋》、《尚書》之切實。《詩》指全球，《易》更推之六合以外，所謂東西地球，互爲晝夜，八行星繞日之類。因立小大例，小爲中國，大爲全球。乾坤八卦爲小，泰否八卦爲大。又以上經爲治中國，下經爲治全球。其采輯古法，以傳記爲主，如《左》、《國》、兩《戴》之類，于漢人之爻辰、納甲、旁通等説，則多所辨正。以下經三十四卦分三統，即春秋三世之意。咸、恆、損、益各統八卦，合爲十朋之龜。其論中爻，分爲二例。父母中局以二、五爲中，長少二局則三、四爲中。故《損》、《益》于三、四言中行，《咸》、《恆》二、五爲《大過》、《小過》。大抵據主爻、中爻以爲中。如長局則中爻在三、上，主爻在初、四，少局則主爻在三、上，中爻在初、四。因卦立義，較舊説爲長。以《坎》、《離》爲中國之南北，二《濟》爲全球之南北，《大有》、《同人》合爲大同，《晉》、《夷》則東西晝夜相反之事，《否》、《泰》以天包地，順逆兩行，皆《坤》內而《乾》外，爲地球四游載于元氣之説。又嘗就朱氏《經義考》中采録各家明條舊説，以成是編。竊東漢下以《易》爲四聖之書，後儒遂有各不相蒙之説，誠所謂無所適從。此編不惟以經歸至聖，更必求合于《詩》，以《春秋》、《尚書》爲起例。所有義旨，皆推本經傳，不如宋以後支離附會。又歸本天道，推廣大統，亦不如楊萬里以《易》爲史。以六藝全歸孔子，古法久亡，得此編表章之，而功巨矣。

上下經中外分統義證二卷 廖平

上經爲中國，下經爲海外。《乾》、《坤》爲天地開闢；《屯》、《蒙》草昧，爲東太昊；《需》、《訟》爲南神農；《師》、《比》爲西少昊；《小畜》、《履》爲北顓頊。此禹州古帝以《小畜》、《小過》爲目者也。《泰》、《否》本訓，皆爲大小，大往來則兼全球言之。故《同人》、《大有》合爲大同，爲八州十六伯，《謙》、《豫》爲八州八王，《隨》、《蠱》爲大同二帝，《臨》、《觀》爲天子之皇。由小而大，以大同爲目，此《泰》、《否》十卦與《乾》、《坤》之所以不同。八王以東西爲綱，太昊東木，少昊西金，《噬嗑》、《賁》爲金，《剝》、《復》爲木，此由《泰》至《復》，合計朋卦十四卦爲十卦，所以有十年之説。《无妄》即無疆、无邪，《大畜》與《小畜》相起，《頤》、《大過》、《坎》、《離》爲中國之四岳。四錯卦分則爲八伯，《无妄》、《大畜》居中共一圖，合爲九州之治，禹所序九州是也。下經之朋卦，由是而推，《咸》、《恒》、《損》、《益》，如《无妄》、《大畜》以下所統八卦，如《頤》、《大過》、《坎》、《離》也。《震》、《艮》、《巽》、《兑》至《節》爲十卦，合朋則爲六合，二《濟》爲十，《中孚》、《小過》、《既》、《未濟》爲《泰》、《否》四極，如上經之《頤》、《大過》、《坎》、《離》。蓋《中孚》、《小過》爲東西二極，二《濟》爲南北二極，故同有「鬼方」、「曳輪」之文。上經屬中國，故朋卦七見，詳二男而畧二女。下經屬海外，故中卦祇八見，詳二女而畧二男。由《乾》、《坤》

而《泰》、《否》，由上經而下經，即《詩》之「内㬎中國，覃及鬼方」者也。《詩》以「小東」、「大東」、「小球」、「大球」、「小共」、「大共」等句分二統。《易》則以「小往」、「大來」、「小畜」、「大畜」、「小過」、「大過」、「小人」、「大人」等句分中外。士爲中土，女爲海邦。所有海外方隅、人物，則多借中國之名以名之。如「羝羊」、「荆楚」，所謂物從中國，名從主人。平之治《易》推求經傳，新例甚多，此例尤古所無。如與諸例一同纂録，不能推闡盡致，故與「中和」、「貞悔」等例别爲一書。至于所撰義疏，則不更詳焉。

中和解二卷　廖平

平自序云：辛卯以後，治《易》專就本文推考義例，至于數十百條，辭義繁賾，編纂爲難，故先取中和例，編爲此書。用《左傳》例，每爻變爲一卦，分長、中、少三局，以中卦十六，合父母四卦，共二十卦。爲中、長、少三十二卦。合二卦爲一圖，故三十二合十六圖。合長、少、父、母八卦共四十卦。爲和，中卦三爻爲終始，自成一局，内爻變而外卦不變，《乾》上九所謂「有悔」，《需》上九「不速之客三人來」，外三爻不變，逆行上五四，客由主而定。故中卦多于三爻言，或言終也。于二五爻變父母，所謂王在師中。中局長在三、上，所謂「係丈夫，失小子」及「師左次」也。少居初、四，所謂「係小子，失丈夫」也。中局如王者居中，周、召左右，《中庸》所謂「未發之中」。至和卦，則二卦相合，剛柔相濟，進退合時，故謂之和。和有倡和、調和之義。上下無常，剛柔相易，就一卦單言，則爲過、不及，必二卦合朋調濟，乃于偏中見正，所謂矯枉過直、勿藥有喜，《中庸》所謂「發而皆中節謂之和」。性情本有偏執之弊，必損益合中，乃謂之和。惟和卦合朋，内外六爻皆變，故以六爻爲終始。三爻不變，則外卦爲客來，六爻則外卦全變。故下經合朋之卦十五見「悔亡」字，而上經三見「有悔」。蓋外三爻不變爲有悔，外三爻變則爲悔亡也。又上經三十卦，中卦局十二見，長少合朋祇七見。屯、蒙、小畜、履、謙、豫、臨、觀、噬嗑、賁、剝、復、无妄、大畜合爲七局，師、比、需、訟、同人、大有、隨、蠱、頤、大過、坎、離則爲十二局，多合朋五局。下經三十四卦，中卦八，晉、明夷、漸、歸妹、中孚、小過、二濟。長少二十六卦，合爲十三朋，較之中局多至二倍。此上下經之分也。又中卦二、五爲中，朋卦則三、四爲中。故《損》、《益》于三四爻言「中行」，《中孚》亦因三、四二爻得名。二、五爻爲《小過》，小不及；初、上爻爲《大過》，大不及矣。《大過》之名指上，其三、四兩爻仍爲中，初爻仍爲大不及。《小過》之名專指五爻，二、五于單卦爲中，朋卦則非中，故稱「小過」，不如《大過》上爻全不得位也。以此推之，全經皆同。又《論語》有「中行」、「狂狷」與「文質彬彬」之説，皆以《易》中卦爲主。《坎》、《離》、二《濟》爲中行，《恒》、《益》、《震》、《巽》爲狂，《咸》、《損》、《艮》、《兑》爲狷，而《咸》、《恒》偏至之卦，尤須《損》、《益》以裁成之。故《咸》、《恒》二、五同爲《大過》、《小過》，餘四卦全在下經。《損》、《益》則二、五爲《頤》、《中孚》，較大小過爲美。餘四卦三在上經。此化狂狷爲中行之大義。又下經前三十卦分三世，《咸》、《恒》十卦爲和，《震》、《艮》十卦皆别，一質一文，剛柔相反，惟《損》、《益》所統八卦間居其中，四别四和，文質合中，所以爲君子。故《損》、《益》十卦爲君子，《震》、《艮》十卦爲小人，禹州也。《咸》、《恒》十卦爲大人，即野人，「同人于野」是也。雖不足以盡《易》，然别而出之，未爲不可。考「中和」又爲「中庸」，「和」字《易》僅二見。「庸」與「用」音義相近。「用」從卜中，然則經中凡言「用」者，皆謂和也。

尊卑大小釋例二卷　廖平

平自序云：先儒以治《易》當如《春秋》，以比事屬辭求之。顧近人爲表、圖者甚多，卒莫能得經之義例，輯録雖勤，終成廢紙。亦嘗别出新意，約同人分纂，卷雖盈尺，而精華無多，《易》例其終不可得而求乎？閒嘗推考《春秋》舊例，不下數十種，率離合參半。癸未分國表之，乃始能密合，以視舊作，誠所謂治絲而棼。積疑既久，乃以《春秋》之法移之于《易》。考《乾》、《坤》生六子，六子合《乾》、《坤》所生爲二十四卦，二十四卦又生七十二爻，每爻各爲一卦，合得百零八卦。本經有祖妣、父母、夫妻、子婦之文，今以十六卦爲祖妣，四十八卦爲父母，百四十四卦爲夫妻，三百七十二爻爲子婦，分爲四等尊卑。以貞、悔二例言之，祖妣彖辭屬祖妣，父母彖辭統屬父母，廿四爻則分居行言之，二十四卦爻辭統言夫妻，七十二爻又分言七十二卦之來往。七十二爻，每爻每一卦之用。亦如《春秋》天王、二伯、方伯、小國四等，尊卑儀注各不相同，以尊混卑，以卑混尊，皆不能相合，此辨卦尊卑之説也。又《春秋》有中外例，《易》

則有中、長、少三局。如王在師中，中卦例；長子率師，長局例；少子輿尸，少局例。中局各不同，詳内而畧外，先諸夏而後夷狄。故老、中二局以三爻爲始終，少、長二局以六爻爲始終，狂狷進退損益合中。所謂上下無常，進退無恒者，謂少長二局相反也。今于尊卑相同之中，又以中外分貴賤，亦如《春秋》晉、楚二伯則内晉，八方伯則外蔡、秦、荆、徐，小國外許而内曹、莒六國，六國中又貴曹、滕同姓，而後莒、邾、薛、杞。先儒論《易》，以一爻占一人一事。今畧以爲一國初定此例，將來再爲推廣。所有居守行從，必各有界劃。從如晉、楚之從者，「交相見」、「利見」，如諸侯相見，小國朝魯，魯朝晉，齊、楚二伯帥諸侯以朝王之比。是《易》事類于《書》義，同于《詩》文，則與《春秋》比，得三經以相印證，説乃昭明。不然，則惠、焦、張、姚諸家所編，舊例具在，合與不合，固有目者所共覩也。

十朋圖説一卷 廖平

卦有一卦變六十四卦舊法，《焦氏易林》、朱子《卦變圖》是也。焦氏每卦合十二爻，《啟蒙圖》苦無章法。平因舊法，創爲此圖。先用《左氏》一爻變法，六十四卦每卦六爻，各變六卦爲本，然後以本卦與内變、外變錯卦四者爲綱，四卦必同類。上下則奇五朋，偶五朋。上下初朋，四與二卦爲同。本卦父母長中少局，則二朋十二卦全同。二朋、三朋爲全朋，上二朋爲五卦一爻變六，三朋爲五爻變錯卦六爻，四朋五朋爲盍局，四爲初朋三四内外卦，五爲初朋上初卦，下二三亦爲全朋，內外變二卦所生，如乾局爲否、泰十二爻。四五亦爲盍朋。四爲初、上，五爲三、四，而居二、五之四卦，則以綜見義。如乾局奇四爲兑、震，五爲艮、巽，不見坎、離，而坎、離則以困、井、賁、噬嗑、節、復、旅、豐見。以此推之，一朋六卦。十朋包六十四卦，《益》曰「十朋之龜」是也。按此圖，使六十四卦各歸統緒，不至陵亂，較舊圖最有條理。編爲一卷，共三十餘紙，亦可謂簡要之至矣。

序象繫辭一卷　廖平

按：此爲《易例》十種之一。其書仿譜帙之例，分爲四等，所謂祖、父、子、孫是也。祖父繫彖，子孫繫爻。以《震》、《巽》言之，内三爻爲生，由一生三，由三生九，由九生二十七。一爲祖，繫《震》、《巽》象；三爲父，繫《豫》、《妹》、《豐》、《小畜》、《漸》、《煥》象；九爲子，一五九三爻爲《震》、《巽》，繫其内卦爻辭；二十七爲孫，一五九三爻爲《豫》、《妹》、《豐》、《小畜》、《漸》、《渙》，繫六卦爻辭。由内推外，其例相同。由此推之，脈絡分明。《大傳》未繫辭之先，言觀序、言占象，則未言之前，固有所以繫此辭者，學《易》者不可不先求之也。

易通例二卷　廖平

古今言《易》，皆主例。是編不用舊例，多由本經本傳而推。如爻變據「三人行損一人，一人行得友」；内爲主，外爲客，據「不速之客三人來」，以父母中卦多言三，定父母中卦三爻爲終始。長少多言七，如「七日來復」，以六爻爲終始。長局一人在初、四，爲長子帥師。少局一人在三、上，爲弟子輿尸。據「繫小子，失丈夫」爲中局初爻，乃「三人行」之少。「繫丈夫，失小子」爲中局三爻，乃「三人行」之長。據「小大往來」定小、大二統。據「十朋之龜」定《頤》爲龜。因繫亡、獲得、失喪定吉凶。因常變、居行、咸恆定「咸」當爲「或」。因「貞吉」、「悔亡」定爲「貞居」、「悔往」。因下經三十卦別和錯見定爲一易、再易、三易。據《大有》同友、《需》同濡、繻定聲音例。因眇、跛、不習、飛鳥定半象例。因夬夬、乾乾、愬愬、逐逐定重象例。因困、蒙、若、濡定卦名例。因或從寇攻定邊爻例。因良馬逐、良馬勿逐，獲明夷之心、不獲其身定比文例。因《姤》、《同人》、《履》、《无妄》、《訟》、《遯》定一爻二卦來往例。因「漣如」、「來連」，《乾》、《坤》三四言或，《損》、《益》二五言或，定錯綜例。因《坤》三言貞、《乾》上言悔定貞悔例。由「利西南不利東北」定八卦方位。大統西南半球，亦如《春秋》，四陽卦爲中國、四陰卦爲海外。據大同定《否》讀爲丕、《泰》讀爲大。據《大有》、《同人》以大同爲大人，家人爲小人。據七舍之例，以宮室爲子，野郭爲午。因利虛舟定「有孚」同「桴」。據《易本命》男女長、中、少三男三女年歲，定五十、四十爲長男、長女，三十、二十爲中男、中女，二十、十五爲少男、少女。定「有孚」爲《大有》、《中孚》因小大往來。據別八卦內三爻爲小統、外三爻爲大統，和八卦內三爻爲全球，外三爻爲中國。因弗、不、克、用、有、得、獲等虛字互見，用《春秋》例以解之，因文異義同，非常文，定爲一見例。諸卦有祖孫、君臣、上下之不同，定爲尊卑五等之例。因得友、得臣，定三爻之中有主爻以爲之君。因客三人、《革》三言「有孚」、言「三就」，定三爻同變之例。因《臨》初、二皆言咸臨，定二爻同變之例。因《困》、《蒙》執《隨》，定内外爻變之例。諸例皆屬新創，于經傳皆有明文，不似舊例爻辰卦變之類，多屬附會。按：平嘗欲解《易》，如解《春秋》之切實，當無徵不信之時，固無可如何，四海開通以後，則《易》實亦有徵，其言固非夸也。

貞悔釋例二卷　廖平

按《易》别和之分在内外卦，内爲貞、爲恆，外爲或、爲亨。亨、貞即貞悔之變文，或、恆乃貞悔之實義。《洪範》「貞悔」二字説《易》者誤解，幾于全經不見二字明文。平撰此編，專詳此例，自序見文集中。于下經「貞吉」、「悔亡」連文四見之義，説之甚詳。亨、貞之訓，亦藉以大顯。始悉四德之訓，乃一家之説，非通義也。

生行譜二卷　廖平

考平癸巳于九峯先成此書，爲四益易學之初階。其書不用京氏八宫法，每卦内三爻爲生，外三爻爲行。一卦生三，故八别生二十四子息，八和生二十四子息。按：此説與張心言同。外卦則皆一人行。三人行于内爲客，故曰「有不速之客三人來」。因取《左氏》一爻變之例，每卦六變爻，每爻爲一卦，又六變合爲三十六卦，因編爲圖，縱横往復，悉有條理。按：此圖與包氏《皇極經世緒言》偶同。每卦一圖，由一圖以推三十六圖。其辭說不下十數萬言，皆關于易中義例，迥非先後天圖畫徒勞筆札之可比。

易象師法訂正二卷 廖平

古今言《易》者，以數、理二派爲大宗。漢人詳于象數，晉宋空談玄理，其大較也。近人侈談漢法，實則爻辰、卦氣、消息、升降、錯綜、史事，于《易》中不過如九牛之一毛，太倉之一粟。不能謂《易》中無此理象，然由此以通全經，有如炊沙作飯，徒勞無功。而其遺誤後學，閉塞聰明者，尤莫如京氏之八宮。平之治《易》，不泥舊說，嘗録諸家義例之文，而詳論其得失，去僞存真，一節之長，皆在所取。又按《易經》師法，雖習其學者皆心知其不通，因訛踵誤，相沿如此，久而遂爲定解。故論《易》師法，難于自立。新例堅卓不移，而不以攻人爲能事。平撰此書，其大要在于創立新例焉。

三易正訛二卷 廖承

考《周禮》「三易」與「三兆」、「三夢」相比，謂筮有三法，非謂《易》有三經本，即杜、鄭舊説，亦但云帝王舊法，不以「三易」配三代。今《易》屬周文王作，《連山》夏易，《歸藏》商易也。後人紛紛，由誤生誤，僞撰古書，至于不可究詰。《禮記》云「商得坤乾」，《大傳》云「作易當紂與文王之時」，則今《易》即作于殷，非文王作，明矣。《左傳》云以《周易》見陳侯。《左氏》筮卦多一爻變，則「周」即「周游六虚」之「周」，謂六爻各一變爲六卦，非周朝之「周」，明甚。不然，則「周」字亦與《連山》、《歸藏》不類。承著此篇，專明古義，後來訛謬，分類考訂，或比于《易圖明辨》，洵不誣也。以《國語》「貞悔」爲《連山》，《左傳》八數爲《歸藏》。

十翼疏證四卷 廖師政

按：《四益館文集》有《答友人論作易書》，專申歐陽文忠《易童子問》之説，以《繫辭》爲《大傳》，經下《彖》、《象》出于漢師。證以《喪服大傳》、《服問》、《三年問》及《禮經》附經之傳所引「傳曰」與《穀梁》八引「傳曰」，定附經之傳爲出于晚師，證據最爲明暢。師政用其説，仿閻徵君《古文尚書疏證》，作爲此書。竊以《易》爲文王作，出于《周禮》「三易」。今考《繫辭》及《禮記》言《易》出于殷人，又考明「三易」與「三兆」、「三夢」相同，乃筮有三法，並非經有三本，則《易》不作于文王，實爲定案。自「三易」之説深入人心，《易童子問》雖祖之者代不乏人，或乃以爲大悖，得此專書論述，庶與閻氏《疏證》相發明，足爲作《易》之定説焉。

易傳彙解四卷 廖師政

《史記》稱《繫辭》爲《易大傳》，劉子政又引《易本命》爲《大傳》。古經皆有大傳，今可考者，《喪服大傳》、存《禮記》中。《尚書大傳》、《春秋大傳》。今于「十翼」外別取佚傳、《易本命》、《本命》、《中庸》、《易緯》、《易九厄》等，補爲此編，專以發明師法焉。

易字通釋二卷 廖師政

經世之學，固不可以文字汨沒終身，而章句之功，則以識字爲根本。「易」字舊多誤解。以卦名論之，「咸」當爲「或」，乃與「恆」對。「夬」當爲「祥」。「否」、「泰」皆當訓「大」。泰、大一字，否當爲丕。「大有」當爲「大友」。「无妄」宜讀「無疆」。「遯」當讀「豚」。「姤」讀「狗」。「噬嗑」音同「食貨」。「大過」即爲「大國」。「晉」爲晉國。「明夷」即楚。「家人」爲「人」。「睽」同「鬼」聲。「蹇」爲「牽連」。「解」即「遺散」。「頤」爲「易」，又爲「夷」。「同人」之爲「童」、爲「憧」。「萃」之爲「位」。「困」之爲「束」。「兑」之爲「説」。「革」之爲「鞹」、爲「格」。「節」之爲「既」。「離」之爲「罹」。「豫」之爲「疑」、爲「猶豫」。「旅」之爲「旗」。「損」、「益」之爲「進」、「退」。「渙」之爲「奂」。「井」之爲「九州」。以「央」言之，「牂」、「壯」、「牀」皆指「洋」。以「需」言之，「濡」、「濡」、「須」、「泥」皆爲雨。「娣」之爲「帝」。「羝羊」之爲「氐羌」。「歸妹」之爲「歸沬」。「有孚」之爲「大有」、「中孚」。「過」之爲「疾」。「係」「繫」之爲吉。「膚」之爲「孚」。「用」之爲「中」。「大川」之爲「海」。「大壯」之爲「大洋」。若此之類，僕數難終。其中有取義，有取聲，有取象，雖不外乎六書之旨，而每卦隨象取義，往往數解並見。如湘潭王氏解《蒙卦》，所有

「發蒙」、「包蒙」、「童蒙」、「困蒙」、「繫蒙」，皆就上字解，不拘「童蒙」一義。全經之中，義例繁重，若廣爲推衍，未免繁贅。通假不明，又屬缺典。故師政乃別爲一書，以便推比。既有專書，則全解中可以從省。近人推詳《蒼》、《雅》于《春秋》、《儀禮》，雖少發明，于《易》則最爲有功，彙而編之，固有相得益彰之義也。

六十四卦象補表二卷　曾上潮

考《説卦》言卦象者止于八卦，蓋爲三爻卦言，故以八爲斷。若以六爻卦言，則六十四皆當有象，不僅八卦也。如六爻之《坎》象二鳥之飛爲「習坎」，《師卦》内坎象鳥飛，外坎五爻變爲《坤》，是變鳥飛之形，故曰「不習，無不利」。《頤卦》二陽在外，四陰在内，有龜形，又象口，故曰「舍爾靈龜，觀我朶頤」。《需卦》水天于文上從雨，下從天，不從而。卦變成需，故曰「其行遇雨」。字又作「濡」，故曰「濡其首」、「濡其尾」。《中孚》中虚象桴舟。《大過》、《小過》、《大壯》、《夬》上、五二爻之象角。《姤》、《豚》初、二之象趾。凡此之類，皆爲六爻卦自有之象，非由三爻卦推得之也。自來説《易》者多捨六爻自有之本象，而穿鑿附會，于《説卦》之八象其失遠矣。上潮此表，取天、地、身、物爲四大門，每門分四子目，共爲二十格。先將《説卦》三爻八卦象原文照格分派，然後再加六十四卦名于後，各就經傳師説照格補入，務求精審，繁簡在所不拘，而加説于表之後，共爲二卷。以視昔人錯綜交互以求通全經者，其得失判矣。

尚書備解四卷 廖平

平于此書，先刊凡例。壬辰、癸巳于嘉州先成《帝典》、《帝謨》、《甘誓》、《湯誓》、《牧誓》、中統《戡黎》、《微子》二篇。《金縢》、四岳十二篇。戊戌以後，乃續成之。其書大旨以二十八篇爲備，古稱佚書，皆爲記傳。注用古説，如《堯典》引《月令》、《孟子》，以《克殷》、《作雒》證《牧誓》，以《明堂位》即《召誥》「位成」之傳，《王會解》即「大和會」之傳。《周書》、兩《戴》之外，諸子亦詳。其駁正舊説，以《堯典》「月正元日」以下乃舜在大麓舉賢，而堯親命之，故首兩言舜，帝乃堯，非堯殂落後舜乃命官。考《繹史》所輯堯、舜事，皆舜舉九官、堯親命之，決無殂落以後乃命官之説。《皋陶謨》舊名《帝謨》，乃帝與二公語。其中「夔曰」云云，爲記識，乃撮舉命官之語，非正經。以《金縢》爲周公書總序，中有兩《金縢》、兩風雷之變。舜、禹受禪之際，亦有兩《金縢》、兩風雷之變，經錯舉一見，惟《大傳》詳之。以木四篇爲四岳命刑，二《誓》平分，即所謂「明德慎罰」。《秦誓》爲課士之書，非悔過而作。《盤》、《誥》舊稱難讀，今以《盤庚》爲誥，乃周公書首篇，爲殷舊文。以下周公用盤庚法以治殷民之事。說本《史記》。故有「沖人」、「余小子」之語。周公書主五誥，有序者爲專篇，無序者爲分篇。考各篇言「王曰」、「王若曰」數十見，既無問答，曷爲加「曰」字以別之？平則以爲皆有問答，特多見別篇。經「公曰」、「王曰」分篇記録，故不得其解，特爲考訂其酬對之踪跡，仍不敢改易經次，而附注下方，以明其節目。又本經有記傳入正文之例，如《帝典》「既月乃日」、「覲四岳」、「班瑞于群后群牧」，此經文總括之辭。下文「歲二月東巡守」以至「用特」，皆傳文，所以釋經者，故與《王制》全同，《王制》不應直録經文，又皆爲經所統，故訂爲記傳訓詁之例。如「日宣三德」下乃云「日嚴祗敬六德」，當是以「祗敬」解「嚴」字。由此推之，《典》、《謨》固有之，而《盤》、《誥》之所以難讀者，率因記傳與經混，箋釋與正文混。故平于《立政》等篇，又立傳記例。凡其文義重沓者，則舉一條爲經，餘條爲傳焉。

尚書記傳釋十卷　廖平

平所刊《尚書凡例》，言經略傳詳，傳記多在子、史、兩《戴記》，《逸周書》尤多，不能全附經本，故別出此編單行焉。如《帝典》引《五帝德》、《帝繫》，爲先經起事；引《月令》解「命羲和」；引《伊尹》、《職方》證《禹貢》；引《夏小正》傳《甘誓》「三正」；以《湯祝》傳《湯誓》；以《酆謀》、《克殷》、《世俘》傳《牧誓》；以《武王踐阼》傳《金縢》；《大匡》、《文政》、《大聚》傳武王克商後事；《武儆》①、《五權解》傳「王翌日乃瘳」；《明堂位》傳《洛誥》「位成」；《度邑》、《作雒》傳《雒誥》；《王會》傳「四方民大和會」；《周月》、《時訓》傳《洪範》；《大戒》傳《無佚》；

① 武儆：原作「武傲」，據《逸周書》篇目改。

《糴匡》、《大匡》傳「文王即康功田功」；《允文》①傳「惠保小民」、「惠于鰥寡」；《小明武》傳「文王不敢盤于游田」；《程典》、《酆保》傳「庶邦維正之供」；《文儆》傳「文王受命惟中身」；《度訓》、《命訓》、《常訓》、《文酌》②之傳「文王修和有夏」；《武順》③、《武穆》④傳「武王誕將天威」；《官人》之傳《立政》；《任人》、《本典》傳「九德」；《皇門》傳「司寇典獄」；《史記》傳「遏絶苗民」。更引《史記》本紀、世家以相連，與經別行，儼如古史之體。其總説全篇者，但録篇名；其分説篇中文義，則録經文云。

王道三統禮制循環表二卷 廖平

陳家瑜序：師持六藝無沿革例之説，或以傳記有四代異制，與三統循環舊説爲疑。按此蓋不變之變，又變而不變者也。考六經既立，百世莫違，然改姓異代，必有變更，故有三統循環之説。乃于定制之中，別創三等變法，所謂三代者，乃法文、法質之後王，不謂古之夏、殷、

① 允文：原作「見文」，據《逸周書》篇目改。
② 文酌：原作「文配」，據《逸周書》篇目改。
③ 武順：原作「武訓」，據《逸周書》篇目改。
④ 武穆：原作「武移」，據《逸周書》篇目改。

周也。變其名而不變其實，故可以循環。其別爲三統，是變也；可以循環，則變而不變。明堂，定制也；或圓，或方，或橢，則別爲三。正朔，定制也；或子，或丑，或寅，則定爲三。社必樹木，定制也；或柏，或松，或栗，則別爲三。凡屬可以循環，皆爲此例。此六經之專説，文不見經，而附經以行者也。至于傳記、諸子所有不可循環者，則間爲實事。如官之五十、百、二三百，稅之五十貢、七十助、百畝徹，夏喪三月，周喪期，夏四廟，夏末五，殷五廟，殷末六，周六廟，皆從質而文，由少而多，既已文明，不能反質。此乃三代真制，不能相同。然三代軼事，與經文不皆合。如夏喪三月，周喪期，《孟子》「魯、滕先君莫之行」，而《帝典》已云「三載四海遏密八音」，此實事異經者也。夏官百，殷官二百，周官三百，此沿革也。經則自《帝典》以至《左》、《國》皆用三公九卿之説，此事實不合經制者也。《孟子》所引之貢、助、徹三代不同，而經則專取助法。周徹無公田，《大田》之詩有之，此經擇善而從。《孟子》據之立説，尤爲明白顯著。今于四代真制與經制不合者，統歸于古制佚存中。此表專就經説中周以後法夏、法殷、法周之三代可以循環者，以見其變而不變，而決非孔子以前真三代之制也。學者必通此義，然後與無沿革之説並行而不悖，且互相發明也。家瑜，樂山人。

四代無沿革考二卷　廖平

樂山帥鎮華序云：六藝善而從，固古今通論也。自東漢古文家割裂六藝，分屬周史，於是創爲沿革例。如建州以堯爲十二，禹爲九；《爾雅》爲殷制，《職方》爲周制，魏晉下以爲定論。師於《地球新義》刊有《九州四代無沿革考》。竊以孔子作經，垂法百世，使兼存四代異制，則群儒會議，各主一家，事雜言厖，徒爲紛擾，則經制不當有沿革，一言可決。或曰：信如是說，則《白虎》何以有異同，五經何以有異義？決黑白而定一尊，乃商鞅一定之法，非六經之宗旨。曰：信如斯説，是議瓜乃儒門正法，食肝爲博士拘墟矣。嘗考六藝，推之《左》、《國》，下及秦漢諸子，典章制度，大綱巨領，無不同也。師法之存者，《繁露》、《外傳》、《大傳》，其同固不具論。即以《尚書》言之，其説《典》、《謨》與三代同，無所謂沿革。即《左》、《國》詳述周制，與《典》、《謨》之文亦絲絲入扣。又嘗即《白虎通義》考之，雖本文不標學目，陳注畧具梗概，大抵所争者皆經無明文。先師以意推演之條，至于大綱無異同也。又即《五經異義》考之，今輯本共百五十餘條，所論雖多綱領之文，大抵今與今合，古與古合，是古文與博士立異者，惟誤説《周禮》數條耳。《左》、《國》馬、鄭雖牽入古學，然其制度無一不與博士合。蓋説經必定一尊，遇有盤錯，刻意求通，久則自明。若如鄭説，或周、或殷、或虞夏，所謂此一是非，彼一是非，皆以不解解之，使人無復潛心深考。唐宋以下，深蹈此弊。苟專心致志以求通，不惟《戴記》所謂虞夏殷制合于經，即《周禮》原文亦同經制也。或曰：《易》之爲道，一咸一恆，一貞一悔，守一不變，無乃非反復變易之説乎？曰：此篇專明貞恆，至變通則《四代循環表》詳焉。交相爲用，常變之道盡此矣。

尚書王魯考二卷 廖平

按：武王、周公事爲經學疑案。文王生子太早，武王生子過遲。平據《逸周書》及《荀子》，以爲武、周兄終弟及，如宋太祖、太宗、德昭故事。考周公實真即位，七年反政，自以爲非立乃攝，故孔子成其志，不稱王而稱公。《尚書》「公曰」、「王若曰」，明「公」即「王」。「公乃告二公」，即《謨》「帝與二公言」。「予小子新命于三王」，「予小子」爲天子在喪之稱，周公以新爲號。王莽學周公，故亦號新。《尚書》畧于二帝三王，詳于周公，故二十八篇，周公獨占十二篇。周公以《金縢》爲序，五《誥》爲總名。《多士》、《多方》、《梓材》、《無逸》皆爲分編。《左傳》稱《盤庚》爲誥。《史記》「周公用盤庚舊法以治殷民」，則《盤庚》亦周公書，故盤、誥一體。且以《金縢》五誥合考餘篇，皆相關涉，如敬天、安民、受禪及風雷之變、征伐、遷都之類。是《尚書》專主周公，非別爲一書，則宗旨不顯。蓋孔子匹夫持權，特藉成周公爲前事之師。荀以爲大儒，莊所謂元聖、素王，孟屢以周、孔並論，《論語》云「夢周公」者此也。《詩》之《魯頌》因周公實爲天子，先師以王魯説《春秋》，殊乖其實。且以大統論，中國之王，固即大九州之魯也。

三德考四卷 附九錫九命表一卷 廖平

平自序云：《洪範》言三德，《帝謨》言九德。鄭君以三爲九，如醫家三部九候。博士説九錫、九命，合爲九，分爲十八。古帝命官，因德錫命。《穀梁》言三公，有知、仁、義之目。平因諸說，草創此編。大旨以知、仁、勇爲三公，即剛、柔、正直之所出。一德之中分三子目，天子爲峻德，臣工以三德分，仁司徒，知司空，勇司馬，一分爲三。凡一德爲士，三德則爲大夫，各因其德以命官，所謂「日宣三德」、「浚明有家」者。大夫三命，一德一命也。大夫以下爲專長，不擅異能。卿爲六德，所謂「日嚴祇敬六德有邦」，卿六命，則必兼他長。如剛柔各三日，必兼正直，乃成六德，然後六錫爲卿。至三公則必九德皆備，仁至義盡，無不兼包。九德已全，乃命九錫，所謂「九德咸事」者。三事爲三公也。所謂德者，顛倒反覆，各就本性，補弊扶偏。竊三德爲自修之本，而官人選舉，尤治法之樞要。舊説蒙蝕已久，故特命威遠郭茂才季良彙輯群經傳記言三德者，改補成書。前二卷《自修》，後二卷《官人》。《自修》中又分志、言、容、行四門，《官人》中又分量才、審微、專任、兼綜四門。其采《論語》至于百餘條。《易》之剛柔、中正、中行、過不及，尤爲三德所從出。因其明文出于《尚書》，故編入《書彙》，末附《九命九錫表》説，以九命、九錫合爲十八級，如今正、從九品之分。錫命雖爲通文，而並見則有分別。尊者用錫，卑者用命。以今事證之，則正四品以上爲錫，從四品以下爲命。特今級以少爲貴，經制則以多爲貴耳。考《周禮》典命以九爲目，尊者言賜，賜即錫也。以五爲題者，舉奇而不數偶，合十八以爲九數耳。群經散見，彙爲一門，以爲修己官人之法，不敢言著書也。

洪範釋例二卷　廖平

按：平《尚書凡例》以《洪範》爲帝王大法，全書通例，中包帝、夏、殷、周。非一代之書，故常以《洪範》九目統《尚書》全文，分別作表，並以推之群經。蓋以數立義，無所不包，不言事而言理，于書爲變體也。

二十八篇爲備考二卷　附百篇序正誤一卷　廖平

國朝閻氏《古文尚書疏證》事久論定，以爲有澄清之功。然閻氏祇言東晉古文之僞，而不敢議《書序》，似孔子序《書》，真有所謂百篇者。史公親從孔安國問故，故序散見《本紀》、《世家》，乃今、古所同之證。平則據《中候》十八篇之文，以爲經實祇十八篇。今文二十八篇，其中尚多分篇。《儀禮》合《容經》十八篇，《春秋》十八國。《詩》合三《頌》、《國風》亦爲十八。《易》則上經十八，下經十八。《考經》十八章。群經各有十八之例。聖人作經，貴于簡要，凡屬繁賾，皆在記傳。今《逸周書》、兩《戴記》中多《尚書》記傳，如《克商》、《明堂》、《官人》、《王會》之類，其明證也。劉歆校書所得古文乃記傳，非經，其遺文當在《周書》、《戴記》中。張霸初輯記傳遺文，編爲《百兩篇》，加以篇名，名實不符，其僞易見，故其書不行。古文家鑒其失，竊取張書，但撮大意爲百篇序目，不録原文，授人以柄。此僞《序》襲張霸，非張霸襲僞《序》也。今百篇《序》文散入《史記》者，乃古文家引《序》以校《史記》，後來刊寫，誤入正文，非《史記》原文所有，瘢痕具在，細考自明。犍爲黄孝廉鎔考此事，有專篇。今按二十八篇各有取法，平治精藴，包括靡遺。即僞古文二十餘篇，有何精微，出于原書之外？故疏通知遠，二十八篇已盡之矣。至于《武成》、《君陳》等篇，乃古籍，非孔書，班《志》所謂孔子删棄之餘者也。故《孟子》有微辭，使果聖筆所存，固非孟子所敢議。且「血流漂①杵」等語，今二十八篇中何嘗有此？孔子繙經，流傳百世，當有鬼神呵護。若草定百篇，一火竟亡其大半，是不如術數之士，尚能自保。如《隋書·經籍志》、《經典釋文序録》種種誤説，考之史公，徵之《伏傳》，何嘗有之？大半出于六朝古文家之妄談。百篇《序》與《毛詩序》同出僞撰，《書》先而《詩》後，其僞則同。即以篇名論，舜事已包于《堯典》，不當别出《舜典》之名。《大禹謨》、《益稷》統在《帝謨》篇中。《九共》即是《禹貢》，何容復重九篇？《太誓》乃《牧誓》之異名，《經話》三卷中考《牧誓》最爲詳明。《五子》非典謨之正體，且與《汝鳩》等四五十篇名目不見引用，而《左傳》所引伯禽、唐叔諸命，乃不登列，足見其僞。考《書序》疑之者代不乏人，特以其文具在《本紀》、《世家》中，不敢致辨。又博士二十八篇爲備之義，未有卓解明説，因之不能爲定讞。平著此篇，篇頁雖少，其功與閻書不相上下。非以其善于攻人爲不可及，詳考二十八篇不能增損之故，確有實證，深合人心。使外人之依附影射者無從立足，不攻而自破，則固在《尚書考》之上也。

① 漂：原作「標」，據《孟子·盡心下》改。

詩緯古義疏證八卷　廖平

是編專詳緯説，義詳自序。

自序云：六藝皆有緯，班《志》之所謂「微」。魏氏以「古微」自名其《詩》説，而實未盡其義。六經以疆域廣狹言之，莫小于《春秋》，莫大于《易》、《詩》。《春秋》就禹州分中外，《書》則以五千里爲主。至于《易》、《詩》，則合地球五大洲言之。《詩》爲空言，故《荀》云「不切」，《中庸》云「無徵不信」。鄒子之説，古今以爲荒唐。《詩》使亦深切言之，則言無徵驗，豈不與談天同譏？故託興比物，意在言表，至于今日，其實乃明。包括六合，總統覆載，固莫備于斯，而其推行握要，則不外于《春秋》與《書》交相爲用。五洲亦如九州，將來大一統，合要荒爲大五服，此《詩》所以爲言志，《春秋》所以爲行事之舊義也。以四始之例言之，木始爲東帝，火始爲赤帝，金始爲少昊，水始爲顓頊。所謂改正、革命者，即《羔》、《緇》之「革敝」。又改爲也，又喜怒哀樂，緯皆託之律吕聲音，不指人事。又十五《國風》，緯以十二月律吕，必如此而分之。又以邶、鄘、衛、王、鄭五國居中，所謂貪狠、廉貞、好惡、喜怒，亦分四方五帝。考舊説宗緯者惟《齊詩》，家法久微，佚文甚少。平爲此編，鈎沉繼絶，雖舊治三《傳》、禮書，備極勞悴，尚不若《詩》、《易》之甚。或以其説太新，近于荆公《字義》，同床異夢，甘苦自明。顧、閻二家之書，身後是非定矣。

詩緯經證二卷附樂緯經證一卷 廖平

義詳自序。序曰：案緯云：「書者，如也。詩者，志也。」周衰，孔子修六藝，立言以俟後世，未可明言，惟托興微顯，乃可自附作述，此緯之所由來也。緯以《二南》爲二伯，邶、鄘、衛、王、鄭五國居中，爲地軸。唐、陳十二國分應十二月。三統説更詳。今推爲中外四岳八伯諸例，緯更以天星配十五國風。今推廣其例，以邶、鄘、衛爲黄帝，王、鄭、齊爲文，主東，豳、秦、鄭爲質家，主西，合邶、鄘、衛爲素、青、黄三統。《小雅》緯言四始五際，大綱與《風》相配。上半五神，分方四游，合爲三十輻。下半合數四方、兩京、八伯。《大雅》分應三《頌》，當是以二十八篇應列宿，終以大統。其中文王殷商對文，即緯文家、質家之所由出。大統東西合併，文質彬彬之事也。《周頌》爲繼周之王，監于二代，即文、武。《魯頌》主文王爲中國，《商頌》主武王爲海外，即《樂緯》「王者孰謂，謂文王也」之義。兩《頌》爲青素居中，則「狐裘」之黄帝，託之于三皇者也。緯以周、召爲二伯，與《詩傳》同。《傳》云：「郟以東周公主之，郟以西召公主之。」故《關雎》首言左右，全詩黄帝爲主首，周、召者伯，如《春秋》，故以爲始基。此緯中元聖、素王之説也。孔子既没，微言僅存三家，未盡闡發。古文之説復起，以爲事非一代，作非一人，錯亂紛紛，毫無義例。故後世説詩者，直視經如古詩選本，望文生訓，雜亂無章。不知《詩》雖采《春秋》，録古作，既經序訂，機杼全在聖人。使摘句尋章，不考編詩之意，則微言奥義，莫能明矣。今先列緯文于全詩，求其印證，專著是編，以明宗旨。《莊子》以經緯合爲十二經，緯與經對文。今雖自託于一家，編《詩》之義，未嘗不可由此而考。以此説《詩》，庶幾得覩其奥義云。

詩圖表二卷 廖平

義詳楊序。

新繁楊楨序云：季平初治《詩》，先作此表，經三四年始成。每遇疑難，于尊經標題課試，合衆力推考，一得要義，嘗于午夜起，鬚髮皓白而不辭。其中如《國風次第表》、《小雅分應國風表》、《邶風爲總序表》，稿經三四十易，始成今本。其表目如《大雅應三頌表》、《王統四存國統表》、《國風十二配十二月表》、《詳本詩國風山川風俗時政經義移封禮制錯文表》、《八音樂器表》、《八風表》、《以鳥名官表》、《國風典制同春秋圖》、《國風政制如春秋齊一匡圖》、《齊詩六情表》、《國風應律吕表》、《夏小正十二月名物與詩相起表》、《鄭爲王畿配邶雞鳴以下配二統表》、《兩京留行表》、《鄘衛對文表》、《兩京檜曹二伯表》、《陳風十篇表》、《魏唐十九篇表》、《居四正魯統四亡國居四隅表》、《素統五國表》、《國風經義一統封建圖》、《國風土著遷封分二《小旻以下十九篇表》、《秦分三國表》、《諸墟表》、《瞻洛以下二十二篇表》、《豳風表》、《首三篇天子配頌次二伯末二方伯王後五福六極表》、《五事表》、《五行災異表》、《小統禹州表》、《大統海邦八十一州表》、《四游即輾轉反側表》、《地球南北對文表》、《地球東西對文表》、《南北交通如二濟表》、《東西往來如晉明夷表》、《天文表》、《四靈分應地球表》、《東西南北分應全球表》、《周頌合篇表》。各表下加説，不厭詳盡，兩説可通，亦附存之。按：古無以例説《詩》之事，季平創爲圖表，分部别居，條理井然。觀此編，然後知《詩》雖用舊説，各有作詩之人，一經聖手，别有取裁，自始至終，靡不通貫，雖録衆作，不第一手所成。前人謂《淳化帖》雖采各名蹟，既經鈎勒，則是一人之書。此言雖小，可以喻大。季平《詩解》立説甚新，不先讀此書，不能得其意之所在；且不先讀此書，未必信其説之有因也。

三家辨正二卷 附毛證一卷 廖平

義詳羅序。

新繁羅煦序云：考班氏《藝文志》以三家采《春秋》，録時事，咸非其本義，知三家本原，不以序爲重，故班有是説。三家同説一經，而各立異同，又同是一家，亦自相違反。知《毛序》由古文家仿《書序》而作，皆出東漢以後，若三家則有説無序。故一詩之序，至于七八見，言人人殊，決非子貢所傳矣。乃《唐書·藝文志》有《韓詩卜商序》一卷，必後師仿《毛序》爲之，妄稱子夏。《唐志》無識，誤仍舊題。古果有是書，何唐以前不見稱引？或據《獨斷》引《詩序》，以爲《魯詩》亦有序。按：《獨斷》之文，惟此節獨繁，與前後文義不類，當是後人據《毛序》補注誤入正文者，不必《魯詩》原文，故古義中不用諸序。以其説繁雜無所適從，故《逆志表》歸之事例，同列者共八家，是非自顯。至于《毛序》，則據《周禮》六儀之説，必出東漢無疑矣。《史記》言諸經傳授源流，惟《易》可考，大小毛公出于陸璣，皆後人仿大小夏侯、大小戴而誤。今本小序爲衛宏據《周禮》而作，《周禮》未出之先，絶無六義賦、比、興之説。傳即謝曼卿之訓，亦襲《周禮》、《左傳》説，與杜林《書訓》、先鄭《周禮訓》但明訓故體例相同，皆古文弟子推《周禮》以説《詩》、《書》，非西漢以前之本。劉歆移書、《後漢・儒林傳》所稱《毛詩》，皆屬後人校補。朱侍御蓉生與某人書論《毛詩》多誤，核其數皆爲溢出，爲校史者所補，已有明説。近賢陳奂作《毛詩傳疏》，意在尊毛舍鄭，乃因陸氏淵源，誤引《荀子》，遂將博士禮制任意牽引。不知《序》、《傳》于博士舊説固一字不容出入，明爲尊毛，實自決藩籬，全不識鄭《箋》本意。井研先生博採古説，輯爲此篇，與所刊《古學考》互相發明，考證精核，足破舊疑。試考前賢之論，然後知其非好奇喜創也。

董子九皇五帝二王升降考二卷　廖平

按：九皇六十四民，詳于董子，鄭注《周禮》引其説。賈疏以九皇在先，九皇之後爲六十四民，六十四民之後乃爲三皇，顛倒錯亂，毫無依據。平據「皇矣上帝」、「上帝是皇」，以爲董子上推神農、黄帝爲九皇，即《詩經》師説。因其上推，故稱上帝；上推則帝可爲皇，故曰「上帝是皇」。舜爲天子，則帝嚳、堯爲二王，伏羲、神農、黄帝、少昊、顓頊爲五帝。古之天、地、人爲三皇。《月令》五帝始于太昊，據舜言之也。夏則堯、舜爲二王，上推伏羲，爲九皇之四。殷則舜、禹爲二王，上推神農，爲九皇之五。周則夏、殷爲二王，上推黄帝，爲九皇之六。以《魯頌》繼周，則殷、周爲二王，上推少昊，爲九皇之七。以《商頌》繼魯，則周、魯爲二王，上推顓頊，爲九皇之八。以新周繼《商頌》，《周頌》爲百世以下繼周而王之新周。以魯、商爲二王後，所謂「有客有客」。堯、舜、禹、湯、文、武爲五帝，上推帝嚳，爲九皇之九。是九皇由《周頌》起例。古三皇合上推五帝及帝嚳爲九皇，堯、舜、夏、殷、周三代皆可爲帝，故《五帝德》以禹爲帝。《易》「帝乙歸妹」以商爲帝。「帝出乎震」，以新周爲帝。凡過二代所謂「尊賢不過二代」。者皆爲帝，過七代所謂「作者七人」。皆爲上帝，爲皇。以皇臣帝，如帝嚳上推爲九皇，而其子帝摯、帝堯皆爲帝。以帝承王，如堯、舜、夏、殷、周三代之祖，禹、契、稷爲之臣。是上帝與帝、帝與王有先後之分，即有君臣之别。董説爲《詩》專例。自古義湮失，人多斥爲異聞，故專著一書，採經證，搜古説，千年墜緒，一旦昭著，好學深思之士，必有所取也。

皇帝王伯統轄表一卷 廖承

有竪數之皇、帝、王、伯，有横數之皇、帝、王、伯。古今世道升降，皇而帝，帝而王，王而伯。《老子》云「道失而後德，德失而後仁，仁失而後義，義失而後禮」者也。百世以後，則横數之皇爲天子，帝爲二伯，王爲州牧，伯爲大監，所謂皇臣帝、帝臣王、王臣伯者也。此表以古今分爲二卷。上卷爲竪，採録舊説，凡四統升降，如《穀梁》「誥誓不及五帝，盟詛不及三王，交質子不及二伯」。善爲國者不師皇，善爲師者不陳帝，善陳者不戰，善戰者不敗。譯史所采三皇步、五帝趨、三王馳、二伯騄，凡此之類，皆入此表。下卷則《詩》、《易》二經之説，如「王用饗于帝」，「帝出乎震」，「高宗伐鬼方」，《震》「用伐鬼方」，「帝乙歸妹」，「王于出征，以佐天子」，「文王陟降，在帝左右」，「爲此二國，二帝。其政不獲，爲彼四國，一公所統之四王。」「帝」謂文王。「王公伊濯，爲酆之垣」，「三后在天」，文、武爲后，「文王有聲」之文王、武王、王后與皇、王並見。《長發》、《玄鳥》武王、玄王與上帝並見。又「皇皇后帝」、「皇矣上帝」、「上帝是皇」，即大一統同時有一上帝、天子。二帝、二伯。八王、八伯。十六公。如《春秋》之齊、晉。上卷爲《書》、《春秋》説，下卷爲《詩》、《易》説。今故以上卷歸入古史，下卷則附《詩》類焉。

詩文辭逆志表二卷　廖平述例　成化宗濬等録

義詳自序。

平自序云：《孟子》引孔子之論《春秋》曰：「其事則齊桓、晉文，其文則史，其義則某竊取。」説《詩》則曰：「不以文害辭，不以辭害志，以意逆志，是爲得之。」言《春秋》者以義爲斷，而事、文皆在所輕。説者因《毛詩》有《序》，謂三家亦有《序》。今考《關雎》先儒之説，或文武，或宫人，或畢公，或康王時，甚以爲刺詩。考三《傳》雖分，名物大綱莫不皆同。縱有齟齬，亦不至是。《詩》則一家同門，又各互易，始悟《序》非子夏所傳，故隨在推衍。至于名物、禮制，則無不從同，班《志》譏《序》爲非本義，是也。惟四部著録之書，莫不用《序》，必盡廢其説，則争辨者多。今故編爲此表，首列諸序，毛、朱、齊、魯、韓、雜家、僞端木序、僞申培傳，共八家。後儒之説統入雜家次格，辭則名物之訓解，舊新各占一格，以相比較，終折之以義，亦如孟子説《春秋》事、文、義之分。既經孔修，則我用我法，不拘晉楚之得失，無論魯史之文質，所謂精思渺慮，發于胸中，游、夏不能贊一辭者也。按：以《序》説《詩》，人各一篇，篇各一解，一國三公，各自爲政，則聖作之經，直如村塾之詩選，甚至先後參差，彼此出入，游蕩倡和，市井瑣談，皆登簡牘，豈非聖經之大厄哉！必深鑒以《序》説《詩》之弊，而後知經爲聖作，别有微旨。《序》説可以斷絶，微言必須貫通。既出聖裁，則一字一句，悉出聖心，自始至終，如同一貫。故檜、喬即屬二公，雎、鳩即爲周、魯，彼此相通，前後一致，所謂篇如章，章如句，不惟自通于本經，兼必旁合于《易》象。本義謹嚴，未便旁及，故專述此編，發明斯例，即以發在昔之微言，並以解世人之疑惑。苟深覆乎舊文，必相引爲知己。如其堅持己見，即毛、朱二家已不勝其佐鬭之勞。不食馬肝，未爲不知味。各尊所聞，各行所知，固不强人以就我也。

序詩一卷　廖平

《易》有《序卦》，《説文繫傳》曾仿其例，以序五百四十部首，雖無大精義，然篇次藉以可循。考古《詩》説不分篇立序，多以三終爲例。毛序人各爲詩，篇各爲序，淩亂分裂，其弊不可深言。欲觀合通，非仿《説卦》，别爲《序詩》，不足以收篇章之效。故别爲此篇，多以三終爲一，首尾貫通，前後相配。觀于此，然後知《詩》必分篇，篇必一序之爲誤説也。

顛倒損益釋例二卷　廖平

《易》以反易、變易爲名。六十四卦之反復繫辭，所謂顛倒成文，初反上，柔爲剛，所謂進退合中。《易》以説天道，《詩》則以詳人事。蓋中國僅在東土一隅，風一道同，可以繩墨。至於全球大塊，剛柔懸殊，嗜好迥别，晝夜相反，寒暑不時，欲化成一律，難矣。又四方風土，性情反易，逕情直行，偏同爲害。故《詩》於開通瀛海政術，專責成顛倒進退，所謂「顛之倒之，進退維谷」也。以制度言，東文西質，必文質合中，乃爲君子。以性情言，北剛南柔，剛柔相濟，乃爲中行。《桑柔》一篇，爲開化四極之詩。每方必言反、言覆，所謂火水相濟、金木合並也。以九德言之，如温而栗、剛而無虐。温仁東也，必兼西方之義；剛强北也，必取南方之柔。故顛倒則變爲德，任情則流于偏。又四方性情好尚不同，中央則兼包四時。《詩》云「顛之倒之，自公召之」，如黄帝居中，而調劑四方以合中，即所謂「召之」也。故變化氣質之學，首在去舊，終以日新，反覆進退，是爲大宗。平故特撰是書，發明經義，兼以爲後來取法。開化功要，何必在玄遠乎哉！

數表四卷 廖師重

《洪範》以數立説，《周禮》、《逸周書》多以數統節目，即《荀子》推類之説，而歸本于《易》。考《詩》、《易》言數者多，微文散見。如八風偶言一二九，能畧舉一端，非觀全文，不知隅舉。又《詩》之篇章以二計者，多爲天地、二伯，三爲三統、三才，四爲四時、四方，五爲五極、五帝，六爲六合，七爲七始、七政，八爲八風、八伯，九爲九能、九星。他如十二爲十二次，十八爲二九三六合數，非列全文，無從印證。師重撰爲此表，初用《小學紺珠》爲藍本，以類相從，採用既多，證據愈廣，洵經學切要之書也。

文質表二卷 曾上潮

《論語》、《公羊》家文質之説，皆出于《詩》，小統無是也。上潮以爲如今中外合同之書局名曰中外、曰中西、曰華美、曰華洋，會通觀之，中外、中西即古文質之説，文中國海内，質海外野人。《詩經》大例，實以文質中分。以三《頌》言，《魯》爲文，《商》爲質。以《國風》言，《王》、《鄭》、《齊》爲文，《豳》、《秦》、《魏》爲質。以二《南》言，《周》爲文，《召》爲質。《邶》、《鄘》、《衛》

爲總綱,《鄘》又爲東爲文,《衛》又爲西爲質。以《唐》、《陳》、《檜》、《曹》言,《曹》爲文,《檜》爲質,《唐》爲文,《陳》爲質。《小雅》分方東北爲文,西南爲質。以十五《國風》言之,《邶》爲上推之帝,《鄘》爲東伯東帝,《衛》爲西伯西帝,《鄘》爲東方之文王,《衛》爲西方之武王。《王》、《鄭》、《齊》、《豳》、《秦》、《魏》六國之分,則《鄭》、《秦》爲卿,《齊》、《魏》爲伯。由中外分爲二表,文質彬彬,以合大同之盛。中外共八州,僅以東西起例者,如二伯之統八州。文、質爲青、素二統,如周、召各統四方四國,以合中央之黄統,以成三《頌》。此表分爲三格,首格統中外,次東方文,次西方質,首加「十五國總屬圖」焉。

詩經釋例四卷 劉兆麟

自古無以例説《詩》之書。四益新創是例,兆麟遂乃撰爲此編,仿《春秋辨例》,凡經文一字一句,悉分類纂列,各門亦仿杜氏,加以論説。如四方例、皇帝王公侯字例、四時例、五帝例、十二月令例、海内外例、兩京居行例之類,共録爲四卷,然後知諸説皆由經而出,非好爲苟難也。

詩易相通考二卷 廖平

義詳李序。

樂山李光珠序云：《詩》與《易》通爲空言，同爲託比。二經義例，自屬相通。《易》尚有十翼，義例可循，《詩》則緯以外從無以例説者，故《詩》解迄無定論。蓋《詩》、《易》合則兩美，離則兩傷也。大抵六藝以地域言，小莫小于《春秋》，《尚書》次之，《禮》附之。大莫大于《詩》、《易》，更推擴于天道，《樂》附之。《詩》、《易》同流，于六合分内外。《易》詳天地陰陽，如天有九道，「七日來復」之爲二十八舍，《泰》、《否》爲天地外之天地，「終朝」、「日中」、「日昃」、「夕夜」之爲六氣，較《詩》尤爲恢廣。而《易》小統則與《詩》合，如《乾》、《坤》言「潛」、言「黄裳」，《柏舟》言「不飛」，《緑衣》言「黄裳」。《易》之「龍」、「朋」即《詩》之「鳳」、「魚」。《困》言「葛藟」，即《樛木》「葛藟虆之」。「履霜堅冰」爲南北兩極，《詩》則北方之國言履霜。《易》乾主西北，《坤》主西南；《詩·周南》主北東，《召南》主南西，即由此起義。《易》以長反少，剛變柔，損益合中行；《詩》則狂反喜，惠覆良，進退則維谷。《詩》之「未見」、「既見」，即《易》之「未濟」、「既濟」。《詩》言「海外有截」，即《易》之「既濟大川」。《易》之「潛龍」「或躍」，即《詩》「魚在于渚」；「或潛在淵」、「鴻漸」，即「鴻飛」。《易·晉》之「鼫鼠」，即《詩》「碩鼠」。《易》之「小往大來」，即《詩》之「小東」、「大東」。《易》以「晉」、「明夷」言地球之晝夜，《詩》以「南山」、「北山」、「十有」明南北球反亙之義。《易》以地爲坤，四岳馬，即《詩·魯頌》之「四馬」。蓋解《易》而不得其宗旨者，則取《詩》以證之；説《詩》而不得其宗旨者，亦取《易》以證之。閒就同門課作，修改以成是編。地球四游，在今日爲奇聞，實已早見于二千年以前，先儒未經目見，所以不得的解，時代所限，非先儒之過也。凡有血氣，莫不尊親，一經之言，必有考驗矣。

學詩紀聞二卷　廖宗濬

四益治《詩》前後近十年，剝蕉抽絲，每説或數易稿而定，或數十易稿而後定。其中層累曲折，係由苦思而得。又嘗以是命題，課卷論説，盈箱累篋。每遇子姓論説，娓娓不倦。宗濬因集所聞，以爲此編，淺深旁正，粲然具陳，足以啟發聰明，折中疑難。如十五《國風》臚列數十説，雖其後折定一尊，然所列諸條皆足以各明一義，廬山面目，八面玲瓏。《春秋》每條皆具數解，觀其會通，朽腐悉可爲神奇之助。借此以廣異聞，固足以互相發明也。

説詩紀程十卷　廖師慎

平草定凡例，師慎彙輯及門黃鎔等所作而成。蓋毛既後起，三家又非本義，一詩之作，説者紛如，又託言起興，無可端倪，欲貫通全文，宜其難也。即如《邶風》四風三統，明文具在，而以配三《頌》、十五《國風》，其圖表改易，至于四五十次。故每定一説，先與及門商榷，間作課目，故其草藁至盈箱架。定本刊落，故草定凡例，屬師慎將黃鎔等課卷及會講彙爲此編，中多未定之論，亦行收録者。自序云：「《本義》立説甚新，其所以必爲改作之實，不能詳列。又每説數十改易者，初説不無可存，義涉旁證，推衍文繁，不能備登，故存之以備博覽。治《詩》最久，詳其踪跡，如游覽紀程，使後有所考證，亦不没及門諸子贊襄苦心。」平所著《經話》與此編體例略同，故《經話》説《詩》最少。經學題目中，《詩經》課題最多，一名一字，亦皆分彙考索，編爲條例，以視魏氏《詩古微》，用心雖同，而難易分矣。

樂經存亡集證四卷 廖平

平所刊《樂經凡例》，以樂聲容不可傳，經則在《詩》中，其説詳矣。考此本于《國風》用《儀禮》例，各取首三篇，惟《檜》、《曹》不與，共三十九篇，《小雅》《鹿鳴》三、《魚麗》三、《車攻》三、《庭燎》三、《小旻》三、《瞻洛》三、《魚藻》三、《菀柳》三。共二十四，《大雅》《文王》三、《生民》三、《卷阿》三。共九篇，三《頌》則全文均在。考《墨子》「歌詩三百」、「舞詩三百」，則全詩皆可歌舞，不僅如《儀禮》、《左傳》、《國語》。《關雎》之三、《鵲巢》之三、《鹿鳴》之三、《魚麗》之三、《文王》之三。季札雖舉全文，或用全詩，或僅用首三篇，亦無明證。但今既從《詩》中提出《樂經》，若録全文，反是有《樂》無《詩》，故取首三篇爲斷。除三《頌》以外，共七十二篇，以合七十二候。六經皆完，《樂》獨亡，非尊經之義。今編此本，以爲記傳師説之主，則篇目可不拘矣。平以《詩》歸大統，《樂》與《禮》對。以《樂》附《詩》，固無疑義。既從《詩》中提出各篇，所有解説仍詳于《詩》，惟專論《樂》者乃見此編，則于《詩》本固兩不相妨。惟《周頌》，據《左傳》引《武》五章，毛本爲五篇。疑毛本有分析篇章之事，故《周頌》有少至二十五字、二十八字即爲一篇者，頗不合于頌體，故用古篇，多以類相從，合爲十篇，畧加解説焉。考古今補《樂經》者代之不乏人，惟此本因記求經，以經爲經，較爲可據。又《論語》言雅，言《詩》、《書》、執禮，而無樂，或以爲遺漏。不知雅言即《莊子》之所謂繙經，班《志》「通古今語」，繙《詩》、《書》、《禮》以爲今本，《樂》則文字之學，即在《詩》中。樂聲器不得云雅言，經即是《詩》，則雅言亦不必再言《樂》矣。平之治經，力反經殘之説，五經皆全文，故于《樂》亦輯爲此本，不使聖經有亡佚之恨。揆之事理，求之證驗，固非無據之談也。

禮樂宗旨表一卷古樂考十卷律吕要義二卷樂經記傳彙編義疏六卷　廖平

平于《樂經》用以《記》求經之法，《記》既以《詩》爲樂，則經即在《詩》無疑。又六藝原文，多不過二萬，《詩》乃加倍，則分爲二經，固足以成一家之言矣。此本以《樂記》爲首，次《周官·大樂正》，或以爲竇公所獻，近人曾據以爲《樂經》者也。古《樂記》有《竇公篇》。次《左傳》吴季札觀樂，古《樂記》曾有此篇。及《國語》論鐘各篇。皆古《樂記》之遺文。再次以《管子》、《吕覽》、《淮南》、《史》、《漢》，大約取于《樂書》爲多，彙輯古書以爲記傳，以成《樂經》專門之學，如《春秋》之有三《傳》，《禮經》之有《戴記》焉。《樂經》之説雖微，而記傳則甚顯著。二伯代天子征伐，而王道因以不亡，則此編雖少，託體甚高，固非《樂書》可得而比擬者也。外《禮樂宗旨表》一卷、《古樂考》十卷、《律吕要義》二卷。《宗旨》爲經派，取《樂記》之文立表，再取别書補成之。《古樂》、《律吕》二書則尤與史爲近焉。

儀禮經傳備解十卷 廖平

平用邵氏《禮經通論》説，以十七篇爲全。讀「鄉飲酒」、「鄉射」爲「饗」，則饗、食、燕三禮皆存。按鄭注《禮經》，意主殘缺，一遇疑難，輒以亡篇爲説。平以爲全，專心推考，遂生新例。如《王制》六禮不出十七篇之外，兩戴文十數見皆同。本經之言如某禮、如某事者，文皆全見本經。如設洗、如饗拜至，皆如饗禮，皆在《鄉飲酒》、《鄉射》二篇是也。班《志》云推「士禮以合于天子」，以「士」爲今鄉里儒生，非也。《禮經》之「士」，當爲五長之男，以今品例之，當爲五品以上，非指鄉序士。人有十等，士在其中，舉中以立法，可以上下相推。亦如《春秋》以魯爲主，上有天子、二伯，下有卒正、連率，亦舉中以示例。又覲、大射爲天子禮，公食、燕、聘爲公禮，鄉飲酒、鄉射爲卿禮，少牢爲大夫禮，喪服爲通禮，惟冠、昏、相見、喪、虞五篇，乃以士名，則《禮經》非專詳士禮，可知矣。此書不盡用鄭注，仿《經傳通解》，刺取記傳，附于本經之後。以《通解》本爲記，此書已解者，于兩《戴記》中不再加釋。凡公冠、奔喪、釁廟、投壺，吴氏所補八篇，皆以爲記傳。先經起例，後經終事，非經之佚篇，以互文、省文讀全經，故仿《班馬異同》，寫定經本，以此相推，可省煩説。如《祭禮》補祊祭，薦毛血，羹定以尸前之事，據記文詳補冠禮之見父母，昏禮婦主于廟拜祖，及與賓客相見，冠後之徧見尊長，皆爲補證。又明上達下達之例，一禮可作數篇之用，經記傳問各附于後，以便觀覽。經以簡要爲主，傳記乃務詳備。後世草創儀注，如叔孫通之朝儀，及魏晉以下儀注諸書，皆由《禮經》推衍而出，不必强與經同也。以《容經》一篇附後，合爲十八，即所謂「禮經三百，威儀三千」也。邵氏《禮經》全備之説，得此而論益定矣。

禮經札記四卷 廖平

平于三《禮》鄭注皆有商榷之作，此篇則專爲經文而發，于經缺義特加詳焉。如昏禮不先廟見，據《左傳》先配後祖補之；冠禮不見父母，亦同。經于祭祀但詳迎尸以後，而祊祭殺牲、血膋諸義缺，則據《詩》與《禮記》補之。公爲二伯，卿如方伯，大夫如卒正，士如連帥，則據五長正其名，士非庠序儒士之謂也。至于傳記，則用朱子《經傳通解》例，取傳以附經。經之互文隱義，悉爲補證。《鄉禮》、《鄉射》二篇別有解，《喪服》亦別有説。鄭君説《禮》，拘于文字，多失經旨。以上諸説，《備解》已經解明，然非別爲一書，則義不詳審。此書滙觀其通，于互文隱義多所裨益云。

饗禮補釋四卷 附鄉人飲酒禮輯補一卷 廖平

是書以鄉人飲酒禮亡、饗禮未亡，説詳自序。

自序：鄭注《聘禮》，以饗禮爲亡，褚氏因有《饗禮補亡》之作。今按《饗禮》即《鄉飲酒禮》，原在經中，未嘗亡也。考《郊特牲》以春饗爲飲，養陽氣，秋食爲食，養陰氣。鄭君《周禮》

饗九獻，聘禮再饗；及箋《詩》，皆以饗爲飲賓，與《郊特牲》合。韋注《國語》、孔疏、敖氏説經皆同，則飲與饗異名而同實者也。考《公食大夫禮》云「拜至皆如饗禮」，又云「設洗如饗」。按經凡云「如某禮」，其文皆具于經，則「拜至」、「設洗」如饗，即指《鄉飲酒》之「拜至」、「設洗」而言之也。説詳《經話》二卷。又鄭君注云：「古文饗或作鄉。」又《聘禮》「食再饗」注云：「今文饗皆爲鄉」。考經中「鄉」字鄭注皆讀爲「鄉黨」之「鄉」，則兩注不幾成空文乎？又《鄉飲酒義》：「建國必立三卿、三賓者，政教之本，禮之大參也。」又《射義》云：「諸侯之射，必先行燕禮；卿大夫之射，必先行鄉飲酒之禮。」而經記中所引「鄉」、「相見」、「觀于鄉」、「鄉射」、「射鄉」諸條，必如鄭注讀「鄉」爲「饗」，文義乃通，如讀爲「鄉黨」，則不成語。且鄉飲酒官禮繁重尊嚴，與燕禮相埒，斷非鄉人所能。鄭注亦屢言與漢所行鄉飲酒不合。今故讀「鄉飲酒」、「鄉射」之「鄉」爲「饗」，「拜至如饗」、「設洗如饗」禮皆指二篇，但從鄭注改讀二字，是饗禮、饗射且重見二篇，又何亡之可言？或曰：鄉飲酒當飲酒爲禮儀，鄉爲目地。曰：凡禮不當以地爲目。考《周禮》所言，飲食禮有饗、食、燕三大綱。本經燕、食、再饗與《周禮》同，別無飲酒之名。據《郊特牲》，饗即爲飲禮，是經本今、古文皆「鄉」爲「饗」，後來誤讀如字，鄉既目地，因篇中乃飲酒儀節，遂以「飲酒」二字記識于下，因並改《禮記》以合之。饗禮以一字爲名，本與燕禮同，因誤注二字，遂變爲目地言儀之鄉飲酒禮矣。按：飲酒即饗，此篇使本以飲酒名，雖與鄉禮異名，然饗禮之儀節固在經中，但可云名異實同，亦不得謂饗禮爲亡。況「鄉」讀爲「饗」，今、古所同。鄭君嘗于本篇兩注之，改讀從舊，而饗禮存，何必定讀爲目地不辭之「鄉」乎？且就褚氏《補亡》中考之，饗、食、燕三大禮外，别無飲酒之禮，不得謂經有飲酒、食、燕三篇，與《周禮》合，而獨缺饗禮也。又考《禮記》、《鄉飲酒》有二「卿」字，本經二篇，言公及大夫，全不見「卿」字。蓋此二篇爲卿專禮，卿大夫之射，先行鄉，讀如饗禮，其明證也。鄭注早誤，流衍更多，因取《鄉飲酒》、《鄉射》二篇，重加解疏，以申明饗禮未亡之大義。褚氏補作，非不勤苦，孰知所補義全在《鄉飲酒》、《鄉射》二篇，但用鄭君今、古文舊注，改讀二字，即已判然冰釋，怡然理解，有若此者乎？至于《論語》所言鄉人飲酒，《周禮》亦有明文，漢時至今所行之鄉飲酒是也，特非禮經卿所行之饗禮耳。因仿褚氏《饗禮補亡》之例，將傳記所詳鄉人飲酒之禮及注疏之説别爲《鄉人飲酒補亡》一篇，以見亡者鄉人飲酒之禮，而饗禮固未亡也。《禮記·鄉飲義》附解于後，並取《經話》論此事一則附于其後，共爲五卷焉。

喪服經記傳問彙解六卷　廖平

是編以《儀禮·喪服》爲經，《禮記》爲記傳，首《喪服小記》，次以《大傳》，次以《閒傳》，次以《喪服四制》，次以《服問》，次以《三年問》，次以《儀禮》傳文。共八篇，合爲此本。考各經記、傳、問惟《喪服》爲詳，故彙爲此編，既便專門講習，且以見諸經、記、傳、問①先後之起例。《禮經》之外，以記爲最古。蓋記以補經之不足，當與經同時所出。《禮》有《喪大記》，今名《小記》，是尚有《喪服大記》，而今不傳也。説經之書，則以《大傳》爲先。按：除《喪大傳》以外，今可考者《尚書大傳》、《易大傳》、史公引《繫辭》，劉向引《易本命》。《春秋大傳》。褚先生引。《大傳》之體，與經别行，總論綱領，不沾沾于隨文附義，今《大傳》與《繫辭》、《尚書大傳》可考。《大傳》當出于七十子之手，《大傳》後又有《閒傳》，亦如《大記》之有《小記》也。後來教學授受，弟子因疑有問，師據記傳答之。書以「問」名，然皆擇其精要者，不附經下。《服問》、《三年問》師弟皆引《大傳》之文以爲説，故以「問」名。如《繫辭》中所載十餘條不附經下，亦當爲問，與《大傳》有先後之分者也。至《喪服經》下所附之傳，依經發問，又在《服問》之後，大約出于漢師，故與《公》、《穀》相同。今《公》、《穀》爲當日一家之本，則《喪服》附傳亦一家之本無疑。附傳所引「傳曰」，今有《大傳》明文二條，與《穀梁》八引「傳曰」即《春秋大傳》之文相同。是今本附經下之傳，乃問後之問，當以「問」名，而不可蒙「傳」之名者也。以此推之，則《易經》下每條必有一傳者，又在《喪服》、《公》、《穀》之後矣。以尚不如《喪服》、《公》、《穀》多無傳之經也。考訂經、記、傳、問先後源流，爲治經第一要義。若空言立説，則實義難明。故合編此書，以明其例。治《喪服》者璧合珠連，可以互證，各經因此得以明其先後傳、問之分，庶不致强後師之作，以爲出于子夏云。按：經下附傳，自來説者皆以爲最初之本，而不能解于數引傳文之疑。平據《喪服》編爲

① 問：原作「同」，據文意改。

此書，則源流先後可爲定論矣。

禮經上達下達表二卷 董含章

《禮經凡例》言一篇可作十數篇之用，如冠、昏言士，而天子、公卿、大夫、庶皆在所包，此一節可作六篇。又燕、公食、卿饗全見三禮，以見尊卑隆殺。然三禮各有六門，見天子燕禮，公以下從畧。公食禮，天子與卿以下從畧。卿饗禮，天子、公及大夫以下從畧。饋食雖列二篇，而卿以上、士以下從畧，而尊卑升降猶不在此例。此一篇作十數篇讀之説也。如士相見禮與覲、聘同，是見禮録三篇矣。而《記》中所言士見君、見卿大夫，又大夫相見與見卿、君、士以及庶人見君之類，所有脱儀異節多見于記傳。今本撰此表，以禮正篇居首格，以下備録諸禮節異同，凡傳記所有悉列之，間以意推補，不拘多少。又記傳所言尊卑異節，皆其不同者。凡係上下所同，皆不著説矣。《禮經》自鄭注以下，未能推見至隱。此書發覆，得表以推闡之，遂成一巨觀。又俯拾即得，並非好奇炫博者可比。含章精通《禮經》，允爲《禮經》精秘之籍云。

禮節緍文緟文考二卷 董含章

《禮經》以互文隱見爲大例。《儀禮》爲後世儀注之書，録全文則嫌于冗複，此詳彼畧，前隱後見。故禮當以隱見例求之。如「如」字例凡數十見，不録全文，但言「如某」，則其文可媎矣。又有隱而不言者，如祭之三祊、迎牲、獻毛血之類，皆從畧。冠不見父母，昏不先廟見，此當于諸傳記中求補其全。此經貴簡要之説也。乃十七篇中又有重見例。禮祇六，經合《喪服》共十七篇，是有十篇爲緟見。如鄉飲酒與大射爲單行之禮，而鄉射兼行二禮，則爲緟文。少牢饋食爲祭禮，又與特牲饋食大夫禮緟。士相見與覲聘之文緟。蓋非媎文無以見隱見例，非緟文無以見隆殺合并例，必合媎緟以求經義，而後知緟文之妙用，不可以尋行數墨之法讀之也。

五長禮制表一卷十等禮制表一卷 廖平

考古今言品職者，皆爲十八等，史志正從九等有明文，經傳九錫爲上九等，九命爲下九等，合之亦爲十八。九錫之説，皆爲辨五長而言。九錫二伯爲公，七錫方伯爲侯、爲卿，五錫卒正爲伯、爲監，又爲大夫，三錫連帥爲元士，一錫庶長爲男、爲中士。以今制言之，則九錫五等在正五品已上，九命之公爲百里國，七命之侯爲七十里國，五命之伯爲五十里國，三命之子爲方三十里附庸，一命之男爲方十里附庸。合錫命共爲十等，即傳所謂人有十等。《孟子》：天子一位、公一位、侯一位、子男同一位，凡五等，公、卿、大夫、士仍爲五等。此下五等借用上五等之名。考《左傳》：王臣公，公臣大夫，大夫臣士，士以下皁、輿、隸、僚、僕、臺，此十等正名也。所謂輿、臣、臺、僕，即□□三等國之卿、大夫、上中、下士，所謂輿臺口于天子爲臺僕，非今之賤役下走也。鄭君注禮，于五長之公、侯、伯、子、男皆以百里已下小國當之。以今制言，是詳于從五品以下之州縣，畧于從正五品以上之五等尊官也。今于各經傳記公、侯、伯、子、男凡屬五長者歸入五長表，爲九錫，非九命以下所得，與至于上下所得，通儀注經傳明文雖止五等，當以十八級平分。如葬期七月、五月、三月，天子以下十八等，以四分之統入十等表，大小多少悉爲分別入表，庶不致如前之蒙混焉。

容經解一卷記傳彙纂四卷　廖平

考平經説大綱，以恢復容禮爲第一大旨。以容、頌爲徐生所傳于賈子，提此篇附《禮經》，合爲十八篇，所謂「經禮三百、曲禮三千」。按：容即《洪範》五事、《周官》六儀。五事言、貌、視、聽、思，《容經》以志、色、視、言爲四綱，當補聽門。蓋志容祇四字，下有脱文。志即思，色即貌。五事由外及内，四容由内及外，次序雖異，其實則同。《周禮》六儀，祭祀、賓客、喪紀、會同、軍旅，《容經》則分四目，曰朝廷、曰祭禮、曰軍旅、曰喪紀。《容經》以五事爲經，六儀爲緯。學禮之法，先由容起，後及《禮經》。亦如治經者，先治小學，分六書。考此經爲教人行習專書，禮儀之學，此爲初基。故《論語·鄉黨》全爲此經儀節，不先習容，不能學禮。其德容名目，散見不下數十條。顔子「四勿」，仲弓「大賓」、「大祭」，亦此經要旨。荀子專以禮樂教人，重在此篇，信爲學初階，自治根本。惜乎流入《賈子》，僅而獲存。平極力表彰，依凡例撰爲此書，存亡繼絶，爲四益之專功。朱子《小學》不盡古法，海上蒙學諸書亦少歸宿。西人童蒙有身操法，養生祛病，以爲各業之根本，蓋即此經遺意也。竊以六藝各有專主，王道詳于儀容。晚近二教不顯，學者乃于《詩》、《易》求之，遂以貞淫禍福説《詩》，或以史法説《易》。不知六藝專門，不相通假，門户乃完。晚近流弊，父子師弟獨抱一經相授受，所有内外修齊、典章得失，求全于一經，未嘗不可恢張門户。就六藝言，則于本經爲附會，于本經專條反致缺畧，以致六藝有疊床架屋之譏，一遇議禮，各就本經立説，抱殘守缺，同室操戈。如《白虎通論》、《五經異義》皆坐此病，皆由不知六藝分門，各主一義，不能于一經求備。能知此義，則各經明文顯著，不待推求，亦不自相矛盾。然欲求兼通，必須經明。班《志》云：「三年而通一藝。」不可如史公所譏：「六藝經傳以千萬數，累世不能通其學，當年不能究其禮，博而寡要，勞而少功。」今分六藝，各明一旨，以《春秋》、《尚書》治中國，《詩》、《易》治海外。既不必求聲索影，又可無輾轉齟齬，十五年而遍通群經，必有餘力。否則先其切要，不過數年，即可卒業，或可一挽儒林之譏乎！因《容經》爲入門之首，故詳論其事，以期無負作者之苦心云爾。

容經韻言二卷婦容韻言二卷 廖平、成都劉鼎銘合撰

義詳自序。

平序云：漢初徐生習容，與《禮經》並重，蓋儀爲「禮儀三百」，一云《禮經》容爲「威儀三

千」，一云《曲禮》二家，一綱一目，相合而成。禮學必先于習容，猶治經者必先識字，一定之法也。考《容經》以五事爲經，志、色、言、視、聽，即《洪範》之五事；以六儀爲緯，朝廷、祭祀、賓客、喪紀、軍旅、燕饗，即《周禮》之六儀。五事、六儀爲立身行己之要務，體國經野之大端。故《禮記》所載，節目最爲詳備。以《論語·鄉黨》篇尤爲專書，其于日用人倫，在諸經爲切要。經僅存《賈子》，漢以下無有過而問者，不亦可怪痛哉！今于《賈子》中別出刊行，附于《儀禮》後。《群經凡例》中曾刊行其講求之法。考此經切近行習，須臾不可離，乃棄而不講。至《論語》微言大義，本非訓蒙者，則皆以村塾之説爲宗旨，不惟不得《容經》之效，因而害及《論語》、《中庸》諸書，尤爲庠序誤中之誤。考西人身操之學，中士震爲新奇，以爲關于人材盛衰、國家强弱。舍自己之寶藏，而羨人之帛粟，非中土學人之過乎？平戊戌在資中，屬龍鳳翔纂輯諸説，未能排比。己亥，乃以屬成都劉仲武鼎銘訂爲韻言之法，爲童蒙誦習之本。誦習韻言，而以傳記爲注。注不易解，又加以説。分門别類，不妨割裂原文，亦使便于記誦，以視朱子《小學》較爲明切。五事自修，六儀用世，根原支節，悉具此編，未可以其淺近而忽之也。

學禮知新考四卷　廖平

《戴記》有《學記》，則有《學經》可知。《保傅》篇所引「學禮」，即《學記》之經文。又《保傅》所引「明堂之位」、「青史氏之記」、「胎教」、「巾車」之類，皆古言學之書，則學禮重矣。考西人于學校選舉之事最爲留心,故人才效用。進考其學堂規制,乃與《王制》三等學校與選舉之法若合符節,此禮失所以必求諸野也。故平因《五禮通考·學禮門》詳加補録,備引西事附證其下。古文有未備者,則以西法補其缺畧。又《大學》絜矩,在平四方,《詩》、《書》、《禮》、《樂》爲四教,分隸四時,以爲傳習。考《保傅》篇引《學禮》曰:「帝入東學,尚親而貴仁;帝入南學,尚齒而貴信;帝入西學,尚賢而貴德;帝入北學,尚尊而貴爵;帝入太學,承師問道。」是四方總歸于太學也。考四學各主一義,救弊補偏,交相爲用。以五學配五極,則東爲青帝,南爲炎帝,西爲少昊,北爲顓頊,中爲黄帝。五帝所司,五極風尚不同,性情各異,進退損益,以合中庸,此黄帝居中,以化成四方,即絜矩之道也。親賢齒爵,四方崇尚,各有攸宜,帝王調劑之法,即在于是。《桑柔》「開通瀛海」之十二章,皆言「顛倒反覆」,即五學功用之總歸也。海外詳于兵、食,惟司徒立教,來求聖人。故四學宗旨,統以《詩》、《書》、《禮》、《樂》,總以親賢齒爵,扶偏救弊,開化四荒,首在于是,然則學禮不誠懷柔遠人之要務哉!

兩戴記補注十卷 廖平

考平《群經凡例》,惟《分撰兩戴章句》刊刻最早。宗派類十五條,篇章二十四條,義例二十七條,合總例五條,爲一卷。丁亥,將「宗派」一門改爲二十八條,刊附原書之後。自記云:「舊以《記》有今、古派,今改爲帝王,其有異義者,立異例四門收之,不以爲古。古學成于東漢,皆晚近之説,

《記》中無之。古《書》、《毛詩》漢人推《周禮》以説之者，古《易》、古《孝經》、《論語》所出尤晚，又由漢人推古學四經以説之者，皆爲漢師流派，《記》無此義，又不成家。故古學不立《詩》、《書》、《易》、《孝經》、《論語》五經説也。平撰此編，一依凡例，不詳訓詁。惟于宗派、章句、義例有相涉者，乃並記録。所有鄭君舊解，間爲補證焉。」

王制訂本要注四卷　廖平

平初治《穀梁》，一守《王制》之説。後以推于《公》、《左》、《書》、《禮》，精思妙義，固與西漢舊法如合符節。戊子，嘗約同人編纂《王制義證》。後以經傳子史無不相同，得其會通，録不勝録。故此稿削而不用，特就《訂本》將「辨疑」、「證誤」二門編爲此書，名曰「要注」。凡屬明文複見，皆所不取，惟前人誤解，真實未著，及與古文家别異之處，使不相蒙混，可謂擇之精、語之詳矣。平于戊戌以後，據大統之説，不沾沾于此篇。由小見大，王法實即帝道之本根。八十一州之制，仍由九州而推。特其中隨時隨俗，畧有變通，不似小統之拘于一格。則此編于小統爲專門，于大統亦爲嚆矢。小、大二統，相通相成，固非如水火黑白之不可苟同也。

大戴補證四卷　胡濬源

盧注簡畧，近賢補釋，各有專書。惟《大戴》多同《周禮》，凡《周禮》孤文單證，《大戴》皆具其文，鄭注失于引用。近人雖引《周禮》，凡《管子》、緯候之同《周禮》者，又多所缺畧。考《大戴》多言帝統，如《五帝德》、《帝繫》、《主言》、《盛德》、《志誥》、《四代》詳于皇帝海外之說。是書與《小戴》畧以小大分統，故專主《周禮》大統立說，于王伯則從畧焉。

官禮驗推六卷 楊楨　附補證一卷　廖平撰

義詳曾序。

曾子俊序：楨以鄭注闕畧，不能實見施行，又本經中多自相矛盾之處，其切實詳明者與《王制》全同，鄭注掍而一之，彼此兩傷。故所撰録用博士舊法，據《尚書》、《春秋》爲說，意在專明今學。至于與《王制》違反諸條，則闕而不講。大旨與平《古學考》之說相同，以《周禮》原爲《逸禮》，劉氏校正之後，乃冠以「周」字。鄭君之誤，首在誤以時制說經，以《周禮》爲周公作。不知《王制》、《周禮》二書皆六經師說，非時王典章，于是以《周禮》證之經傳不合，證之時人之論又不合，朱子因有爲周公廢稿之說。案周公所已行，布于天下，傳之故府，孟子以爲去籍不能詳，而廢稿乃能留傳于千年以後，殊堪詫怪。即如鄭注《大司徒》「采地」一條，引《王制》「天子之縣内，方百里之國九，七十里之國二十一，五十里之國六十三」，此蓋夏時采地之數，注《王制》又以爲「殷制，周未聞矣」云云。按：王畿采地，王政之巨綱。《周禮》既爲周制專書，乃云「未聞」，足見其說之失據矣。蓋儒士所傳者，皆孔子六經制度師說。如周會孟津八百國、殷王千八百諸侯云云，皆據《王制》而言。蓋周已去籍，實無從考證，孟子所聞，亦係經説，非實時王之佚聞。以《周禮》小統王畿方千里、九州七同《禹貢》、大國三軍云云，皆同《王制》，則鄭引《王制》之畿内九十三國，與《周禮》相同，必無差迕。因就各官原文推考詳備，可見施行。此補證之例。外如「諸公封五百里」一節，《周禮》自相矛盾，鄭君亦不能自圓其説，則概從闕。知其可知，不知從闕，最爲説《周禮》之要法。惜其未能卒業，平得其原本，殘脱殊甚。戊戌以後，因講大統，故爲補足，以成完書。凡楨所未盡者，依例推補，至于闕疑諸條，亦就大統之説，詳爲補足。如《大司徒》云「日之景尺有五寸，謂之地中，天地之所合也，四時之所變也，風雨之所會也，陰陽之所和也。然則百物阜安，乃建王國焉」，即《商頌》「商邑翼翼，四方之極」，設都于禹之績之説也。鄭注以地四游三萬里中，萬五千里爲地之中，非即西人地球四游輻幀三十服之義乎？就地球言，則中國爲震爲東，則地中非即崑崙乎？鄭君乃以潁川陽城當之，不亦誣乎？他如九畿，《大行人》九州之爲大九州，不待煩言而解。五等封建之制，推之尤詳。考《鄒衍傳》云：「先驗小物，推之以至無垠。」由九州以推八十一州，一定之説也。故平就《王制》原文，每制加以八倍，即爲大九州之事實。則《王制》所有之制，全可移補周禮，不得云未聞矣。以采地言之，小統王畿方千里，大統方三千里，加八倍，由此推之，則方三千里内方三百之國九，公卿方二百里强之國二十一，卿大夫方百二十里强之國六十三，大夫、士同爲九十三國矣。又推之海外八州，每州封方三百里之國三十，公侯方二百里强之國六十，方百二十里强之國三十，公侯方二百里强之國六十，方百二十里强之國百，二十州合二百一十國，仍合爲千七百七十三國，特大小不同而已。其餘以爲附庸間田，則方九十里爲上等附庸，方三十里爲方十里者九，九九八十一，正合其數。方七十里爲次等附庸，方五十里爲下等附庸。所食之禄，凡《王制》食一人者皆爲九人，則由一變九，故九爲數之極。方一里者變爲方三里，又即例以三輔一之法。是《王制》所有之文，皆可驗小以推大。其書名曰「驗推」，大約楨所撰者爲驗小，平所撰者爲推大，義理平常，俯拾即得。《周禮》本文但即「封建」一條言之以示例，餘皆可推，不必言也。由是以推，王者萬乘，推之爲九萬乘，諸侯大國千乘，推爲九千乘，小國百乘，推爲九百乘。惟大統諸公，方三百里爲本封，食以間田所入，十分取一，當爲方九百里强，以合九千乘之數。而官僚員數大者如故，小者當加以一公，計三卿、九大夫、廿七元士、八十一下士爲附庸之首，以下尚須再加三等，方及庶人在官。而小統百里之封爲首等，在大統已爲附庸。所有職官，大約亦加至五倍而止。接合二人之力，一大一小，各盡所長。《周禮》兼包二派，虚實相生，凡前人所詬病，悉變爲精深要義焉矣。

周官大統義證六卷　附官屬表一卷　廖平

義詳曹序。

曹立三序：四益先生《古學考》以《周官》爲《逸禮》，經莽、歆改竄而成。丁酉以後，乃以爲海外大統之書。《大行人》以九千里開方爲九州，正合鄒衍九九八十一州之説。鄭注祀地二：一崑崙，一神州。又云地三萬里，以萬五千里求地中。又經云「掌三皇五帝之書」，而不及王、伯。諸侯五等封建，大于《王制》，與《孟子》、《左傳》不合，故以爲海外之制。如鄒衍、《莊子》、《列子》、《淮南》、緯書所言海外典章，經無明文，學者以爲荒唐不經，無徵不信。故小統之説明，而大統之説晦，勢之所必至也。《周官》九畿九千里，實與《淮南·地訓》九州、八殥、八紘、八極之制相同，又與九九八十一州符同。以《周官》證之小統，固未免矛盾，求之大統，則若合符節。平既于六藝中分二派，大統典制則以《周禮》爲歸。大統之有《周禮》，亦如小統之《王制》，故以其書附于大統三經，以爲將來治海外之典章。所撰《海外通典》，雖采録諸子、傳記，而取證于《周官》尤多。考帝王之制不能盡同，以《周官》説小統，既不相合，因其參差，改歸大統，以爲將來之因監，不惟可以息争端，更可以資實用。如小統之工部，皆于六太。西人最重工事，則將來以工别立冬官，于事情尤合。大封方五百里，亦于海外相宜，縱有異同，歸之損益，則固不必求合于《春秋》、《尚書》之制矣。以五官爲官屬，别有官聯之實，即《曲禮》舊題。末附《官屬表》，以與官屬互文見義，化朽腐爲神奇，固轉敗爲功之妙用也。或曰：《周官》中制度多與小統相同，何以解之？曰：由小推大，鄒衍有成法可循。夏殷異代，改者爲損益，不改爲相因，固無不可，而言古學者其知之。

周禮鄭注商榷二卷 廖平

四益三《傳》，皆于舊注先有糾正之作。己亥于射洪成此編。考其自序言：「鄭君一生撰作，以《周禮》徧説群經，是其巨誤。如内政修明，猶可言也；進而求之，則千瘡百孔，疵謬叢出，既不能自立，乃欲攻人。考六朝鄭學盛行，學者推奉，幾同思孟。老師宿儒，依附門牆，託以自重；新進後學，震于俗習，莫敢誰何。即間有諍友，亦毛舉小故，率意吹求，愈覺泰山之難撼。至于近代，李兆洛魏源訟言攻擊，肆口操莽，然但譏其變亂家法，所以然之故，得之甚淺，言亦不深。考經文之可疑，實鄭君誤解之過，則欲通全經，不得不力袪誤説。鄭君名譽甚高，非著專書逐條鋪陳，無以饜服衆心，迴其觀聽，故先作《商榷》二卷，然後乃撰《義證》」云云。考《周禮》鄭注，古學以爲根本，而鄙《王制》。經傳周人言周事，則無一不與《王制》同，而與《周禮》反，則疑《周禮》者固學人之同心。惟其事體繁重，牽涉巨艱，望而生畏，亦自相安，顧徬徨，俯首受命。或則先入爲主，以爲鄭君所不能通者，必係本不可通，亦必無能通之望，所以相而不敢發難。平始而今、古平分，繼而是今非古，爲一州封建，必須推詳，豈可如此闕畧？諸如此類，深中要害，綱領已謬，則細節可不論矣。平別推新義，爲之補足。觀其《義證》，制度明備，則不徒以攻人爲能事，信乎其爲稱心之著矣。

大統加八表一卷　李鍾秀

《詩》曰：「如古三倍。」又曰：「遺我佩玖。」即小統化大統之説。《禹貢》五十，今萬五千里開方，前後加五爲三倍，合四方計之，爲九《禹貢》，爲九倍。如《王制》天子萬乘、諸侯大國千乘，小者百里、七十里、五十里。大統則天子方千里者九，故九萬乘，諸侯大國九千乘，諸侯小者方三百里、九方百里合爲一。方二百一十里、九方七十里合爲一。方一百五十里，九方五十里合爲一。皆由加八而推，由小州加八，即合大州之數。此表分爲二格，凡小統有明文制度等級填入上格，下格則爲大統之制，由一加八，凡大統無明文制度，皆可由此而推。如小大九州、小大行人、小大封建、小大畿輔，一以貫之矣。

古周禮説糾謬二卷　廖師政

四益館初刻《古學考》，以《周禮》專條皆由莽、歆羼亂。丁酉以後，乃定《周禮》爲大統專書，《大行人》九州爲萬五千里開方，大九州封國從五百里至百里，故有九畿。是昔所疑諸條，皆屬海外，則經文不由羼改，可爲定説。然海内用《王制》，海外用《周禮》，二派之分，由于疆域之小大不同，非謂中國五千里可以兼用二書。惟東漢諸儒之説，則以《周禮》屬中國，與《王制》相同，一林二虎，互鬭不休，凡其所言，皆屬謬誤。故四益雖不駁《周禮》，而不取賈、杜、馬、鄭師説。師政因博採諸説，編爲此書，以定取經去説之案。考《藝文志》有《周禮説》四篇，當爲古文家説《周禮》之書，如《序官》、《考工記序》、《職方》四十六字、東晉古文之《周官》篇，如三公、三孤皆誤解字。與鄭注、賈疏所引用，半皆誤説，出于東漢諸儒。故凡見經與僞古文及漢師解注，皆統以爲説，去僞存真，凡讀《周禮》，不可忽也。

周禮紀聞四卷 陳天渠

義詳吴序。

吴福珩序云：考四益戊子刊有《周禮删劉》一卷。丙申以後，將五等封地歸之五長，九畿之文與《禹貢》符合，制度大綱，更無異同。丁酉與宋育仁討論商訂，將《删劉》附入《古學考》中，删去劉歆羼改經文一例。因班《志》有《周禮説》四篇，以爲出于古文家，其文實已附經，與正文相混。如《職方》言封國，凡一州封四公七侯之四十七字，《逸周書·職方》獨無其文，以爲即先師説。又《考工記》首序文一段，與原書不類，蓋亦出于説。又每官之府史胥徒，如《水經注》互易之例。故草定凡例，擬注則引先師原文，以疏論其異同，專在符同六藝以補今説缺典。亦如《左傳》舊以爲古學，引歸今學，以收大同之效。以孤爲諸侯世子，非三少。以大行人九州爲大九州。又據《曲禮》，以天子立天官至六工數節爲《周官》舊題，今本久存内府，因有失次及闕脱。嘗據《曲禮》將各官統屬折中考訂爲一表，附于卷末。天渠從四益講《周禮》之學，考四益戊子以前編《周禮徵凡例》一卷，以文有佐證者爲《逸禮》原文，無佐證者爲劉歆爲莽制作。加以數年考究，乃知孤文單證，如五等封地實乃大統之封，又大小經制之僅存者，不得因其文尠見，而目爲僞。據《地官》有司空，《春官》言五官，以官祗五，五官奉六牲，司空攝冢宰，故司徒代司空攝水土。五官法五帝、五州、五極。中言加八表，由小推大，加八倍即得，故作《八倍表》以明之。又據輶人三十游、弧矢、輪輻以説天球、地球。考《周官》爲東漢古學之祖，四益《周禮》説數變，天槼備録所聞。觀此編，如石引鍼，如珀拾芥，聲應氣求，復國百里，固不爲無功。其甄别附録之條，則皮之不存，毛將安附？東晉古文《周官》篇全爲《周禮》師説，梅書誤衍而成，固不能與二十八篇真《尚書》等量齊觀矣。

讀五禮通考札記十卷 廖平

鄭君三《禮》之説，多失本旨。六朝以下，鄭學盛行，沿訛踵誤，至于不可究詰。宋元以後，加以新學，于考古尤疏。秦氏《通考》故事雖多，宗旨恒失。初擬約集同志，别撰一書，故先就秦本，詳其疵謬，録爲十卷。其體例與《公羊解詁商確》、《穀梁集解糾謬》、《左氏集解辨正》大畧相同焉。

周禮兩戴大小統考二卷 廖平

《王制》專爲小統，《周禮》由小推大，兼包二統。如《職方》爲小九州，邦畿千里，合九州爲方三千里，加入幽、并外十二州，爲方五千里。《大行人》九州之外曰藩國，以方九千里爲大九州，九九八十一，鄒衍之所説海外九州也。再由藩國以推要荒，爲萬五千里開方，大于職方者八倍。是《周禮》明文有兩九州，一大一小，一爲王伯治中國，一爲皇帝治全球。又官以大名，多言周知天下。由此推之，凡官以小名者，爲小九州；以大名者，爲大九州。如冢宰、小宰、大司徒、小司徒、大宗伯、小宗伯、大司馬、小司馬、大行人、小行人與大小九州同以大小分例。又考《周禮》大統海外諸説，文不見于《小戴》，而《大戴》則俱有之。如《盛德》篇之六官，《朝士》篇之典禮是也。考大、小兩戴，舊説皆以爲叔姪。今細按其書，凡言王道者入《小戴》，言帝道者入《大戴》。如《五帝德》、《帝系》、《主言》篇、《盛德》、《誥制》、《朝士》、《曾子》十篇、《易本命》、《本命》爲大統《孝經》、《易》師説。《小戴》惟《郊特牲》言大同帝道，然仍以王道禮制爲主。是兩《戴記》之分，一如《周禮》大小名官，以大、小二字爲題目。今平特撰此書，專辨此義。其中雖小有出入，然無害大體。

三禮駁鄭輯説六卷　廖成化

鄭學初行于北，唐以後南北同宗，更無異辭。國朝李兆洛張惠言乃倡言攻之，首以混亂今、古相詆諆。晉王肅好與鄭難，今考其書，吹毛索瘢，未見所長。此編所列，如《周禮》九畿即鄒衍大九州，方九千里，非方七千里，每州牧地大于天子五倍。《職方》九州錯舉外州幽、并以見例，非周無徐、梁。《昏禮》百二十女之爲命婦，非宮中妾媵。《鄉飲酒》、《鄉射》之爲卿相饗禮、鄉相射禮，「鄉」爲今文，古文「饗」字非「鄉黨」之「鄉」。明堂一方四室分立，郊外四方非全在南方。一堂十二室，王居門中，即《玉藻》「闔左扉，王立于門中終月」，即《左傳》歸餘于終，非在門中居一月，室隨月移，閏居于門也。萬二千五百人爲軍，爲五十里小國起例。天子以百七十餘萬人爲一軍，大國以十七萬餘人爲一軍，萬二千五百人爲一軍，非天子大國通行之數。六鄉、六遂與三郊、三遂同爲出軍額例，非王畿以六劃界。鄉老、鄉大夫以下皆命民民爵，非實官。公、侯、伯、子、男人有十等，公、侯、伯、子、男與君、卿、大夫、士皆九錫九命合計，非但五等之爲五長。故大者有四百里之封，不可從百里起算。諸條皆據經傳明文立説，不似鄭攻何之《起廢疾》、《鍼膏肓》、《發墨守》，亦不同攻許之《五經異義》，駁多係流衍師説，經無明條。四益三《禮》之説，除編入各書外，後命成化輯爲此書。考平序云：「攻訐儒先，久爲明戒。特西漢古法，全爲鄭説所淆亂，不得不發覆啟蒙，著其得失。」較之李、張，殊爲矜慎也。

春秋經傳滙解四卷　廖平

平初解《穀梁》，繼解《公羊》，己丑乃治《左氏》。當時解經之説，各附本傳，時有異同。甲午以後，乃以三《傳》既相符同，則經説不須歧出。且經下所有事禮例，三《傳》全同，畧有參差，皆屬微末。今三《傳》各自爲書，經下若盡從同，不免緟緮。又考古者經傳別行，蓋三《傳》本出一源，末乃歧出。平將三《傳》經下之説輯爲此本，以復舊觀。至傳本經文，仍從其舊，特不再加解説。經爲三家所共，治三《傳》者欲考經説，皆同此本。以一經統三《傳》，故此本于異文先《穀》、次《公》、次《左》，三《傳》平列，不主一家，畧采舊説，辨其異同。他如譜牒之用《世家》，典制之用《王制》，義例之用圖表，三書本同，今合爲一，固足化其畛域。但三《傳》大綱同，而末流不免小異，各家小有誤解，皆出晚師，則取正義爲主，而别附「存疑」一例。以事言之，如「尹氏卒」，舊以爲男女不同。今據《左・隱七年》「尹氏」之文，知左《經》本作「尹」，《傳》之「君氏」文不見經，乃明魯事，發明史例。以禮制言，築王姬之館于外，《左》言非禮，《公》言合禮，各言半面，惟《穀梁》由非禮而合禮，乃爲全文。以義例言之，凡有異同，皆屬小節，至于三《傳》先師誤説，則附「證誤」一例。如「監大夫」七見，皆用天子大夫，不名，傳爲主「祭伯來」與「祭叔來」同，直來爲監。《公羊》以爲奔，《穀梁》以爲朝，與祭仲《公羊》之以爲賢而不名，皆入「證誤」中，以正解詳其貫通，以存疑收其歧出。考平三《傳》未成，先作《三傳異同》四表，首事實，次典制，三義例，四存疑。此本以四表附于經下，以清劃家法。按舍經言傳，爲唐宋以來結習，故平初解三《傳》，分疆劃界，一字不苟，積久貫通，乃成此編，故合同之中，仍以「存疑」一門判其疑難，亦不爲三《傳》作調人也。

傳事禮例折中表三卷 廖平

舊説三《傳》者，輒張皇同異，以爲萬不可通。按三《傳》同説一經，豈肯自相水火？平撰此表，以平三《傳》之獄。首卷事，次卷禮，三卷例。舊所疑難，悉皆解釋。以事而論，莫難于「尹氏卒」一條。今據《左傳·隱七年》王「使尹氏、武氏助曲沃」，《傳》尹、武連文，知左《經》亦作「尹」。《傳》中「聲子卒」乃魯事，不見經；「尹氏卒」有經無傳。後人誤據魯事解經，因改經「尹」爲「君」，以致歧異。至于禮如「築王姬之館于外」一條，則據《穀梁》全文，以平《公羊》、《左氏》之争。例則《左氏》杜註多誤解三《傳》，晚師各有小異，隨事折衷，經義愈見昭明。

春秋圖表二卷 廖平　尊經本

此本癸巳尊經刊入《四益館經學叢書》。庚子，湘中周文焕刊《穀梁古義》，重刊首卷。考平《春秋》三傳之説，精華悉萃此書。今考其經意諸侯移封圖，存西京、開南服，二伯、方伯、卒正、連帥、屬長、附庸國表，子伯非爵、十九國尊卑儀注表，求之經文，通考三《傳》，絲絲入彀。欲通四益《春秋》，當研究之。

張氏屬辭辨例編删訂本十卷 廖平

按朱氏《經義考》，以例説《春秋》，自杜氏以下鈔録經例，無慮數十百家，此事爲初學入門之功，往往事不相師，各守一帙，晚年未及追改。其中脱漏差舛，如毛氏、邵氏皆非精撰，姑不必論，即張氏《屬辭辨例》，書至三十巨册，可謂詳矣。然張氏採録甚勤，終不脱鈔胥門径，故篇帙巨而精華甚少。以「纂例」一端言，門目詳備，互文悉見，專門特撰，允出諸家之上。平就全書删其繁冗，擷其精華，以爲此本。于論説取者十之一，經例亦間有改補移正，仍存原名，蓋不没人草創之勞云。

春秋比事四卷 廖平

《春秋》例、表之書夥矣，張氏《屬辭辨例編》集其大成。張氏書過于繁重，學者苦之。中多牽連誤説，無所折中。故編爲此本，以便初學。其中正變諸例，亦以尊卑大小爲主。至于從同之中，又以多者爲常，少者爲變。末附《日月時例表》五卷，凡有正無變，及正多變少之條，皆詳《比事》，附表但録變例諸條而解之。如星變、雨旱、日食之類，皆以日月時紀實，統不入例。此二書互相發明，必合觀始能得其宗旨。舊傳事例諸書委曲繁重，有畢世不能通其義者。此書簡要明顯，期月可計功焉。

春秋日月時例表五卷 廖平

説詳自序。

序曰：日月時乃《春秋》諸例之一門，本非宏艱巨難，必待專作一書以明之。惟自何君已多誤解，注解雖繁，不能得其義例之所在。近代説解尤繁，竟以爲全經之總例，分表立説，學者老死不能通此一例，則《春秋》不將爲梵書神祝乎！淺者因其難通，不易卒業，即勉强求通，仍屬支離，不足爲典要，遂創爲無例之説，或云據赴告而書，或云不可以日月計，或云書之以志遠近。相激而成，無怪其然。昔刊《公羊三十論》，中有「無月例」一篇，以重爲日，輕爲時，大事日時則爲變，小事時日則爲變，固數言可了。特《穀梁》有「卑國月」一條。三等諸侯之葬禮，宋多日，方伯多月，楚卒皆日，吴卒皆月，小國多時。國有三等之分，故月亦有爲例之時，非是則不入例矣。甲午在九峯，曾命季生澤民編爲此表。考歷來説此例，多以爲變多正少，是一巨誤。故此表以多者爲正，少者爲變，即多少以明正變，一定之理。又近來作表，全列經文，遂若無條不有此例，易致炫惑。故此篇門目，前後一依《比事表》，特不全列經文，故有正無變。全不列經，但存虚目，正多變少者但列變例數條，必事目轇轕，等級難分者，始全列經文，故所説之條甚少。别立《不爲例表》。凡非人事，皆如日食，以文自分。星異災變，不可不以日月計，與志日月以與他事相起者，不過數十條。雖以人事正日無變，正時無變，日有變正多，時有變正多，與月正、月變、災異工作多不可以日月計者，不以爲例，與日月以志數疏。分爲五卷，實則不過四十頁，事少易明，固旬日可通，非老宿猶不能解之事，惟其得力，全在比事之舍取，門目分張。故每鈔一門，其稿至數十易，其得力之功，别有所在。欲通此例者，固在熟比事之後也。

穀梁古義疏證十一卷 廖平 湖南周氏本。

是書宗旨義詳張序。

錢塘張預序曰：穀梁氏之學，孑然而垂爲孤經也，蓋二千餘年于茲。自漢大司農高密鄭公《起廢疾》謂之近于孔子，其爲卜子夏親授與否，可不必疑，然要其衷之于聖，不甚相遠。康成《六藝論》又曰：「《穀梁》善于經。」意必較《公羊》、《左氏》爲優。而聞見之碻，淵源之真，夫固治《春秋》者之規矩隱括焉，而莫之能越者也。東京而後，漸成絶學，尹更始等五家傳説久佚。延及江左，呰爲膚淺。注者張靖、程闡、徐邈諸人，寖以湮没。幸范氏《集解》廑存，而采用何、杜兩家，難免盭于師法。楊士勳稱其上下多違，縱使兩解，仍有僻謬，信哉！然楊自爲書，則又不逮。外此如啖助、陸淳，宋之孫覺、葉夢得、蔡元定輩，雅知折中，而皆未有成書以闡明之。訖我聖清，經師輩出，絶學于是乎復振。凡《穀梁》經傳，時有條釋，其散而見者不一家，而崇尚專家之學，以溧水王氏芝藻爲倡，《春秋類義折衷》，見《四庫存目》。踵出者陳氏壽祺《穀梁禮説》①、李氏富孫《穀梁異文釋》、許氏桂林《穀梁釋例》、侯氏康《穀梁禮證》、柳氏興恩《穀梁大義述》、鍾氏文烝《穀梁補注》。陳之《禮説》未經卒業，餘皆有專刻，惟柳氏之《大義述》彙萃尤備。不意樸學如廖進士平者，又能湛思孤詣，承諸名宿之後，特出己見，冀有以集

① 穀梁禮説：原作「穀梁禮記」，據下文改。

于成。烏虖！吾惡知當世劬學之士，復有風雨閉門，覃研極精，釐然有當，而竟不于昔賢相讓矣乎！君鄒者來謁于都門，述所撰著十易稿，未爲定本。今郵其敘例見示，首明古誼，説本先師，推原禮證，參之《王制》，次釐全經大義，屬辭比事，條而貫之，並綴以表，旁及三《傳》異同，辨駁何、鄭，糾范釋范，靡不加詳，終之以諸國地邑山水圖，都爲五十卷，別白謹嚴，一無遺漏。得其統宗，庶乎鉅觀。執聖人之權，持群説之平，守漢師之法，導來學之路。不朽盛業，其在斯乎！昔董子有言：「《春秋》無達辭。」吾則未之信也。努力訂成，争先快覩，謬附起予，竊自多已。

穀梁集解糾謬二卷　廖平　湖南周氏本

考《穀梁》學西漢雖未大顯，然專門大師如劉、尹諸子之遺説，迄晉尚有傳本。范氏《集解》不用舊義，以臆解經，又喜駁傳，開唐宋舍傳從經之弊。且經傳註疏，皆專門宿學，出之一手。范氏本非專家，學無師法，又係子姓女聓，湊合而成，昔人比之《孟子》孫疏，未爲過苛。齊梁以下，喜其文藻，又以順文立解，不似何、賈簡奥難誦，尊尚其書，而舊注遂亡。平于《公羊》何注有《商榷》，《左傳》杜氏有《辨正》，皆先已成書，而後更撰經傳注疏。惟此篇作于《穀梁古義》既成後，其例如二書，以范學較二家爲劣，故名以《糾謬》云。

起起穀梁廢疾一卷 廖平 尊經本

義詳自序。

序曰：名墨者流，正名從質，《春秋》之巨綱，王道所急務。不善學者騁辨持巧，主張白馬，窮究非儒，騖末失本。道由辨息，等吴秦之自亡，豈施惠之本義乎！是以漢初博士，惟務自達，不喜攻人，雖石渠、虎觀，粗存異同，然猶不相指摘。自劉歆奮立《左氏》，諸儒仇之，條其罅漏，互相難詰，掊擊之風，原于此矣。何君自專所習，乃以尋仇之戈，操于同室。鄭君小涉左學，不習《穀梁》，鄉隣私鬬，何須被纓。乃謬託主人，日尋報復，駁許以外，更復攻何，生事之譏，其能免與！凡屬訟訐之言，並爲求勝而作，影射毛吹，有如譏慝。亦且内實不足，乃求勝語言，使或平心，都爲賸語。何既制言儇薄，力氣矯誣，不事言詮，乃呈嫉妒。鄭則自負博通，攻堅奮詡，反旗倒戈，以相從事。客兵驕主，不復統制，甚或毁棄章服，改從敵人。欲群經皆有所統，本義因以愈湮。東漢以來，經學破壞，學者苟設矛盾，便云立國，軍政本務，日就沉淪，古法湮絶，孰任其咎耶？今者三《傳》之學，唯求内理，不騖旁攻，仁知異端，取裁所見，誠各尋其旨歸，莫不互有依據，同者從同，異者從異，似同而異，似異而同，改謬説而合正焉。别爲十表附會，説其本義，不敢小有左右其間，以袪好辯之弊。至《公》、《穀》同爲今學，聲氣相感，神形多肖，何、鄭所録，恆失本旨。今于各條之下，務申傳旨，二君誤説，間或正之。然惟求足明本傳，不敢希勝《公羊》，少涉攻擊之習。其名《起起廢疾》者，鄭釋間有誤藥，恐爲疾憂，故正其箴砭，以期眄眩，非云醫疾，聊取用心爾。

釋范一卷 廖平　尊經本

義詳自序。

序曰：古人注經，例不破傳。鄭君改字，爲世所譏。唯范氏《集解》昌言攻傳，觀其序意，直等先生之勒帛，無復弟子之懷疑。唐宋以來，反得盛譽，紀君無識，乃欲左范右何，所謂「《春秋》三傳置高閣」者，蓋作俑于《集解》矣。夫人之爲學，所以求不足，非以市有餘。凡己所昧，求決于書，一語三年，不爲遲鈍。今先具成見，然後治經，苟有盤錯，無復沉滯，但己所昧，便相指摘，絶古人授受之門，倡後學狂悖之習，王、何之罪，豈相軒輊乎？詮所駁斥，初亦懷疑，積以期月，便爾冰釋，乃知所難，尚爲膚末。甲申初冬，條立所難，敬爲答之。《起疾》、《糾繆》以外，得專條二十事。誠知淺薄，未敢必合于先師，然而小葵轉日，其心無他，不似范氏借仇人之刃，而自戕其同室也。

穀梁先師遺説考四卷 廖師政

《公羊》師説，董子具存，《穀梁》以劉向爲大師，散見《説苑》、《新序》、《列女傳》、《漢書・五行志》、《五經通義》、《世本》杜氏《春秋釋例》書引作劉向。凡數千條，近人輯《穀梁》師説，皆脱漏。

此本于劉外，兼采尹、梅、班、許及兩漢師說，仿陳左海《三家詩先師遺說考》例，較諸本爲詳。諸說多收入《穀梁古義疏》中，故古義本不更注所引原書云。

公羊補證十一卷 廖平

是書宗旨，詳潘序。

潘祖蔭序：季平作《春秋左氏古經說漢義補證》，余既爲之序，又以所著《公羊補義》請。季平三《傳》之書，乙酉成《穀梁》，戊子成此編，乃續作《補證》。自序欲以《公羊》中兼采《穀》、《左》，合通三《傳》，以成一家。繼因三《傳》各有專書，乃刊落二《傳》，易以今名。言「補注」者，謂補何君《解詁》也。自來注家多違本傳，明知其誤，務必申之。是書以經例爲主，于傳分新舊，于師分先後，所有後師誤說，引本傳先師正說以證之，進退取舍，不出本師，與范武子據《周禮》以難《穀梁》者有間矣。季平未作是注之先，作《三十論》以爲嚆矢，又作《解詁商榷》二卷，以明舊說之誤。是書大旨具于《三十論》，然新得甚多，較爲審慎矣。季平喜爲新說，如《春秋》不王魯，三世内娶爲魯事，言朔不言晦爲日食例，離不言會爲致例，祭仲不名例同單伯，紀履緰不言使爲小國通例。如此者數十百條，爲從來治《公羊》者所不敢言。至于月無正例，伯子非爵，見經皆侯，與二伯、八方伯、七卒正、一附庸，則以爲三《傳》通例。立說雖新，悉有依據，聞者莫不驚駭。觀所論述，乃不能難之，以其根本經傳，得所依歸故也。季平年方壯，其進未已，願深自韜斂，出以平淡。又其推比文例，頗盡能事，誠爲前賢所未逮。然《春秋》義理之宗，王道備，人事洽。董子著書，多道德純粹之言，少考據破碎之語。形而上者謂之道，其以義理自養，一化刻苦之迹乎！公羊、穀梁班書無名，遺姓絶少，季平據三《傳》人名異文，以爲齊魯同音異字，本爲卜商。是説也，本于羅、萬，而小易之，非觀其全説，鮮不以爲怪也。

公羊三十論一卷 廖平

是書凡三續，前十論曰《王制》爲《春秋》舊禮傳，曰諸侯四等，曰託禮，曰假號，曰主素王不主魯，曰無月例，曰公侯伯子男非爵，曰諸侯累數以見從違，曰曲存時，曰三世。繼以前論餘意未盡，復著嫌疑、本末、緐譯、隱見、詳略、從事、據證、加損、從史、塗乙十論續之。洎《解詁商榷》成，再爲十論，曰取備禮制，曰襲用禮説，曰圖讖，曰衍説，曰傳有先後，曰口授，曰參用《左傳》，曰防守，曰用董，曰不待貶絶。合之前論爲一編。光緒丙戌尊經局刊本。

公羊解詁商榷二卷 廖平

平未作《公羊義證》，先編此書，專駁何注。大旨與《三十論》相同，特論詳總綱，此本乃條分隨文駁正，較爲明晰。按何氏《解詁》雖本舊説，立辭徜恍。如王魯、三世異詞、日月時、進退名號、文質諸條是也。此本去僞存真，爲讀《公羊補證》者之先路焉。

公羊先師遺説真記二卷 廖平

義詳自序。

序云：《公羊傳》文有引用《詩》説一例。蓋古師言《春秋》者皆兼治《詩》。以《詩》説説《春秋》，如瑕丘公是也。今按《公羊》誤用《詩》説者，如大一統陝以東周公主之，陝以西召公主之，文家質家。王者孰謂？謂文王，新周、王魯，故宋諸條是也。《詩》言皇帝，故爲大統；《春秋》伯道，專治三千里，是爲小統。《詩》以周、召爲二伯，《春秋》則以齊與晉、楚爲二伯。《春秋》祇一王，《詩》合八大州，則宜有八。王故問王臣王者爲誰，而答以文王，謂中國主文之王，則《商頌》主質，爲武王也。新周者，《詩》「周雖舊邦，其命維新」，又《周頌》在三《頌》之前，乃大統百世以下之王，皆由《魯頌》而立。故宋則主《商頌》。凡《公羊》大統諸説，皆見于《詩緯》、《樂緯》，而《穀梁》皆無之，此《齊詩》先師兼主大統之實據。以大統説《詩》，則切合無間；以説《春秋》，則動形齟齬。故《公羊》説不及《穀梁》之明切也。今于舊説分二卷，上卷《公羊春秋》專説，下卷則兼採見《詩》説者入焉。一爲本義，一爲推闡，舉《春秋》以包天下，驗小推大，本于鄒衍大九州之法，亦不外于《春秋》。海外《春秋》之義，發于齊學，爲經學之大成，分別觀之，則交相爲用矣。

左氏古經説讀本二卷　廖平　自刻本

後世習《左氏》者，高則詳典章，考事實，下者獵辭采，評文法，《左氏》經説遂爲絶學，不能與《公》、《穀》比。緣傳繁重，循覽一周，已屬不易，何有餘力精考義例？今欲闡明《左氏》經説，必先求卷帙簡要。故平剌取全傳解經之説，別爲一書，名曰《古經説讀本》。且別録經説，凡屬事傳，三《傳》可以從同，不惟昌明《左氏》，並有裨《公》、《穀》，一舉而三善得，此書之謂與！

左氏古經説漢義補證十二卷　廖平

是書義詳潘序。

吴縣潘祖蔭序曰：《春秋》三傳，《左氏》立學最晚，因出孔壁，漢儒謂之古文，然其禮制，大旨與博士異議，崇尚古學，所引與《周禮》同類，非也。《左氏》授受無人，《移大常書》亦不言其有師，則《漢書》所有《左氏》傳授與曾申六傳至賈誼云云，皆後人僞撰淵源，未可據也。從來言《左氏》者，皆喜文采，詳名物，引以説經者少。治三《傳》者疑解經爲劉氏附益，輒詆諆之。案：博士謂《左氏》不傳《春秋》，《左》與《史記》文同者，凡解經之文，《史》皆無之。《史》、《漢》皆以《左氏春秋》爲《國語》，則解經爲後人所增無疑。然《魯世家》「魯人共令息姑攝位」，不言即位，正用隱元年傳文。《陳世家》「桓公病而亂作，國人分散，故再赴」，正用桓五年傳文。如此者數十條，則史公所見《左氏》已有解經語，疑不能明也。門下士廖季平進士精敏賅洽，據《漢書·五行志》于《左氏》經傳後引「説曰」，有釋經明文，在劉氏説前。又《藝文志》有《左氏微》，謂《左氏》事業具于傳，義例出于説。今傳事説雜陳，乃先秦左氏弟子依經編年。漢時《國語》通行，傳與説微，藏在秘府，獨史公得見之，《年表》爲《春秋》而作，故仿其式，與傳文疊矩重規。因仿二《傳》之例，剌取傳中經解、釋例之文，附古經下，引漢師舊説注之，爲《春秋古經左氏漢義補證》十二卷，與傳别行，意在申明漢法，刊正杜義。更爲《外編》若干種，説詳首卷。觀其鈎沉繼絶，著于「長義」、「補例」二門。至「異禮」、「異例」諸表，不蹈争門户者專己守殘之故智，以本傳爲主，亦不至膚引二《傳》。又據《史記》，以《左氏》爲魯君子，在七十子後，不用國史史文之説，其書乃尊以解經，皆爲師説，與二《傳》一律，尤足釋劉申綬附益之疑。至以《左氏》禮同《王制》，歸還今學，不用漢説。其論雖創，其理則易明也。季平謂史公引董子説，是漢師説《左氏》，不求異于二《傳》。余謂史公治《左氏》，實兼通《公羊》。其論述大旨主《左氏》而兼用《公羊》，如《宋世家贊》推美宋襄公，與《敍傳》引壺生所述董子《春秋》説是也。《孔子世家》所言素王義，與王魯、新周、故宋、筆削頗同諸例。又季平所云《左氏》與《公羊》同者矣，今、古相争，勢同水火，皆在劉歆以後。西漢十四博士道一風同，諸儒多兼習數經。小夏侯采歐陽與諸經義，自成一家，大夏侯同立學官，其明驗也。劉文淇《左傳正義》申明賈、服，抉擇甚嚴。其言曰：《五經異義》所載《左氏》説，皆本《左氏》先師。《説文》所引《左傳》，亦是古文家説。《五行志》劉子駿説，皆《左氏》一家言。《周禮》、《禮記》疏所引《左傳注》不載姓名，而與杜注異者，亦是賈、服舊説。今閲是書，多所甄録，惟劉書與古注所無，皆以杜注補之。此則不用杜説，推傳例師説以相補，惟杜氏用二《傳》説者乃引之，鈎輯之功，無愧昔賢。季平謬以余爲知《春秋》，挾書求序，略爲述之，恐不足張之也。案此書期月已成，加十年之功，當必有進于此者。改官廣文，正多暇日，季平勉乎哉！

左傳漢義證二十卷　廖平

是書宗旨，詳宋序。

宋育仁序：唐人設科，以《左氏》爲大經，固以卷帙繁重，亦因晚出，師法闕亡，貫通者稀，故與《戴記》同號難治。范升謂《左氏》授受無人，孝平以後乃暫立學，不如二《傳》師説詳明，其難一也。太常指爲不傳《春秋》，傳中義例，間説史事，與經例不同，二也。史稱《左氏春秋》、《國語》，《劉歆傳》云「引傳解經，由是章句理解備焉」，近人遂疑解經爲歆附益，三也。古文博士各立門户，傳爲劉立異義，引爲古學，而禮説不同周禮，或古或今，疑不能明，四也。三《傳》同説一經，自異則嫌于迕經，隨同又疑于反傳，五也。全經要例，《公》、《穀》文詳，本傳多僅孤證，欲削則疑于本有，補之則近于膚引，六也。古先著作，惟存杜氏，通塞參半，高下在心，未可依據，七也。漢師根據《周禮》，間乖傳義，一遇盤錯，皆没而不説，八也。六朝以來，辨難皆在小節，不究經義，無所采獲，九也。《公》、《穀》既已紛争，攘臂助鬭，更形轇轕，十也。積兹十難，久爲墜學。季平素治二《傳》，近乃兼治《左氏》。庚寅成《經説》十二卷，舟車往反，相與辨難，因得盡悉其義。季平經營《左氏》已久，倉卒具草，固無足奇。然巨經墜學，隱議難通，卒能犯險攻堅，拾遺繼絶，不可謂不偉矣。綜其長義，凡有廿端。傳爲解經而作，以經爲主，經例著明，則三《傳》皆在所統，一。先成二《傳》，洞澈異同，補治《左氏》，故舉重若輕，二。以《左氏》歸還今學，理古學牽引之失，考《王制》合同之妙，一貫同源，門户自息，三。以編年解經，出于先師，非《左氏》之舊，則傳義與博士舊説皆明，四。據《史記》爲始師，則傳非古學，説非劉羼，不待詳辨，五。于傳經立異經見義一例，傳不合經者，可借以見筆削之旨，反爲要例，六。據傳不以空言説經爲主，推考事文，多關義例，雖同二《傳》，非由竊取，七。三《傳》大綱皆同，小有參差，不過百一，别立異同諸表，既喜大同，又免揉雜，八。取《戴記》爲舊傳，六藝子史，莫不同條共貫，闢國百里，如日中天，九。無傳之經説，多詳于别條，鈎沉摭佚，具見詳備，十。杜氏通塞相防，周孔錯出，盡刊新舊之誤，不遺斷爛之譏，十一。據《五行志》所引劉氏諸條，皆不見傳，知劉無附益，莊公篇寧闕毋補，尤見謹嚴，説皆舊文，乃足尊貴，十二。于傳中推出新例，確爲授受微言，傳專傳經，不爲史文，二《傳》不書諸例，皆得證明，十三。别出經説，附經而行，與二《傳》相同，則傳本三家，可以共用古經，易于誦習，二《傳》事實易明，十四。據《移書》不言授受，僞撰淵源，無從附會，十五。同盟、赴告、公舉諸義例，皆以爲史法；今據本傳，證爲經例，然後知傳非紀事之史，十六。三《傳》事禮例，舊説以爲不同者，今考證其互文參差隱見諸例，不惟不背，反有相成之妙，十七。傳例不全，今就傳文，爲之推考等差正變，作爲補例，每立一義，皆從傳生，不苦殘佚，又無嫌膚引，十八。筆削爲《春秋》所重，二《傳》但詳其筆削，説則略焉。今將不見經事依經例編成一書，删削乃詳，因其所棄，知其所存，十九。賢者作傳，祖述六藝，故不獨傳《春秋》，凡所引用，多屬六藝微言。今搜考群經佚説，並可由傳以通群經，廿。有此廿長，故足以平兹十難。余初學《公羊》，用武進劉氏説，以爲《左》不解經。今觀所論述，凡餘之素所詬病者，皆非傳義。且旌旗既改，壁壘遂新，不惟包舉二《傳》，六經亦藉以愈顯。吁，何其盛也！自來説三《傳》者，皆有門户之見，入主出奴，不能相通。季平初刊凡例，亦屬分途，乃能由疑而信，深探本原。禮樂刑政，本屬故物，爲註誤者所蒙蔽自絶者二千年，一旦歸依故國，復覩冠裳，此非季平之幸，乃傳大幸也。鄭盦師既爲之序矣，時余方治《周禮》，力申本經，與季平宗旨小别，然通經致用，詳制度而略訓詁，同也。二經皆爲世詬病，歸獄劉歆。今正前失，搜佚義，彌縫禦侮，以期存亡繼絶者，又相合也。既歎季平之勤，自感著述之苦，故論其難易之故以歸之，殊未足自盡其意也。

杜氏左傳釋例辨證四卷 廖平

平所刊《左凡例》，除正經、正傳、集解、辨證外，所撰《左氏》各書共二十餘種，或篇帙過少，或條録未竟，故不盡著録。各經皆然，姑發其例于此。此本成于壬辰，按《釋例》所列經文，條理未密，謬誤尤多，以非輯補，姑置不論。《左傳》原文過繁，學者畏難，不過獵其文藻，考求事典，從無專求經例，故杜氏解經，得失無人過問，國朝專于解經者亦無專書。劉、龔治《公羊》，以《左氏》經説爲出劉歆。平應南皮張尚書命，乃專心致志于經説推考，其餘典章訓詁，前人已有成書者，則不再詳求。五年之久，成書數十種，此編其一也。考杜氏于經文後加以釋語，每條皆分爲四例，以「五十凡」爲周公書法，不言「凡」者爲孔子新義，不合新、舊二法在外者爲從赴告，在内者爲史官異同。一經之中，有從有違，有去有合，已極怪誕。使杜氏本或有記識新舊朱墨標題，猶可言也。乃細心推求，凡明白易解及傳有明文者，則以爲有例，一涉疑難，雖屬常文，皆以爲無例可言，直是杜氏甄别《春秋》耳，與王柏諸人何以異哉！平别撰《釋例》新編，先列經文，加以論説，務求貫通，折中一是，不敢膚引二《傳》。于本傳事傳及解經説者推出正義數十百條，汰舊誤而闡幽微，焕然一新，文約理舉，可稱明備。按：解經以聖賢爲歸，杜氏謬論，未經指摘，故不悟其非。既有新編，則此册可以不存。惟事體博大，綜理頗難。杜説遵行已久，人所習聞，新編所纂，義多創獲，使不就杜本觀其疵謬，不知去取之旨，必謂義可兼存。且是古非今，學人習氣。閻百詩《古文疏證》撰爲專書，而後梅書之僞乃顯。治《左氏》者必先讀此册，然後知杜説當廢，漢學當申。然則此編固治賈、服者之始基矣。

左氏集解辨證二卷　廖平

東漢治《左氏》者，與《公》、《穀》相同，本傳義例所無，皆引二《傳》相補，如《釋例》中所引許、賈諸條可證。杜氏後起，乃力反二《傳》，譏漢師爲膚引，頗與范氏《集解》同。考舊説以義例歸本孔子，杜則分爲四門，以「五十凡」爲周公舊例，不言「凡」爲孔子新例。例之有無，以本傳明文爲斷。凡「五十凡」及新例之外，皆以爲傳例。有從赴告，魯事前後相反，不能指爲赴告，則云史非一人，各有文質，一國三公，何所適從！又即所云新舊例言之，「五十凡」有重文，有禮制，于經無關，幾及十條。且無「凡」皆爲言「凡」所統，偶有「凡」字，以爲周公；偶無「凡」字，以爲孔子，何所見而云然。且同盟以名，不同盟不名三條，皆爲解滕、薛、杞三小國而發，曹、莒以上，并無其文。所謂不同盟者，謂小國不以同盟待之，非爲大國言也，除三小國與秦，宿更無不名之事。杜不悟其理，于各國之卒，必推考其同盟；本身無盟，求之祖父，不亦誤乎！大例之外，其誤説文義者，如「豫凶事非禮也」六字，文見《説苑》，謂喪禮衾絞衰裳不豫制，所以解天子、諸侯、大夫、士必數月而葬之故，杜乃以爲子氏未薨而弔喪，至流爲笑柄。又弑君稱君，君無道，稱臣，臣之罪。「稱君」當爲「稱人」，杜不知爲字誤，就文立訓。《春秋》弑君，正文有不稱君者哉？又何以别于稱臣也？又「帛君」爲「伯尹」之異文，以「帛」爲裂繻字，是大夫序諸侯上，小國大夫亦同稱子矣。「君氏」爲「子氏」，又何以解「尹氏」、「武氏」連文之傳耶？蓋經本作「尹」，無傳；傳所記之「君氏卒」爲魯事，不見經，後人誤以傳之「君」即經之「尹」，杜氏誤合之，稱夫人爲「君氏」，何嘗有此不辭之文？此類悉加辨證，與《釋例評》相輔而行，可謂杜學之箴砭也。

五十凡駁證一卷 廖平

杜注《左傳》，誤據「五十凡」爲國史舊例，諸不言「凡」者乃孔子新義，並引《易》「大衍之數五十，其用四十有九」以證之。按：傳言「凡」不言「凡」，皆有義例。故賈、潁舊説以爲無新舊之分。「五十凡」中多重見，除去重複，不過三十餘條。又傳有二凡，未曾録入，即五十條中尚有十數條爲史法典禮，于經絶不相干，何得據以立説？平撰此書，證其謬誤，所改正者二十餘字。如「得用焉」改爲「得牛馬」，「得儁曰克」改「儁」爲「獲」，「稱君君無道」改上「君」字爲「人」之類，尤足正杜氏之誤。

左傳三十論續三十論二卷 廖平 尊經本

義詳自序。

序曰：東漢以《左傳》入古文，三《傳》競紛，遂成莫解之勢。惟是滙通三傳，文博義繁，不有提綱，難窺旨宿。丁酉仲冬，館于華陽，圍爐多暇，仿《公羊》舊例，撰《左氏三十論》，發明義疏綱領，義與《公羊》同者，不須再見。是篇文簡事多，例顯義隱，于非左者固函矢之不同，即尊左者亦壁壘之或異。禪泰岱者先梁父，積涓滴者成滄溟，如以區區特爲劉氏申綬解嘲，則殊未盡也。

國語發微八卷　廖平

《國語》爲《左氏》作，兼傳六經，不專傳《春秋左傳》，則《春秋》弟子但記《春秋》時事，加以經説，遂與《國語》並行。漢師内外傳之名誤甚。此書發明六藝，專爲「賢爲聖譯」一語而作，義例詳見《凡例》。

國語補亡二十卷　廖師政

《群經凡例》，《國語》有補亡之議，謂《國語》原本一君一卷，今存者不及十分之一，或國亡數君，宋、衛、陳、蔡、秦諸國則全亡。諸子、傳記凡言《春秋》時事者，皆《國語》原文。故師政仿其義例，取《繹史》及諸子史，編爲此書，附《國語》之後。存亡繼絶之功，亦不可没也。

穀梁釋例四卷 胡濬源

許、柳于《穀梁》皆有《釋例》，未能詳審。是編凡四卷：首言制度，如五長名號之類；次撰述大旨，如内外、王魯、故宋、尊親諸表入焉；又次善惡進退，並剌取傳文，分爲表説；終以傳經、師法諸門，則隨條附見。濬源精傳例，于傳文皆會通其與《公》、《左》異同之故，雖專爲《穀梁》作，于《公》、《左》尤資考證。

春秋分國鈔四卷 廖承

四益館《春秋》以十九國爲大綱，一王、二伯、齊、晉。一王後、宋。八方伯、魯、衛、陳、鄭、蔡、秦、吴、楚。一外卒正、許。六内卒正、曹、莒、邾、滕、薛、杞。非此十九國不記卒葬，不專記事。二百四十年中，非十九國而專記事者，狄滅邢、介人侵蕭二條而已。以樞柚言之，《春秋》以此十九國爲經，以會盟侵伐諸事緯之而成。四益教人治《春秋》，先分抄十九國事實，則其尊卑、制度、儀節相比而明。故以十九國抄爲上卷，其餘諸國因十九國而附見者類抄爲下卷。《春秋》有隱見例，十九國爲見，下卷諸國爲隱，因所見以求隱，故七州之中統見四十八卒正，魯青州統見二十一連帥，一附庸，而《春秋》之志全矣。

三傳賸義四卷 曾大銓

四益《春秋》之説，編入各書者自成一家，可謂粲然明備矣。丁酉以後，兼説大統，從及門之請，分年畫界，不以後來之説改動舊作。每當及門問難，新義别出。又初年刻畫三《傳》，尋行數墨，畢極能事，而遺貌取神，超之象外者，則在諸作卒業之後。大銓就所聞見，纂爲此書，新義懸言，多出舊作之外，故以「賸義」爲名。四益晚説，具見此書。

論語微言集證四卷 廖平

按平據《論語讖》，以爲素王微言，皆授受微隱之秘傳，其凡例大端，在發群經之隱秘，其引用經傳外，于博士舊説尤詳。如「雍也南面」章、「由之瑟」章之取《説苑》，「子禽問政」章、「夫子豈賢于子貢」章之引《孟子》，知、仁、勇之爲三公，威厲、申、夭之爲三德，《鄉黨》篇之取《賈子・容經》，「孝哉閔子」章之取《曲禮》、《亢倉子》，「大師摯適齊」章之取《白虎通》，「四飯」皆不取臆説。其由古説而變者，如「短喪」章之以爲國卹；「曾晳言志」章曾晳所言以爲即農山顔子之説；「思無邪」，「邪」讀爲「涯」，與「無疆」同；「雅言」不言樂，以《樂經》即在《詩》中；「子禽問孔子」，即子貢「知足」、「知聖」之事；「今用之，吾從周」爲當時言；「如用之，則吾從先進」爲百世以後言；「浮海居夷」即海邦大統。以《孝經》説六藝百行，忠恕爲絜矩，即《孝經》之功用。緇衣、素衣、黄衣即《詩》三統之説，文見于著之素、青、黄。無臣而爲有臣，即所謂素臣。「子張問行」，指巡行海外。「樊遲問仁」，「仁」當爲「行」，故答同子張。「鳳鳥不至」，即《詩·卷阿》帝統。金天以鳥名官之事，「鳳兮鳳兮」亦是此意，謂法少昊也。大抵何、皇以來，解《論語》者專于儒家，不能總攬六藝，包括九流。此編力反故常，以求深隱，經證具在，固非好爲苟難者也。

論語彙考六卷 廖平

李貫之先生刊《朱子語録》于池饒，後改爲《語類》。《語類》行而《語録》遂亡，以便初學也。《論語》雜記聖賢言論，不出一手，重複詳畧，零亂無次，亦如語録，不便觀覽。平仿《語類》之例，再著此編，以類相從，其義愈顯，較《輯證》文約而理愈明。其分門如六藝、九流、三德、三公、帝德、王法、法古、垂後、文質、進退、天命、改革，皆微言大義所薈萃云。

論語輯證四卷 李鍾秀

是編雜記古説，間用四益館説而成。考其門目，首六藝，而歸本《孝經》，故《孝經》至于數十見。《春秋》之説，如「庶人不議」三章；《易》之説，如「三人行」章；君子、小人、周比、群黨、坦蕩、戚戚、損益、三友、進退、狂狷之類，《詩》、《書》、《禮》、《樂》尤爲詳明。又以九家爲主，孔子大聖，由四科而分九家。「德行」爲道家所祖，所謂君道，采儒墨，撮名法，任人而不自勞，專爲帝道大統之制。以「文學」爲小統，儒家所祖，所謂「文章可聞」、「焕有文章」者，爲博士經生之所託。以下諸家，可推而得之。又以「作述」爲一門，所謂「擇善而從」、「損益可知」者，如「木鐸」、「天生」、「夏禮」、「殷禮」之類。知聖之學，以宰我、子貢爲主，亦爲巨門。至于弟子倣列傳之例，記其言行，凡言語、容貌爲《容經》所出，如《鄉黨》篇亦彙詳之。至于君道、臣道、兵刑、德禮、修身、出處、三德、教化之類，先以《孔子集語》所引之條採入爲説，再推之經傳子史。《論語》文甚簡畧，苦于無徵，得此引證，乃見詳明。

孟子直解七卷　廖平

孟子爲儒家，爲魯學先師，所謂「去聖人之居若此其近」，蓋以魯學自負。考七篇宗旨，言仁義則法三王，述六藝則詳小統，故其書制度與《王制》合。又其言義理則爲六藝師説，如「不孝有三」及「滕世子臣章」爲《孝經》説；《萬章》篇所言，半爲《尚書》説，歷引帝王，歸重孔子，爲《春秋》説，較三《禮》、《詩》説爲尤多。故所引齊桓、晉文三句，較《公羊》爲明切；所引葵丘之盟辭，亦較三《傳》爲詳。所云「王迹熄而詩亡，「亡」當讀爲「亾」，「亾」古「作」字。《詩》作然後《春秋》作」。「説《詩》者不以文害辭，不以辭害意」，尤爲師傳之綱領。平編此書，一本此義。惟孔子制作一事，則從趙注，與朱注小有出入，于諸作中最爲平易，非過求新奇，不顧義理者矣。

孝經輯説一卷 廖平

平先刊《孝經凡例》及《叢書目》二十八種。戊戌館資州，先成《輯説》一卷。近日學者頗疑經爲僞作，非孔子真本，不知孝主行習，無待高深。是書採録傳記，足相發明。

孝經一貫解一卷 曾上潮

曾子傳《孝經》，「一貫」，即《孝經》也。《中庸》「舜與武周」數章，爲《孝經》專説。聖人「四求未能」，與《孝經》云「愛敬者不敢慢惡于人」、「上下無怨」云云，皆不外「一貫」之旨。至其引用《詩》、《書》，歸功禮樂，效天法地，六藝之道，一以貫之，其師説則見于四益館序例焉。

孝經廣義二卷 廖師政

考《孝經凡例》言經以孝繫之，故自尊卑、男婦、中外皆無異同，又自幼至老，自晝至夜，無論語默行止，與夫戰陳、交游、鄉黨、朝廷，罔有離合，非服勞奉養一語所能盡。師政即傳記子緯各成説分門排比，以成此編，但録舊文，不加己意。孝道之至，通于神明，光于四海，不得此而益信哉！

孝經傳記解四卷　廖師慎

四益《孝經凡例》以《孝經》經少而記傳多，如《曾子》十篇、《禮記·祭義》、《曲禮》、《内則》、《中庸》、《孝經緯》、《孟》、《荀》諸子，佚聞瑣記，于主講藝風時，命及門彙纂舊文，復命師慎爲此編。《孝經》總括六藝，爲一貫之本，淺之則愚夫愚婦可與知能，推之則聖人莫外。故經文雖簡，而義理儀節傳記特詳。得此編以相印證，庶足息好奇喜博者疑經之弊乎！

爾雅釋例一卷　廖平

平據班《志》，以《爾雅》爲緇譯之名。又據郭氏所引《尸子》，見古本《爾雅》如《急就篇》，以類相從，無「君也大也」字。故《尸子》所見本「林」、「烝」以爲「大」者，今本截其半以爲君訓，字數多于《尸子》所見本，則明爲後儒所增也。《廣雅》序例以爲補《爾雅》所未足，今與《廣雅》乃多緟，其爲後增無疑。按今本有二三條緟複，又每條多一二字者，則以經傳法推之，如《王制訂本》例，分爲三等寫定。平又以《爾雅》爲訓詁之書，七十子門人創始，先秦漢人續有補録，以駁昔人周公、孔子、子夏所著，故諸凡新創之義，皆足折群疑，定一尊。至郭注所闕諸條，一概從略，亦不如郝氏之穿鑿附會云。

載《蜀秀集》。

爾雅犍爲舍人注校勘記一卷 廖平

六書舊義一卷 廖平 光緒戊子尊經刊本

國朝小學之盛，超越前代。六書指事、轉注二門，迄無定解。平據班《志》、鄭注、許序名目異同，編爲一表，以班《志》「四象」之説最古最確。又三家上四字雖有更易，而形、事、意、聲則無不從同。故以「四象」爲造字之法，專就形、事、意、聲四字分門別户，形爲實字，意爲虚字，事在虚實之間。引《大學》「物有本末，事有終始」爲據，將各門編爲例目。又以轉注與假借三家名目全同，爲當時用財通名。轉注如今捐輸津貼股份公司，同意相授，事一名多，所以馭繁。《春秋》、《儀禮》無轉注，《詩經》則多轉注。末載《轉注假借異同表》。名曰「舊義」，以爲雖異于今，實本于古。平經説多有改易，此册初無異同，海内名宿如鄭之同、俞樾亦心折其説。治經先識字，爲近世通論，平則以爲治經必從《王制》始，意在經世制用，故小學之書別無撰述云。

繙繹名義六卷 廖平

繙譯有縱横二派，通絶代之語。如《王制》四方譯官，子雲《方言》，此横派也。通古今之異語，班《志》「《尚書》讀近爾雅」，通古今語而可知。《論語》「雅言《詩》、《書》，執禮」，東漢以下用注解，西漢以上則直改寫其字。孔安國以隸古寫定《尚書》，《史記》之改易經字，此縱派也。此書則專爲《詩》、《易》而作，以海外八州山水、陵澤、川境、部落、種族，古如《山海經》，今如《海國圖志》，凡異名種族，經中不能直録其名，又其地名、部落有音無字，隨時更改，于是創爲繙譯之法。《穀梁》言繙譯例，曰物從中國，名從主人；《公羊》曰地、物从中國，名從主人。是海外山水、方部可以中國罕譬者，則直以中國稱之。如《魯頌》「至于海邦，淮夷來同」，淮水在徐州，海邦何以更名淮夷？則以中國九州，淮在東南徐州，大統東南揚州，夷可從中國稱之爲淮。又如《商頌》「自彼氐羌，奮伐荆楚」，以荆楚、氐羌爲夷，乃《春秋》之專説。荆楚、氐羌皆在《禹貢》九州内，據《禹貢》則已不能外之，何況大統萬五千里開方者乎？然則氐羌即西半球，荆楚即南半球。以中國小九州繙譯海外大九州，《詩》、《易》所言，大都如此。今故于《詩》、《易》大統爲此專書以發明之。中國九州已詳于《禹貢》，即謂《職方》所言，皆爲繙譯，亦無不可。由此推，江漢即西半球，淮夷即南半球，九州南山、北山即南極、北極。據小九州之水地、部族以推大九州，固無不合也。

三頌十五國託音取義表説四卷　廖宗澤

《論語》言《詩》，以識鳥獸草木爲旨歸。然不貴識名，在于知志。以鳥而論，則名官是其大例。屈子《離騷》香草、美人皆屬託比，可以知所重矣。《詩》有託音例，如魴鯉之于姜、子，筐、筥之于姜、吕，錡、釜之于齊、許，樛、喬之于周、召，「鴻飛遵渚」之于「公歸無處」，「魴魚赬尾」之于「王室如燬」，其明證也。宗濬撰此書，以三《頌》、十五《國》標目，如周公封魯，于蟲爲螽，于鳥爲鳩、爲鴻、爲雉、爲雞，于木爲樛，于獸爲鹿、爲兔，于草爲苦，于時爲旦，于事爲游。大旨仿《説卦》，以天、地、身、物分表，而加以説。此編數易稿而成，以事屬新創，審定爲難也。

經解輯證六卷 廖平

考《四庫·經部》末有「經總」一門，總論六經，如《五經異義》、《六藝論》之類，蓋源于《禮記·經解》篇。考《經解》言六教之得失詳矣，然必合六經爲一人所傳，初非如九流之彼此是非，支離不同也。考古書言六經宗旨者，微文散著，學者多據一家立説，無貫通之妙。是書采録，附于記後，秦漢悉備，然後整齊義例，以定旨歸，于西漢師法可謂總薈。又東漢以下有六經殘缺《易》三易《連山》、《歸藏》，《書》百篇序，《詩》賦、比、興，《春秋》鄒、夾氏，《逸禮》。及孔子不作之説，《易》文王、周公，《書》歷代史官，《詩》國史所采，《春秋》周公凡例，魯史官所記，《禮經》周公作，《周禮》周公舊稿本。末作二考以辨之，鉤玄發微，推隱摘伏，自成西漢之學，不能强古文家之必合，然證之經記，合以史文，其犁然當于人心者，固非徒以口舌勝也。

群經凡例二卷附經課題目二卷　廖平　尊經本。

平昔年分校尊經，每試題目，刊給學者。近輯所刊《經學目録》爲上卷，再以九峯、藝風、家塾諸題編爲下卷。考平經學數變，遇有疑義，即標題以相考核，成書多而且速，實由于此。群經宏綱巨例，領悟爲難，此篇舉要示目，谿徑易循，初學依目程功，最爲切用。

古緯彙編補注六卷　廖平

義例詳自序。

序曰：《莊子》云孔子「翻十二經」，舊説以六經、六緯當之。考何君解《公羊》，鄭君注三《禮》，凡屬古典通例，多斷以緯，蓋非緯則經不能解也。或曰：緯之名不見于《藝文志》，疑東漢儒者僞託。不知緯者對經之文，所言多群經秘密，即微言也。班書之以「微」名，當即此書矣。緜竹楊聽彝孝廉以今本《董子》謂即《古微書》之遺，《繁露》、《玉杯》、《竹林》等名，與《鉤命決》、《乾鑿度》相同。其言《春秋》典制，多隱微奥義，亦同諸緯，詳言陰陽五行，尤與諸緯合。董子之書，非董自作，本經師舊説，師弟相傳之秘本。董子爲《春秋》大師，附其事于中，遂指目爲董子，此緯之所以分爲子也。惟古書雜亂，于東漢竄點經典，往往見于史傳，並以讖記雜入其中。後人不知緯、讖之分，併于讖緯，其誤久矣。國朝經師乃定雜記災祥爲讖，專言經典爲緯。考《易緯》原書八種外，皆屬佚亡。馬氏及諸輯本緯讖並存，殊乖其實。丙戌同張祥齡采馬本專言經義者分別鈔録，别爲一書，使不與諸讖相雜。舊注未盡者，因命子姓别録古説，以相證明。所有脱缺，略用鄙説。六卷中半爲義例，半爲典制。其星辰、律吕與經相關者，仍入此本。他如日食、星變、占驗及相人、機祥者皆入讖記，使不相混。按：五行占驗，本漢師專門。今以事非經旨，故抑之于讖。撰輯以後，又取其本，稍加釐訂，略有删補，去取之義，各詳本條。爲述顛末，以諗來者。

諸緯經證七卷 廖平

昔人稱孔子微言，弟子大義，如《戴記》中祭、冠、昏、飲酒、射、聘諸義是也。所謂微言者，《藝文志》所列《春秋》諸微是也。明孫氏稱諸緯爲《古微書》，然則謂班《志》不載諸緯者誤矣。群經非緯無以見其義例，歐陽淺見，近人深駁其妄。唐宋以下，經義益蒙蝕焉。諸緯言天球、河圖，即今西人全球之所本。大約小統爲大義，大統多爲微言，欲求中國古義，以實西人之説，非緯不能。平撰《詩》解，以「微」名，即此旨也。

經學守約篇二卷 廖平

古者三年通一經，十五年而五經徧，博而寡要，見譏儒林。自中外通商，西書尤資講習。南皮張尚書《勸學篇》有「守約」一門。此編力求簡要，以《王制》易《説文》、《爾雅》，《王制》文少義完，約之則期月可通，廣之則平治莫外，又言皆徵實，無附會疑似之説，不似《公羊》、三《禮》易入歧途。《王制》既通，則《春秋》、《尚書》、《禮經》、《戴記》迎刃而解，再推之《大學》，凡大統《周禮》、《詩》、《易》、《樂》、《大戴》及西國政教與典禮，無不得其歸宿。又仿程氏《分年日程》，列其書目，詳其讀法，因材高下，譜其程課。大旨不取碎冗與游移之説。如桂、段《説文》，學子數年不能周覽，故于《説文》則但詳六書，古音、偏旁如欲通博，别有專門，此其初桄也。

經説求野記二卷 廖平

西人談天説地，學者群詫其奇怪，而不知中國先師如莊、列、鄒、墨具有其説。然其説散見古經傳記者，尚不止此數條。平撰此書，凡西人諸説，皆求合于中書，不惟西説可收，古經更可因以徵實而大明。孔子有言：「禮失求野。」因取以爲名焉。

經話甲集二卷乙集二卷 廖平　尊經本。

前人著書，有《詩話》、《賦話》、《文話》、《詞話》、《四六話》，説經之書從無以「話」名者。平以經説體製尊嚴，瑣事諧語不便收録，因以「話」名，意取便俗。甲集爲丙申以前所刊，其中條分件繫，多證鄭學之誤，專詳博士之學。乙集二卷丁酉以後所編，專詳帝德，以《周禮》爲帝道專書，九畿諸公方五百里，鄭注地中赤縣神州、崑崙四極皆爲大統而言，諸與《王制》異者，亦同《左傳》，皆爲原文。特其中間有記説之文，劉氏無所羼改，不過原文有散佚顛倒耳。甲集言小學破碎支離之病，謂道、咸以前但有小學，並無經學，皆前人所不敢發。又據《大傳》，以明堂在四郊，駁鄭説十二室同在南方，天子每月移一室之非。據博士説天子娶十二女，百二十女爲命婦，三公、九卿、二十七大夫、八十一元士之妻，駁鄭君以爲天子妾媵分夜值宿之非。又據《左傳》原文，立十九國尊卑儀注表，爲各經盤根錯節，可謂削平大難。其餘諸條，亦皆由苦思積累而得。在他書但有數條精義，便可衍爲一編，此書自始至終，皆屬精核。其乙集以大一統爲主，又《泰誓》即《牧誓》異名，「十翼」出于傳經弟子，非孔子作，皆各經大疑，從無定説。又據《史記》，以儒家乃經生博士之專名，非孔子爲儒家。以儒家治中國，以道家治海外。道家乃《詩》、《易》之遺意，專爲大統而言。老、莊之小大各適，即《詩》、《易》之小大往來、小大球共曆。考皇帝之文，以實《詩》、《易》，六藝仍各爲一門，可以分畫，故以六藝政教分表終焉。

史記經説補箋十卷　楊楨

《自序》：《史記》者，群經之叢記，諸史之祖宗。自後賢以史立説，本義晦蝕。考史公以前，但有經義。敘傳因獲麐而作，故載董説甚詳。十二諸侯年表全據《春秋》譜帙，《世家》所記事例，於三《傳》不無異同。然事義參差，筆削之旨愈顯。三《傳》以史公爲《春秋》大師。古人治經，不用註解，隸古寫定，各成一家。史於《尚書》各篇，小有緖改，此古法也。近來《尚書》家據以立説，以視《大傳》無所優劣，而百篇僞序，後賢校識誤入正文者，皆有罅穴可尋。是於《尚書》非歐陽、夏侯可比。禮樂精要，詳載荀書，是乃闕黨遺文，非出蘭陵手迹。其於朝廷典章、平治要法，微文孤説，悉見裒搜，不似村塾寒儒，綴拾章句，少所發明矣。大統本於《帝德》，據《大戴》推首黄帝，鄒子瀛海九州之説詳焉。《大易》專明天道，陰陽五行，尤爲應變之旨，《天官》、《律曆》亦其説也。蓋史公學於齊魯，入道甚深，而推之彌廣，《孔子世家》特爲起例。九流原出四科，《弟子列傳》原其師法。道家德行所出，故論其旨，要以爲採儒墨，兼名法，無所不爲，則與晉人清談之説别矣。蓋道家主君，君逸臣勞，即恭己南面之義也。《莊子》取顔子，而仲弓、伯牛有敬簡性命之説。以儒歸之經師，尤爲特識。至人不可方物，諸子各得一端，未可遂以儒生當聖人。至於秦人廢學，經籍殘脱之故，與夫諸經淵源，魏晉以來，卮言日出，非史文不足以證其僞也。僅目爲史，則下同班、范。近賢精求古義，乃識推崇。是經義無史公，必至沉絶，所謂功不在孟子下者，非虚言也。

前漢律曆志三元表説一卷　廖平

明以來，論三元者皆以六十年爲一元，百八十年爲三元，雖本九宫法，然于古無徵。其上、中、下之分，並無明據。平因《太玄》用三統曆法，以十九年七閏爲一章，九章爲百七十一歲，而天道小終，九終千五百三十九歲而大終，三終而與元終進退于牽牛之間。按自來三元之説，初見于《韓非子》，法成于《太玄》。及考班《志》乃從上古訖建武，分章列表，從文王四年起終一元，每七十六歲必詳章蔀。所謂漢家百六等説，皆出于此，始知術家所祖，即《漢志》十九年一章之法。別創爲六十年一元之説，以授學者。初以三章爲一元，所差不遠；至于二十章以外，則以上爲中，以中爲下，愈久而愈差矣。《班志》三統合表，眉目不分，因別寫爲三元，由建武至同治十三年，補録統蔀章數，以明三元之説，實本于《三統曆》。考《三統曆》法，每十九年冬至必在十月朔旦，歷代史志，惟隋、宋二見。沈括雖祖其説，然元明以後無聞，當爲歲差所改。平亦徵引曆法，爲考訂之，談三元者當所不廢也。

五帝德義證四卷 廖平

考五帝之説，以《左傳》、《月令》、《淮南》爲正，終于顓頊，順五行之序，此禹爲天子，以帝堯爲一代，舜爲一代，合三王則從顓頊起帝。今本以黄帝爲首，蓋用周法。周爲天子，則禹、湯爲二代，舜以上爲帝矣。又爲帝王升絀之説也。以皇、帝、王、伯分配六經，以《春秋》爲伯，小之最。《易》爲皇，大之最。《詩》、《樂》爲帝，《書》、《禮》爲王，四教間居其中。以仁、義治中國，以道、德治全球。考鄭子言五帝，以顓頊以下德不及遠。《國語》言顓頊以下「絶地天通」，故五帝大小以顓頊爲斷。是篇雖名曰「五帝」，以大五帝言，祇黄帝，顓頊以下之帝嚳、堯、舜、禹皆王也。故篇中有「五帝用記、三王用度」之語。又篇名「五帝」，中述禹。考董子皇、帝、王、伯之説，以天皇、地皇、人皇爲古三皇，五帝則伏羲、神農、黄帝、少昊、顓頊，以復郯子、《月令》之古説。而兼王之小五帝，則由顓頊始，加以嚳、堯、舜、禹。顓頊爲大帝之終，又爲小帝之始。《大戴》之首黄帝不及羲、炎，舉黄帝以包大五帝也。顓頊下合禹爲五帝，故禹與堯同有「四海之内，莫不悦服」之文。蓋此從周言之，夏、殷爲二王，則堯、舜、少昊、顓頊、嚳爲五帝，神農爲上推之皇，六代中二帝而四王，以郯子、《月令》五帝之伏羲、神農爲皇，此因時建除之義也。平解是篇，帝、王之分，以道、儒爲門户，道、儒又以中外畫疆界。經傳以外，博采子史、緯候，頗爲詳明。竊以全球之義，從古無徵。國朝紀、阮，號爲博通，去今未遠，猶以爲疑，則元、明以上，何能以是相責。世變日新，沉義漸著，經旨因以大明。蓋中國閉關之日，固可以絶口瀛海。至今海外九州大同之跡已著，急需此義，以爲百世混一之徵。先是，東南學人有《黄帝政教考畧》，如《通鑑前編》、《路史》、《繹史》等書。此編一準經傳，摘抉微隱，深切著明，關于經術，有裨治道，豈但如《論衡》之畧資談柄而已哉！平初欲以《王制》説群經，或頗疑其附會。今得此編，使帝德王制判然中分，故凡古今疑義，通得解釋。即如《論語》「從周」與「先進」相反，「性」「道」與「文章」不同，非有小大之分，則義不能決。故「祖述」、「憲章」爲小統，下俟百世爲大統。如莊、列、鄒衍之説，求之此編，皆有實證。仿《今古學考》之例，附《小大二統政教表》。平自癸巳以後，解《易》、《詩》、《樂》，以此編爲歸宿，不再斷斷于《王制》，可謂善于解紛矣。

逸周書經説考二卷 廖平

《逸周書》兩漢通行不絶，蓋諸經傳記，班以爲删訂之餘者，誤矣。故平《尚書》傳記采用數十篇，《職方》、《官人》、《明堂》等篇錯見于《周禮》、《戴記》，是其明證。平徧考六藝，收録此書，亦如《明堂月令》爲《尚書》傳記，珠聯璧合，相得益彰。大抵詳于海外，故合《周禮》者尤多。

皇帝三統五瑞表説二卷 廖平

自序：《詩》有三五之説，一州五服，三五而盈，輻員之義也。乃王伯亦有三五，三王五伯；三王循環，五伯亦然。皇帝亦有三五，皇爲君，帝爲伯，亦如王霸。《詩》中有以三取數者，三《頌》，素、青、黄是也；有以五起數者，五始、五際是也。正月、四月、六月、七月、十月爲五際首月。舊有《三統五瑞表》，凡三才天地人、三公知仁勇、三正子丑寅，以三記者爲一表，又五行、五極、考《淮南子·時則訓》解五極之説云：「五位：東方之極，自碣石山過朝鮮，貫大人之國，東至日出之次，榑木之野，地青土樹木之野，太皞勾芒之所司者，萬二千里。西方之極，自崑崙絶流沙、沈羽，西至三危之國，石城金室，飲氣之民，不死之野，少皞蓐收之所司者，萬二千里。中央之極，自崑崙絶兩恆山，日月之所道，江漢之所出，衆民之野，五穀之所宜，龍門河濟相貫，以息壤湮洪水之州，東至碣石，皇帝后土之所司者，萬二千里。南方之極，自北户之外，貫顓頊之國，南至委火炎風之野，赤帝祝融之所司者，萬二千里。北方之極，自九澤窮夏晦之極，北至令正之谷，有凍寒積冰，雪雹霜霰，漂潤群水之野，顓頊元冥之所司者，萬二千里。」五事、五藏、五味、五聲，别爲一表。如《月令》、《幼官》、《地形》、《天文》，其説甚繁。皇、帝、王、伯同有三五，故《詩》分爲大小二派，大統以三屬皇，以五屬帝。三皇中一皇乘運，二皇爲客。三《頌》與《大雅》以三起數，爲大三統之循環；《小雅》、二《南》、《邶風》以五起數，爲大五行之迭更。三皇不必同升並建，則五帝亦爲迭運可知。考《詩》例，三《頌》、二《雅》、二《南》、《邶》、《鄘》、《衛》、《唐》、《陳》主皇帝，《邶》、《鄘》、《衛》、《唐》、《陳》合《王》、《鄭》、《齊》、《豳》、《秦》、《魏》、《檜》、《曹》八風則主王伯，全球分八方，方命一后，即《春秋》之王。一王二伯，故王三終外，次四方，《齊》八篇，《鄭》則十六篇，《曹》殿之。蓋王統二公，公統二岳，岳統二州，州統二監，此一王、二公、四岳、八伯、十六監，舉東示例，由小推大，皇帝亦同。《詩》以素、青、黄緇衣、素衣、黄衣。爲三皇、三王屬君，五帝、五伯屬臣，故以五計者，名雖爲帝，實指五神之勾萌、祝融、蓐收、元冥、后土。蓋五帝即上推之皇，五神乃其輔佐，三君五臣，大小相同。此表採舊説，每門數十條。五瑞説更繁，然後以經證之，而皇、帝、三、五之義明矣。每上推一帝，則五神爲四岳，輪流迭更。郯子命官，雲、龍、鳥爲三統，兼水、火爲五瑞。帝實有五，舉三示法，所謂指之數五，舉不過三，備舉五神，亦如王伯也。帝字上推爲皇，小則爲王，故小五帝下及禹。《詩》「上帝是皇」，謂五帝及帝嚳，皆上推爲九皇也。

皇帝王伯優劣表一卷 廖平

四代禮制，已附之《尚書》。或曰：皇、帝、王、伯又將何屬？曰：此諸經通例也。六經小莫小于《春秋》，故爲伯道，其事則齊、晉。《春秋》屬伯，《尚書》述三代，歸本二帝。《禹貢》王者，王五千里，故爲王。《樂記》云：「五帝之聲，商人識之。」故《詩》主帝。至《易》言伏羲、神農，詳天畧人，以歸之皇。故曰：此群經通例。或曰：既分四代，又分皇、帝、王、伯，何也？《戴記》有《王制》篇，有《帝德》篇。考二表中以四代分以皇、帝、王、伯，分者屬德行，如道德仁義，步趨馳驟，不師不陳，不戰不敗，各有優劣。故《春秋》伯制僅言九州，《書》說五千，《詩》及海外，《易》則御風乘龍，周游六虛。廣狹不同，即其優劣之所以分。此表統古今爲竪之皇、帝、王、伯，與一時並見之統，制表不同。又經各有賓主，如《春秋》王爲賓，伯爲主；《尚書》帝爲賓，王爲主；《詩》王爲賓，帝爲主；《易》帝爲賓，皇爲主。六經所以分別之旨，亦附見焉。

古孝子傳三卷 廖師慎輯

《中庸》舜、文王、武王、周公數章，爲古《孝子傳》。「天子」門後人踵而爲之者，尚有數家。四益課試藝風，曾命及門彙次經傳、諸子，分門彙考，以爲前編，更以昔賢所著，附于其後。婦人女子，亦依彙列入上卷。孝分上下卷，中卷間于疑似者，如《孟子》所論章子之類。下卷「不孝」，《孟子》之「五不孝」，經傳所論桀、紂、諸侯大夫士亡宗覆族、傷毁及親者列焉。考《孝經叢書》列目十數種，未及女子之行，以節烈、貞孝爲最苦。漢以來史家著録，皆不敢忽。此次纂修圖志，樹勳與誥以節母之子，鋭志搜采，道咸以前，則稽之諸家譜牒，同治後檔册八十三卷，皆據稾牘，登載其年限已符，未及請旌與貧婺無力者，又爲代請旌，以酬苦志。其或年例待旌，現年逾四十者，亦據所知著于篇。例凡四門：曰年限、曰事略、曰子孫科名、曰存没。其舉報歧異、夫名失考無從查詢者，别爲「存疑」一門。按舊志列女，采録節烈婦女通二百二十餘人，兹編增至七百人。萫葹苦心，棹絜榮寵，允足發幽潛而彰徽孅矣。樹勳字惠疇，增生，書成者不列。

兩漢經説彙編二卷　曾上林

近賢輯漢人師説，于兩《漢書》采録詳矣，其失在于專取明文，凡隱括經旨者悉爲所畧。又舊輯本多不分家法，文同義異，麻豆一區，識者惜焉。四益舊有兩漢輯本，上林專就其中「經説」一門彙爲此編，區别條流，推求義旨，其輯録之功不可没也。

禹貢驗推釋例四卷　楊楨

《禹貢》一篇專書夥矣，繁牽地志，于經旨風馬牛不相及。緣以史志讀《禹貢》，而不知經義。楨故以「釋例」爲名，而地望在所輕。按《禹貢》雖載于書，實兼通别經義例。王者之化，由近及遠。春秋二伯之制，以晉、楚北南分統，晉統冀、兖、青、豫，楚統荆、徐、梁、揚。三《傳》于内五州以爲中國，外四州以爲夷狄，用夏變夷，化四州以成《禹貢》九州之制。《公》、《穀》言荆爲州，舉祇一見，則梁亡，徐人亦當爲州，舉可以例推者也。《書》内九州以四正爲四岳，合四隅爲八。《帝典》言四岳，而巡守及東西南北。四岳山名，《禹貢》于四岳之州皆以岳名界，如岱、青、衡陽、華陽、梁首，冀言恆。以四正爲天子巡守之地，每方二州，兩伯共一岳，則徐州何以亦見岱字？曰：言岱徐以見兩伯相附之例。岳在正方，四隅不知所從。以徐附青，則以揚附荆，以雍附梁，以兖附冀之例可推也。《尚書》外十二州與九州同時並建，由四岳主八州十二牧主十二州，五服五千里。《禹貢》詳九州，而無十二州明文，説者遂以《禹貢》爲專詳三千里以内。不知名雖祇見内方九州，而要荒十二州之文，全附于每方方伯之下。荆言三邦，每方三邦附統于方岳，言四岳即爲十二州之長，外州亦立五長也。以《詩》言之，所謂「小共」即《禹貢》；《禹貢》一名《九共》。所云「纘禹之緒」、「禹敷下土，方外大國是疆」、「遂荒大東」、「海外有截」，即《大行人》九州、鄒衍瀛海九州，西人所謂地球五大洲。統中外計之，以五言即四岳、京師，以九言即八伯、王畿。海外九州之名，見《河圖括地象》、《地形訓》，則《禹貢》不過赤縣神州，爲九州之一，《鄒衍傳》所謂「驗小推大」，由禹九州推之至于人之所不睹者，其謂是歟！

大共圖考二卷 廖平

詳説自序。

敘曰：《職方》之九州，所謂小共、小球也。《大行人》之九州，所謂大共、大球也。地球開通，《海國圖志》以後，圖測甚詳，然但求記事，不必合于經旨。今據《地形訓》以《禹貢》之法推之全球，截長補短，以九千里開方，爲大九州，合侯、綏二服，以萬五千里開方，故立十五服輻員圖，並據古今地志諸書，詳考五方人民、風俗、山水、貨産、貢篚，並其政事、教化，以爲「大禹貢」。大抵古書則取材于《山海經》、《河圖括地象》、《地形訓》諸書。今則取海外各志，其體裁畧仿諸史地志。帝王政教，必先分州作貢，疆界既明，而後政教可施，此大共之義也。

山海經補畢四卷附古制佚存四卷 廖平

《四益文集》有《山海經論》，以爲即鄒衍所傳，爲《詩》、《書》專説。「五山」即《詩》之南山、北山、東山，「海内」即詩人之「奄有九有」，「海外」即《詩》之「海外有截」，「大荒」即《詩》之「遂荒大東」。浙中吴承志新撰一書，欲以全球諸國證明《山海經》，惜未能引以説經。今據《月令》、《尚書大傳》、《逸禮》、《淮南》所言五極帝神，《海外四經》勾萌、祝融、蓐收疆域相合，引《詩》以相證。又此書于海國多稱民人，《詩》之「蒸民」、「下民」、「下國」、「王國」皆指是也。《地形訓》言海外三十六國，古書有「七十二民」之説，大抵謂海邦也。平此書于經證頗詳，足補畢氏不備。餘詳序例。

五極風土古今異同考四卷 朱芝

《時則訓》「五極」之説，《月令》、《尚書大傳》、《逸禮》、《山海經》皆詳之。即《洪範》之皇極，《商頌》「商邑翼翼，四方之極」也。五極分五帝，即今西人五大洲之説。而《地形訓》與《山海經》言四方之民人形狀、生物性情、嗜好、言語、禮俗甚備。《列子》言四極之覺寐、風俗好惡亦詳。《齊俗訓》欲化不齊以爲齊，即《莊子·齊物論》之旨。芝撰是書，分爲五表，備列舊文，而以海國諸書較其異同變化，以驗皇帝之功用。其始則《莊子》所謂彼此是非，《大傳》所謂仁知異見；至于大同，則化其畛域，合其風俗，書同文，行同倫，信乎開化瀛海之要術矣。

地球新義二卷 廖平編 資州排印本、成都羅氏本

此書丁酉于資中排印，首卷共十題，其未排印者二十題。按《中庸》「凡有血氣，莫不尊親」，學者共知，爲大統舊説。孔子上考三王，下俟百世，所云「祖述」、「憲章」者，小統也；「上律」、「下襲」者，大統也。六藝中以王伯見行事，皇帝託空言，微言大義，及門實有所聞。故《論語》多言大統，鄒衍游學于齊，因有瀛海九州之説，《莊》、《列》尤詳備。當海禁未開之先，鄒子之説見譏荒唐，無徵不信，誠不足怪。今兹環游地球一周者，中國嘗不乏人。使聖經囿

于禹域，則祆教廣布，誠所謂以一服八者矣。孔子固不重推驗，然百世可知，早垂明訓。苟畫疆自守，以海爲限，則五大洲中僅留尼山片席，彼反得據彼此是非之言以相距，而侵奪之禍不能免矣。竊以孔子之教，三千年乃洋溢中國，布滿禹州，則浸延海外，流布全球，過此以往，未之或知矣。

王制圖表十卷 廖平 尊經本

博士會典十卷 廖平

此書專言博士，依《王制》分目，采記傳及今文遺書，凡大統之説，皆别見《海外通典》中，重文祇録一家，小有出入者乃并存之，不詳者别爲按語。其散見之條，悉綴拾推補，使成一律。平初仿《五禮通考》例，兼及史事，以卷帙繁重，但取經説，斷爲此書。古之學者三年通一經，得此鈎玄攬要，其于博士之學或不無小補歟！

海外通典十卷 廖承

義詳自序。

序曰：地球之説，中士訝爲異聞，不知乃先秦舊説，其微文隱義，最爲詳明。以地志一門言，《山海經》、《地形訓》詳矣，其分别服數，譜録州名署仿《禹貢》，讀者以爲荒唐，等諸齊諧志怪，畧資談藪，不知即皇帝大一統典章也。從《職方》以推《大行人》、鄒子瀛海八十一州，而四紘、四殯、四荒、四極之制所由出。《莊子》所謂「大塊」，即地球六合内外。「黄帝游四海之外九萬里，六月乃息」者，皆海外之方隅。典制由此推之，則不但六經有海内外之分，諸子、傳記、史緯亦同，舊雜入海内，以相蒙混，豈不兩傷！兹仿杜氏《通典》例，將自古經傳子緯大統之典章、會要分門臚列，以與博①士會要相峙，一言海内，一言海外。考古有黄帝以七十戰定天下，制作禮樂刑政之事，皆爲海外大統言之。海内作于堯舜三代，海外則出黄帝也。故瀛海地球，實以口流傳，特無徵不信，不能指實言之耳。今彙輯舊説，以成海外之制，必相證明，而後《詩》、《易》之説可通，不敢必謂是編足爲將來之程式也。

春秋驗推四卷 李鍾秀

六藝始于《春秋》，終于《詩》、《易》。以輿地相較，《春秋》州方千里，開方爲九州，合爲方三千里；《詩》方萬五千里，合爲方千里者二百廿五，大《春秋》廿五倍。然畫井分州之制，小則爲井田，大則爲全球之五極，廣狹雖殊，理莫能外。《春秋》一以小九州分，内外。《詩》則以五大州分。内外。《春秋》以東北四州爲中國，《詩》以西南半球爲夷狄。魯爲正東青州，《春

① 博：原作「傳」，據文意改。

秋》據以立法。中國于全球亦在正東，如《春秋》之魯。《春秋》化西南四州成小九州，《詩》化西南半球成大九州。帝道開通全球，分州作貢，考其蹤跡，實等《春秋》，鄒衍驗小推大者此也。西人自明入中國，迄今約三百年。此書初名《海外春秋》，託天子于上帝，以中國代魯，以美、非爲秦、楚，以北美爲晉，編年紀事，用夏變夷，以仿《春秋》。旋以文獻無徵，難于載筆，因就《春秋》原文，將中西事實比附于下。考《春秋》三世異辭，于莊時始見外州國，先内後外也。海禁大開，在于近代，亦如宣、成以後始詳吴、楚。此書取事勢符合，不盡拘于年月，就全球以推《春秋》建州分部、朝聘典禮，用舊法而小有變通。《穀梁》有一國之辭，有天下之辭。《董子》：《春秋》以魯容天下，蓋分帝王。一國曰王，天下曰帝。《公羊》云：「王者孰謂？謂文王也。」中文外質，文質即今中西之變文。東青陽，中國主文，大統以中國比魯，尤相得而益彰。此書大旨與《禹貢驗推》相同，一由地輿廣狹而推，一由政事人物而推也。

皇帝政教彙考十卷　李鍾秀

上世政教之書，《古史》多略，《路史》頗詳，而文不盡可徵。鍾秀用四益說，據馬氏《繹史》爲藍本，博考古説，以求其全，備引經文，以證其義。蓋説皇帝之書，莫此爲備，而詳于經義，尤與徒徵事實者異焉。

義詳自序。

禮三本補説二卷 董含章

序曰：《荀子》「禮三本」云：「禮有三本：天地，性之本；先祖，類之本；君師，治之本。無天地焉生，無祖焉出，無君師焉治。三者偏亡，無安之人。故禮，上事天，下事地，宗事先祖，而祖、君、師是禮之三本也。」《穀梁傳》：「獨陰不生，獨陽不生，獨天不生，三合焉然後生。故曰母之子也可，天之子也可，尊者取尊稱焉，卑者取卑稱焉。」案：蜀中家神多以天、地、君、親、師爲主，此《荀子》「三本」之説也。西人專奉天，不祀别神，是一本之説也。中國當聖人未出之先，亦同泰西，以天爲主，即六經宗旨，亦仍主天。如《春秋》以天統王，以王統伯，以伯統牧，以牧統諸小國，終歸本于天。諸經亦同。是主天之義，中西所同，不能以是傲中人者也。惟聖人立教，于天外别立等差。統制之法，《董子・立官象天》篇所謂以三輔一，不能以一天子居上，總統萬幾，而廢百官、諸侯也。歐洲爲全球一隅，立數十國，每國一王，而王之下仍立百官、諸侯。試以州縣論，官之下執役者或數千百人；以一鄉論，亦有保甲諸民級，又一定之勢，中外所同者也。故聖人以天不可不主，又知等參之不能不分，于是創爲三本之教，推廣天主之義，而爲之説曰：君爲臣天，父爲子天，夫爲婦天。既于天之外，别立主宰，而君父與夫仍襲天號。蓋君父與夫所以代天宣化，分任其勞，而仍主天事。《尚書》工曰天工，討曰天討，命曰天命，以人代天，不使熙熙攘攘之衆得直隸于天帝。而惟天子一人得主天，此即孟子闢墨教愛無差等之説也。以人比天，其事自明。中國于天之下再立等級，曰地、曰君、曰親、曰師，亦如象天立官，皇帝之下有王、有公卿、有大夫、有士。故《穀梁》以天子主天，爲天之子。然惟天子得主之，以下皆當各祖其父母，不得稱天子。此即「禮三本」，王與諸侯、大夫、士分等級之説也。天子中外古今皆同，而三本則惟中國獨精。以人事比天道，即西人不能自解也。舊祆教不奉祖先，今傳教者不禁人奉天、地、君、親、師之神，此西人欲中人奉其法，而先改從中法，是師而後教，西教未行，中法已習，亦即三本之説也。考天主教初入中國，貴童貞與佛同；居中國久，耶蘇教遂改爲夫婦同行，又不能自堅其説。此改西教以合中法之實證也。

釋周一卷　廖德鈞

此書取經傳「周」字不專指姬周者，如「周易」、「周禮」、「繼周」之類，以爲大統帝號也。

中外文質考三卷　朱芝

泰西禮俗與中國反，或因斥爲異端，思禁絶之。不知《論語》文質、《公羊》尊親，本有相反相成之禮教。蓋禮從宜，使從俗，混一全球，不能僅用一方之教也。是書以文質爲中西之分。考中國無質家，所謂殷質之分頌，實指海外，非殷商尚質，凡事與周文相反也。上卷文家，專詳中國政俗；下卷質家，專詳海外政俗；末則辨疑證誤，以明經傳旨歸，庶足以化畛域而觀大同也。

海外用夏考二卷 席上卿

《中庸》云：「凡有血氣，莫不尊親。」泰西内附，亦如《春秋》之吴楚。是書用《春秋》進諸夏例，其中門目，如尊孔、讀經、學禮、知恥、尊君、愛親、敬長、命官、文字、服飾、玩好、姓氏、三本之類，凡海邦用中國者，則引而進之，有其意而事未成者，取《穀梁》「成美不成惡」之義，亦在所取。《春秋》以三服分中外，化諸夏，成小九州。是編以十五服分中外，化海國，以成大九州，是本旨同也。

海外借籌四卷 曾子俊

西人林樂知、李提摩太爲中國代籌，撰《東方時局論》，論中西四大政等書，至見忌于其政府，可謂厚于中國。惟西國各伏隱亂，有魚潰瓦解之隱憂，知而不言，施報之謂何？子俊因撰是書，以奢侈、民權、訟師、黨人、平權、廢倫、重斂、黷武、國債、傳教、刑罰等爲門目。考諸海報，弑君殺相不絶，自由黨、富貴黨君相不能約束，議院舉人多以賂行，各黨争持，互相傾軋。古無久强不敝之國，觀匈奴、吐蕃、回紇、蒙古之已事，固今日一大機括云。

太西政學彙編三十卷　施焕

言西學者技不如政，故焕本《勸學篇》之旨，撰爲此書，以備遺忘。所録皆精要，不似坊間所刊《西政叢書》、《萬國政要》、《時事新編》之蕪雜無次也。

全球古今政俗考二卷　陳天澤

近人《萬國近政考》等書，于全球風俗、政教言之特詳，所有進退損益、裁成教化、皇帝大一統功用，概從畧焉。《詩》、《易》專詳用夏變夷，化成海外，以成大九州之治，其説散見于《月令》、《大戴》、《山海經》、《莊》、《列》、《鄒》、《尸》、《淮南》、《吕覽》諸書。《莊子》之《齊物論》、《淮南》之《齊俗訓》尤爲專篇。是書考古則以《逸禮》五極爲主，以五帝分司五極，即西人五大洲。先就萬五千里開方，繪爲圖，以諸子、傳記、緯候所言山川、地名、風土、種類、形狀、性情、典禮、衣服、言語、飲食、文字、器用、居徙、遷徙、刑律、學校、土産分方列入，别立表説。言今則主西人五大洲分疆畫界，以近出西書所言各門，考其離合異同之故，再就《詩》、《易》詳考進退損益之道，務使全球化成，中國則爲損益合中，即所謂交相爲用，顛覆厥德也。

帝繫篇補釋一卷 曾上淵

《記》曰：「野人知有母而不知有父，若都人則知尊祖矣。」中國草昧侏儒之風不可考，而泰西父子平等，以天爲父，而姓氏之學不講，數典忘祖，不以爲怪。《緯》云：「孔子吹律定姓。」或據以爲姓氏之學由孔子而創，尊祖敬宗，所以化同一父母之説。是譜帙之學，爲用夏變夷之大門。《大戴禮》孔子言《五帝德》而附以《帝繫》，此姓氏譜帙由孔子而傳之實證。繫與世通，史公所據《世本》、《周譜》即《帝繫》之支流。是編據本文則以黄帝爲主，高辛、高陽、放勳、重華、文命皆黄帝子孫。從少典、軒轅至是爲禹爲經，下至篇中爲傳。《國語》、《山經》、《世本》、《世紀》、《路史》皆有異同，堯舜同祖，舜禹世次昔人早有異同。上淵用四益説，詳著是編，以統譜學。由泰西不言姓氏，知古中國亦同。由中國以化海外，而大同之化，知必由是始也。

四益館經學目録一卷 廖平

是書説詳自序。

序曰：六藝者，至聖之六相，法六合者也。上天下地，前後左右，六合内外，君以忠恕，而無餘藴矣。海外之説雖詳，無徵不信，以史公之博雅，猶以爲疑，而況章句之儒，抱己守殘者哉！今、古之紛争，《詩》、《易》之徜恍，二千年于兹矣。平持西漢博士説以治小統者二十年，不敢謂全收博士之侵地，千慮一得，頗有自信之際。于群經中惟力攻《周禮》立異數條，著爲專書，歸獄歆、莽。名師摯友，法言巽語，自詡精詳，未肯遂翻。丁酉秋，宋芸子同年述南皮師語，有云「風疾馬良，去道愈遠；繫鈴解鈴，必求自悟」，爲之忘餐寢者累月。戊戌夏，因讀《商頌》，豁然有會，乃知三統之義，不惟分配三經，所有疆宇，亦判三等。求之《詩》、《易》而合，求之《莊》、《鄒》而合，再求之《周禮》，尤爲若合符節。嚮求《詩》、《易》義例，將及十年，新思創獲，層見疊出，師中乏主，終不成軍。得此懸言，百靈會合，木屑竹頭，群歸統屬。因有前後《地球新義》二刻之作，再將舊聞加以綜核，編爲此目，成一家言。求之前賢，固乏全體，而鈎沉繼絶，聯合裁成，至于是而九畿萬里、六義三易，化朽腐爲神奇，因難見巧，轉敗爲功。五帝所司，大荒是則，血氣尊親，百世不惑者，其在斯與！其在斯與！或曰：《王制》之學，求之二十年而不能盡，帝德之廣，尤爲難慎，再易寒暑，遂定兹編，速成不堅，未足爲信。曰：内外雖分，大小一致，蓄疑既深，中邊易透，聊分門徑，以卜小成。六合廣大，豈錐管所窮。維是累世不竟，古有明言，精力既銷，人事難卜，泰山梁父，崇庳不同。特掇此編，藏之家塾，瀟瀟風雨，晤對無間，童孩課讀，恃有依歸耳。即或南北東西，業已小成，留待後賢之推廣。苟天假以年，尚將修補，不敢以此自畫。況此編卒業者尚僅及半，或同學分撰，或子姪代編，大約三年之内，可以成功。或曰：學以三變，安知後來更無異同？曰：至變之中，有不易者存，故十年以内，學已再易，而三《傳》原編，尚仍舊貫。惟大統各經，以宗主未明，不敢編定，名曰三變，但見其求深，初未嘗削札，則謀畫之審，差堪自信。《莊子》所謂乘雲御風，自揣綿薄，未敢步趨。繭絲自縛，營此菟裘，將以終老。獨是昔治二《傳》，隔膜《左氏》，南皮師命撰《長編》，因得收三《傳》合同之效。又以《周禮》之命，必求貫通，力竭智窮，竟啟元竅，一知半解，畢出裁成。事理無窮，未可以一人私見，堅僻自是，數經險阻，始得小悟，以此自喜，益以自懼焉。

廖氏經學叢書百種解題四卷 賀龍驤

義詳施序。

施煥序：楊雪門先生曰：「四益經學，美矣盛矣！惟三利未興，三弊未祛。三利者何？一有王無帝，二有海內無海外，三有《春秋》、《尚書》，無《詩》、《易》。三弊者何？一同軌同文，今、古相軋，一林二虎，勢必兩傷；二六經不能自立門户，各標宗旨，疊規重矩，勦説雷同；三分裂六經，固傷破碎，合通六藝，則嫌複緟。」楊公雖持此説，以爲翻古今之成案，合宇宙而陶鈞，貫串百家，自闢荒徼，未必許先生之能副之也。先生則引爲己咎，誓雪此恥。《四益叢書》初刻皆總論學派宗旨凡例，本欲以此求證得失，攻勘從違，蜀中學人、海内老宿，其指瑕索瘢者，蓋不止盈篋，師悉寫而藏之，隨加訂正，急欲求通，不能遽化。卸官杜門，謝絶書札，忘餐廢寢，鬚白齒落，如此又十年，專治《詩》、《易》，至于戊戌，乃得大通。在先生雖猶謙遜不自以爲定説，然三弊全除，三利全興，六合以内，悉隸版輿，兩漢淵源，並行不悖，苟再欲求深，恐反入歧道。惜楊公不見成書而早卒也。先生從及門之請，因縣志本編爲《經學叢書百種目録》，某等又採縣志提要及各序跋以爲解題，分作四卷：一入門，二王制，三帝德，四經總。編纂已定，望洋而嘆曰：至于今楊公三弊庶可盡除，三利庶可備舉也乎！《尚書》斷自唐堯，史公以黄帝不雅馴，儒者遂以三王爲斷。《易大傳》之首伏羲、神農，《五帝德》之首黄帝、顓頊、帝嚳，《樂記》、郯子、《月令》、《尚書大傳》之五帝，《禮運》之大同，以爲稱引古事，于經無與，此先秦至今博士經生從來未發之覆也。先生中分六藝，以《春秋》屬伯，《尚書》屬王，《詩》屬帝，《易》屬皇，立《皇帝王伯表》，取《帝德》篇與《王制》相配，分畫門户，各有宗旨，疆域之不同，則六藝不惟言帝，并補皇伯，則首利興而緟複之弊祛矣。《禹貢》言「聲教訖于四海」，博士立王者不治夷狄之説，故西漢十四家，皆據《禹貢》立解，以爲王者方五千里，而《詩》之「海外有截」、「九有有截」，《易》之鬼方、大同、大川、大人、大過，《論語》之浮海、居夷，《左傳》之學夷、求野，《中庸》之洋溢中國、施及蠻貊，鄒衍之海外九州，非説以中事，則斥爲荒唐。近今海禁宏開，大統之形已著，十年内文士雅人欲于經中求鄒衍大九州之根原而不可得，則聖教終囿于五千里。海外各邦本不自外，孔子乃先屏絶之，是使其自遯于覆載之外，而袄教反得倒戈以相向矣。先生據《周禮》九畿、《大行人》九州即鄒衍之大九州之八十一方千里，推之《詩》、《易》，若合符節。《山經》、《莊》、《列》，尤屬專書。因以《詩》之小球、大球爲地球，别《周禮》爲大統禮制之書，惟其專言海外，故九畿、九州、萬里皆與《王制》中法不同。《王制》中國五千里，《周禮》海外萬五千里，廣狹不同，各主三經，兩不相害，不如東漢今、古之説，于中國并行，二書矛盾函矢，互鬥不休。必如此，内可以化今、古之紛争，外可以擴皇帝之大同，實皆因利乘便，并無勉强。六藝兼收海徼，則海外之利興，而勦説之弊除矣。六藝既分二統，言王者爲祖述憲章，言帝者爲上律下襲，言王者爲上考三王，言帝者爲下俟百世。上考則文獻有徵，下俟則無徵不信。故《尚書》、《春秋》法古之書，則文義著明，《莊子》所謂《春秋》「先王之志」，「議而不辨」。百世以後之事，雖存于《周禮》、《山經》，傳之鄒衍、莊、列，而經則不便頌言，此《莊子》所謂「六合以内，論而不議」，使人目爲荒唐幽渺。故《詩》、《易》之經託之歌詠，寄之占筮，蓋莊生「論而不議」之説也。地球未明之先，以隱語射覆説《詩》、《易》，言人人殊，不可究詰，無所依據，不足爲先儒咎。惟中外交通，《詩》、《易》明文事迹甚著，則不可再墮悠恍。今以《詩》、《易》專爲皇帝，專治海外，以《周禮》爲主，編輯《海外會典》一書。此書已成，再撰注疏，務使明切。亦如《書》、《禮》名物象數，語必有徵，一字難動，空言隱射，一掃而空。此《詩》、《易》體格與《尚書》、《春秋》不同，即帝王大小統之所以分也。《詩》、《易》昭著，如日中天，地域别營，毫無轇轕，則三利興，而今、古之弊除矣。昔先生作《周禮删劉》、《古學考》，南皮張尚書不喜攻擊《周禮》，又謂《知聖篇》大有流弊，富順宋檢討亦互相詰難。東南文士勦襲《知聖篇》，其弊已著，故先生辛卯《三傳定本》，凡屬微言，悉從隱削。又以《王制》、《周禮》分海内、海外，以帝、王二字標題，不再立今、古名目，二派各有疆域，異道揚鑣，交相爲用，既無删經之嫌，又收大同之效，當不至再有齟齬。至改制舊説，外間著有專書，違其宗旨，背道而馳。湘中有《翼教叢編》之刻，本屬慎兵，苦無深解，以此相攻，愈助其燄。特撰《家學樹坊》一編，專詳此事。篇中首以《孝經》者，取一貫之義，容儀爲立身之本，樞機言行，統括禮樂，爲自修專書。帝、王二統，驗小推大，階級可循。終以經總，微言大義，源流派别詳焉。綜此百種，是爲大通，内以仁義爲宗，外括道德之藴。孟、荀、莊、列，有大小，無異同；博士百家，有精粗，無取舍。統以「忠恕」貫其終始，下愚可能，聖人莫外。信乎定古今之成案，擷傳記之精華，集經生之大成，開寰瀛之治統。莊生不得鄙爲芻狗，武夫不得薄爲章句。庶孥經之士，得所依歸。四海會同，悉本賡歌八伯；中央立極，不外祖述三王。化其狡狂，一歸平正。至于慕德遠人，大瀛蕃服，亦知天地含容，早在陶成之内，舟車所至，願抒愛敬之忱，漸悔前非，共霑新化，凡有血氣，莫不尊親。某等先後追隨，各有年所，宗旨備聞，或代纂分編，或編定草稿，繙檢校寫，不無微勞，博大精深，難窺美備。僅就膚見，弁諸簡端，來者難欺，知必有合焉爾。

四庫西書提要二卷　廖師慎恭輯

此編取《四庫提要》所收西書彙付排印，説詳自序。

序云：今天下言治者凡二派：曰守舊，曰維新。言教者亦分二派：曰孔子，曰天主教。夫政主維新，而教用孔子，此文質合中，禮失求野之説也。或乃厭故喜新，務求奇闢，于西學不無異同，而獨推崇其教，此君子過也。因于《四庫》著録存目中學教二門西書提要編輯排印。分爲二卷：上卷言器諸書皆著録，下卷言學諸書皆在存目。上卷爲守舊者言之，以見西學可用，《四庫》于百年前已經著録，發明其精要，則非不可從之書。維新者不惟推其學，並甘心其教，以爲大公無我，遠在中國上。讀此編，然後知早經《四庫》駁斥，見絶于聖人，取與從違之間，宜知抉擇，而嗜奇好異，顛倒其説者，更可恍然。于論定之事，不可以虚辭立異，而徑情直行之宗旨，固不能奪人之性而從之。所編原文具在原書，摘録排印，以其爲當今急務，取便觀覽云爾。

四益館史論二卷 廖師政輯

四益史論刊入《蜀秀集》者，如《孔子世家》、《五代疆域》皆其課作，不入此集。平晚年讀史，多所評論。師政搜集殘帙，以爲是編。義喜奇創，然不同明人纖仄之習，蓋由經推史，自成一派，未可以尋行數墨求之也。

家語溯源四卷 董含章 按《家語》爲諸子統宗，故以冠儒家。

今《家語》非班《志》舊本，説者皆以爲王子雍所撰，與鄭争學不勝，則依託古書以求勝。國朝古學盛，鄙夷是書，不屑齒録。竊鈎沉拾墜，爲近賢專長，孤條片語，悉輯專書。王氏生當晉初，博士佚聞，猶多可考，鄭學新法，悉變舊章，褒録師傳，以相杵擊，是爲正法。特雖用古說，不標學派、姓氏，遂使人疑爲臆說。是書本陳氏《疏證》之例，仿《異義》之體，于王說家法悉著本原，則《家語》遂與《白虎通》、《五經異義》如驂之靳，較丁將軍《易》說，其軒輊爲何如哉！能用此法，再注《孔叢》，尤爲庠序盛事焉。

荀子經說新解十卷　廖平

《荀子》中多傳記，與兩《戴》同數篇，其明證也。篇中有《荀子》明文者，乃爲所述，與《孟子》皆爲博士所祖。考瑕丘江公學于荀子，傳《春秋》與《詩》。嚴氏可均考證《荀子》六藝皆有傳述，洵爲先秦大師。篇中所引後王，即素王，非謂時王。《性惡》與孟子各明一義，不相妨害。其于諸經隱例微旨經師所未經發明者尚多，此書專詳斯義，至于詁訓名物，則從略焉。

知聖篇一卷附孔子作六藝考一卷　廖平

平初作《今古說》，丙戌以後，乃知古學新出，非舊法，于是分作二編，言古學者曰《闢劉》，言今學者曰《知聖》，取《孟子》「宰我、子貢知足以知聖」之義。此編用西漢說，以六藝皆由孔子譯古書而成，《莊子》之「翻論」，《論語》之「雅言」，皆謂通古今語。以天生至聖，通貫古今，《詩》、《易》爲百世而作，《春秋》、《書》爲上考而作，由後推前，知制作全出孔子。于是撰爲此篇，因疑設問，最爲詳明。平客廣州時，欲刊此本，或以發難爲嫌，東南士大夫轉相鈔録，視爲枕中鴻寶，一時風氣爲之改變。湘中論述，以爲素王之學倡于井研者，此也。宋以後專學《論》、《孟》，故取證二書尤詳。學人囿于舊聞，于二書微言最爲奇險者視爲故常，一經洗伐，如震雷發人猛省，乃知《論語》多屬微言，爲六藝之鎖鑰，非教人行習之專書。即以《孟子》論，所謂「五百年必有王者興」，《春秋》「天子之事」，「三年喪魯滕莫之行」，仲尼不有天下，周無公田，《詩》乃有之，堯舜時洪水初平，獸蹄鳥跡交于中國，與《堯典》、《禹貢》典章美備，事出兩歧。以孔子繼周公，以周公繼帝王五六見。至以孔子爲賢于堯舜遠甚，爲生民所未有，非得此意，則孟論不能解，而六經記傳、諸子百家更無論矣。或以六藝歸本孔子爲新創，不知莽、歆未出之先，無論傳記、子史皆以六藝傳于孔子，并無周公作經之説。故平又編《孔子作六藝考》一卷，以證其實。其書取西漢已上爲主，東漢已下微文散見，亦附録之。考國朝學派，康、雍則漢宋兼主，乾、嘉則專治東漢古文，道、咸以後，陳、李乃倡言西漢，由粗而精，自博反約。王刊《經解》，與阮刻學海本相較，後來居上，固天下之公言也。平承諸家之後，閉門攻索，以數十年精力，乃能直探本原，力翻舊案。史公「好學深思，心知其意，固難爲淺見寡聞道」，或亦謂此歟。

今古學考二卷 廖平　尊經刊本

平于乙酉用東漢許、鄭法，爲此篇，上卷表，下卷説。今説歸本孔子《王制》，古學歸本周公《周禮》，劈開兩派，如日月經天，江河行地。戊子以後，乃是今非古。丁酉以後，乃分帝王、大小二統。學雖三變，此編乃爲初基。海内論四益者，多以此編爲主，雖曰淺近易循，而欲求後來再變之説，亦未有不以此編爲始基者也。

古學考一卷附兩漢學案二卷　廖平　尊經刊本

是書初名《闢劉編》，末附《周禮删劉》，皆平信今駁古之説。丁酉以後，乃改爲經言大統，説爲附會，末附《兩漢學案》，綜核今、古門户攻擊之事實，則家法愈明。大約《今古學考》詳于經説，此書則專詳事實。

魯齊學淵源考二卷 廖師慎

案魯、齊居近聖人，好古出于性成。孟子爲鄒人，自云「近聖人之居若此其近」，是以魯學自負。班《志》論《詩》「與不得已，魯爲近之」，皆抑齊而尊魯。考《孟子》、《荀子》、《穀梁》、《魯詩》爲魯學，《公羊》、《齊詩》與鄒衍爲齊學。魯學謹嚴，齊學恢張，雖曰風氣使然，亦略有小大之分。此書意主化二家畛域，故于同異出入之故，論之頗詳。至于收録各學弟子，較《傳經表》尤爲詳慎，于西漢十四博士典禮符合，更可由此以見博士之宗旨焉。

家學紀聞録四卷 廖師慎

四益每立新解，輒求駁議，丁酉以前未定之説悉經改正。近來《詩》、《易》卒業，乃以帝、王二派爲歸宿。許、鄭駁義，朱、陸異同，鄉人擬爲《正楊》之作。書未殺青，故四益命師慎輯爲此編，凡南皮、湘潭、錢塘、鐵江、徐山。邛州諸老之議論，以及江叔海、陸異之、周宇人、吴伯傑、岳林宗、楊敬亭、耿焕卿、楊雪門、董南宣、吴蜀尤、龔熙臺、吴叔籌之撰述，周炳煃、王崇燕、王崇烈、施焕、帥鎮華、李光珠、陳嘉瑜、黄鎔、賀龍驤、胡翼、白秉虔、彭堯封、李傳忠、羅煦、曾上源、李鍾秀、劉兆麟等之問難，外如《亞東報》、《湘學報》、《翼教叢編》，雖不爲四益發，宗旨偶同，亦引爲心咎。序謂置之座右，以當嚴師，務求變通，以期寡過。竊四益開創新門，一掃舊案，許、鄭既有詰難，班、何亦多罣誤，旗鼓自標，矛矢群起，高明鬼瞰，固是一途，而風疾馬良，去道愈遠，微言久絶，得失無徵，與其非常之可駭，何如繩尺之是循。《勸學篇》欲假西報爲諍友，是編所録，不癒于西報乎！且閣書久爲定案，毛氏《寃辭》已譏自供。鄂中洪侍御猶專著一書，畢生自喜，彼此是非，何有一定！要之寸心得失，真僞難欺，後賢不遠，姑俟論定可也。

家學求源記二卷　廖師慎

昔鄭同撰《鄭志》，以明家學立義本源，師慎此書私淑其意。考平經説，初用東漢今、古分門，繼治西漢博士，終以皇帝大統，先秦莊、鄒爲歸。考古文學以經爲殘，六藝歸本周公，諸義從東漢以至乾嘉，更無異同。道咸以來，陳、李諸家始標異幟。平之學派，蓋亦風會所趨，窮而反本，非好奇僻，以自矜炫。惟博士舊法，蒙蝕已久，平鈎沉繼絶，具有苦心。學者自習所聞，先入爲主，莫不詫異。即二伯方伯一條，各經傳記明文具在，或亦斥爲一家私説。師慎以趨庭所聞，畧仿《鄭志》，撰爲此編。首標平説新義，次乃臚列經傳、子史、緯候、博士舊説以明之。其自序云「求之今無一義不新，于古無一義不舊」者，非虚語也。竊考四益各經義例，刻意求深，推擴補綴，誠不無斧鑿痕然。顧炎武、閻若璩于群疑衆謗之中，卓然自立，事久論定，靡然相從。江、錢、孫、王當時各得盛譽，後賢踵事，遂成芻狗。昌黎論文，不顧非笑，非才力横絶，固不能超越古今，使壁壘一新也。湘潭王仲章欲撰一書，自明家學新解，未克卒業。是編乃能與《鄭志》後先比美，與《樹坊》編相輔而行，釋疑解紛，于家學不無小補云。

家學樹坊二卷　廖師政

《知聖篇》用《論語》「天生」、「知命」，《孟子》「賢于堯舜」，以孔子生民一人，繙經立教，以空言垂法百世。外間誤以改制變法爲干與時政，孔子改制後，諸子群起而效之，攻之者或授以柄，益不足熄其錟。故師政此編，專以辨明僞託。夫空言立教，不過如罪言待訪。近日《亞東報》劉室主人論《今古學》，亦以防流弊爲言，故于他外流弊，亦爲預防。竊以著書發明經義，爲端人正士推循大義微言，若夫狂悍狡獪，借經説以文其奸，固防不勝防也。

老子新義二卷附化胡釋證一卷　廖平

《老子》主皇帝之學，所謂「道失而後德，德失而後仁，仁失而後義，義失而後禮」，即皇、帝、王、伯之説也。所云「天道猶張弓」，一張一弛。即弧矢測天法。《詩》云「舍矢如破」，《易》云「先張之弧，後説之弧」，「三十輻共一轂」，即地球萬五千里開方，所謂「輻員」，《小雅》首三十篇，《國風》之三五一十五服也。或以道德流于刑名，守柔則近無恥。不知《老子》專言君不言臣，專言帝不言王。《史記》之説道家曰「無爲而無不爲」，蓋無爲者君也帝也，有爲者臣也王也。《詩》主皇帝，但言道德，而以事繫王，所謂「或從王事」，「王事靡盬」也。「不識不知，順帝之則」，皆君逸臣勞，非尚陰謀，以術馭敵也。專治中國則可定一尊，治全球則當各從其便，因物付物，相時而動，無人無我，不得以無恥責之。又「聖人不死，大盜不止」，「剖斗折衡，而民不争」，皆指皇帝，與《郊特牲》①大同相合。其中薄湯武、非仁義者甚多，皆爲大統而言。竊

---

① 郊特牲：疑爲「禮運」之誤。「大同」説出自《禮運》。

以孔子、老子皆古之至人，盤天極地，百世可知。《老子》遠言下俟，皇帝君道，以三王説之，猶嫌扞格。乃鄉學之儒，不識此義，動欲步趨孔子，摹擬老聃，以學究而談伯王，匹夫而擬卿相，情形不合，遂轉而疑伯王、鄙卿相，其不流爲狂瞽幾希。考六藝君臣大小各有專書，循序漸進，無須躐①等。子貢之論曰：「宫牆美富，不得其門」，「日月高明，無階可升」。今不知宗旨，而妄相比擬，不以爲寓言，則以爲幻境，豈不誤哉！是篇專以《老子》爲經説，爲大統，不許淺人摹躋，庶乎不致以己疑古聖。考太史公《六家要旨》云：「道家使人精神專一，動合無形，贍足萬物，其爲術合陰陽之大順，採儒墨之善，撮名法之要，與時遷移，應物變化，立俗施事，無所不宜，旨約而易操，事半而功倍」云云，是其宗旨專爲大統君道而言。「採儒墨，撮名法」，初非專于清淨、屏絶事功也。末附《化胡釋證》一卷，專詳以釋化夷，而進之以聖教，樹義尤精碻焉。

莊子新義四卷　廖平

《莊子》「六合之外，存而不論」，《易》。「六合之内，論而不議」，《詩》。「《春秋》經世」，《春秋》。「先王之法」，《尚書》。「聖人議而不辨」，此《商頌》中外之分，二《雅》大小之辨也。《中庸》云：

---

① 躐：原作「獵」，據文意改。

「萬物並育而不相害，道並行而不相悖」，則以《帝德》篇爲主。六合以外，風土各異，東西則晝夜殊時，南北以人鬼異向，雖萬殊必歸一本，然小道致遠則泥，隨時變遷，因物應付。《莊子》之一龍一豬，即《易》之或語或默；《莊》之彼此是非，即《易》之仁知異見。其鵬之爲鳳、蜩之爲鳩，小大各盡其性，即王制與帝德各因時應變之義。至于齊物化同，非大小二統之各得其宜哉？或曰：儒道相非，何能合轍？曰：儒非不言君，而于臣爲詳；道非不言臣，而于君爲詳。史以儒爲君勞臣逸，道爲君逸臣勞。平即《莊子》所言小大、天人、王帝、九州、大塊之説，分別立表，涇渭判然。因舉《詩》、《易》以解《莊子》，文義符同，珠聯璧合，即《論語》之無爲無名。其譏詆孔子，皆非正言，庶于道儒取舍同異之故，不無小補云爾。

列子新解四卷 廖平

是書分二門：一據列子以解《詩》、《易》，與《莊子》同，以「夏革」篇爲詩之「不長夏」，以「革」專説地球；一據《子史精華》所列諸條，以《列子》爲中國之佛，爲老子化胡、以佛化夷之實證。以經統《列子》，以《列子》統佛，以佛統天方、天主，而全球諸教悉由經出矣。

尸子經義輯證二卷 廖平

是書大旨與《莊》、《列》同義，詳自序。

平序：考《尸子》漢以後歸入雜家，劉向序《荀子》，謂尸子著書，非先王之法，不循孔子之術，劉勰又謂兼綜雜術。今綜覽全書，是爲傳經先師荀、董流亞，專綜經術，條析章句。《穀梁》兩引《尸子》之説，以解六佾、射姑來朝，是《尸子》爲《春秋》先師。考《爾雅注疏》引《尸子》至于數十條，《文選》、《御覽》所引，如釋六畜等題目，「程，中國謂之豹，越人謂之貘」云云，與《爾雅》、《方言》體例相同。書中稱引孔子，頌法帝王，欲求如劉氏所譏而不可得。汪繼培遂疑原書散失，未究宗旨，諸家微説，率皆採擷精華，翦落枝蔓，劉子所譏，皆在亡佚篇内。考今輯本全爲博士以至聖爲宗，決不至如劉氏所譏。古子多矣，荀序「尸」字必係字誤。又《爾雅》郭注所引「墨子貴兼，孔子貴公」，與皇子、田子、列子、料子相提並論。經師祖孔子，不應與諸子並稱，則「孔」亦當爲誤字。不然，至聖初非一「公」字所能包其宗旨。又聖門四科，傳經爲文學科。列、莊稱法皇帝，薄仁義而詳道德，是爲德行科，所謂南面之學，宗法三皇，兼營六合，故鄙三王五服爲小言小知，宗道德則不能不傳仁義。孔子論五帝，《易大傳》詳伏羲、神農、黄帝，《論語》云「性與天道不可聞」，論帝道無爲，薄政刑而尚道德者，尤不一而足。弟子學隨其量，所得淺深大小不相同。孔子非尚三王而不及帝道。莊、列以德行爲宗，政事、言語散無統紀，惟文學科獨抱遺經，號爲嫡派，而道德之流遂别宗黄老。實則所云黄老之學，皆出于六經，不過因文學科迹近孔子，故分門别户耳。又考傳經先師各有大統之説，如《伏傳》言五極，與《山海經》同，爲《地形訓》所本。《韓詩》説《關雎》「無思不服」，實未嘗囿于九有，特不如道家之專門耳。尸子著書，于海外帝道爲詳。如汪本下卷少昊、伏羲、神農、黄帝、堯、舜、禹采至二十五條，八極、大九州者十條。汪序云張湛注《列子》，言《列子》、《尸子》、《淮南》多稱其言，如《地形訓》「水圓折有珠」一條，與「北極有不釋之冰」一條，皆出《尸子》。章懷太子注《漢書》，謂《尸子》書二十篇，十九篇陳道德仁義之紀，一篇言九州險阻、水泉所起。是《地形訓》之文，多本此篇，故其説與鄒子、《易》、《詩》大統爲近。今因汪本，舉經傳以緯之，如八極、赤縣神州、上下四旁曰宇之類，再取其説以注各經，彼此發明，相得益彰。

古今學考二卷 廖平

平初作《今古學考》，「今古」者，今文、古文也。二十年後講大統，乃作《古今學考》，所謂「古今」者，中國、海外，上考下俟也。先秦以前經説，兼言海外，如《大戴禮》、鄒衍、群緯、博士，如伏、韓間有異聞。東漢以後，乃專詳海内，據《禹貢》以解《詩》、《易》，鑿枘不入。迄今海禁宏開，共球畢顯，使聲名限于四海，則血氣尊親，皆成虚語，海徼自外帡幪，故各尊所聞，各行所知。《論語》「百世可知」，《孟子》曰「百世之後，莫之能違」。孔子至今近百世矣，海外異教不能統屬，是必專宗孔子，用帝道，兼海外，乃可莫違。或以孔子前知爲嫌，然《尚書緯》「地有四游」，鄒衍海外九州，《逸禮》之五方、五極，與今西説符合。中西未通二千年前，中國早有異聞，諸賢能知，又何疑于孔子！按：聖學以繼開爲二派，往爲述古皇帝王伯，開爲垂法全球。《今古學考》外，再撰此篇，上卷法古，下卷證今，搜採舊説，不厭詳盡，亦可謂苦心分明矣。

陰陽彙輯六卷附凡例一卷　廖平

《史記·敘傳》云：「《易》著天地陰陽、四時五行，故長于變。」是陰陽家由《易》而出，爲説《易》專門，又爲帝王法天之學，以《月令》爲主，後世乃流爲禨祥家耳。考《漢志》所列陰陽家，今皆無傳本。漢廷博士及先秦諸子則無人不講此學，如《大傳》、《繁露》、《七緯》、《白虎通》，以及《管子》、《淮南》、《靈樞》、《素問》、《逸周書》，皆各有專篇，特其文散見，學者莫能詳焉。考道家者流論皇帝之道，以順天爲主。《帝典》「羲和」即《月令》之本經，亦首言法天之事。言王制者以安民爲主，言帝道者以順天爲要。今欲明《易》學，昌帝道，則陰陽一家，不容聽其散失。今故恢張舊法，立此一門，先輯經傳、子史、緯候、博士各書原文，分爲四類：言天道者爲一類，法天布令者爲一類，順天獲吉者爲一類，逆天不祥者爲一類。諸書中有文義相同者，則仿孫本《孔子集語》例，以最詳明一條爲主，餘俱低格書之。其有隱義，則間爲發明。又「律呂」一門，本爲時令之學，别取專門各書，爲之纂輯考訂。凡《易》、《詩》文義，例有與此學相關者，必極爲發明，標著條目。漢師陰陽爲專家，將來重興此學，必以此書爲嚆矢云。

群經災異求微二卷 廖平

是書在祛漢儒之病，解西人之惑，義詳自序。

自漢儒以災異附會經義，遂爲世所詬病。西人精于步推，以日食、彗星皆出于一定，山崩、地震別有因由，或疑中古未精步推所致。考緯書爲群經秘鑰，乃言災異者十有七八，此經傳大疑，不能以言語争者也。且就《月令》考之，五害皆有一定占應，然人事與天災不能截然相應，少一參差，動爲笑柄，則不獨《春秋》可疑，即《月令》亦可疑矣。平因考《詩》中義例，始悟五害專就政令立説，由政事而言，不必拘以天象事實。考弧矢、三角爲測天要法，《考工記》輈人大車四方三十游，上爲弧弓枉矢。《詩》云：「昊天不弔，喪亂宏多。神之弔矣，遺爾多福。」《緯》云：「枉矢西流，天降喪亂。」蓋帝王法天，政令須密合天度，如以人違天，經不以爲人事之差舛，而以爲天行之變亂，以人不應反天而行也。如五星應四時，春爲歲星，夏行春令，即歲星犯熒惑；秋行春令，即歲星犯太白；冬行春令，即歲星犯垓星。又如孟春行秋令，即爲正月繁霜，必時至繁霜，乃行秋令；因行秋令，即目爲繁霜，以帝王法天，萬不能當春而行秋令，必係天行愆度所致。此經傳之災異所以專指政事，不必災異瞬息相應，而日食、彗星果可退舍潛消也。故緯書所言災異，皆指政令違天，禍亂應時而至；違天即所謂枉矢西流，喪亂宏多，即所謂天降喪亂也。「弔」字于文從弓從丨，即弧弓枉矢，爲測天之儀器，密合則爲弔，差舛則爲不弔，合天則遺爾多福，違天則喪亂宏多。喪福之原，由于天行之弔與不弔，此弧弓枉矢所以在大車之上，而經傳災異皆指時政違天，因致禍亂，所以儆戒人君。法天之制，必如此説，而後群疑可通，經義愈顯。

陰陽五行經説四卷 廖平

董子爲西漢大師，《繁露》多陰陽五行家説，非漢儒之風習，乃經傳之正軌。蓋經傳言近旨遠，多爲百世以後立法。人事變遷，不足垂法，惟天地萬古不變，故多託以立説，緯所謂萬古不失九道謀也。是經傳之言行，多指天行言，非人事矣。《論語》「四時行，百物生」，故皇帝之學，多以太乙四時爲題目，此陰陽家所以爲經説專門也。是編于緯外兼録漢師説，而必求驗于經。觀所論述，專在闡明經旨，非徒炫博者比也。

管子彙編今證十卷 廖平

是書以經世之學證《管子》，義詳李序。

李光珠序：九流原出六藝，推衍成家。孔子以前人不以著述爲事，即有亦佚而不傳，此古子皆出依託之説。又六藝傳記，弟子記録實繁。自秦火以後，咸在秘府，彼此淆雜。後來校書，取其連屬之篇合爲一書，繫以姓氏。此古子多，群經傳記不皆出于一人之説也。即如《管子》，其有管子問對之文者，皆其學者之記述，非管子手著。至無名氏各篇，則爲傳記及别家附入之文，有兵家，有農家，有法家，有名家，有墨家，有陰陽家。如《序官》、《幼官》、《四維》、《地員》、《宙合》等篇，則多爲經説，附入《管子》，故中有《詩》、《書》、《禮》、《樂》、《春秋》、《易象》之文。説者以爲真管書，遂謂孔子前已有六經之教，此大誤也。今將有管子明文者，彙爲一篇爲專書，以外傳記之文則依經分彙，畧下己意以相引證。其有雜入各家者，亦依九家名目，分別編定。六藝遺文墜典，附入子書，遂使離之兩傷，在經傳爲缺典，在子家爲贅文。至于九家古書多不傳，而名亡實存，故于子中創此一法。將來欲立何家，即從諸子中鈔輯，即可重興舊法。考諸子膚濶莫如《墨子》，典核者莫如《管子》，篇帙既較繁重，議論又少空言。如方今時事多艱，凡關經世之務，尤爲切要。特非分類鈔纂經説時務，目迷五色，莫能詳也。以移動各書爲嫌，則原本具在，固不相妨也。

公孫龍子求原記一卷 廖平

名家原于六藝，即所謂堅白磷涅、白馬長馬也。學者激于一偏，不免過直，諸子所同，不獨名家爲然。是篇專引聖言，證其師法，以見名家由政事科而出。至其議論偏駁者，則務持其平。

名家輯補四卷 廖成化

名家惟《公孫龍子》爲專書，實則諸子中皆有其説。化承家訓，草創凡例，輯爲此書，即諸子凡例中名家一種也。

墨經補釋二卷 胡濬源

今人喜言《墨子》，搜藏發覆無餘藴，而于《經》上下篇仍屬隨文衍義。是書專解經文二篇，以經出于圖，亦如《洪範》本于九宫，先定圖而後審訂文義，庶免膚衍之誚乎！

泰西宗法墨子考一卷 周坦

自西學盛行，識者皆以爲源出《墨子》，不惟從質、兼愛、機械、薄葬，即重學、化學，其説具見于墨氏，惟造兵、非樂、明鬼，學者詫爲不同。竊以西人祈禱天主，即爲敬鬼，特專心于天，偶有小異。群雄角逐，練兵自救，勢所必至，而息兵之約，則其本旨。西人雖用樂自娱，至于以樂化成天下，故亦不持此論，則西人實純一《墨子》之學。坦録列西事，然後引古子攻墨之文，以示其邪正之故，庶幾逃墨歸儒，以漸進于道也。

縱横輯佚二卷 廖平

自序：聖門四科，言語居其三。宰我、子貢，專門名家，辭命之重久矣。蘇、張不實，爲世指摘。魏晉以來，寖以微渺，四科之選，遂絶其一，豈不哀哉！國家閒暇，不需其人。今者海禁大開，萬國碁布，會盟條約，軨軒賓館，使命之才，重于守土。葛裘無備，莫禦寒暑，諷誦報聞，匪酒可解。久欲重興絶學，以濟時艱，或乃狃于見聞，妄謂今知古愚，四三朝暮，無益解紛。不知探微索秘，多非言傳，長短成書，乃學者程式，不盡玄微。又秘計奇謀，轉移離合，急雷渺樞，成功倉卒，事久情見，殊覺無奇，因症授藥，固不必定在異品矣。因草創凡例，分爲各科。經傳成事，前事之師，專對不辱，無愧喉舌，述《本源》第一。朝章舊志，數典不忘，古事新聞，必求綜核，述《典制》第二。偵探隱秘，貲取色求，中冓隱謎，捷于奔電，述《情志》第三。折衝樽俎，不費矢弓，衆寡脆堅，熙猷燭照，述《兵事》第四。忠信篤敬，書紳可行，反覆詐詛，禍不旋踵，述《流弊》第五。撮精收佚，先作五篇，專門全書，悉加注釋。敢云繼美咨謀，差得賢于博弈爾。

國策今證十卷　廖師慎

近今爲大戰國，《國策》爲古人成案。聖門四科，特立「言語」，漢以下爲不急之務，則爲今之天下特立此科明矣。蘇、張之學，談何容易！師慎承家學，撰此編，引近事以證古書，以見欲爲是學者，必先自文字語言始，而全球政教典章、人材盛衰，無一不爲切要，庶乎有蘇、張其人恢復神州，駕馭全球也。

長短經箋十卷　廖承

縱横家自《國策》後惟是書號專家，即四科「言語」之支流，爲當今之急務。講是學者，必先于中外諸國山川道里、政治兵農、貧富强弱之故精熟無遺，又于海國君相智愚賢否，並及嬖倖宦妾，尤以通言語、識文字爲第一要務也。昔子貢一出，而存魯、亂齊、救楚、亡吴，拘墟之士或頗非之。使當今有此人，必能扶中國而救危殆。他如《春秋》復九世之仇，其説最偏駁，南宋人獨深取之，以患其疾則急求其藥，適投所急，故不加駁斥耳。又是書雖以縱横爲主，而精于治術，尚不流于縱横一家詭詐之見。原書無注，承因其爲絶學，爲蜀人，故箋其書，參以近事，以相印證。蘇、張學術，固非旦暮可遇者也。

司馬法經傳新證二卷　廖平

《司馬法》乃《周禮·夏官司馬》之傳記，非司馬穰苴之言也。其中所言典制，亦博士舊法，與《考工記》同。即古軍禮中多古典秘制，久失其傳。平因爲注，並博採泰西新法，以相印證，中國天文、地學、古籍皆與西法密合，藉以收海外新制，亦求野之意。

泰西兵法彙編十卷　施焕

西國兵書，中國刊行者合計北京製造局、天津學堂《格致彙編》近五十種，未經譯刊者尚不在此數。其中不免重複，譯人有高下，旨義不免異同。是書就各本摘録精要，于海軍、水師、前敵、陸操尤稱詳備。

藏府探微二卷 廖登樓

登樓字光遠，平三兄。其書以膽爲藏，腎爲五藏之精。説詳自序。

序曰：先秦兩漢陰陽五行之説盛行，專門名家，六藝九流皆列其目，故無論説經行政，測天量地，皆以五行説之，至于醫卜星相，更無論矣。而陰陽五行，又畧有分别。今按《靈樞》、《素問》有陰陽家説，有五行家説，惟五行之説多于陰陽，後來醫家説藏府者遂專主五行。考今《尚書》歐陽説肝木、心火、脾土、肺金、腎水，與《内經》同。古文家則以心爲土藏，肺火也，肝金也，腎水也。《五經異義》、古《尚書》：脾木也，肺火也，心土也，肝金也，腎水也。揚雄《太玄》：木藏脾，金藏肝，火藏肺，水藏腎，土藏心。高注《吕覽》亦同。高誘注書，兩存其説，二者相持，雖左袒博士者多，然古文家能别樹一幟，足見以五行説五藏，出于配對，實非一定之説。言五行者以肺爲金，心爲火，胆之附肝，與心之附肺同，乃别膽于府，與肝同爲木。考《内經》，心爲君主之官，膽爲決斷之官，心、膽形體同、功用同。膽有上，口無下。口藏也，非府也，其所以别之于府，與胃、大腸、小腸、三焦、膀胱同者，以藏雖有六，而五行衹五，以六配五，少一數，故以膽爲府，推衍配對，窮于數，非别有所據也。今醫家以膽爲府，尤尊貴于腎，諸藏奇而腎偶，無説以通之，乃創左命門、右腎之名。按：以心比膽，膽當爲水，藏肝與肺，形體相合，爲金木合并。膽與心形體相同，爲水火既濟。肝、肺、心、膽、脾爲五藏，配五行。腎爲五藏之精華，兼包并攬，如天王，在五官之上，上帝較五帝爲尊。腎之司權，皆在壯年。人初生腎無權，人將老，腎先絶。《内經》云：「男子十六而精通，八八六十四而陽道絶；女子十四而精通，七七四十九而陰道絶。」所云「精通」，腎方乘權；所云「陽道絶」，腎已先亡。蓋腎爲五藏精華，專司生化，如草木初生，不能華實。衰枯不實，根株不傷，猶不至死。五藏不可一日無，而腎之司權，男不過四十八年，女不過三十五年，此腎所以超出于五藏之上，獨爲二體，腎亡而人不死也。試再以陰陽家説推之，則人身如鍋爐，飲食入胃，以火蒸之，上熏爲氣，氣下降爲血，肝司之。心藏氣精，膽藏血精，肺如天鍋，肝如下覔，專主流通氣血，布達四肢，心膽則爲氣血之精華，專主神智。人之存亡，則在肝肺，而腎無權焉。脾胃居中，肺司上焦，肝主下焦，血氣壯盛，而後精通，稍見衰敗，則腎氣先絶。此以陰陽説五藏，不似五行家配合牽掣，徒爲轇轕。《内經》及古書實有二派，今撰此書，悉爲甄録。學者就陰陽家以治病，明白簡要，可以删除支蔓之弊。今考西人鍋爐之上有水火各表，觀表可以知其水火之盈虚。人身之耳目口鼻即表也，觀于外可知其内。然則人身不誠一大機器乎哉！

四聖心源駁議一卷

廖登樓

是書辨黄氏信用熱藥之失與久服熱藥之害，義詳自序。

井研自廖榮高、稅錫祺以滋陰之説倡，群焉附從，藥肆龜版、龜膠動銷數千百觔，病者常以陰不足而死。自黄氏之説盛，周廷燮爲之倡，歲銷薑附、桂枝、法夏數千百觔，龜版、龜膠幾絶，病者又轉以陽不足而亡。常見服陽藥者以桂、薑、椒、蔻隨時咀嚼，一人服附片至以百觔計，卒死于陽虚。豈龜、地于廖、稅而無功，薑、桂因廷燮而鮮效哉？天地不能有陽而無陰，人身不能有氣而無血。仲景著書，非危症險疾不輕用毒藥。又陰陽相持，如二人相鬭，以弱陽敵强陰，其不勝宜也。今苟得精强勇鷙之士一二人，加至數十人，則萬無不勝之理。乃久服陽藥者相繼以死，則固萬無此理矣。考醫書，苦寒耗陰，辛熱鑠陽，服熱藥重劑者多頭眩汗出，陽隨以亡。浪子還鄉，無主不止，故扶陽之劑，必兼補陰。或曰從黄氏之説，固皆陽不足而死，然病者受藥，時收小效，何也？吞刀吐火，積幻成真，久用熱藥者善于部勒，其收效在于佐使。班《志》云：「以熱益熱，以寒益寒。」精氣内傷，不見于外，久服熱藥者，致成癮疾，陰陽隔絶，積熱成寒，反引熱藥以自救，而精氣消鑠，旋登鬼籙。群迷不悟，深可哀痛者也。無論寒熱，藥與病相投者病愈不反，過服寒熱，旋愈旋反，久皆成癆。以此斷其藥之偏勝，百不失一也。江南陸氏著書攻擊黄氏，多中肯要，然不切于吾研流弊。考黄氏書，如《傷寒》、《金匱》拘于經文，猶未大形決裂；《四聖心源》爲其自著之書，背道而馳，毫無忌憚，陰絶陽絶，藥劑相同，是教人不必分陰陽也。諸病一括之以胃逆脾陷，是教學者但言升降，古書舊法皆可不觀，朝檢書而夕行藝，莫便于此。故講黄氏學者，舍難從易，流毒愈廣。此篇首言陰陽平等，以祛其貴陽賤陰之誤。次言從陽救陰，從陰救陽，以救其專用熱藥之誤。次言陰藥傷陰，熱藥耗陽，以啟其久服熱劑不能回陽之悟。次言人脾胃久則成癮，與陰陽隔絶，積熱成寒，以解其病人受藥，時收小效之疑。末附醫案，凡久服寒涼與久服熱藥者，皆列焉。偏之爲害，彼此同病，固不僅黄氏之有弊，更願習黄氏者之相觀而自悟也。

中西星象異同説一卷　董含章

西人測天度與中法異而同，惟言星象則與中國星經相反，每星名目不同，多寡亦異。蓋星之命名，由人取象，合數則同，分數則異，要以中説爲歸。其考古今星宿，有多少異同之變，則釋氏言地球成往毁空四劫之説，比而同之，折中一是，談天家固所不廢也。

太玄釋例一卷　廖平

《太玄》一生三、三生九，本于乾坤生六子舊法。自八宫之説盛，學者遂不得其與《易》相通之本。又《太玄》由太初、三統而作，後世元運羅經，皆由《太玄》而出。治《易》不明《太玄》，不識卦爻初壯終元運；不明《太玄》，更不識天地人三元之所以分。是書以《太玄》七十二卦作盤，以九卦居中央。始三方，次九州，次二十七部，再次七十二家，而終以周天三百六十五度。于太乙下行、九宮順逆之説闡發無遺，非通究是書，不能召攝天光，考金龍之動静也。

太乙下行九宮説例一卷　廖平

九宮之法，始于《大戴・明堂》，實取法于北斗運行。即巡守。《堯典》二月、五月、八月、十一月巡守四嶽，此「帝出乎震」。從東起數之法。《禹貢》由冀而兖、而青、而徐、而荆、而揚、而豫、而梁、而雍，此歲起牽牛。始子終亥之法。北斗之行，實左旋一周，《靈樞經》所言四十五日而移一宫，順行周轉，一定之法也。宋儒所謂《洛書》，則奇數守本位，偶數飛對宫，乃杓衡並建，昏旦兼數之法。一坎數杓數昏，二坤數衡數旦，三震數杓數昏，四乾數衡數旦，四當爲乾，以巽爲四，特以明順行半局之法。五離數杓數昏，六艮則數衡數旦，七兑數杓數昏，八巽則數衡數旦。蓋杓、衡、昏、旦即楊公顛顛倒倒排父母之法。今本《洛書》作一坎、二坤、三震、四巽、五中、六乾、七兑、八艮、九離者，一至四順行，爲北斗陽神所行，從六至九逆轉，乃陰神月壓日纏所行。北斗順行一周，有目共覩，非半順半逆，夏至後則逆也。奇門法以《洛書》爲冬至局，别有夏至逆行半局，必合二局，陽乃從左邊團團轉，陰乃從右路轉相通，僅冬至半局，則順逆歧舛。今之説九宮元運者半順半逆，是爲大誤。胡氏《易圖明辨》、俞氏《癸巳類稿》考證甚明。平因其文，再加新義，編爲此書，乃經傳要義，非僅爲數術家備一解也。

天玉寶照蔣注補正二卷　廖平

考《四庫提要》言羅經之法，舊有八宮、十二宮二家，今按《説卦》「乾西北之卦」、「兑正秋也」，是羅經古説，原有方氣二者之分。言八方者主八卦，言二十四氣者主十二辟卦。言方者《易》爲主，言氣者《月令》爲主。《易》用九宫法，《月令》用律吕法，二者固分門别户，不可强同也。考蔣注《青囊》文義本之《周禮》律吕鄭注賈疏。今世習蔣氏法者舊皆有律吕旋宫各圖，特不得訣，不知其用耳。是蔣氏于律吕、《月令》之法考録甚詳，乃于注中無一語及之。至《寶照》明用《月令》之條，皆以八宫强解，如壬子癸真假、丑與壬差錯、己丙亥壬皆據八宫説之，顯與經文相悖而不顧。蓋蔣注二書，終不盡意。又以發洩已多，恐谿徑易循，特以蠻烟瘴雨，遮迷道路，故姜氏以爲啞謎，不可拘文牽義。辨正諸篇，多合解二法，惟《天玉》以八卦爲主，《寶照》以律吕爲主，二書分門别户。故《天玉》詳言出卦、不出卦、三般卦前後兼，而《寶照》則數駁八卦之非，所有干支分元之説，全不見于《天玉》。故凡言三者主八宫，兩者主十二月。蔣注所云「别無二法」者，即分别八卦、十二宫之隱語。平以爲蔣、姜立説，合二法爲一，以爲真傳，必須口授。後人據書立説，不得言外之旨，誤解無窮，貽害甚巨。故平因二篇舊注，小爲删補。末附八宫、十二宫異同表，盡取二法不同之條分别之，使學者不致再入迷途，或亦日用之小補焉。

疑撼經訂本二卷 董含章

《傷寒》自成注以下，各本互異，學者以不見原本爲憾。《疑撼》自高文良公改武曲，爲巨門所稱。舊本如粤雅堂、崇文書局及范、寇諸本外，亦如《傷寒論》，無一定之本。考原書有經文，有解説，今以楊公爲經，其解説則定爲曾、廖以下學者所附録。含章因仿《水經注》例，訂經、傳、説爲三等。大要經文簡約，傳較經爲詳，説尤繁衍。分類排寫，宗旨自明。

蔣法辨謬一卷 陳天衢

自《辨正》盛行，依託蔣法者無慮百家，言人人殊，莫衷一是。竊蔣、姜引而未發，射覆捫盤，各以意測，不知理氣原出《禮經》，法象天地，非深于古義者不能得其宗旨。天衢究心陰陽家説，特取乾坤法竅、地理小補、辨正翼、辨正辨、再辨，皆斥其依託無據。凡未見及、未刊諸法，由此可推。至于俗傳三合法，以不依附蔣氏，則不贅及。

地理辨正疏補正二卷 廖師慎

講蔣學者僞法最多，蜀中則惟張疏盛行。蓋張氏以邵圖立説，不必尋考陰陽家古書舊説，所以文士喜用之。不知邵《圖》始于宋，非楊公所知。蔣于《青囊》言先後天不出一時，《河圖》、《洛書》非有二法，蓋已明駁宋人《圖説》，與胡朏明《易圖明辨》宗旨相同，最爲特識。張氏據邵《圖》以説其書，不亦誤之甚哉！且古今言九星行度者，皆以分屬八卦，挨星必成三爻。張氏以八老父母爲一運，八少父母爲九運，分其四十八子息卦以爲二、三、四、六、七、八運，是舉舊來之北斗九星統指爲一運，最爲舛誤。且挨星必有不挨之方，乃以挨爲可貴。邵《圖》則每方九運，皆全無不可挨，則又何挨之足言！考邵子所謂「先天圖」，乃上下圖，《易傳》並無四方明文。邵子乾南坤北圖，以上下圖加于四方，與後天圖緟複，最爲誤説。乃本之立盤，可謂誤中之誤。惟其書通行已久，學者不能割愛。師慎以趨庭所聞，編爲此書。其立盤八卦仍用後天，從經也。其于二十四山，則以老父母子息二十四卦當之，不以父母與子息並列，所以分八宫二十四山之父母子息也。三層七十二候，則以九孫卦當之。如坎居北方，生節、比、井三爻，爲三山；三山各生三子，合爲九宫，以符七十二龍之舊。張盤一宫立八卦，九運全在，乖祖孫父子之義。今二層以八卦爲祖，三層以二十四山爲父，四層以七十二候爲子，五層以二百一十六爻爲孫。祖父如三合之八卦、二十四山，子孫如三合七十二龍與周天三百六十五度。分金之説，詳于子息，仍用坎一、坤二、震三、巽四、中五、乾六、兑七、艮八、離九之次。所有錯綜、反易等法，則仍從張氏之舊，改其本體，而不變其用法，點鐵成金，不使學者盡棄所學，殊爲兩盡。又三合有天、地、人三盤浮正中三針法，以天盤審龍，地盤立向，人盤消水。今亦仿其作法爲三盤：以老父母内三爻爲天盤，外三爻爲地盤，少父母爲人盤。天盤格龍爲主，地盤立向爲賓，人盤消水，就三盤諸卦，以驗其吉凶。但挨星必用經四位起父母之法，如蔣傳所謂一至四，四至七，必成三叉，非八方皆可挨，不似張説之無區别也。

顛倒順逆釋例一卷 廖鵬

《辨正》專以生死爲三元關竅相通之據，凡「天玉」、「寶照」兩法，順逆各四十八局，爲龍向水本身三叉生死而言，非俗所謂三元生旺也。鵬從四益講理氣之學，承命分撰，考古説，求新法，繪圖立説，頗爲著明。

諸子凡例二卷 廖平

平頃撰群經解説，先刊《凡例》，故于諸子亦有此作。大抵所列皆先秦諸子，入漢以後所收不過四五家。其大旨以子學皆出于四科：道家出于德行，儒家出于文學，縱横生于言語，名、墨、法、農皆沿于政事，爲司馬、司空之流派。其推本于孔子以前之黄帝、老、管、鬻者，皆出依託。子爲六藝支流，源皆本于六經。孔子以前，無此宗派。又以諸子皆出于爲其學者之所輯録，非諸子所手訂，其中又多爲經傳記，如《管》、《荀》中之《弟子職》、《地員》、《禮三本》之類，皆爲古書。漢時求書，藏之秘府，斷簡殘編，多失其舊。後來校書者以彙相附，凡古籍無名氏可考，概附焉。凡子書以《孟子》爲正，無一章不有孟子明文，《管》、《荀》、《墨》、《韓》凡無諸子明文者，皆爲古籍經説，非其自撰。又諸子以道、儒爲大、小二統之正宗，其餘名、墨、法術語多過激，如硝黄薑桂，皆爲救病之藥，矯枉者必過其正，蓋多爲海外言之。如泰西法寬，至以謀反爲公罪，非以申韓救之，不能中其病。合海内外爲九州，九流分治，亦如八音、八風各司一方一門，又如水火金木各有其用，藥非毒不能去病，諸子非偏激無以成家，言各有當，取其適用而已。其老、莊、荀、列、名家、縱横已别有專書，其餘但有《凡例》，亦如《群經凡例》，于各書有成未成之分也。

地形訓補釋二卷附八星之一總論説一卷　廖鵬

《天文訓》錢氏有補注，于原書外别行。今仿其例，補釋此篇。古則以《河圖》、《山海經》、《鄒子》、緯候爲主，今則以《萬國地理》、《地球畧説》、《地理全志》爲主，以古證今，務期切合，而折中于經之大共、大球。西人李提摩太著《八星之一總論》，以地球爲行星之一，加以天王、海王，合而爲八，專詳六合以外，末一卷專説其事。聖人在二千年前，可以存而不論，今既著明，則固不以荒唐爲嫌矣。

吕覽淮南經説考四卷　雷謙

二書所載經説甚多，昔人皆有輯本，但録明文。此本詳于輯説，不以有經明文爲拘，故比諸本最爲詳密，分類亦較有條理。

九流分治海外考一卷 鄢熾

六藝爲布帛菽粟，九流爲硝黄桂附，救急起危，不能不用毒藥。經説以八音治八方、八士治八紘。海邦嗜好不同，剛柔相異。《莊》、《列》所言四方風俗，今《萬國政俗考》皆陳其偏駁，以待治者之因病定方。雖今之風俗未能分界，九區劃然不同，然統古今之通變，紀損益之權衡，固不能限以目見，盡以一時也。是書即外洋膏肓，而量施鍼炙，固皇帝大統之要務也。

諸子出于四科論一卷 曾上源

班《志》言九流宗旨，多引官司職掌以立説，而不詳其時代，則子家半從依託，在孔子前矣。不知九流爲六藝支流，孔子以前無此宗旨。所有鬻熊、管、晏悉出依託。考莊、列盛推顔、閔，又多用經説，其出于「德行」可知。陰陽五行，《易》之宗派，亦附「德行」。「文學」家流爲儒術，小説附焉。「言語」號曰縱横，惟「政事」一門，其流最雜，分爲四家，名、法、農、墨皆其節目，雜家具體而微，儼如大化。故專著是書，發明子由經出，以正班氏之失焉。

覺覺篇二卷　丘廷方

西人李提摩太著《百年一覺》，爲廣學會刊行本，專言百年以後大同全盛之事，可云美矣。惟專就耶蘇宗旨立説，所陳大同風化，專詳生養安逸，而畧于倫常，放言流弊，恐不免逸居無教之譏。是編以其書爲初基，久而弊生，乃以倫理性情之教引而進之，以畢皇帝之功。能進而愈上，則西人之所謂覺者，固猶在夢中。是書亦仿其體，故入小説。

三游紀畧一卷　席上卿

《莊》、《列》有三游，所謂方之内外、六合之内外是也。《尚書》曰：「絶地天通。」《國語》申其説，以爲人可升天。《列子·夏革》篇曰：「天地之外，更有大天地，黄帝神游華胥。」列子御風而行，周游六虛，與釋氏諸天往來之説相合。騶衍驗小推大，由禹州以推于人之所不睹，是中國爲方之内，全球六合爲方之外，由地球以游七行星，爲御風而行，游于六合之外，所謂周游六虛者，非耶？今西人氣球比于列子之御風，窮極其術，安知將來無行星彼此來往之事？《莊》、《列》所言，昔以爲寓言者，今皆見諸事實，則極天地之變，固非心思耳目之所能及也。是書用《莊》、《列》之説，仿左思《三都賦》之體，作爲主客三人問答，而歸極于九天相通，並不以此世界爲終始。姑妄言之，姑妄聽之，是非真僞，待數千百年而後再定之可也。

四益館五經義一卷 廖平

平早歲文格最嚴，治經後專以經説行文，多用新解，每一藝出，人皆驚詫，其實多精審之論，五經文風動海内。光緒戊子以來，文章風會大變，貌襲平文者往往掇巍科以去，究之無實自張，衹增虚僞。讀此鈔，益信根深實茂之説爲不誣云。

雙鯉堂課鈔一卷 廖平

此鈔爲平家塾改稿，其子師慎鈔集，凡五十餘藝。

漢四家集注八卷 廖平

蜀中古文，揚、馬開其先，獨步西漢。逮東漢王襃、李尤繼武先達，文章淵懿，後之作者無能踰也。平從《百三家集》中專取揚、馬、王、李四家逐篇詮釋，其有舊注者仍之。以蜀人注蜀書，蓋表章鄉賢之意也。

七十家賦鈔注稿 王釐 無卷數

釐肄業尊經時，廖平分校尊經，曾以此書命題。釐積年所采輯，已録存數册，未經綴屬遂卒。以其心血所萃，故爲存之。

讀選札記一卷 廖平

國朝選學，專獵取浮藻。平此書獨搜採古制佚典及先師舊説，逐條疏證，蓋考據之書也。